# 핵심한자 2000字 자원사전

(사) 전국한자교육추신총연합회 편

**明文堂**

# 「핵심한자 2,000字 자원사전」

漢字를 학습하려는 이들은 우선 종래의 잘못된 인식을 버리고, 漢字도 한글과 더불어 국자(國字)임을 알아야 합니다. 따라서 고유어뿐만 아니라, 한자어도 국어(國語)라는 올바른 인식을 가져야 합니다.

우리나라에서 漢字를 학습하는 것은 영어나 일본어 같은 또 하나의 외국어를 배우는 것이 아니라, 국어생활을 잘하기 위하여 필수적으로 학습해야 한다는 인식이 앞서야 스스로 한자를 배우게 됩니다.

이 땅에 태어나면 부모가 한자로 되어 있는 '姓'과 '이름'을 첫 선물로 줍니다. 이름은 가끔 한글이름을 쓰는 사람도 있으나 '姓'만큼은 모든 국민이 한자로 되어 있습니다. 그럼에도 우리나라는 초등학교에서 한자를 정규 과목으로 가르치지 않고, 중·고등학교에서는 제2외국어로서 선택과목에 넣어 가르치고 있으니 이는 일반상식으로는 이해할 수 없는 큰 모순입니다. 더구나 국어 어휘의 70% 이상이 한자어로 되어 있다는 사실을 무시하고, 한글 전용으로 국어생활을 이끌어 가려고 하는 우리나라의 교육정책은 머지않아 돌이킬 수 없는 문화 암흑기에 봉착할 것 입니다.

일부 한글 전용을 주장하는 이들이 漢字를 배격하는 이유를 들어보면, 우선 한자는 학습하기가 어렵다는 것입니다. 과연 그들 말대로 한자는 어려운 것입니까? 과거

서당에서 가르치듯이 한자를 무조건 암기시킨다면 물론 한글을 학습하는 것보다 어려운 것이 사실입니다.

그러나 한자가 본래 어떻게 만들어진 것인지 그 구조를 분석하여 익힌다면, 또한 하나를 배우면 열을 알 수 있는 유추적(類推的)인 방법으로 한자를 익힌다면, 배우는 과정 그 자체가 한자처럼 재미있으면서 쉽게 배울 수 있는 문자도 없을 것입니다.

한자의 수가 겉으로 보기에는 많은 것 같지만, 바탕을 이루는 핵(核)이 되는 글자는 300여 자뿐이 되시 않습니다. 이 300자는 대부분이 상형(象形), 지사(指事), 회의자(會意字)입니다. 이 300자만 철저히 익히면 다른 글자들은 이 300자 중에서 2字 또는 3字가 합쳐져 뜻을 이루고 있기 때문에 일일이 익히지 않고 미루어 알 수 있습니다.

예를 들면 나무를 상형한 「朱→朮→木」자를 알면 「木」자에 붙은 글자들은 「柏, 枝, 柯, 柱, 梧, 桐, 棺, 楓」 등과 같이 대부분 그 글자의 발음을 표시하고 있기 때문에, 이미 300자에서 배운 「白, 支, 可, 主, 五, 同, 官, 風」 등의 발음대로 읽으면 됩니다. 만일 우리의 고유어나 영어로 나무의 이름을 알려면 하나 하나 따로 익혀야 하지만, 한자의 경우는 위의 보기와 같이 「木(나무 목)」자 하나만 알면, 어떠한 나무도 미루어 알 수 있는 편리한 점이 있습니다.

이처럼 한자의 90% 이상이 그 글자 내에 어떻게 읽으라는 발음이 들어 있기 때문에 기본적인 글자만 알면, 획이 아무리 복잡하여도 조금만 생각하면 우선 미루어 읽을 수 있고, 나아가 뜻도 알 수 있습니다. 이를 형성자(形聲字)라고 합니다. 『강희자전』에 실린, 47,035자 중에 약 42,330자가 형성자입니다.

한자를 일반적으로 상형문자라고 하지만, 현재 쓰이는 한자를 기준으로 분류하면, 한자는 이미 상형문자가 아니라, 표의문자이면서도 대부분의 한자는 단어문자

(江, 河 등의 形聲字)로서 이미 표음문자의 단계로 발전하여 쓰이고 있습니다. 그러므로 오늘날 사용하는 漢字를 기준으로 볼 때, 한자는 결코 단순히 상형문자, 또는 표의문자라고 일컬을 수 없습니다. 이에 본연합회 창립자이신 故 청범(淸凡) 진태하(陳泰夏) 교수는 한자를 「표의문자(表意文字)이면서 표음화(表音化)된 단어문자(單語文字)」라고 칭해야 한다고 하였습니다.

(사)전국한자교육추진총연합회에서는 우리나라 교육용 기초한자 1,800자와 漢字를 공부함에 있어 핵(核)이 되는 300자, 그리고 한자의 근간이 되는 부수자(部首字) 214자를 합하여 「핵심한자 2,000字 자원사전」을 출간하게 되었습니다.

모든 漢字의 자원을 풀이하여 쉽게 익힐 수 있도록 갑골문에서부터 해서체까지 자형(字形)의 변천을 일목요연하게 제시하여 놓았습니다. 갑골문부터 제시된 글자는 오래전 시기에 만들어진 전기자(前期字)이고 전서체(篆書體) 이후의 글자는 늦게 만들어진 후기자(後期字)입니다.

이제 초등학생부터 漢字를 가르치는 선생님들까지 이 책을 늘 옆에 놓고 수시로 흥미를 가지고 익힌다면, 우선 좀 더 교양 있는 올바른 국어생활을 할 수 있을 것이며, 나아가 중국어나 일본어를 익히는데도 크게 도움이 될 것입니다.

(社)全國漢字教育推進總聯合會
理事長 李 河 俊

## 〈일러두기〉

● **六書**(육서)

(1) **象形字**(상형자) : 사물의 형태대로 그린 글자 〔例 : 山(뫼 산) 산의 모양을 그린 것.〕

(2) **指事字**(지사자) : 일정한 형태가 없는 것을 가리키어 나타낸 글자 (例 : 上·下)

(3) **會意字**(회의자) : 뜻과 뜻을 더한 글자 〔例 : 林(수풀 림) : 나무가 모여 있음을 나타낸 것.〕

(4) **形聲字**(형성자) : 뜻과 소리를 더한 글자 〔例 : 想(생각할 상) = 相(음 부분) + 心(뜻 부분)〕

(5) **轉注字**(전주자) : 같은 뜻으로 돌려쓰는 용법 〔例 : 老(늙을 로)와 考(생각할 고), 逾(넘을 유)와 踰(넘을 유).〕

(6) **假借字**(가차자) : 글자의 음을 빌어서 쓰는 용법 〔例 : 美利堅(미리견), 英格蘭(영격란), 美國, 英國.〕

● **書體**(서체)**의 變遷**(변천)

(1) **甲骨文**(갑골문)

龜甲(귀갑)과 짐승의 뼈에 새긴 殷代(은대)의 문자. 河南省(하남성)의 殷墟(은허)에서 많이 발견되었음.

(2) **金文**(금문)·**鐘鼎文**(종정문)

'鐘鼎文(종정문)' 이라고 칭한 것은 주로 周代(주대)의 鐘이나 鼎에 주조한 글자라 하여 붙여진 명칭으로 오늘날은 일반적으로 '金文' 이라고 칭한다. '金文' 의 시대적 한계는 殷, 周, 秦, 漢代까지의 청동기상의 문자를 말한다.

(3) **大篆**(대전)

西周(서주) 후기에 쓰였던 字體(자체)로서 小篆(소전) 이전의 글자체이다.

(4) **小篆**(소전)

秦始皇(진시황)이 칠국을 통일(B.C. 221)하고서 李斯(이사)와 趙高(조고)로 하여금 종래의 서체인 '大篆' 의 자획을 정리하여 최초로 자형을 통일한 것이다.

(5) **隷書**(예서)

秦(진)나라가 칠국을 통일한 뒤 옥사(獄事)가 많이 일어나 업무처리가 복잡하여지자 번잡한 篆書體(전서체)를 간략히 만들어 쓴 서체이다.

(6) **楷書**(해서)

'楷書(해서)' 체는 漢代에 만들어져, 魏晉(위진) 이후에 성행되어 오늘에 이른 것이다. 楷書(해서)를 '眞書(진서), 正書(정서)' 라고도 칭한 것은, 곧 字體가 方正(방정)하고 筆畫(필획)이 平直(평직)하여 모범의 서체라는 뜻으로 쓰인 것이다.

(7) **行書**(행서)

'行書(행서)'는 楷書(해서)의 변체로서, 곧 해서와 초서의 중간체로서 붓으로 쓸 때는 오늘날까지 일반적으로 널리 통행되고 있는 서체이다.

(8) **草書**(초서)

'草書(초서)'는 行書(행서)가 더욱 速筆體(속필체)로 발전한 것이라고 할 수 있다. 그러나 이미 漢代(한대) 초에 '章草(장초)' 에서 시작하여 '今草(금초)'를 거쳐 唐(당)에 이르러 '狂草(광초)'로 발전하였다.

# 차례

핵심한자 **2000**字
자원사전

## 佳
아름다울 가
• 人부수, 총8획

| 갑골문 | 금문 | 전서 | 예서 | 해서 |
|---|---|---|---|---|

‘사람 인(亻)’ 과 ‘홀 규(圭)’ 의 形聲字(형성자)로, ‘圭’ 를 쥐고 있는 사람(亻)은 상서로워 보여 ‘아름답다’ 의 뜻으로 쓰임. ‘圭(홀 규)’ 는 옥(玉) 중에서 아름답고 희기 때문에 ‘아름다움’ 의 뜻으로 쓰였다. 홀(笏)은 옛날 버슬아치가 임금을 만날 때에 관복에 맞추어 상아나 대나무로 만들어 손에 쥐던 물건.

## 街
거리 가
• 行부수, 총12획

| 갑골문 | 금문 | 전서 | 예서 | 해서 |
|---|---|---|---|---|

‘다닐 행(行)’ 과 ‘홀 규(圭)’ 의 形聲字(형성자)로, 동서남북으로 통하는 네 거리를 뜻함. ‘圭(홀 규)’ 는 질 좋은 옥으로 반듯하게 만들어졌듯이 ‘大路(대로)는 평탄해야 함’ 의 뜻으로 취하였다.

## 可
옳을 가
• 口부수, 총5획

| 갑골문 | 금문 | 전서 | 예서 | 해서 |
|---|---|---|---|---|

甲骨文(갑골문)에 ‘可’, 小篆體에 ‘可’ 의 자형으로 볼 때, ‘입 구(口)’ 와 ‘丂’ 의 合體字(합체자)이다. ‘丂’ 는 허파의 공기를 내보낼 때의 소리를 가리킨 指事字(지사자)로 옳다, ‘贊同(찬동)’ 의 뜻으로 변하였다.

## 家
집 가
• 宀부수, 총10획

| 갑골문 | 금문 | 전서 | 예서 | 해서 |
|---|---|---|---|---|

‘집 면(宀)’ 과 ‘돼지 시(豕)’ 의 合體字(합체자)이다. 뱀이 많던 시대에 뱀만 보면 잡아먹는 돼지를 집 밑에 기르면 편안히 살 수 있었으므로 집 안에 사람이 아닌 돼지를 그리어(家→家) ‘집’ 의 뜻을 나타낸 것이다.

| 歌 | 노래 가 |
|---|---|
| | • 欠부수, 총14획 |

갑골문　금문　전서　예서　해서

'노래할 가(哥)' 자가 뒤에 戈의 뜻으로 쓰이자, '하품 흠(欠)' 을 더하여 입을 벌리고 (欠) 노래(哥)를 부르다의 形聲字(형성자)를 또 만들었다.

| 加 | 더할 가 |
|---|---|
| | • 力부수, 총5획 |

갑골문　금문　전서　예서　해서

'힘 력(力)' 과 '입 구(口)' 의 會意字(회의자)로, 말하는 입(口)으로써 善惡(선악)이 더해진다는 데서 '더하다' 의 뜻이다.

| 價 | 값 가 |
|---|---|
| | • 人부수, 총15획 |

갑골문　금문　전서　예서　해서

'사람 인(亻)' 과 '장사 고(賈)' 의 形聲字(형성자)로, 사람들이 사고 팔 때 물건의 가치를 정하기 때문에 '값' 의 뜻이 되었다.

| 假 | 거짓 가 |
|---|---|
| | • 人부수, 총11획 |

갑골문　금문　전서　예서　해서

'사람 인(亻)' 과 '빌릴 가(叚)' 의 形聲字(형성자)로 되어 있으나, 본래는 '叚(빌릴 가)' 의 累增字(누증자)임. 뒤에 '거짓' 의 뜻으로 轉義(전의)되었다.

| 架 | 시렁 가 |
|---|---|
| | • 木부수, 총9획 |

갑골문　금문　전서　예서　해서

'나무 목(木)' 과 '더할 가(加)' 의 形聲字(형성자)로, 시렁(선반)은 나무로 만드니까 '나무 목(木)' 자를 취하였다. '加(더할 가)' 는 시렁 위에 물건을 놓는다는 뜻으로 취하였다.

## 暇

겨를 **가**

- 日부수, 총13획

| | | | | |
|---|---|---|---|---|
| 갑골문 | 금문 | 전서 | 예서 | 해서 |
| | | 暇 | 暇 | 暇 |

'날 일(日)' 과 '빌릴 가(叚)' 의 形聲字(형성자)로, 할 일 없는(叚) 하루(日)라는 데서 '한가하다', '겨를' 의 뜻이다.

## 各

각각 **각**

- 口부수, 총6획

| | | | | |
|---|---|---|---|---|
| 갑골문 | 금문 | 전서 | 예서 | 해서 |
| 各 | 各 | 各 | 各 | 各 |

'말(口)' 과 '행동(夊:뒤져올 치)' 이 서로 일치되지 않음을 나타낸 것인데, '각각' 의 뜻으로 쓰였다.

## 角

뿔 **각**

- 口부수, 총6획

| | | | | |
|---|---|---|---|---|
| 갑골문 | 금문 | 전서 | 예서 | 해서 |
| 角 | 角 | 角 | 角 | 角 |

뿔의 모양을 象形(상형)하여 '角, 角, 角, 角' 와 같이 그린 것인데, 楷書體(해서체)의 '角' 자가 된 것이다.

## 脚

다리 **각**

- 肉부수, 총11획

| | | | | |
|---|---|---|---|---|
| 갑골문 | 금문 | 전서 | 예서 | 해서 |
| | | 脚 | | 脚 |

'고기 육(肉)' 과 '물리칠 각(却)' 의 形聲字(형성자)로, 본래는 사람의 '종아리' 를 뜻하였으나 점차 다리의 뜻으로 바뀌었다.

## 閣

집 **각**

- 門부수, 총14획

| | | | | |
|---|---|---|---|---|
| 갑골문 | 금문 | 전서 | 예서 | 해서 |
| | | 閣 | 閣 | 閣 |

'문 문(門)' 과 '각각 각(各)' 의 形聲字(형성자)로, 본래 대문의 기둥을 지탱하는 말뚝의 뜻이었는데, 뒤에 누각의 뜻으로 轉義(전의)되었다.

| 却 | 물리칠 각 | | 갑골문 | 금문 | 전서 | 예서 | 해서 |
|---|---|---|---|---|---|---|---|
| | • 卩 부수, 총7획 | | | | | | |

'병부 절(卩)'과 '갈 거(去)' 자가 아니라, 본래 '谷(골 곡)' 자와의 形聲字(형성자)임. '谷'은 본래 입천장의 뜻으로 '卻'은 뼈마디 사이를 나타낸 것인데, 뒤에 '물리치다'의 뜻으로 轉義(전의)됨.

| 覺 | 깨달을 각 | | 갑골문 | 금문 | 전서 | 예서 | 해서 |
|---|---|---|---|---|---|---|---|
| | • 見부수, 총20획 | | | | | | |

'배울 학(學)'에서 '아들 자(子)'를 생략하고, '볼 견(見)'을 합친 形聲字(형성자)로, 눈으로 보고 직접 깨달음을 나타내었다.

| 刻 | 새길 각 | | 갑골문 | 금문 | 전서 | 예서 | 해서 |
|---|---|---|---|---|---|---|---|
| | • 刀 부수, 총8획 | | | | | | |

'칼 도(刂)'와 '돼지 해(亥)'의 形聲字(형성자)이다. 돼지(亥)가 입으로 땅을 부단히 쑤시며 앞으로 나아가듯이 새길 때에도 칼을 부단히 물체에 접촉하여 나아간다는 데서 '새기다'의 뜻이다.

| 干 | 방패 간 | | 갑골문 | 금문 | 전서 | 예서 | 해서 |
|---|---|---|---|---|---|---|---|
| | • 干부수, 총3획 | | | | | | |

小篆(소전)에 '干'의 자형으로 '방패'의 모양을 간략하게 본뜬 글자이다.

| 間 | 사이 간 | | 갑골문 | 금문 | 전서 | 예서 | 해서 |
|---|---|---|---|---|---|---|---|
| | • 門부수, 총12획 | | | | | | |

본래 '문 문(門)'에 '달 월(月)'을 합한 글자(閒)로, 문(門) 틈으로 달빛(月)이 스며든다 하여 '사이'의 뜻을 나타낸 글자인데, 뒤에 '日'자로 바뀌었다.

| 刊 | 간행할 간 | | 갑골문 | 금문 | 전서 | 예서 | 해서 |
|---|---|---|---|---|---|---|---|
| | • 刀부수, 총5획 | | | | | | |

'칼 도(刂)' 와 '방패 간(干)' 의 形聲字(형성자)로, 옛날에는 칼로 나무에 글자를 새기어
책을 만들었으므로 '새기다' 에서 '간행하다' 의 뜻이 되었다.

| 看 | 볼 간 | | 갑골문 | 금문 | 전서 | 예서 | 해서 |
|---|---|---|---|---|---|---|---|
| | • 目 부수, 총9획 | | | | | | |

'눈(目)' 위에 '손(手)' 을 얹어 햇빛을 가리고 멀리 '보다' 의 뜻이다.

| 肝 | 간 간 | | 갑골문 | 금문 | 전서 | 예서 | 해서 |
|---|---|---|---|---|---|---|---|
| | • 肉부수, 총7획 | | | | | | |

'고기 육(月)' 과 '방패 간(干)' 의 形聲字(형성자)로, '干' 은 '幹(줄기 간)' 의 省體(생체)
이다. 肝(간)은 五行(오행)에서 '木' 에 해당되며, 또한 간(肝)은 나무에서 줄기(幹)처럼
중요하므로 '干' 을 취한 것이다.

| 幹 | 줄기 간 | | 갑골문 | 금문 | 전서 | 예서 | 해서 |
|---|---|---|---|---|---|---|---|
| | • 干부수, 총13획 | | | | | | |

본래는 '나무 목(木)' 과 '해돋을 간(倝)' 의 形聲字(형성자)로, 담을 쌓을 때 똑바로 쌓
기 위하여 양 끝에 세운 나무의 뜻이었는데, 뒤에 중요한 일을 맡은 사람을 칭하게
되었다.

| 簡 | 대쪽 간 | | 갑골문 | 금문 | 전서 | 예서 | 해서 |
|---|---|---|---|---|---|---|---|
| | • 竹부수, 총18획 | | | | | | |

'대나무 죽(竹)' 과 '사이 간(間)' 의 形聲字(형성자)로, 대나무쪽에 글씨를 쓴 竹簡의 뜻
임. '間(사이 간)' 은 聲符(성부)이면서 죽간은 엮은 사이가 있음을 뜻한다.

| 姦 | 간사할 간 | | 갑골문 | 금문 | 전서 | 예서 | 해서 |
|---|---|---|---|---|---|---|---|
| | • 女부수, 총9획 | | | | | | |

'계집 녀(女)' 의 석 자를 합친 會意字(회의자)로, 사사로움, 간사함의 뜻이다. 뒤에 '奸' 의 形聲字(형성자)로 쓰였다.

| 懇 | 간절할 간 | | 갑골문 | 금문 | 전서 | 예서 | 해서 |
|---|---|---|---|---|---|---|---|
| | • 心부수, 총17획 | | | | | | |

'마음 심(心)' 과 '貇(간)' 의 形聲字(형성자)로, 본래 '豸(치)' 는 '豕(시)' 자로 돼지가 먹을 때는 열심히 일념으로 먹기 때문에 정성스러운 마음의 뜻을 나타내었다.

| 渴 | 목마를 갈 | | 갑골문 | 금문 | 전서 | 예서 | 해서 |
|---|---|---|---|---|---|---|---|
| | • 水부수, 총12획 | | | | | | |

'물 수(氵)' 와 '어찌 갈(曷)' 의 形聲字(형성자)로, 曷(갈)은 갈라진 혓바닥 모양으로 水 (氵)와 결합하여 목마르다의 뜻이 되었다.

| 甘 | 달 감 | | 갑골문 | 금문 | 전서 | 예서 | 해서 |
|---|---|---|---|---|---|---|---|
| | • 甘부수, 총5획 | | | | | | |

입안에 음식물을 물고 있는 모양(甘)을 본떠, '달다' 의 뜻을 나타낸 글자이다.

| 減 | 덜 감 | | 갑골문 | 금문 | 전서 | 예서 | 해서 |
|---|---|---|---|---|---|---|---|
| | • 水부수, 총12획 | | | | | | |

'물 수(氵)' 와 '다 함(咸)' 의 합한 形聲字(형성자)로, 물(氵)이 바닥이 다(咸) 보일 정도로 줄어드니 '덜다' , '줄어들다' 의 뜻이다.

**感** | 느낌 감
• 心부수, 총13획

갑골문 | 금문 | 전서 | 예서 | 해서

'마음 심(心)' 과 '다 함(咸)' 의 形聲字(형성자)이다. 남을 마음으로 동감하게 하려면 서로 마음이 일치하여(咸) '느끼다' 의 뜻이다.

---

**敢** | 구태여 감
• 攴부수, 총12획

갑골문 | 금문 | 전서 | 예서 | 해서

金文(금문)에 '時', 小篆(소전)에 '騎' 의 자형으로 볼 때, 두 사람의 손이 물건을 쟁취함에서 앞으로 나아가 '용감히 취하다' 의 뜻이 되었으나, 뒤에 '감히', '구태여' 의 뜻으로 쓰이게 되었다. 楷書體(해서체)에서 '敢' 의 자형으로 변했다.

---

**監** | 볼 감
• 皿부수, 총14획

갑골문 | 금문 | 전서 | 예서 | 해서

'그릇 명(皿)' 과 '누울 와(臥)' 를 합친 글자로, 엎드려(臥) 그릇(皿) 속의 물에 비친 자기 얼굴을 본다는 '거울(鑑)' 의 뜻이었는데, '살피다' 의 뜻으로 쓰였다.

---

**鑑** | 거울 감
• 金부수, 총22획

갑골문 | 금문 | 전서 | 예서 | 해서

'監(살필 감)' 이 본래 거울의 뜻이었으나, '보다' , '살피다' 의 뜻으로 전의되자 거울을 구리(銅)로 만들면서 '金' 자를 더하였다.

---

**江** | 강 강
• 水부수, 총6획

갑골문 | 금문 | 전서 | 예서 | 해서

'물 수(氵)' 와 '장인 공(工)' 의 形聲字(형성자)로, 본래 揚子江(양자강)의 고유명사였는데, 뒤에 보통명사로 쓰였다.

| 갑옷 갑
• 田부수, 총5획

갑골문　금문　전서　예서　해서

'甲' 자의 옛 자형 '十, 田, 中' 등으로 볼 때, 본래 '十' 로써 모든 열매의 껍데기 모양을 象形(상형)한 것인데, '十(七)' 자와의 혼동을 피하여 '田' 의 모양으로 '口' 의 부호를 더하였으나, '田(밭 전)' 자와 혼동이 생겨서 다시 '中' 의 형태로 바꾼 것이다. 뒤에 와서는 열매의 껍데기뿐 아니라, 조개껍질 곧 貝甲, 거북이의 껍질 곧 龜甲(귀갑), 껍질이 있는 곤충 곧 甲蟲(갑충) 등의 껍질도 '甲' 이라 이르고, 옛날 전쟁시 화살, 창, 칼 등의 방어용으로 입던 옷도 '갑옷' 이라 하여 '甲' 자를 '갑옷 갑' 이라고 일컫게 되었다.

講 | 강론할 강
• 言부수, 총17획

갑골문　금문　전서　예서　해서

'말씀 언(言)' 과 '쌓을 구(冓)' 의 形聲字(형성자)로, 화해의 뜻이었는데, 강습의 뜻으로도 쓰임. 冓(쌓을 구) 는 본래 재목을 순서대로 쌓아 집을 짓는 것처럼 말에 조리가 있어야 한다는 데서 취하였다.

强 | 강할 강
• 弓부수, 총12획

갑골문　금문　전서　예서　해서

'넓을 홍(弘)' 과 '벌레 충(虫)' 의 形聲字(형성자)로, 본래는 검은색의 쌀벌레의 뜻이지만, 뒤에 '강하다' 의 뜻으로 쓰였다.

降 | 내릴 강 / 항복할 항
• 阜부수, 총9획

갑골문　금문　전서　예서　해서

'언덕 부(阝)' 에 '내릴 강(夅)' 의 形聲字(형성자)로, 언덕(阜)에서 내려오다의 뜻임. 항[降伏] 으로도 발음된다.

康 | 편안할 강
• 广부수, 총11획

갑골문　금문　전서　예서　해서

小篆(소전)에 '康' 의 자형으로, 본래 '천간 경(庚)' 과 '쌀 미(米)' 의 形聲字(형성자)이다. 곡식의 껍질을 나타낸 글자인데, 뒤에 '편안하다' 의 뜻이 되자 '糠(겨 강)' 자를 또 만들었다.

剛 | 굳셀 강
• 刀부수, 총10획

| 갑골문 | 금문 | 전서 | 예서 | 해서 |

'칼 도(刂)' 와 '언덕 강(岡)' 의 形聲字(형성자)로, 칼에도 찢기지 않는 그물이라는 뜻이었으나 후에 网(망)자가 岡(강)자로 바뀌고 '굳세다', '강직하다' 는 뜻으로 되었다.

鋼 | 강철 강
• 金부수, 총16획

| 갑골문 | 금문 | 전시 | 예서 | 해서 |

'쇠 금(金)' 과 '언덕 강(岡)' 의 形聲字(형성자)로, 강철의 뜻이다.

綱 | 벼리 강
• 糸부수, 총14획

| 갑골문 | 금문 | 전서 | 예서 | 해서 |

'실 사(糸)' 에 '산등성이 강(岡)' 을 합한 글자로, 그물코를 모은 꼭지를 가리키는 '벼리' 를 나타내며 '근본' 의 뜻으로 쓰였다.

改 | 고칠 개
• 攴부수, 총7획

| 갑골문 | 금문 | 전서 | 예서 | 해서 |

자기(己)의 잘못에 채찍질(攴 : 칠 복)을 하여 '고치다' 의 뜻이다.

皆 | 다 개
• 白부수, 총9획

| 갑골문 | 금문 | 전서 | 예서 | 해서 |

'견줄 비(比)' 와 '흰 백(白)' 의 會意字(회의자)로, '白' 은 곧 '自' 에서 변형된 것으로 여러 사람이 견주어 '다 같다' 는 뜻이다.

個 | 낱 개
• 人부수, 총10획

갑골문 금문 전서 예서 해서

‘사람 인(人)’ 과 ‘굳을 고(固)’ 의 形聲字(형성자)로, 사람이나 물건을 세는 단위 ‘낱개’
로 쓰인다.

介 | 끼일 개
• 人부수, 총4획

갑골문 금문 전서 예서 해서

본래 사람이 갑옷을 입은 모양을 본뜬 것인데, 뒤에 ‘끼이다’ 또는 ‘중개하다’ 의 뜻
으로 쓰이게 되었다.

開 | 열 개
• 門부수, 총12획

갑골문 금문 전서 예서 해서

문(門) 안에서 빗장(一)을 두 손(廾)으로 밀어 문을 ‘열다’ 의 뜻이다. 달리 풀이하는 이
도 있다.

慨 | 분개할 개
• 心부수, 총14획

갑골문 금문 전서 예서 해서

‘마음 심(忄)’ 과 ‘이미 기(旣)’ 의 形聲字(형성자)로, 혼자 배불리 먹고 등을 돌리고 있는
모습을 보고 불쾌한 마음을 나타낸 것으로 ‘분개하다’ , ‘슬프다’ 라는 뜻이다. ‘旣(이미
기)’ 는 본래 밥그릇 앞에서 머리를 돌린 모습으로 이미 밥을 먹었음을 나타낸 것이다.

概 | 대개 개
• 木부수, 총15획

갑골문 금문 전서 예서 해서

‘나무 목(木)’ 과 ‘이미 기(旣)’ 의 형성자로, 본래 말(斗)에 곡식을 채우고 그 위를 평평
하게 미는 방망이의 뜻인데, 뒤에 ‘대개’ 의 뜻으로 쓰이게 되었다.

**蓋** 덮을 개
- 艸부수, 총14획

| | | | | |
|---|---|---|---|---|
| 갑골문 | 금문 | 전서 | 예서 | 해서 |

본래는 '盍' 의 형태로 풀 초(艹)와 '盍' 의 형성자로 苫(이엉 점), 곧 '이엉' 의 뜻이었는데, 그릇의 뚜껑처럼 '덮다' 의 뜻으로 쓰인다.

**客** 손 객
- 宀부수, 총9획

| | | | | |
|---|---|---|---|---|
| 갑골문 | 금문 | 전서 | 예서 | 해서 |

'집 면(宀)' 과 '각각 각(各)' 의 形聲字(형성자)로, 남의 집에 의탁한 사람이라는 데서 '손님' 의 뜻이다.

**更** 다시 갱 / 고칠 경
- 曰부수, 총7획

| | | | | |
|---|---|---|---|---|
| 갑골문 | 금문 | 전서 | 예서 | 해서 |

小篆體(소전체)에 '更' 의 자형으로 보면, '丙(炳과 同字)' 과 '攴(칠 복)' 의 形聲字(형성자)로, 불꽃처럼 밝은 방향으로 '변혁시키다' , '고치다' 의 뜻이다.

**去** 갈 거
- 厶부수, 총5획

| | | | | |
|---|---|---|---|---|
| 갑골문 | 금문 | 전서 | 예서 | 해서 |

'去' 자는 甲骨文(갑골문)에 '去' 의 형태로, 사람이 문턱을 나가는 상태를 본뜬 글자이다.

**居** 살 거
- 尸부수, 총8획

| | | | | |
|---|---|---|---|---|
| 갑골문 | 금문 | 전서 | 예서 | 해서 |

사람(尸→尸)이 굽혀 있는 모습의 象形字(상형자)인 '주검 시(尸)' 와 '옛 고(古)' 의 形聲字(형성자)로, 다리를 펴고 앉다의 뜻에서 '살다' 의 뜻으로 쓰인다.

| 巨 | 클 거 | | 갑골문 | 금문 | 전서 | 예서 | 해서 |
|---|---|---|---|---|---|---|---|
| | • 工부수, 총5획 부수 | | | | | | |

'巨'는 金文(금문)에 '㽙, 㽙, 㽙, 㽙' 등의 字形(자형)으로서 사람이 '곱자(曲尺)'를 들고 있는 모양을 나타낸 會意字(회의자)이다. 뒤에 '크다, 많다'의 뜻으로 쓰이게 되자, '矢(화살 시)' 자를 더하여 '矩(곱자 구)' 자를 또 만들었다. '巨' 자는 '工' 자 부수에 속하기 때문에 '巨'의 자형을 '㐀'의 형태로 써서는 안 된다.

| 拒 | 막을 거 | | 갑골문 | 금문 | 전서 | 예서 | 해서 |
|---|---|---|---|---|---|---|---|
| | • 手부수, 총8획 | | | | | | |

本字(본자)는 '歫'의 자형으로 '그칠 지(止)'와 '클 거(巨)'의 形聲字(형성자)였는데, 발길이 들어오는 것을 막는다는 뜻으로 쓰였는데 隷書體에서 '拒'의 자형이 되었다. '巨'는 '矩(곱자 구)'의 初文(초문)으로 曲尺(곡척)의 뜻인데, 딱 맞으면 정지하므로 '고정하다'의 뜻이었는데, 뒤에 '막다'로 변하였나.

| 距 | 떨어질 거 | | 갑골문 | 금문 | 전서 | 예서 | 해서 |
|---|---|---|---|---|---|---|---|
| | • 足부수, 총12획 | | | | | | |

'발 족(足)'과 '클 거(巨)'의 形聲字(형성자)로, 본래는 닭의 뒷발톱을 뜻한 것인데, 뒤에 거리의 뜻으로 쓰였다.

| 擧 | 들 거 | | 갑골문 | 금문 | 전서 | 예서 | 해서 |
|---|---|---|---|---|---|---|---|
| | • 手부수, 총18획 | | | | | | |

'더불 여(與)'와 '손 수(手)'의 形聲字(형성자)로, 여럿이 더불어(與) 마음을 합하여 일제히 손(手)으로 '든다'는 뜻이다.

| 車 | 수레 거 / 차 | | 갑골문 | 금문 | 전서 | 예서 | 해서 |
|---|---|---|---|---|---|---|---|
| | • 車부수, 총7획 | | | | | | |

수레의 바퀴모양을 강조하여 '車, 車, 車'와 같이 그린 것인데, 楷書體(해서체)의 '車(수레 거)' 자가 된 것이다.

據 | 의거할 거
• 手부수, 총16획

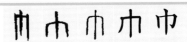
갑골문 금문 전서 예서 해서

'손 수(扌)' 와 '원숭이 거(豦)' 의 形聲字(형성자)로, 손으로 지팡이를 잡고 몸을 의지하다의 뜻이다. 뒤에 증거의 뜻으로 쓰이게 되었다.

巾 | 수건 건
• 巾부수, 총3획 부수

갑골문 금문 전서 예서 해서

수건을 나무에 걸어 놓은 모양을 본뜬 것이다.

建 | 세울 건
• 廴부수, 총9획

갑골문 금문 전서 예서 해서

'붓 률(聿)' 과 '길게 걸을 인(廴)' 의 合體字(합체자)이다. 聿은 律(법률 률)의 省體(생체)이고, 廴은 廷(조정 정)의 생략형으로, 본래는 조정의 법도를 수립한다는 뜻이었는데, '세우다' 의 뜻으로 쓰였다.

健 | 굳셀 건
• 人부수, 총11획

갑골문 금문 전서 예서 해서

'사람 인(亻)' 과 '세울 건(建)' 의 形聲字(형성자)로, '건강하다' 의 뜻을 나타낸 글자이다.

件 | 물건 건
• 人부수, 총6획

갑골문 금문 전서 예서 해서

원래 사람(人)이 칼로 소(牛)를 분해한다는 의미였으나, 뒤에 구분한 각각의 물건의 뜻이 되었다.

| 乾 | 하늘 건 / 마를 간 | | | | | 尌 | 皁 | 乾 |
|---|---|---|---|---|---|---|---|---|
| | • 人부수, 총11획 | | 갑골문 | 금문 | 전서 | 예서 | | 해서 |

'해돋을 간(倝)' 과 '새 을(乙)' 의 形聲字(형성자)로, 본래 초목이 위로 돋아나는 것을 나타낸 글자인데, 뒤에 '마르다' , '하늘' 의 뜻으로 쓰이게 되었다.

| 傑 | 뛰어날 걸 | | | | | 褋 | 傑 | 傑 |
|---|---|---|---|---|---|---|---|---|
| | • 人부수, 총12획 | | 갑골문 | 금문 | 전서 | 예서 | | 해서 |

'걸(桀)' 과 '사람 인(亻)' 의 形聲字(형성자)로, 나무 위에 올라가 있는(舛) 당당한 모습에서 뛰어난 재능을 가진 사람의 뜻이다.

| 儉 | 검소할 검 | | | | | 儉 | 儉 | 儉 |
|---|---|---|---|---|---|---|---|---|
| | • 人부수, 총15획 | | 갑골문 | 금문 | 전서 | 예서 | | 해서 |

'사람 인(亻)' 과 '다 첨(僉)' 의 形聲字(형성자)로, 모든 면에 '검소하다' 의 뜻이다.

| 劍 | 칼 검 | | | | | 劒 | 劒 | 劍 |
|---|---|---|---|---|---|---|---|---|
| | • 刀부수, 총15획 | | 갑골문 | 금문 | 전서 | 예서 | | 해서 |

'칼 도(刂)' 와 '다 첨(僉)' 의 形聲字(형성자)로, 식도(食刀)가 아닌 '검' 의 뜻이다.

| 檢 | 검사할 검 | | | | | 檢 | 檢 | 檢 |
|---|---|---|---|---|---|---|---|---|
| | • 木부수, 총17획 | | 갑골문 | 금문 | 전서 | 예서 | | 해서 |

'나무 목(木)' 에 '여러 첨(僉)' 의 形聲字(형성자)로, 고대에 관청의 중요 문서를 나무 상자에 넣어 봉인하여 두는 것을 가리켰는데, 뒤에 '검사하다' 의 뜻이 되었다.

憩 | 쉴 게
• 心부수, 총16획

본래 '혀 설(舌)' 과 '어찌 갈(曷)' 의 形聲字(형성자)로 쉬다의 뜻. 예서체에서 '憩(쉴 게)' 의 형태로 변함. '曷' 에는 넓다는 뜻이 있어 쉬게 되면 널리 마음이 풀리게 되므로 '曷' 을 취함.

格 | 바로잡을 격
• 木부수, 총10획

'나무 목(木)' 과 '각각 각(各)' 의 形聲字(형성자)로, 나뭇가지가 제멋대로 뻗어 있음을 뜻한 것인데, 뒤에 法式(법식)의 뜻으로 쓰였다.

擊 | 부딪칠 격
• 手부수, 총17획

'수레가 서로 부딪힐 격(毄)' 자에 '손 수(手)' 자를 더하여 무기를 들고 친다는 뜻을 가지게 되었다.

激 | 격할 격
• 水부수, 총16획

'물 수(氵)' 와 '노래할 교(敫)' 의 形聲字(형성자)로, 물이 흐르다 장애물에 부딪쳐 사방으로 튄다(白+放)는 데서 '격하다' , '심하다' 의 뜻이다.

堅 | 굳을 견
• 土부수, 총11획

'흙 토(土)' 와 '굳을 간(臤)' 의 形聲字(형성자)로, 땅(土)의 굳음을 뜻한다.

絹 | 명주 **견**
• 糸부수, 총13획

絹 絹 絹
갑골문 금문 전서 예서 해서

'실 사(糸)' 와 '작은 벌레 연(肙)' 의 形聲字(형성자)로 비단의 뜻이다.


犬 | 개 **견**
• 犬부수, 총4획

犬 犬
갑골문 금문 전서 예서 해서

개의 옆모양을 象形(상형)하여 '犬, 犬, 犬, 犬, 犬' 과 같이 그린 것인데, 楷書體(해서체)의 '犬' 자가 된 것이다.


遣 | 보낼 **견**
• 辵부수, 총14획

遣 遣
갑골문 금문 전서 예서 해서

본래는 '𠳿' 의 자형으로 강제로 순장(殉葬)하다의 뜻이었는데, 뒤에 '쉬엄쉬엄갈 착(辶)' 과 '작은 덩어리 괴(𠳿)' 의 形聲字(형성자)로 쓸모 없는 것은 놓고 가다의 뜻으로 쓰였다. 뒤에 파견하다의 뜻으로 쓰인다.


肩 | 어깨 **견**
• 肉부수, 총8획

肩 肩 肩
갑골문 금문 전서 예서 해서

어깨의 모습을 나타낸 상형자(戶 : 여기서는 지게 호의 뜻이 아님)에 '고기 육(肉)' 자를 합친 會意字(회의자)이다.


見 | 볼 **견** / 나타날 **현**
• 見부수, 총7획

見 見 見
갑골문 금문 전서 예서 해서

甲骨文(갑골문)에 '𧢲' 의 자형으로, '눈 목(目)' 과 '儿(밑사람 인)' 의 會意字(회의자)로, 바라보는 사람의 눈을 강조하여 '보다' 의 뜻이다.

決 결단할 결
• 水부수, 총7획

갑골문 금문 전서 예서 해서

'물 수(氵)' 와 '결단할 쾌(夬)' 의 形聲字(형성자)로, 홍수의 범람을 막기 위해 상류 둑을 끊어 터놓는다는 데서 '끊다', '결단하다' 의 뜻이다.

結 맺을 결
• 糸부수, 총12획

갑골문 금문 전서 예서 해서

'실 사(糸)' 와 '길할 길(吉)' 의 形聲字(형성자)로, 실(糸)을 매듭지어 단단하게 묶듯이 좋은(吉) 일을 굳게 약속하니 '맺는다' 의 뜻이다.

潔 깨끗할 결
• 水부수, 총15획

갑골문 금문 전서 예서 해서

'물 수(氵)' 와 '깨끗할 결(絜)' 의 形聲字(형성자)로, 삼껍질 묶음은 가지런하고 물로 씻어 깨끗해야 하므로 청정무구, 곧 '깨끗하다' 의 뜻이다.

缺 이지러질 결
• 缶부수, 총10획

갑골문 금문 전서 예서 해서

항아리의 모양을 본뜬 '항아리 부(🏺→缶)' 와 '결단할 쾌(夬)' 자가 합쳐진 글자로, 항아리(缶)가 깨진 것에서 물건의 분열을 뜻한다.

兼 겸할 겸
• 八부수, 총10획

갑골문 금문 전서 예서 해서

두 포기 벼(禾)의 허리를 손(⺕→ヨ)으로 잡은 형상으로 '겸하다' 의 뜻으로 쓰였다.

# 謙
**겸손할 겸**
- 言부수, 총17획

갑골문　금문　전서　예서　해서

  '말씀 언(言)'과 '겸할 겸(兼)'의 形聲字(형성자)로, 말은 남을 높이고 자기를 낮추는 태도를 겸(兼)해야 하므로 말씀 언(言)자를 취하였다.

# 京
**서울 경**
- 亠부수, 총8획

갑골문　금문　전서　예서　해서

본래 성을 쌓고 높고 큰 집을 지은 모양을 본뜬 것으로, 뒤에 '서울'이라는 뜻으로 쓰였다.

# 景
**볕 경**
- 日부수, 총12획

갑골문　금문　전서　예서　해서

小篆(소전)에 '景'의 자형으로서, 곧 '日'과 '京'의 形聲字(형성자)이다. 햇빛이 나면 물체의 그림자가 생기므로 '그림자'의 뜻이었는데, 뒤에 '볕'의 뜻으로 쓰이게 되었다.

# 輕
**가벼울 경**
- 車부수, 총14획

갑골문　금문　전서　예서　해서

  '수레 거(車)'와 '물줄기 경(巠)'의 形聲字(형성자)로, 짐을 싣지 아니하여 사람이 타고 달려가기에 편한 수레를 가리킨 글자인데, '가볍다'의 뜻으로 쓰였다.

# 經
**글 경**
- 糸부수, 총14획

갑골문　금문　전서　예서　해서

  '실 사(糸)'와 '물줄기 경(巠)'의 形聲字(형성자)로, 물줄기(巠)가 흐르듯이 베를 짜는 '날실'이 길게 뻗쳐 있음을 나타낸 글자인데, 후에 '다스리다', '글'의 뜻이 되었다.

## 庚
일곱째천간 경

• 广부수, 총8획

| 甫 | 甬 | 甫 | 庚 | 庚 |
|---|---|---|---|---|
| 갑골문 | 금문 | 전서 | 예서 | 해서 |

小篆(소전)에 '甫' 의 자형으로, 가을철에 가득찬 '열매' 의 모양을 본뜬 象形字(상형자)인데, 뒤에 일곱째 '天干(천간)' 의 뜻으로 쓰였다. '庚' 이 계절로는 '가을' 에 해당한다.

## 耕
밭갈 경

• 耒부수, 총10획

| | | 耕 | 耕 | 耕 |
|---|---|---|---|---|
| 갑골문 | 금문 | 전서 | 예서 | 해서 |

쟁기(耒:쟁기 뢰)로 밭을 갈 때 '우물 정(井)' 자 처럼 가로 세로 반듯하게 '갈다' 의 뜻이다.

## 敬
공경 경

• 攴부수, 총13획

| | 敿 | 茢 | 敬 | 敬 |
|---|---|---|---|---|
| 갑골문 | 금문 | 전서 | 예서 | 해서 |

金文(금문)에 '敿' 의 자형으로, '羊' 의 省體(생체) '艹', '包' 의 省體(생체) '勹', 'ㅁ(입구)', '攴(칠 복)' 의 合體字(합체자)로 스스로 게으르지 않고 근신하도록 하는 행위에서 '공경하다' 의 뜻이 되었다.

## 驚
놀랄 경

• 馬부수, 총23획

| | | 驚 | 驚 | 驚 |
|---|---|---|---|---|
| 갑골문 | 금문 | 전서 | 예서 | 해서 |

'삼갈 경(敬)' 과 '말 마(馬)' 의 形聲字(형성자)로, 말(馬)이 쉽게 놀란다는 데서 '놀라다' 의 뜻이다.

## 慶
경사 경

• 心부수, 총15획

| | 慶 | 麞 | 慶 | 慶 |
|---|---|---|---|---|
| 갑골문 | 금문 | 전서 | 예서 | 해서 |

'사슴 록(鹿)' 의 변형자에 '마음 심(心)' , '걸을 쇠(夂)' 자가 합쳐진 글자이다. 경축하는 마음(心)으로 경사로운 일에 가는데(夂), 무늬(文: 紋)가 아름다운 사슴(鹿)의 가죽을 선물로 가지고 가는 데에서 유래한다. 慶의 가운데에 있는 '心' 은 본래 '心' → '夊' → '文' 의 자형이 변형된 것이다.

26

競 | 다툴 경
• 立부수, 총20획

갑골문　금문　전서　예서　해서

競 競 競

小篆(소전)에 '競' 의 자형으로 2개의 '言' 에 2개의 '人' 이 합쳐진 자형으로, 본래 두 사람이 말다툼하는 것을 나타내어 '겨루다' 이다. '誩' 자는 '다투어 말할 경' 으로서 形聲字(형성자)이기도 하다.

竟 | 다할 경
• 立부수, 총11획

갑골문　금문　전서　예서　해서

竟 竟 竟

'밑사람 인(儿)' 과 '소리 음(音)' 이 결합된 글자로 되어 있으나, 본래는 땅의 경계를 뜻한 글자로 境(지경 경)의 古字(고자)이다.

境 | 지경 경
• 土부수, 총14획

갑골문　금문　전서　예서　해서

境 境 境

'흙 토(土)' 와 '마칠 경(竟)' 의 形聲字(형성자)로, 땅(土)이 끝나는(竟) 경계로서 地境(지경) 의 뜻이다.

鏡 | 거울 경
• 金부수, 총19획

갑골문　금문　전서　예서　해서

鏡 鏡 鏡

'쇠 금(金)' 과 '마칠 경(竟)' 의 形聲字(형성자)로, 금속(金)의 면을 매끈하게 만들어 거울 로 사용한데서 '거울' 의 뜻이다.

頃 | 이랑 경
• 頁부수, 총16획

갑골문　금문　전서　예서　해서

頃 頃 頃

'人(亻)' 자의 반대 형태인 匕로써 머리(頁 : 머리 혈)가 기울어져 있음을 뜻한다.

**傾** 기울 **경**
• 人부수, 총13획

갑골문　금문　전서　예서　해서

'숟가락 비(匕)' 와 '머리 혈(頁)' 이 합쳐진 '고개 기울 경(頃)' 에 '사람 인(亻)' 을 더한 形聲字(형성자)로, '기울다' 의 뜻이다.

---

**硬** 굳을 **경**
• 石부수, 총12획

갑골문　금문　전서　예서　해서

'돌 석(石)' 과 '고칠 경(更)' 의 形聲字(형성자)로, '돌처럼 굳다' 의 뜻이다.

---

**警** 경계할 **경**
• 言부수, 총20획

갑골문　금문　전서　예서　해서

'삼갈 경(敬)' 과 '말씀 언(言)' 의 形聲字(형성자)로, 행동을 삼가도록(敬) 말(言)로 '깨우쳐 준다' 는 뜻이다.

---

**徑** 지름길 **경**
• 彳부수, 총10획

갑골문　금문　전서　예서　해서

'걸을 척(彳)' 과 '물줄기 경(巠)' 의 形聲字(형성자)로, 차가 다닐 수 없는 좁은 길의 뜻이다.

---

**卿** 벼슬 **경**
• 卩부수, 총12획

갑골문　금문　전서　예서　해서

두 사람(人)이 마주 보고 밥(皀→皂)을 먹는 모습이다. 시골(鄕)의 뜻과 동일한 자였으나, 뒤에 고관의 뜻으로 쓰였다.

| 癸 | 열째 천간 계 | | 갑골문 | 금문 | 전서 | 예서 | 해서 |
|---|---|---|---|---|---|---|---|
| | • 癶부수, 총9획 | | | | | | |

본래 삼지창의 모양을 본뜬 글자인데, 뒤에 '天干(천간)' 의 뜻으로 쓰이게 되었다.

| 季 | 계절 계 | | 갑골문 | 금문 | 전서 | 예서 | 해서 |
|---|---|---|---|---|---|---|---|
| | • 子부수, 총8획 | | | | | | |

'벼 화(禾) 와 '아들 자(子)' 의 會意字(회의자)로, 어린 벼의 뜻이었는데, 후에 '계절', '막내' 의 뜻으로 전의되었다.

| 界 | 지경 계 | | 갑골문 | 금문 | 전서 | 예서 | 해서 |
|---|---|---|---|---|---|---|---|
| | • 田부수, 총9획 | | | | | | |

'밭 전(田) 과 '끼일 개(介)' 의 形聲字(형성자)로, 밭(田) 사이에 끼어(介) 있는 길이 境界(경계)라는 뜻이다.

| 計 | 셀 계 | | 갑골문 | 금문 | 전서 | 예서 | 해서 |
|---|---|---|---|---|---|---|---|
| | • 言부수, 총9획 | | | | | | |

하나에서 십(十)까지 말(言)을 할 수 있으니 숫자를 헤아릴(計) 수 있다는 뜻이다.

| 溪 | 시내 계 | | 갑골문 | 금문 | 전서 | 예서 | 해서 |
|---|---|---|---|---|---|---|---|
| | • 水부수, 총13획 | | | | | | |

'물 수(水) 와 '어찌 해(奚)' 의 形聲字(형성자)로, 산골짜기를 흐르는 물, 곧 '시내' 라는 뜻이다.

## 鷄

닭 계

• 鳥부수, 총21획

| 갑골문 | 금문 | 전서 | 예서 | 해서 |
|---|---|---|---|---|

'鷄' 의 甲骨文(갑골문)은 본래 象形字(상형자)였는데, 뒤에 形聲字(형성자)로 변하였다. 닭도 새(鳥)로서 그 우는 소리(奚)를 더하여 만든 擬聲字(의성자)이다.

## 系

이을 계

• 糸부수, 총7획

| 갑골문 | 금문 | 전서 | 예서 | 해서 |
|---|---|---|---|---|

'실 사(糸)' 에 한 획을 그어 만든 指事字(지사자)로, 즉 '실을 잇는다' 는 뜻이다.

## 係

걸릴 계

• 人부수, 총9획

| 갑골문 | 금문 | 전서 | 예서 | 해서 |
|---|---|---|---|---|

'이을 계(系)' 와 '사람 인(亻)' 의 形聲字(형성자)로, 사람과 사람 사이를 잇거나, 關係 (관계)를 '맺다' 의 뜻이다.

## 戒

경계할 계

• 戈부수, 총7획

| 갑골문 | 금문 | 전서 | 예서 | 해서 |
|---|---|---|---|---|

金文(금문)에 '壴', 小篆(소전)에 '壴' 의 형태로서, 곧 두 손으로 창을 들고 있음을 나타낸 會意字(회의자)이다. 뒤에 주로 戒律(계율)의 뜻으로 쓰이게 되자, '言' 을 더하여 '誡 (경계할 계)' 자를 또 만들었다.

## 械

형틀 계

• 木부수, 총11획

| 갑골문 | 금문 | 전서 | 예서 | 해서 |
|---|---|---|---|---|

'나무 목(木)' 과 '경계할 계(戒)' 의 形聲字(형성자)로, 죄인을 징계하기(戒) 위해 나무(木) 로 만든 '형틀' 을 말했으나, '기계', '도구' 의 뜻으로 쓰였다.

| 繼 | 이을 계 | | 갑골문 | 금문 | 전서 | 예서 | 해서 |
|---|---|---|---|---|---|---|---|
| | • 糸부수, 총20획 | | | | | | |

'繼'는 곧 絕(끊을 절)의 古字(고자)이다. 끊어진 실은 풀솜으로 잇기 때문에 '糸(실 사)'를 더하였다.

| 契 | 맺을 계 | | 갑골문 | 금문 | 전서 | 예서 | 해서 |
|---|---|---|---|---|---|---|---|
| | • 大부수, 총9획 | | | | | | |

본래 갑골문에 '㓞'의 자형으로 칼(勹→刀)로 나무판에 새긴(丰) 것으로서 '글자'의 뜻이었는데 뒤에 '㓞→契'의 자형으로 변하고 '맺다'의 뜻으로 쓰이게 됨.

| 桂 | 계수나무 계 | | 갑골문 | 금문 | 전서 | 예서 | 해서 |
|---|---|---|---|---|---|---|---|
| | • 木부수, 총10획 | | | | | | |

'나무 목(木)'과 '홀 규(圭)'의 形聲字(형성자)로, 계수나무의 뜻이다.

| 啓 | 열 계 | | 갑골문 | 금문 | 전서 | 예서 | 해서 |
|---|---|---|---|---|---|---|---|
| | • 口부수, 총11획 | | | | | | |

'칠 복(攴→攵)'과 '열 계(启)'의 形聲字(형성자)로, '열다'의 뜻. 본래 갑골문에 '𢼄'의 자형으로 문(戶)을 손(又)으로 열다의 뜻인데, 뒤에 자형이 변함.

| 階 | 섬돌 계 | | 갑골문 | 금문 | 전서 | 예서 | 해서 |
|---|---|---|---|---|---|---|---|
| | • 阜부수, 총12획 | | | | | | |

'언덕 부(阜→阝)'와 '다 개(皆)'의 形聲字(형성자)로, 층층이 쌓인 것이 언덕(阜)과 같으므로 '섬돌(돌로 만든 계단)'의 뜻이다.

**古** 옛 고
- 口부수, 총5획

갑골문 금문 전서 예서 해서

옛날이야기가 옛사람의 입(口)에서 10代나 전해 내려와 매우 '오래다'의 뜻이다.

---

**故** 연고 고
- 攵부수, 총9획

갑골문 금문 전서 예서 해서

'칠 복(攵)'과 '옛 고(古)'의 形聲字(형성자)로, 옛일(古)의 그렇게 된 원인을 핍박(攵)하여 찾아낸다는 데서 '연고'의 뜻이 되었다.

---

**固** 굳을 고
- 口부수, 총8획

갑골문 금문 전서 예서 해서

'둘러싸일 위(口)'와 '옛 고(古)'의 形聲字(형성자)로, 둘러싸여 꼼짝 못하고 굳어져 있다는 뜻이다.

---

**苦** 쓸 고
- 艸부수, 총9획

갑골문 금문 전서 예서 해서

'풀 초(艹)'와 '옛 고(古)'의 形聲字(형성자)로, '大苦(대고)'라는 매우 쓴 약초의 이름인데, '쓰다', '괴롭다'의 뜻이 되었다.

---

**高** 높을 고
- 高부수, 총10획

갑골문 금문 전서 예서 해서

높은 곳에 굴을 파고 지붕과 오르내리는 사다리를 그리어 '髙, 髙, 高'의 형태로 그려 높음을 나타낸 것인데, 楷書體(해서체)의 '高'자가 된 것이다. 이층집의 象形(상형)으로도 풀이한다.

稿 | 볏짚 고
• 禾부수, 총15획

갑골문 | 금문 | 전서 | 예서 | 해서

'벼 화(禾)'와 '높을 고(高)'의 形聲字(형성자)로, 가늘고 길게 자란 볏짚이 높게 쌓였음을 뜻한다. 뒤에 '원고' 등의 문서를 뜻하게 되었다.

考 | 생각할 고
• 老부수, 총6획

갑골문 | 금문 | 전서 | 예서 | 해서

'耂'와 '丂'(巧의 古字로 자음은 '교')의 합자로 '老'와 통하여 쓰이던 轉注字(전주자)이다. '살필 고'는 뒤에 변한 뜻이다.

告 | 고할 고
• 口부수, 총7획

갑골문 | 금문 | 전서 | 예서 | 해서

'소 우(牛)'에 '입 구(口)'를 합한 글자로, 소는 비록 입으로 말은 못하나 뿔로 대신하여 의사를 전한다는 뜻에서 '알리다'의 뜻으로 쓰인다.

枯 | 마를 고
• 木부수, 총9획

갑골문 | 금문 | 전서 | 예서 | 해서

'나무 목(木)'과 '옛 고(古)'의 形聲字(형성자)로, 나무(木)가 오래되고 늙어(古) '마르다'의 뜻이다.

姑 | 시어머니 고
• 女부수, 총8획

갑골문 | 금문 | 전서 | 예서 | 해서

'계집 녀(女)'와 '옛 고(古)'의 形聲字(형성자)로, 시어머니는 며느리보다 나이가 많다는 데서 古를 취하였다.

| | | 갑골문 | 금문 | 전서 | 예서 | 해서 |

# 庫
곳집 고
- 广부수, 총10획

| | 庫 | 庫 | 庫 | 庫 |
| --- | --- | --- | --- | --- |
| 갑골문 | 금문 | 전서 | 예서 | 해서 |

'집 엄(广)'과 '수레 거(車)'의 會意字(회의자)로, 수레를 넣어두는 '창고'의 뜻이다.

# 孤
외로울 고
- 子부수, 총8획

| | | 肮 | 孤 | 孤 |
| --- | --- | --- | --- | --- |
| 갑골문 | 금문 | 전서 | 예서 | 해서 |

'아들 자(子)'와 '오이 과(瓜)'의 形聲字(형성자)로, 본의는 아버지를 잃은 아이로서 '외롭다'의 뜻이다. '瓜'는 '呱(울 고)'의 省體(생체)로 아버지를 잃은 아이는 呱呱(고고) 울기 때문에 취하였다.

# 鼓
북 고
- 鼓부수, 총13획

| | 𣌾 | 𣌾 | 𣌾 | 鼓 | 鼓 |
| --- | --- | --- | --- | --- | --- |
| 갑골문 | 금문 | 전서 | 예서 | 해서 |

북을 나타내는 고(鼓)자의 왼쪽 부분(壴)은 받침대(丄)에 올려져 있는 북(口)과 북 장식(士)의 모습이며, 오른쪽은 북채(卜)를 들고 있는 손(又)의 모습이다. 鼓(고)는 '북'의 뜻이고, 鼓(북칠 고)는 '북을 치다'의 뜻으로 다른 글자이다.

# 顧
돌아볼 고
- 頁부수, 총21획

| | | 𩑶 | 顧 | 顧 | 顧 |
| --- | --- | --- | --- | --- | --- |
| 갑골문 | 금문 | 전서 | 예서 | 해서 |

'머리 혈(頁)'과 '품팔 고(雇)'의 形聲字(형성자)로, 머리를 돌려 보다의 뜻이다. 九顧(구고)의 '雇'는 본래 철새의 뜻으로 九種(구종)의 철새 이름인데, 옛날 농부들은 항상 그 철새들이 날아오는 것을 바라보고 농사를 지었기 때문에 '雇(품팔 고)'를 더한 것이다.

# 穀
곡식 곡
- 禾부수, 총15획

| | | 穀 | 穀 | 穀 |
| --- | --- | --- | --- | --- |
| 갑골문 | 금문 | 전서 | 예서 | 해서 |

'벼 화(禾)'와 '껍질 각(殼 : 발음 요소)'의 形聲字(형성자)로, 곡식(禾)은 모두 껍질(殼)로 덮여 있다는 데서 모든 '곡물'을 뜻한다.

曲 굽을 곡
• 曰부수, 총6획

갑골문　금문　전서　예서　해서

金文(금문)에 '乚' 의 자형으로, 본래 누에를 올리는 굴곡진 잠박의 모양을 본뜬 것인데, 뒤에 '굽다' 의 뜻으로 쓰였다. 음정이 높고 낮게 굴곡지는 데서 '곡조' 의 뜻으로도 쓰인다.

哭 울 곡
• 口부수, 총10획

갑골문　금문　전서　예서　해서

'부르짖을 훤(吅)' 과 '감옥 옥(獄)' 에서 '犬(개 견)' 을 취하여, 감옥에 갇히는 사람은 울부짖으므로 '울다' 의 뜻이다.

谷 골 곡
• 谷부수, 총7획

갑골문　금문　전서　예서　해서

'谷(골 곡)' 자는 본래 산골짜기의 물이 흘러 내려 평원으로 들어가는 상태를 가리켜 '仚, 谷, 尙' 의 형태로 나타낸 것인데, 楷書體(해서체)의 '谷' 자가 된 것이다.

困 곤할 곤
• 口부수, 총7획

갑골문　금문　전서　예서　해서

'에울 위(口)' 와 '나무 목(木)' 을 합한 글자로, 방안에서는 나무가 자라기 곤란하다는 데서 '곤란' 의 의미로 쓰인다.

坤 땅 곤
• 土부수, 총8획

갑골문　금문　전서　예서　해서

'흙 토(土)' 와 '펼 신(申)' 의 合體字(합체자)로, 즉 흙(土)이 끝없이 펼쳐져(申) 있는 곳이 땅이다.

35

| | 骨 | | | | |
|---|---|---|---|---|---|
| 骨 뼈 골 • 骨부수, 총10획 | 갑골문 | 금문 | 전서 | 예서 | 해서 |

金文(금문)에 '' 의 자형으로, 본래 뼈의 관절 모양을 본뜬 것인데, 뒤에 '月→肉' 자를 더하여 '뼈 골(骨)' 이 되었다.

**功** 공 공
• 力부수, 총5획

갑골문  금문  전서  예서  해서

'장인 공(工)' 과 '힘 력(力)' 의 形聲字(형성자)이다. '工' 은 법규의 뜻으로, 곧 나라를 위하여 법도에 맞게 힘써 '공' 을 세우다의 뜻이다.

**空** 빌 공
• 穴부수, 총8획

갑골문  금문  전서  예서  해서

'구멍 혈(穴)' 과 '장인 공(工)' 의 形聲字(형성자)로, 땅속을 파낸(工) 구멍(穴)의 뜻에서 '비다' 의 뜻이다.

**工** 장인 공
• 工부수, 총10획

갑골문  금문  전서  예서  해서

목공이 집을 짓는데 있어서 가장 필요한 것은 수평이나 직각을 재는 도구, 곧 曲尺(곡척)이다. 이러한 자의 모양을 象形(상형)하여 '卫, 工, 占, 工' 의 형태로 그린 것이다. 뒤에 '장인', '일', '정교하다' 의 뜻으로 쓰이게 되었다.

**公** 공평할 공
• 八부수, 총4획

갑골문  금문  전서  예서  해서

사사로움(厶)을 떠나서 공정하게 나누었을(八) 때만이 '공평하다' 는 뜻이다.

| 孔 | 구멍 공 | | 갑골문 | 금문 | 전서 | 예서 | 해서 |
|---|---|---|---|---|---|---|---|

孔
구멍 공
• 子부수, 총4획

갑골문 금문 전서 예서 해서

본래 '𨸏'의 자형으로 어린아이가(子) 젖(乚)을 빠는 모양의 상형자로, 젖이 나오는 구멍의 뜻이다.

共
한가지 공
• 八부수, 총6획

갑골문 금문 전서 예서 해서

'𦥑, 𠬞, 𠀐, 𦥑'의 자형으로서 양손으로 물건을 받들어 드리는 동작을 나타낸 會意字(회의자)이다. 뒤에 '共'이 '함께, 한가지'의 뜻으로 전의되자 '供(바칠 공)', '拱(두 손 맞잡을 공)' 등의 자형으로 累增字(누증자)가 만들어졌다.

供
이바지 공
• 人부수, 총8획

갑골문 금문 전서 예서 해서

'사람 인(亻)'에 '함께 공(共)'의 形聲字(형성자)로, 함께(共)하는 사람(亻)이라는 데서 '함께 하다', '이바지하다'의 뜻이다.

恭
공손할 공
• 心부수, 총10획

갑골문 금문 전서 예서 해서

'마음 심(心)'과 '함께 공(共)'의 形聲字(형성자)로, 많은 사람이 함께(共) 만날 때에는 서로 마음(心→忄)을 공경해야 한다는 데서 '공손하다'의 뜻이다.

攻
칠 공
• 攵부수, 총7획

갑골문 금문 전서 예서 해서

'장인 공(工)'과 '칠 복(攵)'의 形聲字(형성자)로, 정교(工)히 집중해서 쳐(攵)야 굳은 것을 깨칠 수 있으므로 '치다'의 뜻이다.

恐 | 두려울 공
• 心부수, 총10획

갑골문 금문 전서 예서 해서

'마음 심(心)' 과 '玒(안을 공)' 의 形聲字(형성자)이다. 두려운 일이 생길 때는 마음이 굳어지므로 玒을 더하였다.

貢 | 바칠 공
• 貝부수, 총10획

갑골문 금문 전서 예서 해서

'조개 패(貝)' 와 '장인 공(工)' 의 形聲字(형성자)로, 재물을 정교히(工) 만들어 윗 기관에 헌납하다에서 '바치다' 의 뜻이 되었다.

果 | 실과 과
• 木부수, 총8획

갑골문 금문 전서 예서 해서

'木(나무 목)' 에 열매를 표시한 '' 의 부호를 더하여 '果, 果' 와 같이 나타낸 것인데, 楷書體(해서체)의 '果' 자로 '실과' 의 뜻이다.

課 | 과정 과
• 言부수, 총15획

갑골문 금문 전서 예서 해서

'말씀 언(言)' 과 '실과 과(果)' 의 形聲字(형성자)로, 물어서(言) 그 실력을 '시험하다' 의 뜻이었는데, '과정(課程)' , '학업' 등의 뜻으로 쓰인다.

科 | 과목 과
• 禾부수, 총9획

갑골문 금문 전서 예서 해서

'벼 화(禾)' 와 '말 두(斗)' 의 會意字(회의자)로, 곡식(禾)을 말(斗)로 헤아려 차이를 매기므로 '등급' , '품류' 의 뜻인데 '과목' 의 뜻으로도 쓰인다.

| 過 | 지날 과 | | 갑골문 | 금문 | 전서 | 예서 | 해서 |
|---|---|---|---|---|---|---|---|
| | • 辵부수, 총13획 | | | | | | |

'소용돌이 와(渦)'의 省體(생체)인 '咼'와 '쉬엄쉬엄 갈 착(辶)'의 形聲字(형성자)로, '물을 건너다'에서 '지나다'로, '허물'의 뜻으로도 쓰인다.

| 戈 | 창 과 | | 갑골문 | 금문 | 전서 | 예서 | 해서 |
|---|---|---|---|---|---|---|---|
| | • 戈부수, 총4획 | | | | | | |

창의 모양인 ', '의 형태로 그려서 '무기'의 뜻으로 쓰이는 글자이다.

| 誇 | 자랑할 과 | | 갑골문 | 금문 | 전서 | 예서 | 해서 |
|---|---|---|---|---|---|---|---|
| | • 言부수, 총13획 | | | | | | |

'말씀 언(言)'과 '자랑할 과(夸)'의 形聲字(형성자)로, 크게 불려 자랑한다는 데서 '과장하다'의 뜻이다.

| 寡 | 적을 과 | | 갑골문 | 금문 | 전서 | 예서 | 해서 |
|---|---|---|---|---|---|---|---|
| | • 宀부수, 총14획 | | | | | | |

小篆(소전)에 '寡'의 자형으로, '宀(집 면)'과 '頒(나눌 반)'의 合體字(합체자)인데, 집안의 소유를 나누어 주면 남은 것이 적어지므로 '적다'의 뜻이 되었다.

| 瓜 | 오이 과 | | 갑골문 | 금문 | 전서 | 예서 | 해서 |
|---|---|---|---|---|---|---|---|
| | • 瓜부수, 총5획 | | | | | | |

오이 덩굴에 오이가 달려있는 모양을 그린 글자이다.

## 郭
성곽 곽
- 邑부수, 총11획

| 갑골문 | 금문 | 전서 | 예서 | 해서 |

'드릴 향(享)'과 '고을 읍(邑→阝)'이 합쳐진 글자로, 고을(阝)을 둘러싸고 있는 높이 솟아 있는 집(享)이 성곽(城郭)이라는 뜻이다.

## 官
벼슬 관
- 宀부수, 총8획

| 갑골문 | 금문 | 전서 | 예서 | 해서 |

'집 면(宀)'과 '흙더미 또는 무리 추(𠂤)'의 변형자가 합쳐진 會意字(회의자)이다. 衆臣(𠂤)이 집안에 모여 나랏일을 본다는 뜻이다.

## 觀
볼 관
- 見부수, 총25획

| 갑골문 | 금문 | 전서 | 예서 | 해서 |

'황새 관(雚)'과 '볼 견(見)'의 形聲字(형성자)로, 황새(雚)가 먹이를 찾아 자세히 '본다(見)'는 데서 '보다', '관찰하다'의 뜻이 되었다.

## 關
빗장 관
- 門부수, 총19획

| 갑골문 | 금문 | 전서 | 예서 | 해서 |

'문 문(門)'과 '북에 실 꿸 관(絲)'의 形聲字(형성자)로, 문(門)을 북에 실 꿰듯이(絲) 빗장을 질러 문을 잠그다에서 '닫다'의 뜻이 되었다.

## 館
객사 관
- 食부수, 총17획

| 갑골문 | 금문 | 전서 | 예서 | 해서 |

'먹을 식(食)'과 '집 관(官)'의 形聲字(형성자)로, 옛날 관청에서 공무 중인 관리인들에게 숙식을 제공하여 접대하던 곳의 뜻이다.

# 管

대롱 관
- 竹부수, 총14획

| 갑골문 | 금문 | 전서 | 예서 | 해서 |
|---|---|---|---|---|
| | | 管 | 管 | 管 |

'대나무 죽(竹)' 과 '벼슬 관(官)' 의 形聲字(형성자)로, 대나무(竹)로 만든 6孔의 '악기' 의 뜻이다.

# 貫

꿸 관
- 貝부수, 총11획

| 갑골문 | 금문 | 전서 | 예서 | 해서 |
|---|---|---|---|---|
| | | 貫 | 貫 | 貫 |

'꿸 관(毌)' 자의 累增字(누증자)로, 뜻을 분명히 하기 위해 '조개 패(貝)' 자를 추가하여 꿸 관(貫)자가 되었다.

# 慣

버릇 관
- 心부수, 총14획

| 갑골문 | 금문 | 전서 | 예서 | 해서 |
|---|---|---|---|---|
| | | 慣 | 慣 | 慣 |

'마음 심(忄)' 과 '꿸 관(貫)' 의 形聲字(형성자)로, 옛날 관습을 이어 행함을 뜻하며 '버릇' 이나 '습관' 을 뜻한다.

# 冠

갓 관
- 冖부수, 총9획

| 갑골문 | 금문 | 전서 | 예서 | 해서 |
|---|---|---|---|---|
| | | 冠 | 冠 | 冠 |

머리(元)에 쓰는 '갓(冖)' 을 의미한다. 본래는 손(寸)으로 모자(冖)를 들어 머리(元)에 쓴 것을 나타낸 글자이다.

# 寬

너그러울 관
- 宀부수, 총15획

| 갑골문 | 금문 | 전서 | 예서 | 해서 |
|---|---|---|---|---|
| | | 寬 | 寬 | 寬 |

'집 면(宀)' 과 '뿔 가는 산양 환(莧)' 의 形聲字(형성자)이다. '莧(환)' 이란 山羊(산양)은 넓은 들을 좋아한다는 데서 '집이 넓다' , '너그럽다' 의 뜻이 되었다.

光
빛 광
● 儿부수, 총6획

| 갑골문 | 금문 | 전서 | 예서 | 해서 |

甲骨文(갑골문)에 '？' 의 자형으로 여자가 聖火(성화)를 이고 신전에 바치는 모습을 본뜬 것인데, '빛' 의 뜻으로 변하였다.

廣
넓을 광
● 广부수, 총15획

| 갑골문 | 금문 | 전서 | 예서 | 해서 |

'집 엄(广)' 과 '누를 황(黃)' 의 形聲字(형성자)로, '집이 넓다' 의 뜻이다.

鑛
쇳돌 광
● 金부수, 총23획

| 갑골문 | 금문 | 전서 | 예서 | 해서 |

'쇠 금(金)' 과 '넓을 광(廣)' 의 形聲字(형성자)로, 녹이지 않은 광물의 뜻이다.

掛
걸 괘
● 手부수, 총11획

| 갑골문 | 금문 | 전서 | 예서 | 해서 |

'손 수(扌)' 와 '괘이름 괘(卦)' 의 形聲字(형성자)로, 손으로 걸다의 뜻이다. 卦가 본자로, 圭(홀 규)는 천자가 제후를 봉할 때 주는 瑞玉(서옥)이다. 圭는 제후가 양손으로 받들다에서 걸다의 뜻으로 취했다.

塊
흙덩이 괴
● 土부수, 총13획

| 갑골문 | 금문 | 전서 | 예서 | 해서 |

'흙 토(土)' 와 '귀신 귀(鬼)' 의 形聲字(형성자)이다. '甴' 의 累增字(누증자)로 흙덩이의 뜻이다.

| 愧 | 부끄러워할 괴 |  | | | | |
|---|---|---|---|---|---|---|
|  | • 心부수, 총13획 | 갑골문 | 금문 | 전서 | 예서 | 해서 |

'마음 심(忄)' 과 '귀신 귀(鬼)' 의 形聲字(형성자)로, '부끄럽다' 의 뜻이다.

| 怪 | 기이할 괴 |  | | | | |
|---|---|---|---|---|---|---|
|  | • 心부수, 총8획 | 갑골문 | 금문 | 전서 | 예서 | 해서 |

'마음 심(心)' 과 '힘쓸 골(圣)' 의 形聲字(형성자)로, 괴이하다의 뜻이다.

| 壞 | 무너질 괴 |  | | | | |
|---|---|---|---|---|---|---|
|  | • 土부수, 총19획 | 갑골문 | 금문 | 전서 | 예서 | 해서 |

'흙 토(土)' 와 '품을 회(褱 : 懷의 古字)' 의 形聲字(형성자)로, 좋은 물건을 몰래 가져가다 의 뜻에서 '물건을 잃다' , 나아가 '흙이 떨어지다' 의 뜻이다.

| 交 | 사귈 교 |  | | | | |
|---|---|---|---|---|---|---|
|  | • 亠부수, 총6획 | 갑골문 | 금문 | 전서 | 예서 | 해서 |

甲骨文(갑골문)에 '交' 의 자형으로, 사람이 다리를 꼬고 서 있는 모양에서 '섞이다' , '바뀌다' 의 뜻이다.

| 校 | 학교 교 |  | | | | |
|---|---|---|---|---|---|---|
|  | • 木부수, 총10획 | 갑골문 | 금문 | 전서 | 예서 | 해서 |

본래는 '나무 목(木)' 과 '사귈 교(交)' 의 形聲字(형성자)로, 刑具(형구)를 나타낸 글자인 데, 뒤에 '학교' 의 뜻으로 쓰였다.

| | | 갑골문 | 금문 | 전서 | 예서 | 해서 |

郊 성밖 교
• 邑부수, 총9획

'고을 읍(阝)' 과 '사귈 교(交)' 의 形聲字(형성자)로, 도읍지에서 백 리 떨어진 변두리의
뜻이다.

較 견줄 교
• 車부수, 총13획

'수레 차(車)' 와 '사귈 교(交)' 의 形聲字(형성자)로, 원래 수레의 양옆 판자에 직각으로
교차하는 가로나무의 의미였으나, 뒤에 '비교하다' 라는 뜻으로 쓰인다.

橋 다리 교
• 木부수, 총16획

'나무 목(木)' 과 '높을 교(喬)' 의 形聲字(형성자)로, 喬 의 뜻이 높고 굽다는 데서, 수면
에서 높이 무지개처럼 굽어 있는 모양의 '다리' 란 뜻이다.

矯 바로잡을 교
• 矢부수, 총17획

'화살 시(矢)' 와 '높을 교(喬)' 의 形聲字(형성자)로, '휘어진 화살을 바로 잡는다' 는 데
서 '교정하다' 의 뜻이다.

敎 가르칠 교
• 攴부수, 총11획

'인도할 교(孝)' 와 '칠 복(攵)' 의 合體字(합체자)로, 어린아이가 공부하도록 회초리를 친
다에서 '가르치다' 의 뜻이다.

| 巧 | 공교할 교 | | 巧 巧 巧 |
|---|---|---|---|
| | • 工부수, 총5획 | 갑골문 금문 | 전서 예서 해서 |

'장인 공(工)' 과 '머무를 교(丂)' 의 形聲字(형성자)로, 물건을 만드는 솜씨가 교묘하다
의 뜻이다.

| 九 | 아홉 구 | | 乚 乚 几 九 九 |
|---|---|---|---|
| | • 乙부수, 총2획 | | 갑골문 금문 전서 예서 해서 |

본래 낚시의 형태를 象形(상형)하여 '乚, 乛, 几' 와 같이 그린 象形字(상형자)인데, 이
미 甲骨文(갑골문)에서부터 숫자의 아홉을 뜻하는 글자로 빌려 쓰이게 되었으며, 楷書
體(해서체)의 '九' 자가 된 것이다.

| 究 | 연구할 구 | | 究 究 究 |
|---|---|---|---|
| | • 穴부수, 총7획 | 갑골문 금문 | 전서 예서 해서 |

'구멍 혈(穴)' 과 '아홉 구(九)' 의 形聲字(형성자)로, 굴(穴)의 밑바닥까지 이르다에서 窮
究(궁구)하다의 뜻이다. 九는 數의 極을 뜻함에서 취해졌다.

| 口 | 입 구 | | ⊌ ⊌ ⊌ ⊌ 口 |
|---|---|---|---|
| | • 口부수, 총3획 | | 갑골문 금문 전서 예서 해서 |

입의 모양을 象形(상형)하여 '⊌' 와 같이 그린 것인데, 뒤에 楷書體(해서체)의 '口자
가 된 것이다.

| 求 | 구할 구 | | 求 求 求 求 求 |
|---|---|---|---|
| | • 水부수, 총7획 | | 갑골문 금문 전서 예서 해서 |

甲骨文(갑골문)에 '求', 金文(금문)에 '求, 求, 求' 등의 자형으로, 가죽옷의 모양을
그린 象形字(상형자)이다. 뒤에 '求' 의 뜻이 '구하다' 로 쓰이게 되자, '衣(옷 의)' 자를
더하여 '裘, 裘(가죽옷 구)' 자를 또 만들었다. 짐승의 가죽을 구해 얻어야 옷을 만들
수 있기 때문에 '求(가죽옷 구)' 가 '구하다' 의 뜻으로 전의된 것이다.

## 救

구원할 **구**

• 攵부수, 총11획

갑골문 　 금문 　 전서 　 예서 　 해서

‘구할 구(求)’ 와 ‘칠 복(攴→攵)’ 의 形聲字(형성자)이다. ‘求’ 는 ‘裘’〔가죽옷 구의 初文(초문)〕으로 사람을 완전하게 보호하다의 의미에서 ‘구원하다’ 의 뜻이 되었다.

## 久

오랠 **구**

• 丿부수, 총3획

갑골문 　 금문 　 전서 　 예서 　 해서

사람의 다리를 뒤에서 끈으로 잡아 당겨 앞으로 빨리 갈 수 없는 모양에서 시간이 오래 걸림을 가리키어 ‘久’ 와 같이 쓴 것인데, 楷書體(해서체)의 ‘久(오랠 구)’ 가 된 것이다.

## 句

글귀 **구**

• 口부수, 총5획

갑골문 　 금문 　 전서 　 예서 　 해서

‘입 구(口)’ 와 얽힐 규(糾)의 初文(초문)인 ‘丩’ 의 形聲字(형성자)로, 입은 먹고 말하는 외에는 늘 닫혀 있으므로 ‘그치다’ 의 뜻으로써 글의 내용이 마친 ‘글귀’ 의 뜻이다.

## 苟

진실로 **구**

• 艹부수, 총9획

갑골문 　 금문 　 전서 　 예서 　 해서

‘풀 초(艹)’ 와 ‘글귀 구(句)’ 의 形聲字(형성자)로, 원래는 풀이름이었으나, 가차되어 ‘진실로’ , ‘구차하다’ 란 뜻으로 사용된다.

## 拘

잡을 **구**

• 手부수, 총8획

갑골문 　 금문 　 전서 　 예서 　 해서

‘손 수(扌)’ 와 ‘글귀 구(句)’ 의 形聲字(형성자)로, 句는 曲(굽을 곡)의 뜻으로 손으로 꼼짝 못하게 ‘잡다’ , ‘구속하다’ 의 뜻이다.

狗 | 개 구
• 犬부수, 총8획

갑골문 금문 전서 예서 해서

'개 견(犭)' 과 '글귀 구(句)' 의 形聲字(형성자)로, '犬' 이 큰 개인데 대하여 '작은 개' 를 뜻한다.

舊 | 옛 구
• 臼부수, 총18획

갑골문 금문 전서 예서 해서

머리에는 털뿔이 나 있는 부엉이의 모양을 본뜬 '雈(萑)' 의 자형에 발음요소인 '臼(절구 구)' 를 더한 것인데, 뒤에 '오래다' 의 뜻으로 쓰이게 되었다.

具 | 갖출 구
• 八부수, 총8획

갑골문 금문 전서 예서 해서

본래 '솥 정(鼎)' 에 '손 맞잡을 공(廾)' 을 합친 글자이다. 두 손(廾)으로 솥(鼎)을 들고 있는 모습으로 함께 들다의 뜻이었으나 뒤에 갖추다의 뜻으로 변하였다.

俱 | 함께 구
• 人부수, 총10획

갑골문 금문 전서 예서 해서

'사람 인(亻)' 과 '갖출 구(具)' 의 形聲字(형성자)로, 함께의 뜻이다.

區 | 구역 구
• 匸부수, 총11획

갑골문 금문 전서 예서 해서

본래 많은 물건(品)을 보이지 않게 감춘다(匸 : 감출 혜)는 뜻이었는데, 뒤에 '구역' 의 뜻으로 쓰였다.

| | 몰 구 | | 갑골문 | 금문 | 전서 | 예서 | 해서 |
|---|---|---|---|---|---|---|---|
| 驅 | • 馬부수, 총21획 | | | | | | |

'말 마(馬)' 와 '구역 구(區)' 의 形聲字(형성자)이지만, 본래는 '敺(몰 구)' 의 자형으로써 채찍을 손에 잡고 몰다의 뜻이다.

| | 갈매기 구 | | 갑골문 | 금문 | 전서 | 예서 | 해서 |
|---|---|---|---|---|---|---|---|
| 鷗 | • 鳥부수, 총22획 | | | | | | |

'새 조(鳥)' 와 '구역 구(區)' 의 形聲字(형성자)로, 갈매기의 뜻. '區' 는 漚(담글 구)의 省字(생자)로 거품의 뜻이 있어 갈매기는 거품처럼 물에 잘 뜨는 뜻에서 취함.

| | 두려워할 구 | | 갑골문 | 금문 | 전서 | 예서 | 해서 |
|---|---|---|---|---|---|---|---|
| 懼 | • 心부수, 총21획 | | | | | | |

'두리번거릴 구(瞿)' 와 '새 추(隹)' 의 合體字(합체자)인 '매 구(瞿)' 에 '마음 심(忄)' 을 더하여 작은 새가 두리번 거리듯이 '두려워하다' 의 뜻이다.

| | 얽을 구 | | 갑골문 | 금문 | 전서 | 예서 | 해서 |
|---|---|---|---|---|---|---|---|
| 構 | • 木부수, 총14획 | | | | | | |

'나무 목(木)' 에 '어긋매 쌓을 구(冓)' 의 形聲字(형성자)로, 나무(木)를 가로 세로 엇걸어 쌓아올린다(冓) 하여 '얽다' , '맺다' 의 뜻이다.

| | 언덕 구 | | 갑골문 | 금문 | 전서 | 예서 | 해서 |
|---|---|---|---|---|---|---|---|
| 丘 | • 一부수, 총5획 | | | | | | |

언덕의 모양을 정면에서 바라본 것을 본뜬 글자이다.

| | 공 구 | | | | | |
|---|---|---|---|---|---|---|
| 球 | 玉부수, 총10획 | 갑골문 | 금문 | 전서 | 예서 | 해서 |

'구슬 옥(王→玉)' 과 '구할 구(求)' 의 形聲字(형성자)로, 본래는 옥으로 만든 '磬(경)' 이란 악기의 뜻이었는데, 뒤에 '공' 의 뜻으로 쓰였다.

| | 나라 국 | | | | | |
|---|---|---|---|---|---|---|
| 國 | 口부수, 총15획 | 갑골문 | 금문 | 전서 | 예서 | 해서 |

'國' 자의 本字인 '或' 이 甲骨文(갑골문)에 '呀, 곸, 咋', 金文(금문)에 '혽, 或, 區' 등의 자형으로, 창으로 성을 지키는 모양을 나타낸 會意字(회의자)이다. 뒤에 '或' 이 '혹은, 어떤' 의 뜻으로 전의 되자, '或' 에 영토의 뜻을 가진 '口(에울 위)' 를 더하여 다시 '國' 자를 만들었다.

| | 국화 국 | | | | | |
|---|---|---|---|---|---|---|
| 菊 | 艸부수, 총12획 | 갑골문 | 금문 | 전서 | 예서 | 해서 |

'풀 초(艹)' 와 '움켜쥘 국(匊)' 의 形聲字(형성자)로, '국화' 의 뜻이다.

| | 판 국 | | | | | |
|---|---|---|---|---|---|---|
| 局 | 尸부수, 총7획 | 갑골문 | 금문 | 전서 | 예서 | 해서 |

본래 '局' 의 자형으로, 곧 '尺(자 척)' 과 '口(입 구)' 의 合體字(합체자)이다. 입(口)을 잘못 놀리어 법도(尺)에 어긋나면 구속된다는 데서 官署(관서)의 뜻으로 쓰인다.

| | 임금 군 | | | | | |
|---|---|---|---|---|---|---|
| 君 | 口부수, 총7획 | 갑골문 | 금문 | 전서 | 예서 | 해서 |

'다스릴 윤(尹)' 과 '입 구(口)' 의 合體字(합체자)로, 백성을 다스리기(尹) 위하여 호령(口)하는 '군주' 를 뜻한다.

## 郡

고을 **군**

• 邑부수, 총10획

| 갑골문 | 금문 | 전서 | 예서 | 해서 |
|---|---|---|---|---|
| 鄒 | 郡 | 郡 | | |

임금(君)이 다스리는 마을(阝 : 阜 언덕 부)이라는 데서 지방 행정 구획의 하나인 '군' 의 뜻이다.

## 群

무리 **군**

• 羊부수, 총13획

| 갑골문 | 금문 | 전서 | 예서 | 해서 |
|---|---|---|---|---|
| 羣 | 羣 | 群 | 群 | |

'임금 군(君)' 과 '양 양(羊)' 의 形聲字(형성자)로, 양(羊)이 떼를 지어 디니니까 '무리' 의 뜻이다.

## 軍

군사 **군**

• 車부수, 총9획

| 갑골문 | 금문 | 전서 | 예서 | 해서 |
|---|---|---|---|---|
| 軍 | 軍 | 軍 | 軍 | |

金文(금문)에 '軍' 의 자형으로, 곧 '집 면(宀)' 과 '수레 거(車)' 의 會意字(회의자)로서 집(宀) 밑에 병사와 수레가 머물고 있다는 것에서 '병영' , '군사' 의 뜻이다.

## 屈

굽을 **굴**

• 尸부수, 총8획

| 갑골문 | 금문 | 전서 | 예서 | 해서 |
|---|---|---|---|---|
| 屈 | 屈 | 屈 | 屈 | |

본래의 자형은 '屈' 의 형태로 날개가 없는 자벌레 같은 것은 몸을 굴신하여 움직이는데서 '구부리다' 의 뜻으로 쓰였다.

## 宮

집 **궁**

• 宀부수, 총10획

| 갑골문 | 금문 | 전서 | 예서 | 해서 |
|---|---|---|---|---|
| 宮 | 宮 | 宮 | 宮 | 宮 |

지붕(宀) 아래에 방(口)이 여러 개 이어져 있는 큰 집으로, 혹은 창문(口)이 여러 개 있는 집으로 나중에는 '宮闕(궁궐)' 의 뜻이 되었다.

| 弓 | 활 궁 | | 갑골문 | 금문 | 전서 | 예서 | 해서 |
|---|---|---|---|---|---|---|---|
| | • 弓부수, 총3획 | | | | | | |

활의 모양을 象形(상형)하여 '弓, 弓, 弓' 과 같이 그린 것인데, 楷書體(해서체)의 '弓(활궁)' 자가 된 것이다.

| 窮 | 다할 궁 | | 갑골문 | 금문 | 전서 | 예서 | 해서 |
|---|---|---|---|---|---|---|---|
| | • 穴부수, 총15획 | | | | | | |

'구멍 혈(穴)' 과 '몸 궁(躬)' 의 形聲字(형성자)로, 몸(躬)을 구부리고 들어가던 굴(穴)이 끝을 다하고 막히니 '다하다', '곤궁하다' 의 뜻으로 쓰인다.

| 卷 | 책 권 | | 갑골문 | 금문 | 전서 | 예서 | 해서 |
|---|---|---|---|---|---|---|---|
| | • 卩부수, 총8획 | | | | | | |

'권(关)' 자 아래에 '병부 절(卩)' 자의 形聲字(형성자)로, 무릎을 굽힌 형태로서 죽간을 손으로 돌돌 마는 모습을 표현한 것인데, 뒤에 '책' 이라는 뜻으로 쓰이게 되었다.

| 權 | 권세 권 | | 갑골문 | 금문 | 전서 | 예서 | 해서 |
|---|---|---|---|---|---|---|---|
| | • 木부수, 총22획 | | | | | | |

'나무 목(木)' 과 '황새 관(雚)' 의 形聲字(형성자)로, 본래 황색 꽃이 피는 나무의 뜻이었는데, 뒤에 '저울' 의 뜻으로 쓰이다가 '권세' 의 뜻으로 쓰이게 되었다.

| 勸 | 권할 권 | | 갑골문 | 금문 | 전서 | 예서 | 해서 |
|---|---|---|---|---|---|---|---|
| | • 力부수, 총20획 | | | | | | |

'힘 력(力)' 자와 '황새 관(雚)' 의 形聲字(형성자)로, 황새는 물을 거스르며 먹이를 잡느라 매우 수고하므로 힘써(力) 최선을 다하라는 데서 '권하다' 의 뜻이다.

**券** 문서 권
- 刀부수, 총8획

갑골문　금문　전서　예서　해서

'칼 도(刀)'와 '말 권(券)'의 形聲字(형성자)이다. '券'의 본래 자형은 '券'의 형태로 손으로 발을 잡다의 뜻이었는데, '券'의 형태로 '둘둘 말다'의 뜻으로 변하였다. '券'은 칼로 나무판에 새기어 반쪽씩 나누어 가지고 있다가 서로 맞추어 약속을 이행한데서 '문서'의 뜻이 되었다.

**拳** 주먹 권
- 手부수, 종10획

갑골문　금문　전서　예서　해서

'손 수(手)'와 '말 권(券)'의 形聲字(형성자)로, 주먹의 뜻이다.

**厥** 그 궐
- 厂부수, 총12획

갑골문　금문　전서　예서　해서

'언덕 한(厂)'과 '숨찰 궐(欮)'의 形聲字(형성자)로, 바위언덕에서 돌을 깨내다의 뜻인데, 돌을 깰 때 힘들어 숨차다의 뜻이 되고, 뒤에 '그것'의 뜻이 되었다.

**貴** 귀할 귀
- 貝부수, 총12획

갑골문　금문　전서　예서　해서

'蕢(풀그릇 귀)'의 古字(고자)인 '臾'와 '조개 패(貝)'의 形聲字(형성자)로, '물가가 비싸다'의 뜻이었는데, '귀하다'의 뜻이 되었다.

**鬼** 귀신 귀
- 鬼부수, 총10획

갑골문　금문　전서　예서　해서

뿔이 난 큰 머리통의 기이한 모양(鬼, 鬼)을 본뜬 것인데, 뒤에 귀신은 못된 짓을 한다는 뜻을 나타내는 'ㅿ(사사로울 사)'를 더한 글자이다.

| 歸 | 돌아갈 귀 | | 갑골문 | 금문 | 전서 | 예서 | 해서 |
|---|---|---|---|---|---|---|---|
| | • 止부수, 총18획 | | | | | | |

'며느리 부(婦)'의 省體(생체)인 '帚(비 추)'와 '언덕 퇴(𠂤 : 堆의 本字)'와 '그칠 지(止)'의 合體字(합체자)로, 여자가 시집가서 평생 머물러(止) 산다는 뜻에서 '돌아가다'의 뜻이 되었다.

| 龜 | 거북 귀 / 터질 균 / 나라 이름 구 | | 갑골문 | 금문 | 전서 | 예서 | 해서 |
|---|---|---|---|---|---|---|---|
| | • 龜부수, 총16획 | | | | | | |

거북의 모양을 본떠 만든 글자로, 甲骨文(갑골문)에서는 '☖'와 같이 그렸던 것인데, 뒤에 '☖'와 같이 변형하여 楷書體(해서체)의 '龜'자가 된 것이다.

| 叫 | 부르짖을 규 | | 갑골문 | 금문 | 전서 | 예서 | 해서 |
|---|---|---|---|---|---|---|---|
| | • 口부수, 총5획 | | | | | | |

'입 구(口)'와 '얽힐 구(丩)'자의 形聲字(형성자)로, 큰소리로 부르짖다의 뜻이다.

| 規 | 법 규 | | 갑골문 | 금문 | 전서 | 예서 | 해서 |
|---|---|---|---|---|---|---|---|
| | • 見부수, 총11획 | | | | | | |

'사내 부(夫)'에 '볼 견(見)'을 합한 글자로, 장부(夫)는 사물을 올바르게 본다(見)는 데서 '바르다', '규범'의 뜻이다.

| 閨 | 안방 규 | | 갑골문 | 금문 | 전서 | 예서 | 해서 |
|---|---|---|---|---|---|---|---|
| | • 門부수, 총14획 | | | | | | |

'문 문(門)'과 '홀 규(圭)'의 形聲字(형성자)로 홀(圭)의 형태처럼 위가 둥글고 아래가 모진 작은 門의 뜻. 출입의 편리를 위하여 특별히 세운 문으로 그 안에 부녀가 거처하게 하여 內室(내실)이란 뜻으로도 쓰임.

| 均 | 고를 균 | | 갑골문 | 금문 | 전서 | 예서 | 해서 |
| --- | --- | --- | --- | --- | --- | --- | --- |
| | ● 土부수, 총7획 | | | | | | |

'均' 자는 '土' 와 '匀(적을 균)' 의 形聲字(형성자)로, 土는 흙덩이(◌)의 象形(상형)이며, '二' 와 '勹(쌀 포)' 로 구성된 '匀(균)' 은 '고루 나누다' 는 뜻에서 '땅을 평평히 하다', '고르다' 의 뜻이다.

| 菌 | 버섯 균 | | 갑골문 | 금문 | 전서 | 예서 | 해서 |
| --- | --- | --- | --- | --- | --- | --- | --- |
| | ● 艸부수, 총12획 | | | | | | |

'풀 초(艹)' 와 '곳집 균(困)' 의 形聲字(형성자)로, 습한 곳에서 자라난 버섯을 뜻한다.

| 極 | 극진할 극 | | 갑골문 | 금문 | 전서 | 예서 | 해서 |
| --- | --- | --- | --- | --- | --- | --- | --- |
| | ● 木부수, 총13획 | | | | | | |

'나무 목(木)' 에 '빠를 극(亟)' 을 합한 形聲字(형성자)로, 용마루(木)를 올리는 일은 위험하니 빨리(亟) 정성을 다해서 해야 한다는 데서 '지극하다', '극도' 의 뜻이다.

| 克 | 이길 극 | | 갑골문 | 금문 | 전서 | 예서 | 해서 |
| --- | --- | --- | --- | --- | --- | --- | --- |
| | ● 儿부수, 총7획 | | | | | | |

小篆(소전)에 '亨' 의 자형으로 후자(정자)의 지붕을 기둥이 바치고 있는 형태로서 무거운 '짐을 지다' 의 뜻이었는데, 뒤에 '이기다' 의 뜻이 되었다.

| 劇 | 심할 극 | | 갑골문 | 금문 | 전서 | 예서 | 해서 |
| --- | --- | --- | --- | --- | --- | --- | --- |
| | ● 刀부수, 총15획 | | | | | | |

'원숭이 거(豦)' 에 '칼 도(刂)' 를 합한 글자이다. 豦(거)는 호랑이(虍)와 멧돼지(豕)가 심하게 싸우는 것을 나타낸 글자로, 여기에 刂(도)를 더하여 결판을 낸다는 데서 매우 '심하다' 의 뜻이다.

| 近 | 가까울 근 | | 갑골문 | 금문 | 전서 | 예서 | 해서 |
|---|---|---|---|---|---|---|---|
| | • 辵부수, 총8획 | | 訴 | 近 | 近 | | |

'쉬엄쉬엄 갈 착(辶)' 과 '도끼 근(斤)' 의 形聲字(형성자)로, 나무를 자르려면 도끼(斤)를 들고 나무 가까이 가야 하기 때문에 '가깝다' 의 뜻이다.

| 根 | 뿌리 근 | | 갑골문 | 금문 | 전서 | 예서 | 해서 |
|---|---|---|---|---|---|---|---|
| | • 木부수, 총10획 | | 根 | 根 | 根 | | |

'나무 목(木)' 과 '그칠 간(艮)' 의 形聲字(형성자)로, 나무(木)의 가지가 위로 뻗는 것과는 반대로 밑으로(艮) 뻗는 것이 '뿌리' 라는 뜻이다.

| 勤 | 부지런할 근 | | 갑골문 | 금문 | 전서 | 예서 | 해서 |
|---|---|---|---|---|---|---|---|
| | • 力부수, 총13획 | | 菫 | 勤 | 勤 | 勤 | |

'진흙 근(菫)' 과 '힘 력(力)' 의 形聲字(형성자)로, 어려움을 이겨내며 전력을 다하여 일을 한다는 데서 '부지런하다' 의 뜻이다.

| 僅 | 겨우 근 | | 갑골문 | 금문 | 전서 | 예서 | 해서 |
|---|---|---|---|---|---|---|---|
| | • 人부수, 총13획 | | 僅 | 僅 | 僅 | | |

'사람 인(亻)' 과 '조금 근(菫)' 의 形聲字(형성자)로, 재주가 남만 못한 사람(人)이란 뜻에서 '겨우' 라는 뜻로 쓰인다. '菫' 에는 '조금' 의 뜻도 있음.

| 謹 | 삼갈 근 | | 갑골문 | 금문 | 전서 | 예서 | 해서 |
|---|---|---|---|---|---|---|---|
| | • 言부수, 총18획 | | 謹 | 謹 | 謹 | | |

'말씀 언(言)' 과 '조금 근(菫)' 의 形聲字(형성자)로, 말을 조심하여 삼가다의 뜻이다.

## 斤
### 도끼 근
- 斤부수, 총4획

| 갑골문 | 금문 | 전서 | 예서 | 해서 |

도끼의 모양(↑)을 그린 글자이다. 뒤에 무게의 단위로 쓰였다.

## 金
### 쇠 금 / 성 김
- 金부수, 총8획

| 갑골문 | 금문 | 전서 | 예서 | 해서 |

金文(금문)에 '全' 의 형태로, '이제 금(今)' 과 흙 토(土)의 形聲字(형성자)에 금덩이(··) 의 형태를 가하여 만든 字로, '황금' 의 뜻으로 쓰였다.

## 禁
### 금할 금
- 示부수, 총13획

| 갑골문 | 금문 | 전서 | 예서 | 해서 |

울창한 숲(林)에 귀신(示)을 모시는 곳으로, 이런 곳에 가기를 禁忌(금기)시하거나 꺼 린다는 뜻에서 禁止(금지)한다는 의미가 파생되었다.

## 今
### 이제 금
- 人부수, 총4획

| 갑골문 | 금문 | 전서 | 예서 | 해서 |

'今' 자는 甲骨文(갑골문)에 'A' 의 형태로, 본래 입안에 음식물을 물고 있는 상태를 본떠 '지금' 의 뜻을 나타낸 것이다.

## 錦
### 비단 금
- 金부수, 총16획

| 갑골문 | 금문 | 전서 | 예서 | 해서 |

'비단 백(帛)' 과 '쇠 금(金)' 의 形聲字(형성자)로, '비단' 의 뜻이다. 금처럼 값진 비단이 라는 데서 '金' 자를 취하였다.

**禽** 날짐승 금

- 内부수, 총13획

갑골문 금문 전서 예서 해서

짐승의 발자국을 본뜬 '内(발자국 유)' 에 길짐승(기어다니는 짐승)의 머리 형태(凶)를 더한 것에 '今' 을 더하여 形聲字(형성자)가 되었다. 본래 길짐승의 총칭이었으나, 뒤에 새 종류만 칭하게 되었다.

**琴** 거문고 금

- 玉부수, 총12획

갑골문 금문 전서 예서 해서

본래 현악기의 모양을 본 뜬 象形字(상형자)였는데, 뒤에 '今' 을 더하여 形聲字(형성자)가 되었다.

**及** 미칠 급

- 又부수, 총4획

갑골문 금문 전서 예서 해서

본래 甲骨文(갑골문)에서 가는 사람을 뒤에서 손으로 잡는 모양을 본떠 '丮' 의 자형을 만든 것인데, 뒤에 '미치다' 의 뜻으로 되었다.

**給** 줄 급

- 糸부수, 총12획

갑골문 금문 전서 예서 해서

'실 사(糸)' 와 '합할 합(合)' 의 形聲字(형성자)로, 부족한 것을 합하여 족하게 하다의 뜻이다.

**急** 급할 급

- 心부수, 총9획

갑골문 금문 전서 예서 해서

'미칠 급(刍→及)' 과 '마음 심(心)' 의 形聲字(형성자)로, 본래는 '작은 옷' 의 뜻이었는데, 쫓기는(及) 마음(心)이라는 데서 '급하다' 의 뜻이다.

級 | 등급 급
• 糸부수, 총10획

갑골문 금문 전서 예서 해서

'실 사(糸)' 와 '미칠 급(及)' 의 形聲字(형성자)로, 실의 좋고 나쁨의 등급을 뜻한 것이다.

肯 | 옳이여길 긍
• 肉부수, 총8획

갑골문 금문 전서 예서 해서

본래의 자형은 '' 의 형태로 뼈사이에 붙은 살의 뜻이었는데 楷書(해서)에서 '肯' 의 형태로 변하였다. 뒤에 긍정하다의 뜻이 되었다.

己 | 몸 기
• 己부수, 총10획

갑골문 금문 전서 예서 해서

본래 긴 끈의 형태를 '己, 己' 와 같이 그린 것인데, 뒤에 天干(천간)의 여섯째 글자로 쓰이게 되었고, 또한 자기 스스로를 가리키는 뜻으로도 쓰이게 되어 '己(몸 기)' 로 일 컫게 된 것이다. 뒤에 부득이 '실마리' , '벼리' 를 뜻하는 글자로 '紀(벼리 기)' 자를 다 시 만들었다.

記 | 기록 기
• 言부수, 총10획

갑골문 금문 전서 예서 해서

'말씀 언(言)' 과 '몸 기(己)' 의 形聲字(형성자)로, '己' 는 곧 '紀(벼리 기)' 로서 사실을 조 목조목 분별하여 '기록하다' 의 뜻이다.

紀 | 벼리 기
• 糸부수, 총9획

갑골문 금문 전서 예서 해서

'실 사(糸)' 와 '몸 기(己)' 의 形聲字(형성자)로, 실의 끝이 모아진 곳 '벼리' 를 뜻한다.

**起** | 일어날 기
• 走부수, 총10획

갑골문 금문 전서 예서 해서

‘달릴 주(走)’ 와 ‘몸 기(己)’ 의 形聲字(형성자)로, 몸(己)을 일으켜 달린다(走)는 데서 ‘일어서다’ 의 뜻이다.

**其** | 그 기
• 八부수, 총8획

갑골문 금문 전서 예서 해서

甲骨文(갑골문)에 ‘ 𝕌, 𝕌, 𝕌 ’, 金文(금문)에 ‘ 𝕌, 𝕌, 𝕌 ’ 등의 자형으로, ‘키’ 의 모양을 그린 象形字(상형자)이다. 뒤에 ‘其’ 의 뜻이 대명사 ‘그’ 의 뜻으로 전의되자, 키는 대나무로 만들기 때문에 ‘其’ 에 ‘竹’ 자를 더하여 다시 ‘箕(키 기)’ 자를 만들었다.

**期** | 기약 기
• 月부수, 총12획

갑골문 금문 전서 예서 해서

‘달 월(月)’ 과 ‘그 기(其)’ 의 形聲字(형성자)이다. 其(기)는 본래 稘(일주년 기)를 줄인 것으로, 해와 달이 합치다에서 기약하다의 뜻이 되었다.

**基** | 터 기
• 土부수, 총11획

갑골문 금문 전서 예서 해서

‘흙 토(土)’ 와 ‘그 기(其)’ 의 形聲字(형성자)로, 본래 담을 쌓은 ‘밑터’ 의 뜻이었는데, 일반 ‘터’ 의 뜻이 되었다.

**欺** | 속일 기
• 欠부수, 총12획

갑골문 금문 전서 예서 해서

‘하품할 흠(欠)’ 과 ‘그 기(其)’ 의 形聲字(형성자)로, 하품하듯이(欠) 입을 크게 벌려 그럴싸하게 이야기하면서 남을 속인다는 뜻이다.

## 氣
기운 기
- 气부수, 총10획

갑골문 　 금문 　 전서 　 예서 　 해서

小篆(소전)에 '' 의 자형으로, 곧 손님에게 대접하는 쌀의 뜻으로 만든 글자인데, 뒤에 '기운 기' 의 뜻으로 쓰이게 되자, '食' 을 가하여 '餼(보낼 희)' 자를 또 만들었다.

## 技
재주 기
- 手부수, 총7획

갑골문 　 금문 　 전서 　 예서 　 해서

'손 수(扌)' 와 '가지 지(支)' 의 形聲字(형성자)이다. 손(扌)으로 대나무가지(支)를 이용하여 무엇을 만드는 기교에서 '재주' 의 뜻으로 쓰인다.

## 幾
몇 기
- 幺부수, 총12획

갑골문 　 금문 　 전서 　 예서 　 해서

본래 창(戈)을 멘 사람(人)이 작은(絲) 움직임으로 길흉(吉凶)을 먼저 안다는 뜻이다.

## 旣
이미 기
- 无부수, 총11획

갑골문 　 금문 　 전서 　 예서 　 해서

'향내 날 형(皀)' 과 '숨막힐 기(旡)' 가 합쳐진 글자로, 이미 밥을 다 먹고 등을 돌리고 있는 모습에서 '이미' 라는 의미가 생겼다.

## 忌
꺼릴 기
- 心부수, 총7획

갑골문 　 금문 　 전서 　 예서 　 해서

'마음 심(心)' 과 '몸 기(己)' 의 形聲字(형성자)로, 마음속에 원한이 생기어 꺼리다의 뜻이다.

# 旗
기 기
• 方부수, 총14획

갑골문　금문　전서　예서　해서

'깃발 언(㫃)'과 '그 기(其)'의 形聲字(형성자)로, 싸움할 때에 지휘하기 위하여 높이 올린 '대장기'를 뜻한 글자인데, 모든 '깃발'을 일컫게 되었다.

# 奇
기이할 기
• 大부수, 총8획

갑골문　금문　전서　예서　해서

'奇'를 '大'와 '可'의 合體字(합체자)로서 形聲字(형성자)로 풀이하는 사람도 있지만, '奇'의 본래 자형은 사람이 말을 탄 '𠋫'의 형태가 金文(금문)의 '𠅦'와 같이 변한 것이다. 뒤에 '기이하다'의 뜻으로 전의되자, '馬'자를 더하여 '騎(탈 기)'자를 또 만들었다.

# 騎
말탈 기
• 馬부수, 총18획

갑골문　금문　전서　예서　해서

'말 마(馬)'와 '기이할 기(奇)'의 形聲字(형성자)로, 말을 타다의 뜻이다.

# 寄
부칠 기
• 宀부수, 총11획

갑골문　금문　전서　예서　해서

'집 면(宀)'과 '기이할 기(奇)'의 形聲字(형성자)로, 집에 기거하다의 뜻이다.

# 豈
어찌 기
• 豆부수, 총10획

갑골문　금문　전서　예서　해서

본래 전쟁의 승리를 알리며, 개선의 음악을 연주함을 나타낸 글자인데, 뒤에 '어찌'의 뜻으로 쓰였다.

棄 　버릴 기
　　• 木부수, 총12획

갑골문　금문　전서　예서　해서

甲骨文(갑골문)에서 '' 의 자형으로 피를 흘리는 미성아를 키(其)에 담아 두 손으로 받들고 있는 모습으로, 버리려고 하는 모습에서 '버리다' 의 뜻이 생겼다.


祈 　빌 기
　　• 示부수, 총9획

갑골문　금문　전서　예서　해서

본래 전쟁 때에 軍旗(군기) 아래에 제를 지내며 승리를 빌다의 뜻이다.


企 　꾀할 기
　　• 人부수, 총6획

갑골문　금문　전서　예서　해서

사람(人)이 하던 일을 멈추고(止) 한 번쯤 앞일을 계획하고 도모한다해서 '企圖(기도)하다' , '계획하다' 의 뜻이다. 본래 발뒤꿈치를 들고 서서 바라보다의 뜻을 나타낸 것인데, '도모하다' 의 뜻으로 쓰였다.


畿 　경기 기
　　• 田부수, 총15획

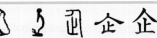
갑골문　금문　전서　예서　해서

'밭 전(田)' 과 '몇 기(幾)' 의 形聲字(형성자)로, 王都(왕도) 주변의 땅을 뜻한다.


飢 　주릴 기
　　• 食부수, 총11획

갑골문　금문　전서　예서　해서

밥(食)을 못 먹어 속이 빔을 나타내어 '굶다' 의 뜻이다. '几(책상 궤)' 는 '尻(꽁무니 고)' 와 같은 뜻으로 바닥까지 비다의 뜻으로 쓰임.

# 器

그릇 기

- 口부수, 총16획

| 갑골문 | 금문 | 전서 | 예서 | 해서 |

'뭇입 즙(㗊)' 에 '개 견(犬)' 을 합한 글자로, 들에 나가 일하다가 밥을 먹고 나면 개가 그릇을 지킨다는 뜻에서 '그릇' 의 뜻으로 쓰였다.

# 機

틀 기

- 木부수, 총16획

| 갑골문 | 금문 | 전서 | 예서 | 해서 |

'나무 목(木)' 과 '몇 기(幾)' 의 形聲字(형성자)로, 원래는 베를 짤 때에 쓰는 나무(木)로 만든 베틀(幾)을 뜻했으나, 생산에 관계되는 모든 '기계' 및 '어떤 사건의 기틀' 등의 뜻이다.

# 緊

굳게 읽을 긴

- 糸부수, 총14획

| 갑골문 | 금문 | 전서 | 예서 | 해서 |

'실 사(糸)' 와 '굳을 견(堅)' 의 省字(생자)의 形聲字(형성자)로, 끈으로 사물을 튼튼하게 묶다의 뜻이다.

# 吉

길할 길

- 口부수, 총6획

| 갑골문 | 금문 | 전서 | 예서 | 해서 |

'선비 사(士)' 와 '입 구(口)' 의 會意字(회의자)로, 선비의 말(口)은 길하다의 뜻이다.

## 那
어찌 **나**
- 邑부수, 총7획

| 갑골문 | 금문 | 전서 | 예서 | 해서 |

'고을 읍(邑→阝)' 과 '나아갈 염(冄→冄→冄)' 의 形聲字(형성자)로, 본래 옛날 四夷國(사이국)의 명칭이었는데 '어찌' 의 뜻으로 쓰인다.

## 諾
대답할 **낙**
- 言부수, 총16획

| 갑골문 | 금문 | 전서 | 예서 | 해서 |

'말씀 언(言)' 과 '같을 약(若)' 의 形聲字(형성자)로, 상대의 말에 응대하다(若)의 뜻이다.

## 暖
따뜻할 **난**
- 日부수, 총13획

| 갑골문 | 금문 | 전서 | 예서 | 해서 |

'날 일(日)' 과 '당길 원(爰)' 의 形聲字(형성자)로, 햇빛은 만물을 따뜻하게 하고, 따뜻한 것은 사람들을 이끌기 때문에 '당길 원(爰)' 을 취하였다.

## 難
어려울 **난**
- 隹부수, 총19획

| 갑골문 | 금문 | 전서 | 예서 | 해서 |

'새 추(隹)' 와 '탄식할 탄(嘆)' 의 省體(생체)인 '堇' 의 形聲字(형성자)로, 원래 '금빛 날개의 새' 의 뜻이었는데, '어렵다' 는 뜻이 되었다.

南 | 남녘 남
• 十부수, 총9획

| 갑골문 | 금문 | 전서 | 예서 | 해서 |

甲骨文(갑골문)에 '㎛'의 자형으로, 남쪽으로 향한 천막의 모양을 본떠 '남쪽'의 뜻을 나타낸 글자이다.

男 | 사내 남
• 田부수, 총7획

| 갑골문 | 금문 | 전서 | 예서 | 해서 |

甲骨文(갑골문)에 '㎡'의 자형으로, '밭 전(田)'에 본래 쟁기(丿)의 모양을 합한 글자인데, 뒤에 '力(힘 력)'의 글자로 변하였다. 곧 밭에서 쟁기질하는 것이 '남자'라는 뜻이다.

納 | 바칠 납
• 糸부수, 총10획

| 갑골문 | 금문 | 전서 | 예서 | 해서 |

'실 사(糸)'와 '안 내(內)'의 形聲字(형성자)로, 납입하다의 뜻이다. 音을 나타내는 內(납은 變音)는 안쪽으로 들어가다, 糸는 실, 納은 본래 실이 습기가 축축하게 스며 있는 상태를 뜻한 것인데 집어넣다의 뜻으로 쓰였다. 內의 累增字(누증자)이다.

娘 | 아가씨 낭
• 女부수, 총10획

| 갑골문 | 금문 | 전서 | 예서 | 해서 |

'여자 녀(女)'와 '어질 량(良)'의 形聲字(형성자)로, '좋고 어진 여자'라는 뜻이다.

內 | 안 내
• 入부수, 총4획

| 갑골문 | 금문 | 전서 | 예서 | 해서 |

집 안으로 '들어간다'는 뜻이며, 그 '안쪽'을 뜻하게 되었다.

| | 乃 | 이에 내 | | | | | |
|---|---|---|---|---|---|---|---|
| | | • ノ부수, 총2획 | 了 | 了 | 弓 | 弓 | 乃 |
| | | | 갑골문 | 금문 | 전서 | 예서 | 해서 |

甲骨文(갑골문)에 '了, 了, 乀', 金文(금문)에 '弓, 弓, 弓' 등의 字形(자형)으로, 여자의 젖의 모양을 그린 象形字(상형자)이다. 뒤에 '이에, 곧'의 뜻으로 전의되자, '女'자를 더하여 '奶(젖 내)'자를 또 만들었다. '乃'를 指事字(지사자)로서 달리 풀이하는 이도 있다.

| | 奈 | 어찌 내 | | | | | |
|---|---|---|---|---|---|---|---|
| | | • 大부수, 총8획 | 苓 | | 菜 | 奈 | 奈 |
| | | | 갑골문 | 금문 | 선서 | 예서 | 해서 |

'나무 목(木)'과 '보일 시(示)'의 合體字(합체자)로, 오얏나무와 비슷한 과목의 명칭이었으나, 예서체에서 '奈'의 자형으로 변하여 어찌의 뜻으로 쓰였다.

| | 耐 | 견딜 내 | | | | | |
|---|---|---|---|---|---|---|---|
| | | • 而부수, 총9획 | | | 耐 | 耐 | 耐 |
| | | | 갑골문 | 금문 | 전서 | 예서 | 해서 |

'말이을 이(而)'와 '법도 촌(寸)'의 合體字(합체자)로, 본래는 죄를 지어 천역(賤役)을 시키는 죄형을 나타낸 글자인데 '참다, 견디다'의 뜻으로 쓰였다.

| | 女 | 여자 녀 | | | | | |
|---|---|---|---|---|---|---|---|
| | | • 女부수, 총3획 | 肖 | 肖 | 肖 | 女 | 女 |
| | | | 갑골문 | 금문 | 전서 | 예서 | 해서 |

두 손을 모으고 얌전히 꿇어앉아 있는 모습을 象形(상형)하여 '肖, 肖, 中, 肖'와 같이 그린 것인데, 楷書體(해서체)의 '女'자가 된 것이다.

| | 疒 | 병들어 기댈 녁 | | | | | |
|---|---|---|---|---|---|---|---|
| | | • 疒부수, 총5획 | | 疒 | 疒 | 疒 | |
| | | | 갑골문 | 금문 | 전서 | 예서 | 해서 |

본래 사람이 아파서 땀을 흘리며 침대에 누워 있는 모양을 본뜬 것인데, 병과 관계되는 부수자로만 쓰인다.

| 年 | 해 년 | | 갑골문 | 금문 | 전서 | 예서 | 해서 |
|---|---|---|---|---|---|---|---|

**年** 해 년
• 干부수, 총6획

본래 '茶' 의 자형으로 익은 벼를 지고 돌아오는 모습으로 풍년이 들다의 뜻이었는데, 뒤에 한 해의 뜻으로 字形(자형)도 '年' 으로 변하였다.

**念** 생각 념
• 心부수, 총8획

'이제 금(今)' 과 '마음 심(心)' 의 合體字(합체자)로, 지금(今) 마음(心)에 있다는 데서 '생각하다' 의 뜻이다.

**寧** 편안할 녕
• 宀부수, 총14획

'집 면(宀)', '마음 심(心)', '그릇 명(皿)' 자에 '못 정(丁)' 자가 합쳐진 글자로, 집(宀)에서 밥그릇(皿)의 음식을 먹고 있으니 마음(心)이 편안하다(寧)의 뜻이다. '丁' 은 발음요소이다.

**奴** 종 노
• 女부수, 총5획

상대 부족의 여자(女)를 잡아(⺕→又)와 '노예' 를 삼은 것이다.

**怒** 성낼 노
• 心부수, 총9획

'종 노(奴)' 와 '마음 심(心)' 의 形聲字(형성자)로, 죄 지은 여자(女)를 노동시키는 것이 '奴(종 노)' 인데, 종은 채찍질을 늘 당하면서 분한 마음을 지니고 있기 때문에 '성내다' 의 뜻이다.

67

# 努

힘쓸 노
• 力부수, 총7획

갑골문　금문　전서　예서　해서

'종 노(奴)' 와 '힘 력(力)' 의 形聲字(형성자)로, 종(奴)처럼 '힘들여 일하다' 의 뜻이다.

---

# 農

농사 농
• 辰부수, 총13획

갑골문　금문　전서　예서　해서

'農' 자는 甲骨文(갑골문)에 '莀' 의 형태로, '수풀 림(林)' 에 '별 진(辰)' 을 합한 글자이다. 새벽 별(辰)을 보고 들에 나가 일을 한다는 뜻으로, 밭에서 곡식을 가꾸는 '농사'를 뜻한다.

---

# 濃

짙을 농
• 水부수, 총16획

갑골문　금문　전서　예서　해서

'물 수(水)' 와 '농사 농(農)' 의 形聲字(형성자)로, 본래 이슬이 많다의 뜻이었는데 짙다의 뜻으로도 쓰인다.

---

# 腦

뇌 뇌
• 肉부수, 총13획

갑골문　금문　전서　예서　해서

'고기 육(肉→月)', '정수리 신(囟)', 머리털 모양(巛)이 합쳐진 글자이다. 머리 모양의 象形(상형)인 '정수리 신(囟)' 자와 그 위에 머리털이 나 있는 머리에 '고기 육(肉)' 자를 합쳐서 머릿속의 뇌를 나타냈다.

---

# 能

능할 능
• 肉부수, 총10획

갑골문　금문　전서　예서　해서

金文(금문)에 '䏻, 䏻' 등의 자형으로 본래 곰의 모양을 그린 象形字(상형자)이다. 곰은 재주를 잘 부리는 재능이 있으므로 뒤에 '능하다' 의 뜻으로 전의되자, 뒤에 부득이 '能' 에 '灬(화)' 를 더하여 다시 '熊(곰 웅)' 자를 만든 것이다.

惱 | 괴로워할 뇌
· 心부수, 총12획

갑골문　금문　전서　예서　해서

'마음 심(忄)', '정수리 신(囟)', '머리털 모양(巛)' 이 합쳐진 글자로, 머리와 마음으로 고민하다의 뜻이다.

泥 | 진흙 니
· 水부수, 총8획

갑골문　금문　전서　예서　해서

'물 수(氵)자' 와 '여승 니(尼)' 자의 形聲字(형성자)로, 본래는 江名(강명)이었는데, 뒤에 진흙의 뜻이 되었다.

---

## 多

많을 **다**

• 夕부수, 총6획

| 갑골문 | 금문 | 전서 | 예서 | 해서 |

'저녁 석(夕)'에 '서녁 석(夕)'을 합한 글자로, 밤(夕)이 거듭되면 지나온 세월이 거듭된다는 뜻에서 '많다'로 쓰였다.

---

## 茶

차 **다**

• 艸부수, 총10획

| 갑골문 | 금문 | 전서 | 예서 | 해서 |

본래 '나무 목(木)'과 꽃 화(苍→花)의 省字(생자)인 '大'의 合體字(합체자)로, 음료로 마시는 차의 뜻이다. 차는 꽃이 피는 나무라는 뜻이다.

---

## 但

다만 **단**

• 人부수, 총7획

| 갑골문 | 금문 | 전서 | 예서 | 해서 |

'사람 인(人)'과 '아침 단(旦)'의 形聲字(형성자)이다. 아침 해(旦)가 드러나듯이 사람이 옷을 벗은 나체의 뜻이었는데, 뒤에 가차되어 '다만'이란 뜻으로 쓰였다.

---

## 丹

붉을 **단**

• 丶부수, 총4획

| 갑골문 | 금문 | 전서 | 예서 | 해서 |

붉은 주사(丹砂)의 귀한 약을 그릇에 담아 놓은 모양(벌→丹)을 본뜬 것인데, '붉다'의 뜻으로 쓰였다.

## 單

홀 단 / 종족 이름 선

• 口부수, 총12획

갑골문　금문　전서　예서　해서

사람이 놀래어 부르짖는 소리(吅: 부르짖을 훤)가 크다는 뜻. 본래 '觶(잔 치)' 로 大爵 (대작), 곧 큰 술잔의 뜻이었는데 지금은 하나, 곧 홑의 뜻으로 쓰인다.

## 短

짧을 단

• 矢부수, 총12획

갑골문　금문　전서　예서　해서

'화살 시(矢)' 에 '콩 두(豆)' 를 합한 글자로, 옛날에 가로로 재는 것은 화살(矢)이 가장 짧고, 세로로 재는 것은 콩(豆)이 가장 짧다는 데서 '짧다' 의 뜻으로 쓰였다.

## 端

끝 단

• 立부수, 총14획

갑골문　금문　전서　예서　해서

'설 립(立)' 과 '끝 단(耑)' 의 形聲字(형성자)로, 본의는 '몸이 단정하다' 의 뜻이었는데, '耑' 자는 풀싹이 곧게 땅을 뚫고 나온다는 뜻에서 '곧다' , '끝' 의 뜻이 되었다.

## 旦

아침 단

• 日부수, 총5획

갑골문　금문　전서　예서　해서

해가 막 뜰 때의 상태는 해와 그림자가 서로 맞붙어 있음을 가리키어 '응, 응' 의 형 태로 나타낸 것인데, 小篆(소전)에 와서는 지평선의 땅(一) 위로 해가 뜨는 모양을 가 리키어 '旦' 의 형태로 변형되었으며, 楷書體(해서체)의 '旦(아침 단)' 자가 된 것이다.

## 段

구분 단

• 殳부수, 총9획

갑골문　금문　전서　예서　해서

'耑(끝 단)' 의 省體(생체)인 '厂' 과 '칠 수(殳)' 의 形聲字(형성자)로, 풀뿌리를 쳐서(殳) '분단하다' 의 뜻이었는데 '절단 부분' , '계단' 의 뜻으로도 쓰인다.

壇　단 단
● 土부수, 총16획

갑골문　금문　전서　예서　해서

‘흙 토(土)’ 와 ‘높을 단(亶)’ 의 形聲字(형성자)로, 높은 단의 뜻이다.

檀　박달나무 단
● 木부수, 총17획

갑골문　금문　전서　예서　해서

‘나무 목(木)’ 과 ‘높을 단(亶)’ 의 形聲字(형성자)로, 단단한 ‘박달나무(木)’ 를 뜻한다. ‘亶’ 자는 ‘㐭’ 과 ‘旦(아침 단)’ 의 合體字(합체자)로, ‘旦’ 이 聲符(성부)이므로 ‘㐭(치)’ 로 써서는 안 된다.

斷　끊을 단
● 斤부수, 총18획

갑골문　금문　전서　예서　해서

‘이을 계(繼)’ 자의 省體(생체)인 ‘𢇍’ 에 ‘도끼 근(斤)’ 자를 더한 글자로, 이은 것을 도끼(斤)로 ‘끊다’ 의 뜻이다.

團　둥글 단
● 口부수, 총14획

갑골문　금문　전서　예서　해서

‘에울 위(囗)’ 에 실패를 나타내는 ‘오로지 전(專)’ 이 합쳐진 글자이다. ‘전(專)’ 자는 둥근 실패를 손으로 잡고 있는 모습을 본떠 만든 글자인데, 여기에 둥글다는 의미의 ‘위(囗)’ 자를 추가하여 ‘團’ 자를 만든 것이다.

達　통달할 달
● 부수, 총13획

갑골문　금문　전서　예서　해서

‘쉬엄쉬엄 갈 착(辶)’ 과 ‘어린양 달(羍)’ 의 변형자의 形聲字(형성자)로, 사람이 어린 양을 몰고 길을 가는데 막힘이 없다는 데서 ‘통달하다’ 의 뜻이다.

## 談 말씀 담

- 言부수, 총15획

갑골문 금문 전서 예서 해서

'말씀 언(言)' 에 '맑을 담(淡)' 의 '氵' 를 생략하여 합친 形聲字(형성자)로서, 물처럼 맑은 '말' 이라는 뜻이다.

## 淡 묽을 담

- 水부수, 총11획

갑골문 금문 전서 예서 해서

'물 수(氵)' 와 '불꽃 염(炎)' 의 形聲字(형성자)로, 五味(오미)의 어떠한 맛도 없는 엷은 맛의 뜻에서 '맑다' 의 뜻이 되었다.

## 潭 깊을 담

- 水부수, 총15획

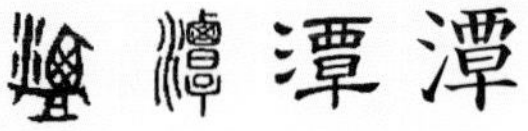

갑골문 금문 전서 예서 해서

'물 수(氵)' 와 '못 담(覃)' 의 形聲字(형성자)로, 연못의 뜻. 물이 깊게 모인 곳의 뜻으로 覃을 취함.

## 擔 멜 담

- 手부수, 총16획

갑골문 금문 전서 예서 해서

'손 수(扌)' 와 '이를 첨(詹)' 의 形聲字(형성자)로, 물건을 손(扌)으로 들어 어깨에 메다의 뜻이다.

## 答 대답 답

- 竹부수, 총12획

갑골문 금문 전서 예서 해서

'대나무 죽(竹)' 에 '합할 합(合)' 의 形聲字(형성자)로, 대나무로 울타리를 엮어 매는 것이 본 뜻인데, '대답하다' 의 뜻으로 쓰이게 되었다.

畓 | 논 답
• 田부수, 총9획

갑골문　금문　전서　예서　해서　畓

한국에서 만든 글자로, 밭(田)에 물(水)을 대면 논(畓)이 된다는 뜻이다.

---

踏 | 밟을 답
• 足부수, 총15획

갑골문　금문　전서　예서　해서　蹋 蹹 踏

'발 족(足)' 과 '기듭할 답(畓)' 의 形聲字(형성자)로, 발로 땅을 '밟다', '디디다' 의 뜻이다.

---

堂 | 집 당
• 土부수, 총11획

갑골문　금문　전서　예서　해서　尙 堂 堂 堂

'흙 토(土)' 와 '오히려 상(尙)' 의 形聲字(형성자)로, '堂' 은 높은 곳에 남향한 중앙의 가장 큰 집을 일컫는다.

---

當 | 마땅 당
• 田부수, 총13획

갑골문　금문　전서　예서　해서　當 當 當 當

'밭 전(田)' 과 '오히려 상(尙)' 의 形聲字(형성자)로, 밭을 맡아 농사를 짓다의 뜻에서 '마땅' 의 뜻으로 쓰였다.

---

唐 | 당나라 당
• 口부수, 총10획

갑골문　금문　전서　예서　해서　唐 唐 唐 唐 唐

'천간 경(庚)' 과 '입 구(口)' 의 形聲字(형성자)로, 본래 大言(대언)의 뜻이었는데, 황당한 말을 하다의 뜻으로 쓰인다.

糖 | 사탕 당
• 米부수, 총16획

갑골문　금문　전서　예서　해서

'쌀 미(米)'와 '당나라 당(唐)'의 形聲字(형성자)로, 단엿의 뜻이다.

黨 | 무리 당
• 黑부수, 총20획

갑골문　금문　전서　예서　해서

'검을 흑(黑)'과 '오히려 상(尚)'의 形聲字(형성자)로, 본의는 색이 밝지 못함의 뜻이었는데, 뒤에 '무리'의 뜻이 되었다.

大 | 큰 대
• 大부수, 총3획

갑골문　금문　전서　예서　해서

본래 어른이 정면으로 팔을 벌리고 서 있는 모습을 象形(상형)하여 '大, 木, 大'의 형태로 그리어, 어린아이의 모습을 象形(상형)한 '子(아들 자)'의 대칭인 '대인', 곧 '어른'의 뜻으로 만든 것인데, 뒤에 '大(큰 대)'의 뜻이 되었다.

代 | 대신 대
• 人부수, 총5획

갑골문　금문　전서　예서　해서

'사람 인(人)'과 '주살 익(弋)'의 合體字(합체자)로, '앞뒤를 잇다'의 뜻이다. '弋(주살익)'은 오늬에 줄을 매어 쓰는 화살의 뜻이지만, 본래는 막대기로 문 중간에 걸쳐 놓는 나무를 가리킨다.

待 | 기다릴 대
• 彳부수, 총9획

갑골문　금문　전서　예서　해서

寺(시)는 본래 관청의 뜻이고, 彳(조금 걸을 척)은 조금 걷다의 뜻으로 기다리다의 뜻이다.

75

| 對 | 대할 대 |
|---|---|
| | • 寸부수, 총14획 |

| | 갑골문 | 금문 | 전서 | 예서 | 해서 |
|---|---|---|---|---|---|

본래 '對'의 자형으로 손(又→寸)에 홀(丵 : 業의 省字)을 들고 임금의 명을 받아 쓴데서 대하다의 뜻이 되었다. 여러 설이 있다.

| 帶 | 띠 대 |
|---|---|
| | • 巾부수, 총11획 |

| | 갑골문 | 금문 | 전서 | 예서 | 해서 |
|---|---|---|---|---|---|

대(帶)자의 윗부분은 장식이 달린 허리띠의 모양이고, 아랫부분은 천으로 만든 허리 띠라는 뜻을 분명히 하기 위해 '수건 건(巾)' 자가 추가되었다.

| 臺 | 돈대 대 |
|---|---|
| | • 至부수, 총14획 |

| | 갑골문 | 금문 | 전서 | 예서 | 해서 |
|---|---|---|---|---|---|

小篆(소전)에 '臺'의 자형으로, '之', '高'의 省體(생체)인 '髙', '至'의 會意字(회의 자)이다. 멀리 바라볼수 있도록 흙을 높이 쌓고, 그 위에 지은 '누각'의 뜻이다.

| 貸 | 빌릴 대 |
|---|---|
| | • 貝부수, 총12획 |

| | 갑골문 | 금문 | 전서 | 예서 | 해서 |
|---|---|---|---|---|---|

'대신 대(代)'와 '조개 패(貝)'의 形聲字(형성자)로, 돈(貝)을 꾸어 준다는 데서 '借(빌릴 차)'의 반대인 '빌려주다'의 뜻이다.

| 隊 | 대 대 |
|---|---|
| | • 阜부수, 총12획 |

| | 갑골문 | 금문 | 전서 | 예서 | 해서 |
|---|---|---|---|---|---|

본래는 갑골문에 '隊'의 형태로 높은 곳에서 사람이 떨어지다의 뜻이었는데, 뒤에 무리의 뜻으로 변하였다. 墜(떨어질 추)는 隊의 累增字(누증자)이다.

## 德 | 큰 덕
● 彳부수, 총15획

갑골문 금문 전서 예서 해서

본래는 '直(직)' 자와 '心(심)' 자의 會意字[회의자(悳)]로, 곧은 마음에서 '덕' 의 뜻을 나타낸 것인데, 뒤에 '彳(자축거릴 척)' 자를 더한 것이다.

## 到 | 이를 도
● 刂부수, 총8획

갑골문 금문 전서 예서 해서

金文(금문)에는 '
' 의 형태로 이를 지(至)에 칼 도(刂)가 아니라 사람(人)이다. '至(지)'는 화살이 땅에 꽂힌 모양에서 '~에 이르다' 의 의미고, '人' 을 더해 사람이 어느 곳에 이르다, 도달하다의 뜻이 되었다. 뒤에 '人' 이 '刂' 로 바뀌었다.

## 刀 | 칼 도
● 刀부수, 총2획

갑골문 금문 전서 예서 해서

칼의 모양인 '
' 의 형태를 그린 글자로, 칼 도(刀)가 다른 글자의 방으로 쓰일 때는 '刂' 의 자형으로 쓰인다.

## 度 | 법도 도 / 헤아릴 탁
● 广부수, 총9획

갑골문 금문 전서 예서 해서

'무리 서(庶)' 에 '또 우(又)' 를 합한 글자로, 여러 사람(庶)을 다스리는 법의 뜻이다. '又' 는 본래 손(彐)의 뜻으로, 周代(주대)에는 길이를 재는 표준이었다.

## 道 | 길 도
● 辶부수, 총13획

갑골문 금문 전서 예서 해서

'머리 수(首)' 와 '쉬엄쉬엄 갈 착(辶)' 의 形聲字(형성자)로, 사람이 왕래하는 '길' 의 뜻에서, 나아가 사람이 살아갈 '도리' 와 '이치' 를 뜻하기도 한다.

## 島

섬 도

* 山부수, 총10획

갑골문 금문 전서 예서 해서

'뫼 산(山)' 과 '새 조(鳥)' 가 합쳐진 글자로, 새(鳥)가 모여 쉬는 바다 위의 산(山)이 '섬'
이라는 뜻이다.

## 徒

무리 도

* 彳부수, 총10획

갑골문 금문 전서 예서 해서

'辵→辶(쉬엄쉬엄 갈 착)' 과 '土' 의 形聲字(형성자)로, 흙을 밟고 걸어가다의 뜻이었는
데, 무리의 뜻이 되었다.

## 都

도읍 도

* 邑부수, 총12획

갑골문 금문 전서 예서 해서

'고을 읍(邑→阝)' 과 '놈 자(者)' 의 形聲字(형성자)로, 본래 宗廟(종묘)가 있는 곳의 뜻이
었는데, 도읍의 뜻이 되었다.

## 圖

그림 도

* 口부수, 총14획

갑골문 금문 전서 예서 해서

'에울 위(口)' 와 '인색할 비〔啚: 嗇(인색할 색)자와 같음〕' 의 形聲字(형성자)로, 경계를 지어
그리는 '지도' 또는 그 지도를 그린다 하여 '그림' 의 뜻으로도 쓰이게 되었다.

## 倒

넘어질 도

* 人부수, 총10획

갑골문 금문 전서 예서 해서

'사람 인(亻)' 과 '이를 도(到)' 의 形聲字(형성자)로, 사람이 화살이나 칼에 맞아 '넘어지
다' , '거꾸러지다' 의 뜻이다.

## 挑

돋울 **도**
- 手부수, 총9획

갑골문　금문　전서　예서　해서

　'손 수(扌)' 와 '조짐 조(兆)' 의 形聲字(형성자)이다. '兆' 는 본래 龜甲(귀갑)을 기름에 튀기어 吉凶(길흉)을 점치는 것인데, 손(扌)으로 길한 것을 택한다는 데서 '고르다' 의 뜻이다.

## 桃

복숭아나무 **도**
- 木부수, 총10획

갑골문　금문　전서　예서　해서

　'나무 목(木)' 과 '조짐 조(兆)' 의 形聲字(형성자)로, 복숭아의 뜻이다. 복숭아 꽃을 보면 吉凶을 점칠 수 있다고 믿어 兆(조짐 조)를 聲符(성부)로 취하였다.

## 跳

뛸 **도**
- 足부수, 총13획

갑골문　금문　전서　예서　해서

　'발 족(足)' 과 '조짐 조(兆)' 의 形聲字(형성자)로, 발(足)로 뛰어오르다의 뜻이다. '조' 로도 발음함.

## 逃

달아날 **도**
- 辶부수, 총10획

갑골문　금문　전서　예서　해서

　'쉬엄쉬엄 갈 착(辶)' 과 '조짐 조(兆)' 의 形聲字(형성자)로, 달아나다의 뜻이다.

## 渡

건널 **도**
- 水부수, 총12획

갑골문　금문　전서　예서　해서

　'물 수(氵)' 와 '법도 도(度)' 의 形聲字(형성자)로, 물의 깊이를 헤아려(度) 건너다의 뜻이다.

**陶** | 질그릇 도
- 阜부수, 총11획

갑골문　금문　전서　예서　해서

'언덕 부(阜→阝)'와 '질그릇 도(匋)'의 形聲字(형성자)로, 본래 큰 언덕 중의 작은 언덕
의 뜻이었는데, '陶冶(도야)하다' '질그릇'의 뜻으로도 쓰인다.

**途** | 길 도
- 辵부수, 총11획

갑골문　금문　전서　예서　해서

'쉬엄쉬엄 갈 착(辶)'과 塗의 省體字(생체자)인 '余'의 形聲字(형성자)로, '길'의 뜻이다.
길에는 진흙 먼지가 발에 묻으므로 '塗(진흙 도)'를 취하였다.

**稻** | 벼 도
- 禾부수, 총15획

갑골문　금문　전서　예서　해서

'벼 화(禾)', '손톱 조(爪)', '절구 구(臼)' 자가 합쳐진 글자로, 손(爪)으로 절구(臼)에 있는
벼(禾)를 찧는 모습이다.

**導** | 이끌 도
- 寸부수, 총16획

갑골문　금문　전서　예서　해서

손(ㅋ→寸)으로 길(道)을 가리켜 引導(인도)한다는 뜻이다.

**盜** | 훔칠 도
- 皿부수, 총12획

갑골문　금문　전서　예서　해서

'그릇 명(皿)'과 '次(羨 ; 부러워할 선의 初文)'의 合體字(합체자)로, 남의 그릇을 탐내다
에서 '도적'의 뜻이 되었다.

## 讀

읽을 독 / 구절 두
- 言부수, 총22획

갑골문　금문　전서　예서　해서

　'말씀 언(言)'에 '팔 매(賣)'를 합한 글자로, 장사꾼이 물건을 팔기(賣) 위해서 외쳐대듯이 소리내어(言) 책을 '읽다'의 뜻이다.

## 獨

홀로 독
- 犬부수, 총16획

갑골문　금문　전서　예서　해서

　'개 견(犭)'과 '벌레 촉(蜀)'의 形聲字(형성자)로, 개(犬)나 촉(蜀)이란 벌레, 곧 누에는 먹이를 다 먹어야 떠나 홀로 있으므로 '홀로'의 뜻이다.

## 毒

독 독
- 毋부수, 총8획

갑골문　금문　전서　예서　해서

　'屮(싹날 철)'과 '毒(음난할 애)'의 會意字(회의자)이다. 毒는 선비(士)가 품행이 없다(毋 : 말 무)는 뜻으로 선비들을 해하니, 풀(屮) 중에 사람을 해하는 독풀을 뜻한다.

## 督

살펴볼 독
- 目부수, 총13획

갑골문　금문　전서　예서　해서

　'눈 목(目)'과 '아재비 숙(叔)'의 合體字(합체자)이다. '叔'은 본래 손(ㅋ→又)으로 콩(朮→菽의 初文)을 줍다의 뜻인데, 콩을 주울 때는 눈(目)으로 잘 살펴야 하므로 '살피다'의 뜻이다.

## 篤

도타울 독
- 竹부수, 총16획

갑골문　금문　전서　예서　해서

　'대 죽(竹)'과 '말 마(馬)'의 形聲字(형성자)로, 본래는 말이 머리를 숙여 천천히 걷다의 뜻이었는데, 지금은 도탑다의 뜻으로 쓰인다.

**豚** | 돼지 돈
• 肉부수, 총11획

| 갑골문 | 금문 | 전서 | 예서 | 해서 |

'고기 육(月→肉)'과 '돼지 시(豕)'의 會意字(회의자)로, 본의는 제물로 바치던 작은 돼지의 뜻이었는데, '돼지(豕)'의 뜻으로 쓰인다.

**敦** | 도타울 돈
• 攴부수, 총12획

| 갑골문 | 금문 | 전서 | 예서 | 해서 |

金文(금문)에 '𣎴'의 자형으로, 본의는 '祭器(제기)'였는데, 뒤에 '도탑다'의 뜻으로 쓰였다.

**突** | 갑자기 돌
• 穴부수, 총9획

| 갑골문 | 금문 | 전서 | 예서 | 해서 |

'구멍 혈(穴)'과 '개 견(犬)'의 合體字(합체자)로, 개(犬)가 구멍(穴) 속에서 갑자기 뛰쳐나와 '갑작스럽다'의 뜻이다.

**同** | 한가지 동
• 口부수, 총6획

| 갑골문 | 금문 | 전서 | 예서 | 해서 |

金文(금문)에 '𠙵'의 형태로, 곧 '凡(무릇 범)'과 '口(입 구)'의 合體字(합체자)인데, '뜻을 하나로 모으다'의 뜻에서 '한가지'의 뜻으로 쓰였다.

**洞** | 골 동 / 꿰뚫을 통
• 水부수, 총9획

| 갑골문 | 금문 | 전서 | 예서 | 해서 |

'물 수(氵)'에 '같을 동(同)'의 形聲字(형성자)로, 본래 여러(同) 물줄기(水)가 합하여 세차게 흘러간다는 뜻이었으나, 뒤에 동굴·동네의 뜻으로 쓰이게 되었다. '꿰뚫다'의 뜻일 경우엔 '통'으로 읽는다.

| 桐 | 오동나무 동 | | | 갑골문 | 금문 | 전서 | 예서 | 해서 |
|---|---|---|---|---|---|---|---|---|
| | • 木부수, 총10획 | | | | | | | |

'나무 목(木)' 과 '한가지 동(同)' 의 形聲字(형성자)로, 오동나무의 뜻. '同' 은 '洞' 의 省字(생자)로 속이 빈 뜻인데, 오동나무의 여러 종류 중에 白桐(백동)은 속이 빈 나무라는 뜻으로 취함.

| 銅 | 구리 동 | | | 갑골문 | 금문 | 전서 | 예서 | 해서 |
|---|---|---|---|---|---|---|---|---|
| | • 金부수, 총14획 | | | | | | | |

'쇠 금(金)' 과 '같을 동(同)' 의 形聲字(형성자)로, '구리' 라는 뜻이다. 구리쇠는 때리면 '동동' 소리가 나기 때문에 '銅' 은 擬聲字(의성자)이다.

| 童 | 아이 동 | | | 갑골문 | 금문 | 전서 | 예서 | 해서 |
|---|---|---|---|---|---|---|---|---|
| | • 立부수, 총12획 | | | | | | | |

金文(금문)에 '童' 의 형태로 '辛(辛:쓸 신)' 과 '重' 에서 생략된 '里' 의 形聲字(형성자)이다. 본래는 죄로 인하여 노예가 된 남자였는데, '아이' 의 뜻으로 바뀌었다.

| 冬 | 겨울 동 | | | 갑골문 | 금문 | 전서 | 예서 | 해서 |
|---|---|---|---|---|---|---|---|---|
| | • 冫부수, 총5획 | | | | | | | |

본래 끈을 맺은 끝을 양끝을 象形(상형)하여 '冬, 冬, 冬' 의 형태로 그린 것인데, 겨울철은 사계절의 마지막으로서 눈·서리가 끝날 때까지 일컬으므로 楷書體(해서체)의 '冬' 자로 쓰이게 되었다.

| 東 | 동녘 동 | | | 갑골문 | 금문 | 전서 | 예서 | 해서 |
|---|---|---|---|---|---|---|---|---|
| | • 木부수, 총8획 | | | | | | | |

甲骨文(갑골문)의 자형(東)으로 보면, 원래 물건을 담아 묶은 '자루' 의 모양을 그린 것인데, '동녘' 의 뜻으로 假借(가차)되었다는 설도 있다.

# 凍

얼 **동**

● 冫부수, 총10획

|갑골문|금문|전서|예서|해서|
|---|---|---|---|---|
|𣱿|凍|凍| | |

'얼음 빙(冫)'에 '동녘 동(東)'의 形聲字(형성자)로, 東(동)자는 보따리를 꽁꽁 싸맨 모습으로 너무 추워 움츠러든 모습을 나타내고 있다.

# 動

움직일 **동**

● 力부수, 총11획

|갑골문|금문|전서|예서|해서|
|---|---|---|---|---|
|𤔪|𨚑|動|動|動|

'무거울 중(重)'과 '힘 력(力)'의 形聲字(형성자)로, 무거운 것(重)을 들 때는 힘(力)을 다해야 '움직인다'는 뜻이다.

# 斗

말 **두**

● 斗부수, 총4획

|갑골문|금문|전서|예서|해서|
|---|---|---|---|---|
|𣁔|𣁇|𣁇|斗|斗|

자루가 있는 열되가 들어가는 量器(양기)의 모양을 象形(상형)하여 '𣁔, 𣁇, 𣁇'와 같이 그린 것인데, 楷書體(해서체)의 '斗'로서 '말'의 뜻이다.

# 豆

콩 **두**

● 豆부수, 총7획

|갑골문|금문|전서|예서|해서|
|---|---|---|---|---|
|𣅀|豆|豆|豆|各|

본래 가운데 굽이 높은 그릇의 모양을 象形(상형)하여 '𣅀, 豆, 豆'와 같이 그린 것인데, 楷書體(해서체)의 '豆(두)'로 되고, 그 뜻도 변하여 '豆(콩 두)'자가 되었다.

# 頭

머리 **두**

● 頁부수, 총16획

|갑골문|금문|전서|예서|해서|
|---|---|---|---|---|
|𩑋|頭|頭|頭| |

'머리 혈(頁)'과 '콩 두(豆)'의 形聲字(형성자)로, '머리'의 뜻이다.

# 鈍

무딜 둔
• 金부수, 총12획

갑골문　금문　전서　예서　해서

'쇠 금(金)' 과 '머무를 둔(屯)' 의 形聲字(형성자)로, 둔하다의 뜻이다. '屯' 은 창끝이 무디어 잘 들어가지 않는데서 취하였다.

# 得

얻을 득
• 彳부수, 총11획

갑골문　금문　전서　예서　해서

小篆(소전)에 '得' 의 자형으로, 찾아가서(彳:조금 걸을 척) 손(寸)으로 돈(貝→旦)을 줍는 모습으로 '얻다' 의 뜻이다.

# 等

무리 등
• 竹부수, 총12획

갑골문　금문　전서　예서　해서

'대 죽(竹)' 과 '관청 시(寺)' 의 會意字(회의자)로, 옛날 관청(寺)에서 대나무(竹) 쪽에 쓴 竹簡(죽간)을 같은 것끼리 정리한다는 데서 '같은 것' , '무리' 등의 뜻이다.

# 登

오를 등
• 癶부수, 총12획

갑골문　금문　전서　예서　해서

두 발(癶:걸을 발)로 서서 높은 곳에 제기(豆)를 올려놓는다는 데서, '오르다' 의 뜻이다.

# 燈

등불 등
• 火부수, 총16획

갑골문　금문　전서　예서　해서

'불 화(火)' 와 '오를 등(登)' 의 形聲字(형성자)로, 불(火)을 켜서 높은 데 올려(登) 놓아 비추게 하는 '등불' , '등잔' 을 뜻한다.

# ㄹ

## 羅 | 새그물 라
- 罒부수, 총19획

갑골문 　금문 　전서 　예서 　해서

실(糸)로 만든 그물(罒:그물 망)을 새(隹:새 추)를 잡기 위해 '벌려 놓다' 의 뜻이다.

## 落 | 떨어질 락
- 艸부수, 총12획

갑골문 　금문 　전서 　예서 　해서

'풀 초(艹)' 와 '강 이름 락(洛)' 의 形聲字(형성자)로, 본의는 나뭇잎이 시들다에서 '떨어지다' 의 뜻이 되었다.

## 樂 | 즐길 락 / 풍류 악 / 좋아할 요
- 木부수, 총15획

갑골문 　금문 　전서 　예서 　해서

나무로 만든 악기걸이를 뜻한 '木(나무 목)' 에, 악기와 악기의 수식을 뜻하는 '絲' 의 부호를 더하여 '樂, 樂, 樂' 과 같이 만든 글자인데, 楷書體(해서체)의 '樂' 자가 된 것이다. 좋은 음악을 듣고 즐겁지 않은 사람이 없으니, 뒤에 '즐겁다' 는 뜻의 '樂(즐거울 락)' 으로도 쓰이게 되었고, 좋은 음악은 누구나 좋아하니, '좋아한다' 는 뜻의 '樂(좋아할 요)' 로도 쓰이게 되었다.

## 洛 | 강 이름 락
- 水부수, 총9획

갑골문 　금문 　전서 　예서 　해서

'물 수(水)' 와 '각각 각(各)' 의 形聲字(형성자)로, 물 이름의 뜻.

絡 | 이을 **락**
　• 糸부수, 총12획

갑골문　금문　전서　예서　해서

'실 사(糸)'와 '각각 각(各)'의 形聲字(형성자)로, 각각이 실로 연결된 듯이 실을 잇다의 뜻이다.

卵 | 알 **란**
　• 卩부수, 총7획

갑골문　금문　전서　예서　해서

두 개의 물고기 알의 모양을 본떠 만든 象形字(상형자)이다.

亂 | 어지러울 **란**
　• 乙부수, 총13획

갑골문　금문　전서　예서　해서

두 손(위의 爪와 아래의 又)으로 실패(중간의 ▽와 △을 합친 모습)에 엉켜 있는 실(冂)을 푸는 모습을 나타낸 것인데, '어지럽다'의 뜻이 되었다. 오른쪽의 새 을(乙)자는 사람 인(人)의 변형이다.

蘭 | 난초 **란**
　• 艸부수, 총21획

갑골문　금문　전서　예서　해서

'풀 초(艹)'와 '가로막을 란(闌)'의 形聲字(형성자)로, '난초'의 뜻이다.

欄 | 난간 **란**
　• 木부수, 총21획

갑골문　금문　전서　예서　해서

'나무 목(木)'과 '가로막을 란(闌)'의 形聲字(형성자)로, 곧 나무(木)로 막아 놓은 '난간'의 뜻이다.

爛 │ 문드러질 란
ㆍ火부수, 총21획

갑골문 금문 전서 예서 해서

'불 화(火)' 와 '가로막을 란(闌)' 의 形聲字(형성자)로, 문드러지다의 뜻. 불을 때서 물건을 삶다의 뜻으로, 삶으면 문드러지기 때문에 취한 뜻임.


覽 │ 볼 람
ㆍ見부수, 총21획

갑골문 금분 전서 예서 해서

'볼 견(見)' 과 '살필 감(監)' 의 形聲字(형성자)로, 살펴보다의 뜻이다.


藍 │ 쪽 람
ㆍ艸부수, 총18획

갑골문 금문 전서 예서 해서

'풀 초(++)' 와 '살필 감(監)' 의 形聲字(형성자)로, 청색 물감의 원료인 쪽풀의 뜻.


濫 │ 퍼질 람
ㆍ水부수, 총17획

갑골문 금문 전서 예서 해서

'물 수(氵)' 와 '살필 감(監)' 의 形聲字(형성자)로, 살필(監) 때는 눈을 돌려야 하므로 물(水)이 '넘치다' 의 뜻이다.


浪 │ 물결 랑
ㆍ水부수, 총10획

갑골문 금문 전서 예서 해서

'물 수(氵)' 와 '어질 량(良)' 의 形聲字(형성자)로, 물결의 뜻이다.

| 郎 | 사나이 랑 | 갑골문 금문 전서 예서 해서 |
|---|---|---|
| | • 邑부수, 총10획 | |

'고을 읍(邑→阝)'과 '어질 량(良)'의 形聲字(형성자)로, 본래 랑(郎)은 땅 이름이었으나, 뒤에 훌륭한 사내라는 뜻으로 쓰였다.

| 朗 | 밝을 랑 | 갑골문 금문 전서 예서 해서 |
|---|---|---|
| | • 月부수, 총11획 | |

'달 월(月)'과 '어질 량(良)'의 形聲字(형성자)로, 달(月)이 매우(良) '밝다'의 뜻이다.

| 廊 | 복도 랑 | 갑골문 금문 전서 예서 해서 |
|---|---|---|
| | • 广부수, 총13획 | |

'돌집 엄(广)'과 '사내 랑(郎)'자의 形聲字(형성자)로, 正堂(정당) 양측의 사랑채의 뜻이다. 郎은 본래 상관을 돕는 관리였으므로 안채에 부속된 뜻으로 쓰였다.

| 冷 | 찰 랭 | 갑골문 금문 전서 예서 해서 |
|---|---|---|
| | • 冫부수, 총7획 | |

'얼음 빙(冫)'과 '하여금 령(令)'의 形聲字(형성자)로, 절대 군주의 엄격한 명령(令)이 얼음(冫)처럼 '차다'는 뜻이다.

| 來 | 올 래 | 갑골문 금문 전서 예서 해서 |
|---|---|---|
| | • 人부수, 총8획 | |

甲骨文(갑골문)에 '来, 来', 金文(금문)에 '来, 来' 등의 자형으로서, 보리의 모양을 그린 象形字(상형자)이다. 보리는 이른 봄에 땅이 완전히 解凍(해동)하기 전에 뿌리가 말라죽지 않도록 밟아주고 와야 하기 때문에 '來'자가 '오다'의 뜻으로 전의 되었다. 뒤에 부득이 '來'에 '夂'(甲骨文의 발을 그린 글자)의 자형을 더하여 '麥→麥(보리 맥)'자를 또 만든 것이다.

## 略

다스릴 략
- 田부수, 총11획

갑골문　금문　전서　예서　해서

'밭 전(田)' 과 '각각 각(各)' 의 形聲字(형성자)로, 원래 밭(田)을 일구어 경작한다(밭을 다스린다)는 의미로 사용되었다.

## 掠

노략질 략
- 手부수, 총11획

갑골문　금문　전서　예서　해서

'손 수(扌)' 와 '시울 경(京)' 의 合體字(합체자)로, '京(서울 경)' 은 본래 다른 곳의 흙을 가져다가 이곳의 땅을 높인다는 뜻에서 '빼앗다', '노략질하다' 의 뜻으로 쓰였다.

## 良

어질 량
- 艮부수, 총7획

갑골문　금문　전서　예서　해서

본래 金文(금문)에 '㿟' 의 자형으로, '量(헤아릴 양)' 의 古字(고자)로서 도량형기의 모양을 본뜬 것인데, 뒤에 '어질다' 의 뜻으로 쓰이게 되었다.

## 兩

두 량
- 入부수, 총8획

갑골문　금문　전서　예서　해서

저울추 두 개가 나란히 매달려 있는 모양을 본뜬 象形字(상형자)로, 둘, 한쌍을 뜻한다. 兩은 무게의 단위이며, 10錢(돈)을 1兩(한 냥)이라 한다. 뒤에 돈의 단위에도 쓰고, 또 둘, 쌍으로 쓰인다.

## 量

수량 량
- 里부수, 총12획

갑골문　금문　전서　예서　해서

'量' 자는 金文(금문)에 '㦷' 의 자형으로, 무거울 중(重)의 省體(생체)와 '良' 의 省體(생체)가 합친 글자로, 물건의 다소를 가리는 기구의 뜻이었는데, 뒤에 '헤아리다' 의 뜻이 되었다.

| 凉 | 서늘할 량 | | | 滄 | 涼 | 涼 |
|---|---|---|---|---|---|---|
| | • 冫 부수, 총10획 | 갑골문 | 금문 | 전서 | 예서 | 해서 |

'얼음 빙(冫)'에 '높을 경(京)'을 합한 글자로, 물가(冫)에 있는 높은(京) 언덕은 바람이 잘 통해서 시원하다는 데서 '서늘하다'의 뜻이다.

| 梁 | 들보 량 | | | 淵 | 梁 | 梁 |
|---|---|---|---|---|---|---|
| | • 木부수, 총11획 | 갑골문 | 금문 | 전서 | 예서 | 해서 |

'나무 목(木)'과 '물 수(水)'로써 물 위의 나무 다리의 뜻인데, '刅(벨 창)'을 더하여 聲符(성부)가 된 것이다. 梁이 姓氏(성씨)로 쓰이므로 또 '木'을 더하여 '樑(들보 량)'자를 또 만들었다.

| 糧 | 양식 량 | | | 糧 | 糧 | 糧 |
|---|---|---|---|---|---|---|
| | • 米부수, 총18획 | 갑골문 | 금문 | 전서 | 예서 | 해서 |

'쌀 미(米)'와 '헤아릴 량(量)'의 形聲字(형성자)로, 식량의 뜻이다.

| 諒 | 믿을 량 | | | 諒 | 諒 | 諒 |
|---|---|---|---|---|---|---|
| | • 言부수, 총15획 | 갑골문 | 금문 | 전서 | 예서 | 해서 |

'말씀 언(言)'과 '서울 경(京)'의 形聲字(형성자)로, 언행이 한결같다는 뜻이다. 京은 높은 곳으로 언행이 고결하다는 뜻으로 취하였다.

| 旅 | 나그네 려 | | 甬 | 扁 | 旒 | 旅 | 旅 |
|---|---|---|---|---|---|---|---|
| | • 方부수, 총10획 | 갑골문 | 금문 | 전서 | 예서 | 해서 |

본래 '𣓏'의 자형으로 깃발(㫃) 아래의 사람들(从→氏)이 행군하는 모습으로, 원래 500人의 군집단을 의미하였으나 나중에 나그네나 여행자를 뜻하게 되었다.

**麗** | 고울 려
• 鹿부수, 총19획

갑골문　금문　전서　예서　해서

사슴(鹿) 가운데 뿔(茻: 사슴의 뿔을 그린 것)이 가장 예쁜 사슴을 가리킨 글자인데 '아름답다'의 뜻으로 쓰였다.

---

**慮** | 생각할 려
• 心부수, 총15획

갑골문　금문　전서　예서　해서

'생각 사(思)'와 '범무늬 호(虍)'의 形聲字(형성자)로, 깊이 생각하다의 뜻이다.

---

**勵** | 힘쓸 려
• 力부수, 총17획

갑골문　금문　전서　예서　해서

본래 '힘 력(力)'과 '일만 만(萬)'의 合體字(합체자)로, 최선을 다하여 힘쓰다의 뜻이었는데 뒤에 '萬'이 '厲(숫돌 려)'로 변하였다.

---

**力** | 힘 력
• 力부수, 총2획

갑골문　금문　전서　예서　해서

힘쓸 때 팔의 모양을 象形(상형)하여 'ﾉ, ﾉ, 另'와 같이 그린 것인데, 楷書體(해서체)의 '力'자가 된 것이다.

---

**歷** | 지낼 력
• 止부수, 총16획

갑골문　금문　전서　예서　해서

'책력 력(秝)'에 '그칠 지(止)'를 합한 글자로, 긴 세월(秝)에 걸쳐 발자취(止)를 남긴다는 데서 '지나다' 또는 '전하다'의 뜻이다.

| 曆 | 책력 력 | 갑골문 | 금문 | 전서 | 예서 | 해서 |
|---|---|---|---|---|---|---|
| | • 日부수, 총16획 | 曆 | 曆 | 曆 | | |

해(日)가 뜨고 지는 것을 기준으로 달력을 만들었으므로, 날 일(日)에 '지날 력(歷)' 의
省字(생자)인 '厤' 을 더하였다.

| 連 | 이을 련 | 갑골문 | 금문 | 전서 | 예서 | 해서 |
|---|---|---|---|---|---|---|
| | • 辵부수, 총11획 | 連 | 連 | 連 | 連 | |

전쟁터에 나가는 수레(車:수레 거)들이 줄을 지어 가는(辶) 모습이 '이어져(連) 있는
모습에서 유래한다. 혹은 수레(車)가 지나가는(辶) 자리에 바큇자국이 계속 이어져 連
結(연결)되어 있는 데서 유래한다.

| 練 | 익힐 련 | 갑골문 | 금문 | 전서 | 예서 | 해서 |
|---|---|---|---|---|---|---|
| | • 糸부수, 총15획 | | 練 | 練 | 練 | |

'실 사(糸)' 와 '가릴 간(柬)' 의 形聲字(형성자)로, 누에고치를 삶아 실(糸)을 만드는 방법
에서 연습하다의 뜻이다. 실을 만들 때 잘 익었는지 여부를 가리기 때문에 '柬(가릴
간)' 이 쓰였다.

| 鍊 | 불릴 련 | 갑골문 | 금문 | 전서 | 예서 | 해서 |
|---|---|---|---|---|---|---|
| | • 金부수, 총17획 | | | 鍊 | | 鍊 |

'쇠 금(金)' 과 '가릴 간(柬)' 의 形聲字(형성자)로, 쇠(金)를 녹여 찌꺼기를 가려서(柬) '불
리다(冶金)' 의 뜻이다.

| 憐 | 불쌍히 여길 련 | 갑골문 | 금문 | 전서 | 예서 | 해서 |
|---|---|---|---|---|---|---|
| | • 心부수, 총15획 | | | 憐 | 憐 | 憐 |

'마음 심(忄)' 자와 '도깨비불 린(粦)' 자의 形聲字(형성자)로, 불쌍히 여기다의 뜻이다.
'粦' 은 '燐(도깨비불 린)' 의 初文(초문)으로, 옛날 전쟁터에서 人馬(인마)의 뼈에서 나오
는 도깨비불을 뜻하였는데 이러한 인광을 보면 슬픈 마음이 생겼기 때문이다.

## 聯
잇달 련
- 耳부수, 총17획

| 갑골문 | 금문 | 전서 | 예서 | 해서 |

본래 '귀 이(耳)' 와 '실 사(絲)' 의 合體字(합체자)로, 그릇에 손잡이 곧 귀(耳)를 달아 실(絲)로 얽어 묶기 때문에 '잇다' 의 뜻이다.

## 戀
사모할 련
- 心부수, 총23획

| 갑골문 | 금문 | 전서 | 예서 | 해서 |

'마음 심(心)' 과 '이을 련(戀)' 의 形聲字(형성사)로, 사모하나의 뜻이다. 본래는 '戀' 의 자형으로, 여자는 애정으로 남자의 마음을 이끌어낸다는 뜻에서 '女' 자를 취하였는데, 뒤에 '心' 으로 변한 것이다.

## 蓮
연꽃 련
- 艸부수, 총15획

| 갑골문 | 금문 | 전서 | 예서 | 해서 |

'풀 초(艸)' 와 '이을 연(連)' 의 形聲字(형성자)로, 연 뿌리는 길게 이어져 있기 때문에 연의 뜻이다.

## 列
벌일 렬
- 刀부수, 총6획

| 갑골문 | 금문 | 전서 | 예서 | 해서 |

본래 '㓞' 의 자형으로 '칼 도(刀)' 와 '살 발린뼈 알(歺)' 의 形聲字(형성자)인데, 뒤에 '歺→夕→歹' 의 형태로 바뀌었다. 본래 칼로 뼈와 살을 '분해하다' 의 뜻이었는데, 뒤에 '나열하다' 의 뜻이 되었다.

## 烈
매울 렬
- 火부수, 총10획

| 갑골문 | 금문 | 전서 | 예서 | 해서 |

'불 화(灬)' 와 '벌릴 렬(列)' 의 形聲字(형성자)로, 불길이 거세다의 뜻이다. 불길이 강하면 물체가 해체되므로 列을 취하였다.

裂 찢을 렬
• 衣부수, 총12획

갑골문　금문　전서　예서　해서

'옷 의(衣)' 와 '벌일 렬(列)' 의 形聲字(형성자)로, 옷이 찢어지다의 뜻이다.


劣 못할 렬
• 力부수, 총6획

갑골문　금문　전서　예서　해서

'힘 력(力)' 과 '적을 소(少)' 의 會意字(회의자)로, 힘(力)이 적어(少) 못하다는 뜻이다.


廉 청렴할 렴
• 广부수, 총13획

갑골문　금문　전서　예서　해서

'집 엄(广)' 과 '겸할 겸(兼)' 의 形聲字(형성자)로, 본래 집의 '모서리 벽(側隅)의 뜻이었는데, 뒤에 벽의 곧음에서 '곧다, 청렴하다' 의 뜻으로 쓰였다.


令 하여금 령
• 人부수, 총5획

갑골문　금문　전서　예서　해서

'모을 합(亼→合)' 에 '兵符(병부) 절(卩)' 을 합한 글자로 節符(절부), 곧 명령권을 가진 자가 명령하다의 뜻이다.


領 거느릴 령
• 頁부수, 총14획

갑골문　금문　전서　예서　해서

'머리 혈(頁)' 과 '하여금 령(令)' 의 形聲字(형성자)로, 본의는 '목' 의 뜻이었는데, 뒤에 '거느리다' 의 뜻으로도 쓰인다.

**嶺** | 재 령
• 山부수, 총17획

갑골문　금문　전서　예서　해서

'뫼 산(山)' 과 '거느릴 령(領)' 의 形聲字(형성자)로, 본래 산길의 뜻이었는데 뒤에 산 고개의 뜻이 되었다.

---

**零** | 조용히 오는 비 령
• 雨부수, 총13획

갑골문　금문　전서　예서　해서

'비 우(雨)' 와 '하여금 령(令)' 의 形聲字(형성자)로, 서서히 내리는 조용한 비의 뜻이었는데 뒤에 '떨어지다' , '제로(o)' 의 뜻으로 쓰인다.

---

**靈** | 신령 령
• 雨부수, 총24획

갑골문　금문　전서　예서　해서

'무당 무(巫)' 와 '비올 령(霝)' 의 形聲字(형성자)로, 본래는 옥을 받들고 신을 모시는 '무당' 의 뜻이었는데, '신령' 의 뜻이 되었다.

---

**例** | 본보기 례
• 人부수, 총8획

갑골문　금문　전서　예서　해서

'사람 인(亻)' 과 '벌일 렬(列)' 의 形聲字(형성자)로, 서로 비교하다의 뜻이다. 뒤에 법식, 규칙, 본보기의 뜻으로도 쓰인다.

---

**禮** | 예도 례
• 示부수, 총18획

갑골문　금문　전서　예서　해서

'볼 시(示)' 와 '두터울 례(豊)' 의 形聲字(형성자)로, 사당에 제사를 올리는 데는 근엄한 예를 갖춘다는 데서 '예절' , '예도' 의 뜻이다.

## 路 길 로

• 足부수, 총13획

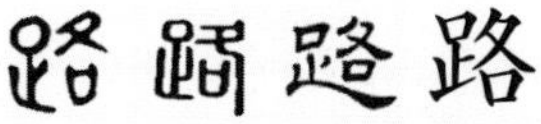

갑골문 금문 전서 예서 해서

'발 족(足)' 과 '각각 각(各)' 의 形聲字(형성자)로, 사람들이 저마다(各) 발(足)로 밟고 다니는 '길', '도로' 를 뜻한다.

## 露 이슬 로

• 雨부수, 총21획

갑골문 금문 전서 예서 해서

'비 우(雨)' 와 '길 로(路)' 의 形聲字(형성자)로, 땅의 수증기가 밤이 되어 빗방울처럼 엉켜 길옆의 풀잎에 맺혀 있는 것이 '이슬', '드러나다' 의 뜻이다.

## 老 늙을 로

• 老부수, 총6획

갑골문 금문 전서 예서 해서

노인의 긴 머리털에 허리를 굽혀 지팡이를 짚고 있는 모습을 象形(상형)하여 '[illegible], [illegible], [illegible]' 와 같이 그린 것인데, 楷書體(해서체)의 '老' 로서 '늙다' 의 뜻이다. 옛날에는 머리털을 자르는 것은 불효라 하여, 평생 머리를 길렀기 때문에 노인은 자연히 머리털이 길었음을 강조한 것이다.

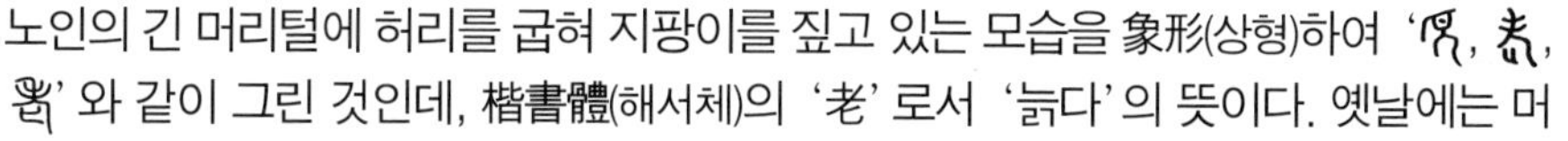

## 勞 수고로울 로

• 力부수, 총12획

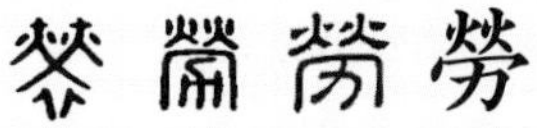

갑골문 금문 전서 예서 해서

'힘 력(力)' 과 '등불 형(熒)' 의 省體(생체)인 '𤇾' 의 合體字(합체자)로, 집에 불이 났을 때 진력하여 꺼야 함에서 '수고롭다' 의 뜻이다.

## 爐 화로 로

• 火부수, 총20획

갑골문 금문 전서 예서 해서

'불 화(火)' 와 '그릇 로(盧)' 의 形聲字(형성자)로, 불(火)을 담아 두는 그릇(盧), 곧 화로(爐)의 뜻이다. '盧' 는 본래 버들가지로 만든 밥그릇인데 方形(방형)의 화로의 모양이 밥그릇과 비슷해서 '盧' 를 취한 것이다.

## 綠 푸를 록
- 糸부수, 총14획

| 갑골문 | 금문 | 전서 | 예서 | 해서 |

'실 사(糸)' 와 '나무 깎을 록(彔)' 의 形聲字(형성자)로, 본래는 초록빛의 비단이었는데, 뒤에 '초록빛' 의 뜻이 되었다.

## 祿 복 록
- 示부수, 총13획

| 갑골문 | 금문 | 전서 | 예서 | 해서 |

'보일 시(示)' 와 '새길 록(彔)' 의 形聲字(형성자)로, 복록의 뜻이다. 본래는 사냥을 가서 사슴(鹿)을 만나는(示) 것은 福이란 뜻이었는데, 鹿을 彔으로 가차한 것이다.

## 錄 기록할 록
- 金부수, 총16획

| 갑골문 | 금문 | 전서 | 예서 | 해서 |

'쇠 금(金)' 과 '새길 록(彔)' 의 形聲字(형성자)로, 칼(金)로 나무를 깎아(彔) 글자를 새긴다는 데서 '기록하다' 의 뜻이다.

## 鹿 사슴 록
- 鹿부수, 총11획

| 갑골문 | 금문 | 전서 | 예서 | 해서 |

사슴의 뿔 모양(𩷰, 𩷰)을 강조하여 그린 글자이다.

## 論 의논 론
- 言부수, 총15획

| 갑골문 | 금문 | 전서 | 예서 | 해서 |

'말씀 언(言)' 과 '조리 세울 륜(侖)' 의 形聲字(형성자)로, 차례로 조리 있게 말한다(言)는 데서 '논의하다' 의 뜻이다.

弄 | 희롱할 롱
• 廾부수, 총7획

갑골문　금문　전서　예서　해서

'구슬 옥(玉)'에 '손 맞잡을 공(廾)'이 합쳐진 글자로, 구슬(玉)을 두 손(廾)으로 가지고 놀다의 뜻이다.

---

雷 | 우레 뢰
• 雨부수, 총13획

갑골문　금문　전서　예서　해서

천둥소리를 그릴 수 없어 비 우(雨)에 북의 모양(🔘→畾)을 더하여 우레의 뜻을 나타내었다.

---

賴 | 힘입을 뢰
• 貝부수, 총16획

갑골문　금문　전서　예서　해서

'조개 패(貝)'와 '어그러질 랄(剌)'의 形聲字(형성자)로, '이득을 보다'의 뜻이었는데, '의뢰하다'의 뜻으로도 쓰인다.

---

料 | 헤아릴 료
• 斗부수, 총10획

갑골문　금문　전서　예서　해서

'쌀 미(米)'에 '말 두(斗)'를 합한 글자로, 화폐가 없던 시대에 말(斗)을 가지고 쌀(米)을 센다 하여 '헤아리다'의 뜻이다.

---

了 | 마칠 료
• 亅부수, 총2획

갑골문　금문　전서　예서　해서

아이(子)의 팔을 교합하여 보이지 않게 한 字形(자형)으로 합치다의 뜻이었으나, 마치다의 뜻으로 쓰인다.

| | | 갑골문 | 금문 | 전서 | 예서 | 해서 |
|---|---|---|---|---|---|---|

龍 | 용 **롱**
• 龍부수, 총16획

甲骨文(갑골문)에서 용의 모양을 '龍, 龍, 龍' 의 형태로 나타낸 것인데, 뒤에 자형이 '龍, 龍, 龍' 과 같이 변하며, 楷書體(해서체)의 '龍' 자가 된 것이다.

累 | 묶을 **루**
• 糸부수, 총11획

'실 사(糸)' 와 '밭갈피 뢰(畾)' 의 省體(생체)인 '田' 의 形聲字(형성자)로, 실로 '잇다' 의 뜻이었는데, '포개다' 의 뜻으로도 쓰인다.

屢 | 자주 **루**
• 尸부수, 총14획

'주검 시(尸)' 와 '포갤 루(婁)' 의 形聲字(형성자)로, 자주, 번거롭다의 뜻이다. 여기서 '尸' 는 시체가 아니라 사람(尸→尸)의 뜻이다.

樓 | 다락 **루**
• 木부수, 총15획

'나무 목(木)' 과 '포갤 루(婁)' 의 形聲字(형성자)로, 층층이 포개어진 '누각' 을 뜻한다.

淚 | 눈물 **루**
• 水부수, 총11획

'물 수(氵)' 와 '사나울 려(戾)' 의 形聲字(형성자)로, 눈물의 뜻이다. '戾' 는 개가 문(戶) 밑으로 빠져나올 때 몸을 굽히다의 뜻이다.

漏 | 샐 루
• 水부수, 총14획

갑골문　금문　전서　예서　해서

'물 수(氵)'와 '샐 루(屚)'의 形聲字(형성자)로, 비(雨)가 와서 집(尸)에 물(氵)이 샌다는 뜻이다.

柳 | 버들 류
• 木부수, 총9획

갑골문　금문　전서　예서　해서

'나무 목(木)'과 '토끼 묘(卯)'의 形聲字(형성자)로, '버드나무'의 뜻이다. '卯'는 甲骨文(갑골문)에 '♦♦'의 형태로 문을 열어 놓은 것을 象形(상형)한 것인데, 卯月은 2월로, 이른 봄에 대문을 열었을 때 가장 먼저 푸른빛을 띠는 나무가 '버드나무'라는 뜻이다.

留 | 머무를 류
• 田부수, 총10획

갑골문　금문　전서　예서　해서

'밭 전(田)'과 '토끼 묘(卯)'의 形聲字(형성자)로, 옛날 농사를 크게 짓기 위해서 머물다의 뜻이다. 여기서 '卯'는 '柳, 劉'의 경우처럼 '류'로도 발음된다.

流 | 흐를 류
• 水부수, 총9획

갑골문　금문　전서　예서　해서

'물 수(氵)'와 '깃발 류(㐬 : 旒와 同字)'의 形聲字(형성자)로, 깃발이 날리듯이 물(氵)이 '흐르다'의 뜻이다.

類 | 무리 류
• 頁부수, 총19획

갑골문　금문　전서　예서　해서

'犬(개 견)'과 '頪(명백할 뢰)'의 形聲字(형성자)로, 개의 모양이 서로 비슷하므로 '종류'의 뜻으로 쓰였다.

## 六 | 여섯 륙
• 八부수, 총4획

갑골문 금문 전서 예서 해서

본래 들에 임시로 지어 놓은 간단한 집의 형태를 象形(상형)하여 '〦, 〧, 〥' 과 같이 그린 象形字(상형자)인데, 뒤에 이 글자가 숫자의 여섯을 뜻하는 글자로 대치되어 楷書體(해서체)의 '六' 자로 쓰이게 된 假借字(가차자)이다.

## 陸 | 뭍 륙
• 阜부수, 종11획

갑골문 금문 전서 예서 해서

'언덕 부(阝:阜)' 와 '언덕 륙(圥)' 의 形聲字(형성자)로, 높고 평평한 '땅' 을 뜻한다.

## 倫 | 인륜 륜
• 人부수, 총10획

갑골문 금문 전서 예서 해서

'사람 인(人)' 과 '둥글 륜(侖)' 의 形聲字(형성자)로, 사람이 지켜야 할 도리란 뜻이다. '侖' 은 본래 '龠' 의 자형으로 竹簡(죽간)을 엮어 놓은 것으로 순서의 뜻이다.

## 輪 | 바퀴 륜
• 車부수, 총15획

갑골문 금문 전서 예서 해서

'수레 거(車)' 와 '둥글 륜(侖)' 의 形聲字(형성자)로, '수레바퀴' 의 뜻이다. '侖' 은 條理(조리)의 뜻으로 바퀴살의 정연함을 뜻한다.

## 律 | 법칙 률
• 彳부수, 총9획

갑골문 금문 전서 예서 해서

'자축거릴 척(彳)' 과 '붓 율(聿)' 의 形聲字(형성자)로, 붓으로 쓴 글귀를 사방에 알리어 백성으로 하여금 지키도록 한 것이 '법률' 이라는 뜻이다.

| 栗 | 밤나무 률 | | 갑골문 | 금문 | 전서 | 예서 | 해서 |
|---|---|---|---|---|---|---|---|

栗 밤나무 률
• 木부수, 총10획

본래 '♣→♣' 의 자형으로 나무(木) 위에 밤송이가 달려 있는 모습을 본떠 만든 象形字(상형자)이다.

率 비율 률 / 거느릴 솔
• 玄부수, 총11획

본래 '♣' 의 자형으로 새를 잡는 그물을 본뜬 글자인데, 뒤에 '거느리다(率)' 의 뜻으로 변하였다.

隆 클 륭
• 阜부수, 총12획

'내릴 강(降)' 의 省字(생자)와 '날 생(生)' 의 形聲字(형성자)로, 낮은(降) 땅에서 불쑥 높이 솟아난(生) 데서 사물이 융성함을 뜻한다.

陵 큰 언덕 릉
• 阜부수, 총11획

'언덕 부(阝)' 와 '넘을 릉(夌)' 의 形聲字(형성자)로, 매우 높은 언덕의 뜻이었는데, 뒤에 王陵(왕릉)의 뜻이 되었다.

里 마을 리
• 里부수, 총7획

땅(土) 위에 밭(田)을 일군 곳이 '마을' 이라는 뜻이다.

**理** 다스릴 리
• 玉부수, 총11획

갑골문　금문　전서　예서　해서

'구슬 옥(王→玉)' 과 '마을 리(里)' 의 形聲字(형성자)로, '里' 는 백성들이 지세에 따라 집을 짓고 사는 마을인데, 옥은 그 결에 따라 갈고 닦아야 함에서 '다스리다' 의 뜻이다.

---

**裏** 속 리
• 衣부수, 총13획

갑골문　금문　전서　예서　해서

'옷 의(衣)' 와 '마을 리(里)' 의 形聲字(형성자)로, 본래 옷 속의 뜻이다.

---

**利** 이로울 리
• 刀부수, 총7획

갑골문　금문　전서　예서　해서

'벼 화(禾)' 에 '칼 도(刂)' 를 합한 글자로, 본래는 날카로운 보습으로 곡식(禾)을 경작하다의 뜻이었는데, '이롭다' , '날카롭다' 의 뜻으로 쓰인다.

---

**梨** 배나무 리
• 木부수, 총11획

갑골문　금문　전서　예서　해서

'나무 목(木)' 과 '이로울 이(利)' 의 形聲字(형성자)로 되어 있으나, 본래는 '桼' 字로서 배의 뜻이다. '㮨' 는 '黎' 의 省字(생자)로 황갈색의 뜻으로 배는 대부분 황갈색이기 때문이다.

---

**李** 오얏 리
• 木부수, 총7획

갑골문　금문　전서　예서　해서

'나무 목(木)' 과 '아들 자(子)' 의 合體字(합체자)로, '오얏나무' 의 뜻이다. 오얏나무는 열매가 많이 달리기 때문에 '子' 를 취하였다.

# 吏

벼슬아치 리
- 口부수, 총6획

| 갑골문 | 금문 | 전서 | 예서 | 해서 |
|---|---|---|---|---|
| 吏 | 吏 | 吏 | 吏 | |

'한 일(一)'과 '역사 사(史)'의 形聲字(형성자)로, 관리의 뜻이다. 남을 다스리는 자는 마음을 하나(一)같이 해야 한다는 뜻이다.

---

# 離

떼놓을 리
- 隹부수, 총19획

| 갑골문 | 금문 | 전서 | 예서 | 해서 |
|---|---|---|---|---|
| | | 離 | 離 | 離 |

'새 추(隹)'와 '흩어질 리(离)'의 形聲字(형성자)로, 본래 倉庚(창경)이란 새의 뜻이었으나, 떠나다의 뜻으로 쓰인다.

---

# 履

신 리
- 尸부수, 총15획

| 갑골문 | 금문 | 전서 | 예서 | 해서 |
|---|---|---|---|---|
| | | 履 | 履 | 履 |

본래 '履'의 자형으로 배(舟→舟) 모양의 신을 싣고 걷다(彳→夂)의 뜻이다.

---

# 隣

이웃 린
- 邑부수, 총15획

| 갑골문 | 금문 | 전서 | 예서 | 해서 |
|---|---|---|---|---|
| | | 隣 | 隣 | 隣 |

'고을 읍(阝)'과 '도깨비불 린(粦)' 변체 '粦'의 形聲字(형성자)로, 인가 인접하여 산다는 데서 '이웃'의 뜻이 되었다. '粦'은 '隣'의 本字(본자)이다.

---

# 林

수풀 림
- 木부수, 총8획

| 갑골문 | 금문 | 전서 | 예서 | 해서 |
|---|---|---|---|---|
| 林 | 林 | 林 | 林 | 林 |

'나무 목(木)'자를 겹쳐서, 나무가 한 곳에 많이 모여 있는 '숲'이란 뜻이다.

立 | 설 립
• 立부수, 총5획

땅(一) 위에 두 다리를 벌리고 서 있는 사람(大)의 모양으로써 '大, 夵, 夲, 夼'의 형태로 나타낸 것인데, 楷書體(해서체)의 '立'자가 된 것이다.

臨 | 임할 림
• 臣부수, 총17획

'누울 와(臥)'와 '물건 품(品)'의 合體字(합체자)로, 위에서 몸을 굽혀(臥) 물건을 내려다보다의 뜻에서 임하다로 쓰인다.

| 馬 | 말 마 | | 갑골문 | 금문 | 전서 | 예서 | 해서 |
|---|---|---|---|---|---|---|---|
| | • 馬부수, 총10획 | | | | | | |

말의 옆모양에서도 특히 말목의 긴 갈기털을 강조하여 '馬, 馬, 馬, 馬' 와 같이 그린 것인데, 楷書體(해서체)의 '馬' 자가 된 것이다.

| 麻 | 삼 마 | | 갑골문 | 금문 | 전서 | 예서 | 해서 |
|---|---|---|---|---|---|---|---|
| | • 麻부수, 총11획 | | | | | | |

지붕 밑(广:집 엄) 그늘에서 삼 껍질을 걸어놓고 말리는 모습(麻)을 본떠 '삼' 의 뜻을 나타내었다.

| 磨 | 갈 마 | | 갑골문 | 금문 | 전서 | 예서 | 해서 |
|---|---|---|---|---|---|---|---|
| | • 口부수, 총5획 | | | | | | |

본래는 '石(돌 석) 과 '靡(문지를 마, 쓰러질 미)' 의 形聲字(형성자)로, 돌(石)로 잘게 부수는(靡) '맷돌' 의 뜻이었는데 '갈다' 의 뜻으로도 쓰인다.

| 莫 | 말 막 | | 갑골문 | 금문 | 전서 | 예서 | 해서 |
|---|---|---|---|---|---|---|---|
| | • 艸부수, 총11획 | | | | | | |

본래 해(日)가 평원의 풀속(茻→茻)으로 지는 상태를 본떠 '저물다' 의 뜻을 나타낸 것이다. 뒤에 해가 지면 하던 일도 말아라에서 '말다' 의 뜻으로 변하여, 다시 '暮(저물 모)' 자를 만들었다.

幕
막 막
• 巾부수, 총14획

갑골문　금문　전서　예서　해서

'수건 건(巾)' 과 '말 막(莫)' 의 형성자로, 안을 볼 수 없게 만드는 천(巾)이 장막(帳幕)이다.

漠
사막 막
• 水부수, 총14획

갑골문　금문　전서　예서　해서

'물 수(水)' 와 '없을 막(莫)' 의 形聲字(형성자)로, 물이 '아득하다' 의 뜻이다.

萬
일만 만
• 艸부수, 총13획

갑골문　금문　전서　예서　해서

全蝎(전갈)이라는 독벌레를 독침과 집게발의 모양을 강조하여 'ᇦ, ᇦ, ᇦ, ᇦ' 과 같이 象形(상형)한 것인데, 뒤에 자형이 변하여 '萬' 자가 된 것이며, 전갈은 새끼를 한 번에 많이 낳는다는 것에서 숫자의 '만' 을 뜻하는 글자로 쓰이게 되었다.

晩
늦을 만
• 日부수, 총11획

갑골문　금문　전서　예서　해서

'날 일(日)' 과 '면할 면(免)' 의 형성자로, 해가 저문 밤의 뜻이다.

滿
찰 만
• 水부수, 총14획

갑골문　금문　전서　예서　해서

'물 수(氵)' 와 '평평할 면(㒼)' 의 形聲字(형성자)로, 그릇에 물이 가득 차 평평하다에서 '차다' 의 뜻이다.

| | | 갑골문 | 금문 | 전서 | 예서 | 해서 |
|---|---|---|---|---|---|---|

慢 게으를 만
• 心부수, 총14획

'마음 심(心) 과 '끌 만(曼)' 의 形聲字(형성자)로, 마음을 길게 끄는(曼)데서 '게으르다', '거만하다' 의 뜻이다.

漫 질펀할 만
• 水부수, 총14획

'물 수(氵) 와 '끌 만(曼)' 의 形聲字(형성자)로, 물이 질펀히 '퍼져있다' 는 뜻이다.

蠻 고대 종족 이름 만
• 虫부수, 총25획

'벌레 충(虫)' 과 '말잇대일 련(䜌)' 의 형성자로 남만의 미개족의 뜻. 본래 䜌이 本字(본자)였는데 小篆(소전)에서 '虫' 자를 더함. 南方(남방)에는 벌레가 많기 때문에 虫을 더한 것임.

末 끝 말
• 木부수, 총5획

'末' 자는 본래 나무를 象形(상형)한 '朩(목)' 자에 '本(본)' 자와 마찬가지로 부호로써 나무의 끝부분을 가리키어 '朩→末' 과 같이 쓴 것인데, 楷書體(해서체)의 '末' 자가 된 것이다.

亡 망할 망
• 亠부수, 총3획

甲骨文(갑골문)에 '𠃊, 𠃊, 𠤎', 金文(금문)에 '𠃊, 𠃊, 𠃊' 등의 자형으로서 지팡이를 짚고 가는 '소경' 의 모습을 나타낸 象形字(상형자)이다. 뒤에 '망하다, 도망하다, 없다' 등의 뜻으로 전의되자, '目' 을 더하여 '盲(소경 맹)' 자를 또 만들었다.

忙 | 바쁠 망
• 心부수, 총6획

갑골문　금문　전서　예서　해서

'마음 심(忄)' 과 '망할 망(亡)' 의 형성자로, 마음(忄)을 잊어버릴(亡) 정도로 바쁘다(忙)는 뜻이다.

忘 | 잊을 망
• 心부수, 총7획

갑골문　금문　전서　예서　해서

'마음 심(心)' 과 '망할 망(亡)' 의 形聲字(형성자)로, 마음(心)에서 '잊다' 는 뜻이다.

望 | 바랄 망
• 月부수, 총11획

갑골문　금문　전서　예서　해서

'줄기 정(朢→壬)' 자는 흙(土) 위에 사람(人)이 서 있는 모습을 나타낸 글자로, 사람(人)이 언덕(土) 위에 서서 달(月)을 바라본다는 뜻이다. '亡' 은 발음 요소이다.

茫 | 아득할 망
• 艸부수, 총10획

갑골문　금문　전서　예서　해서

'풀 초(++)' , '큰물 망(汒)' 의 형성자로, 끝없는 바다처럼 광막하다의 뜻이다.

妄 | 허망할 망
• 女부수, 총6획

갑골문　금문　전서　예서　해서

'여자 녀(女)' 와 '망할 망(亡)' 의 형성자로, 도망간 여자는 행실이 부정하다는 데서 망령되다의 뜻이다.

| | | 갑골문 | 금문 | 전서 | 예서 | 해서 |

**网** 그물 망
- 网부수, 총5획

그물의 모양(**网**, **网**)을 그린 글자이다.

**罔** 그물 망
- 网부수, 총8획

'그물 망(网)' 의 변형자와 '망할 망(亡)' 의 형성자로, 그물이 뜻이었으나, 累增字(누증자)로 '網(그물 망)' 이 쓰이고 '罔' 은 없다의 뜻으로 쓰인다.

**每** 매양 매
- 毋부수, 총7획

'싹날 철(屮)' 과 '어미 모(母)' 의 形聲字(형성자)로, 본의는 풀이 무성하게 자라다의 뜻이었는데, '늘' , '매양' 의 뜻이 되었다.

**買** 살 매
- 貝부수, 총12획

'그물 망(网→罒)' 과 '조개 패(貝)'의 會意字(회의자)로, 물건을 망라하여 바꾸다의 뜻을 나타낸 글자인데, '사다' 의 뜻으로 쓰였다.

**賣** 팔 매
- 貝부수, 총15획

본래는 '날 출(出)' 과 '살 매(買)' 의 形聲字(형성자)로, '사다' 의 반대인 '팔다' 의 뜻이다.

妹 | 손아래 누이 매
• 女부수, 총8획

갑골문　금문　전서　예서　해서

'계집 녀(女)'와 '아닐 미(未)'의 形聲字(형성자)로, 철이 나지 않은(未) 여자(女) 아이라는 데서 '손아래 누이'의 뜻으로 쓰였다.

梅 | 매화 매
• 木부수, 총11획

갑골문　금문　전서　예서　해서

'나무 목(木)'과 '매양 매(每)'의 形聲字(형성자)로, 본의는 줄기와 잎이 무성한 매화의 본자인 '某' 자가 '모모'의 뜻으로 전의되자, '梅' 자를 '매화'의 뜻으로 쓰게 되었다.

埋 | 묻을 매
• 土부수, 총10획

갑골문　금문　전서　예서　해서

小篆(소전)에는 '薶(묻을 매)'의 자형으로, 죽은 짐승을 묻을 때는 섶(薪)을 두터이 덮었기 때문에 풀 초(艹) 밑에 썼으나, 隷書(예서)에서 '埋'의 자형이 되었다.

媒 | 중매 매
• 女부수, 총12획

갑골문　금문　전서　예서　해서

'여자 녀(女)'와 '아무 모(某)'의 形聲字(형성자)로, 某人(모인)과 某人(모인), 곧 二姓(이성)을 합하여 주는 중매하다의 뜻이다.

麥 | 보리 맥
• 麥부수, 총11획

갑골문　금문　전서　예서　해서

보리이삭의 모양을 象形(상형)하여 '来, 朿'와 같이 그린 것인데, 楷書體(해서체)의 '來(올 래)'자로 뜻이 변하게 되었다. 그 이유는 보리는 이른 봄에 반드시 밟아주고 와야 하기 때문에 '오다'의 뜻으로 전의된 것이다. 다시 '麦, 麥'와 같이 'ヌ'(발의 象形字)을 더하여 楷書體(해서체)의 '麥(보리 맥)'자가 된 것이다.

脈 | 줄기 맥
• 肉부수, 총10획

갑골문　금문　전서　예서　해서

몸(肉→月)안의 피(血)가 물갈래(派)처럼 갈라져 흐른다는 뜻이다.


孟 | 맏 맹
• 子부수, 총8획

갑골문　금문　전서　예서　해서

'아들 자(子)' 와 '그릇 명(皿)' 의 形聲字(형성자)로, 맏아들의 뜻이다. 부모가 맏아들에게 밥그릇을 전수하여 '皿' 자를 취하였다.


猛 | 사나울 맹
• 犬부수, 총11획

갑골문　금문　전서　예서　해서

'개 견(犭)' 과 '힘쓸 맹(孟)' 의 形聲字(형성자)로, '사나운 개(犭)' 를 뜻한 글자인데, '사납다' 의 뜻으로 쓰인다.


盟 | 맹세 맹
• 皿부수, 총13획

갑골문　금문　전서　예서　해서

'그릇 명(皿)' 과 '밝을 명(明)' 의 形聲字(형성자)로, 맹서하다의 뜻이다. 고대에 제후들이 동맹(同盟)을 맺을 때 천지신명 앞에 서약하면서 그릇에 동물의 피를 서로 나누어 마신 데에서 유래하였기 때문에 본래는 '盟→盟' 자였는데, 예서에 '盟' 으로 변함.


盲 | 소경 맹
• 目부수, 총8획

갑골문　금문　전서　예서　해서

'눈 목(目)' 과 '망할 망(亡)' 의 形聲字(형성자)로, 눈이 먼 것을 뜻하였다.

| | 免 | 면할 면 | | 갑골문 | 금문 | 전서 | 예서 | 해서 |
|---|---|---|---|---|---|---|---|---|

免
면할 면
• 儿부수, 총7획

본래 임금이 쓰는 면류관의 모양을 본뜬 것인데, 뒤에 '면하다' 의 뜻으로 쓰이게 되어, 다시 '冕(면류관 면)' 자를 만들었다.

勉
힘쓸 면
• 力부수, 총9획

'면할 면(免)' 과 '힘 력(力)' 의 形聲字(형성자)로, 토끼(兎:토끼 토)가 달아날 때, 전력 질주함에서 '힘쓰다' 의 뜻이다.

面
낯 면
• 面부수, 총9획

小篆(소전)에 '圙' 의 자형으로, 본래 얼굴에 쓴 가면의 모양을 본 뜬 글자인데, 뒤에 '얼굴' 의 뜻이 되었다.

宀
집 면
• 宀부수, 총3획

초가집 모양을 본뜬 것인데, '갓머리' 라고 한 것은 글자의 모양이 '갓' 과 비슷해서 생긴 부수의 명칭일 뿐이다. 본래는 '집 면' 이라고 읽어야 한다.

眠
잘 면
• 目부수, 총10획

'눈 목(目)' 과 '백성 민(民)' 의 形聲字(형성자)이다. '民' 은 '泯(어두울 민)' 의 省體(생체)로, 눈을 감아 혼미상태로 된다는 의미로 '자다' 의 뜻이 되었다.

114

# 綿

이어질 면

- 糸부수, 총14획

갑골문　금문　전서　예서　해서

'실 사(糸)' 와 '비단 백(帛)' 의 合體字(합체자)로, 가는 실(糸)로 짠 비단(帛)이란 뜻이다. 뒤에 목화가 들어오면서 '솜' 이란 뜻으로 전의되었다.

# 滅

멸할 멸

- 水부수, 총13획

갑골문　금문　전서　예서　해서

'물 수(氵) 자와 '위협할 위(威)' 자가 합쳐진 글자로, 물(氵)의 위협(威)으로 마을이나 사람들이 滅亡(멸망)한다는 뜻이다.

# 命

목숨 명

- 口부수, 총8획

갑골문　금문　전서　예서　해서

'명령 령(令)' 에 '입 구(口)' 를 합한 글자로, 문서로 내리는 명령은 '令' , 구두 명령은 '命' 이나 지금은 같이 쓰고, 나아가 '생명' 의 뜻으로 쓰인다.

# 明

밝을 명

- 日부수, 총8획

갑골문　금문　전서　예서　해서

'날 일(日) 과 '달 월(月)' 의 會意字(회의자)로, 해(日)와 달(月)이 세상을 환하게 비춘다는 데서 '밝다' 의 뜻이다.

# 鳴

울 명

- 鳥부수, 총14획

갑골문　금문　전서　예서　해서

새(鳥)가 입(口)을 벌려 '지저귀다' 의 뜻이다.

115

名 │ 이름 명
　•　口부수, 총6획

갑골문　금문　전서　예서　해서

저녁(夕)이 되어 어두워지면 입(口)으로 이름(名)을 불러 서로를 분간한 데에서 이름이
란 뜻이다.

銘 │ 새길 명
　•　金부수, 총14획

갑골문　금문　전서　예서　해서

'쇠 금(金)'과 '이름 명(名)'의 形聲字(형성자)로, 금석에 '문자를 새기다'의 뜻이다.

冥 │ 어두울 명
　•　冖부수, 총10획

갑골문　금문　전서　예서　해서

본래는 금문에 '冥'의 자형으로 해(日)가 서산으로 들어가(入) 어둡다는 뜻이다.

母 │ 어머니 모
　•　母부수, 총5획

갑골문　금문　전서　예서　해서

'女(𤓡)'자에 젖을 뜻하는 2점을 찍어 '𤯈'와 같이 나타낸 것인데, 楷書體(해서체)의
'母'가 된 것이다. 이때의 두 점 '∵'은 단독으로 글자를 이루지 못하는 부호이다.
따라서 '母'는 會意字(회의자)가 아니라 역시 象形字(상형자)이다.

暮 │ 저물 모
　•　日부수, 총15획

갑골문　금문　전서　예서　해서

'날 일(日)'과 '말 막(莫)'의 形聲字(형성자)로, '저물다'는 뜻이다. 본래 초원으로 지는
해의 모양(莫)을 길어 '莫'의 자형을 만들었는데, 뒤에 말다의 뜻으로 변하자 '暮'를
다시 만들었다.

**毛** 털 모
• 毛부수, 총4획

갑골문　금문　전서　예서　해서

사람이나 짐승의 털을 그린(𣬛) 글자이다.

**某** 아무 모
• 木부수, 총9획

갑골문　금문　전서　예서　해서

나무(木)에 맛있는(甘) 매실이 열려있는 모양이다. 원래의 의미는 매화나무인데, 가차되어 아무라는 뜻이 생겼다.

**謀** 꾀할 모
• 言부수, 총16획

갑골문　금문　전서　예서　해서

'말씀 언(言)' 과 '아무 모(某)' 의 形聲字(형성자)로, 말로 잘 설명하여 '꾀하다' 의 뜻이다.

**模** 법 모
• 木부수, 총15획

갑골문　금문　전서　예서　해서

'나무 목(木)' 과 '본뜰 모(摹)' 의 省體(생체)인 '莫' 의 形聲字(형성자)로, 나무(木)를 깎아 똑같이 본뜬다고 하여 '모범' 의 뜻이다.

**貌** 얼굴 모
• 豸부수, 총14획

갑골문　금문　전서　예서　해서

사람의 얼굴(皃:모양 모)과 '豹(표범 표)' 의 省體(생체)인 '豸' 의 形聲字(형성자)이다. 표범의 무늬가 잘 드러나듯이 사람의 마음도 그 얼굴에 잘 나타나므로 '豸' 를 취하여 '모양' 의 뜻으로 썼다.

| | | 갑골문 | 금문 | 전서 | 예서 | 해서 |

矛　창 모
• 矛부수, 총5획

끝이 뾰족하고 세모진 창의 모양(𢦦, 矛)을 그린 글자이다.〔참고 : 갈라진 창은 戈(창 과)자이다.〕

募　모을 모
• 力부수, 총13획

'힘 력(力)'과 '말 막(莫)'의 形聲字(형성자)로, 흩어져 없는(莫) 것을 힘써 모으다의 뜻이다. 옛날 사람들은 해가 저물면(莫→暮) 밖에 있는 짐승을 모두 불러 모았기 때문이다.

慕　그리워할 모
• 心부수, 총15획

'마음 심(心)'과 '말 막(莫)'의 形聲字(형성자)로, 그리워하다는 뜻이다. 해가 지면(莫) 사물의 形色(형색)을 구별할 수 없는 것처럼 남을 사모할 때는 한 가지 마음이 된다는 뜻이다.

木　나무 목
• 木부수, 총4획

나무의 모양을 본떠 '米, 米'와 같이 나무의 줄기, 가지, 뿌리를 그린 것인데, 楷書體(해서체)의 '木' 자가 된 것이다.

沐　머리 감을 목
• 水부수, 총7획

'물 수(氵)'와 '나무 목(木)'의 形聲字(형성자)로 머리감다의 뜻. 옛날 머리를 감는 물통을 나무로 만들었으므로 '木'을 취함. 沐(목)은 머리를 감는 것, 浴(욕)은 몸을 씻는 것으로 구별했음.

# 牧

기를 목

• 牛부수, 총8획

갑골문 금문 전서 예서 해서

‘소 우(牛)’ 와 ‘칠 복(攵)’ 의 會意字(회의자)로, 목동이 회초리를 들고 소(牛)를 가벼이 쳐서(攵) 풀을 뜯게 하다에서 ‘치다’, ‘기르다’, ‘목동’ 의 뜻이다.

# 目

눈 목

• 目부수, 총5획

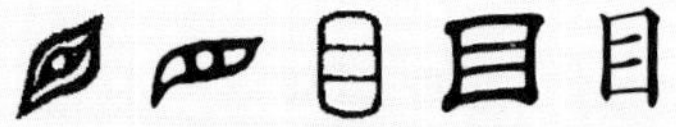

갑골문 금문 전서 예서 해서

눈의 모양을 象形(상형)하여 ‘, , 目’ 와 같이 그린 것인데, 뒤에 세워서 楷書體(해서체)의 ‘目’ 자가 된 것이다.

# 睦

화목할 목

• 目부수, 총13획

갑골문 금문 전서 예서 해서

‘눈 목(目)’ 과 ‘언덕 륙(坴)’ 의 形聲字(형성자)로, 눈빛이 평평한 언덕처럼 평순한 데서 ‘화목하다’ 의 뜻이 되었다.

# 沒

가라앉을 몰

• 水부수, 총7획

갑골문 금문 전서 예서 해서

‘물 수(氵)’ 와 ‘殳 (몰)’ 의 형성자로, 물에 잠기다의 뜻이다. ‘殳’ 은 본래 ‘𠬛’ 의 자형으로 ‘回’ 는 연못의 상형자이며 물속에 들어가 손(又)으로 취하다의 뜻이다.

# 夢

꿈 몽

• 夕부수, 총14획

갑골문 금문 전서 예서 해서

‘저녁 석(夕)’ 과 ‘어두울 몽(瞢)’ 의 형성자로, 꿈이 뜻이다. 밤(夕)에 눈이 어두운, 곧 잘 때 환각현상이 꿈이란 뜻이다.

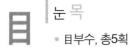

## 蒙 | 입을 몽
• 艸부수, 총14획

갑골문　금문　전서　예서　해서

'풀 초(艹)' 와 '덮어쓸 몽(冡)' 의 形聲字(형성자)로, 본래 넝쿨풀의 이름이었는데, 뒤에 '덮다' , '어리다' 의 뜻으로 쓰였다.

## 卯 | 넷째 지지 묘
• 卩부수, 총5획

갑골문　금문　전서　예서　해서

본래 문을 열어 놓은 모양을 본뜬 것인데, 뒤에 '地支(지지)' 의 뜻으로 쓰였다.

## 妙 | 묘할 묘
• 女부수, 총7획

갑골문　금문　전서　예서　해서

'여자 녀(女)' 와 '젊을 소(少)' 의 合體字(합체자)로, 여자는 젊어야 아름답고 '묘하다' 는 뜻이다.

## 廟 | 사당 묘
• 广부수, 총15획

갑골문　금문　전서　예서　해서

'돌집 엄(广)' 과 '아침 조(朝)' 의 合體字(합체자)이다. '朝' 는 朝廷(조정)의 뜻으로, 사당 앞에서 신하들의 예를 받는다는 뜻에서 집(广)에 朝를 더한 것이다.

## 苗 | 모 묘
• 艸부수, 총9획

갑골문　금문　전서　예서　해서

밭(田)에 풀(艹)이 난 모습을 그린 것으로 '싹' 의 뜻이다.

## 墓

무덤 묘

• 土부수, 총14획

갑골문 금문 전서 예서 해서

'莫(없을 막, 본래 저물 모)' 과 '土(흙 토)' 의 形聲字(형성자)이다. 본뜻은 '평평한 무덤', 즉 둥글게 쌓아올린 흙더미(封)가 없는 무덤이다.

## 戊

다섯째 천간 무

• 戈부수, 총5획

갑골문 금문 전서 예서 해서

본래 도끼의 모양을 본뜬 것인데, 뒤에 天干(천간)의 뜻으로 변하였다.

## 茂

무성할 무

• 艸부수, 총9획

갑골문 금문 전서 예서 해서

'풀 초(++)' 와 '천간 무(戊)' 의 형성자로, 무성하다의 뜻이다.

## 武

무사 무

• 止부수, 총8획

갑골문 금문 전서 예서 해서

창(戈)을 들고 어떤 혼란을 막는(止) '무사' 의 뜻이다.

## 無

없을 무

• 火부수, 총12획

갑골문 금문 전서 예서 해서

甲骨文(갑골문)에서 사람이 두 손에 깃털장식을 들고 춤추는 모습을 象形(상형)하여 '𣠮, 𣠴' 의 형태로 그린 것인데, 金文(금문)에서 '𣠴', 小篆(소전)에서 '𣠳' 의 형태로 변하여, 楷書體(해서체)의 '無' 자가 된 것이다. 뒤에 부득이 '춤추다' 의 뜻으로 '舞 (춤출 무)' 자를 다시 만들었다.(뒤섞여 춤 출 때는 지위, 신분이나 남녀노소 구별이 없다는 데서 '없다' 의 뜻으로 변한 것이다.)

**舞** | 춤출 무
- 舛부수, 총14획

|  |  |  |  |  |
|---|---|---|---|---|
| 갑골문 | 금문 | 전서 | 예서 | 해서 |

본래 '없을 무(無)' 자로서 춤추는 모습을 나타낸 글자인데, 춤출 때는 남녀노소의 구별이 없다 하여 '없다' 의 뜻으로 변하자, '엇갈릴 천(舛)' 자를 더하여 '춤출 무(舞)' 자를 만들었다.

**務** | 힘쓸 무
- 力부수, 총11획

|  |  |  |  |  |
|---|---|---|---|---|
| 갑골문 | 금문 | 전서 | 예서 | 해서 |

'창 모(矛)' 와 '굳셀 무(孜)'의 形聲字(형성자)로, 창(矛)을 손에 들고(攵) 매우 힘(力)쓴다는 데서 '힘쓰다' 의 뜻이다.

**貿** | 바꿀 무
- 貝부수, 총12획

|  |  |  |  |  |
|---|---|---|---|---|
| 갑골문 | 금문 | 전서 | 예서 | 해서 |

대문을 열어 놓은 모양의 '묘(丱→卯)' 와 '조개 패(貝)' 의 形聲字(형성자)로, 卯時(묘시, 5~7時)에 문을 열어 물건을 돈(貝)으로 사고판다는 데서 '무역하다' 의 뜻이다.

**霧** | 안개 무
- 雨부수, 총19획

|  |  |  |  |  |
|---|---|---|---|---|
| 갑골문 | 금문 | 전서 | 예서 | 해서 |

'비 우(雨)' 와 '일 무(務)' 의 形聲字(형성자)로, 안개의 뜻이다.

**墨** | 먹 묵
- 土부수, 총15획

|  |  |  |  |  |
|---|---|---|---|---|
| 갑골문 | 금문 | 전서 | 예서 | 해서 |

검은(黑) 진흙(土)으로 만든 것이 '먹' 이라는 뜻이다.

默 | 잠잠할 묵
• 黑부수, 총16획

갑골문  금문  전서  예서  해서

'개 견(犬)'과 '검을 흑(黑)'의 形聲字(형성자)로, 개가 짖지 않고 사람을 쫓는 뜻이었는데, 뒤에 '침묵하다'의 뜻이 되었다.

---

文 | 글월 문
• 文부수, 총4획

갑골문  금문  전서  예서  해서

본래 사람의 가슴에 문신한 모양을 象形(상형)하여 '𡥝, 文, 大'의 형태로 그리어 '무늬'의 뜻으로 쓴 것인데, 楷書體(해서체)의 '文'자가 된 것이다. 뒤에 부득이 무늬를 뜻하는 글자를 '紋(무늬 문)'과 같이 다시 만들었다.

---

門 | 문 문
• 門부수, 총8획

갑골문  금문  전서  예서  해서

쌍문의 모양을 象形(상형)하여 '𨳿, 𨳿, 門'와 같이 그린 것인데, 楷書體(해서체)의 '門(문 문)'자가 된 것이다.

---

問 | 물을 문
• 口부수, 총11획

갑골문  금문  전서  예서  해서

'입 구(口)'와 '문 문(門)'의 形聲字(형성자)로, 입(口)으로 '묻다'의 뜻이다.

---

聞 | 들을 문
• 耳부수, 총14획

갑골문  금문  전서  예서  해서

귀(耳)는 소리를 듣는 문(門)이라는 데서 '듣다'의 뜻이다. 門(문)은 또한 발음 요소이다.

勿
말 물
• 勹부수, 총4획

갑골문 금문 전서 예서 해서

부정사로 쓰이는 '勿(말 물)' 자는 본래 칼(勹)로 물건을 썰 때, 칼에 부스러기가 붙은 것을 '勿, 勿, 勿'의 형태로 象形(상형)한 것인데, 그 부스러기는 쓸모없다는 뜻으로, 오늘날의 부정사 '勿' 자가 된 것이다.

物
만물 물
• 牛부수, 총8획

갑골문 금문 전서 예서 해서

'소 우(牛)'와 '말 물(勿)'의 形聲字(형성자)로, 본래는 잡색의 소(牛)를 나타낸 것인데, 뒤에 '물건'의 뜻으로 쓰였다.

尾
꼬리 미
• 尸부수, 총7획

갑골문 금문 전서 예서 해서

사람의 꼬리가 실제 있음을 표시한 것이 아니라, 뒤끝을 나타낸 글자이다.

美
아름다울 미
• 羊부수, 총9획

갑골문 금문 전서 예서 해서

'양 양(羊)'과 '큰 대(大)'의 合體字(합체자)로, 양(羊)이 크면 살지면서도 그 고기가 가장 맛이 있다는 데서 '달다'의 뜻이었는데, 뒤에 '아름답다'의 뜻이 되었다.

米
쌀 미
• 米부수, 총6획

갑골문 금문 전서 예서 해서

낱알의 모양을 象形(상형)하여 '米, 米'와 같이 그린 것인데, 楷書體(해서체)의 '米' 자가 된 것이다.('米' 자를 八+八의 합자로 보아, 벼농사는 88번의 손이 가야 된다는 풀이는 한낱 민간자원에 불과하다.)

迷 | 미혹할 미
• 辵부수, 총10획

갑골문 금문 전서 예서 해서

'쉬엄쉬엄 갈 착(辶)' 에 '쌀 미(米)' 의 形聲字(형성자)로, 미혹하다의 뜻이다. '米' 의 자형은 사통팔달의 형태로 어느 곳으로 갈 줄을 모른다는 의미로 취한 것이다.

未 | 아닐 미
• 木부수, 총5획

갑골문 금문 전서 예서 해서

나무의 가지와 무성한 잎을 본뜬 것인데, 뒤에 '地支(지지)' 의 뜻으로 변하였다. 또한 부정의 뜻으로 쓰이게 되어 '아닐 미' 로 일컫게 되었다.

味 | 맛 미
• 口부수, 총8획

갑골문 금문 전서 예서 해서

'입 구(口)' 와 '아닐 미(未)' 의 形聲字(형성자)로, 사람이 입(口)으로 맛을 알기 때문에 '맛' 의 뜻이다.

微 | 작을 미
• 彳부수, 총13획

갑골문 금문 전서 예서 해서

'조금 걸을 척(彳)' 과 '적을 미(敚)' 의 形聲字(형성자)이며, 본의는 '살살 걸어가다' 의 뜻이었는데, 뒤에 '작다' 의 뜻으로 쓰였다.

眉 | 눈썹 미
• 目부수, 총9획

갑골문 금문 전서 예서 해서

눈(目)과 눈 위의 눈썹 모습을 본떠 만든 글자이다.

## 民 백성 민
- 氏부수, 총5획

갑골문 금문 전서 예서 해서

'民' 자의 자원 풀이가 구구하나, 金文(금문)에 '<sup>?</sup>, <sup>?</sup>, <sup>?</sup>' 들로 볼 때, 본래 풀싹의 모양을 그린 것인데, 뭇백성이 임금에 대하여 순종함을 풀싹들에 비유하여 '民' 자로 쓰게 된 것이다. 눈을 침으로 찔러 노예를 삼은 것으로 풀이하는 이도 있다.

## 敏 민첩할 민
- 攵부수, 총11획

갑골문 금문 전서 예서 해서

'칠 복(攴→攵)' 과 '매양 매(每)' 의 合體字(합체자)로, 본래 풀이 무성하게 빨리 자람을 뜻한 것인데, 뒤에 '빠르다' 의 뜻이 되었다. '每' 자는 '母' 와 '屮(싹날 철)' 의 合體字(합체자)로, 풀이 무성하게 자람의 뜻이다.

## 憫 근심할 민
- 心부수, 총15획

갑골문 금문 전서 예서 해서

'마음 심(心)' 과 '위문할 민(閔)' 의 形聲字(형성자)로, 근심하다의 뜻이다. '閔' 은 상을 당한 집을 찾아가 문에서 조의를 표한다는 뜻이다.

## 密 빽빽할 밀
- 宀부수, 총11획

갑골문 금문 전서 예서 해서

'뫼 산(山)' 과 '편안할 밀(宓)' 의 形聲字(형성자)로, 본래는 山中(산중)에 3면이 높고 한 면만 평탄한 곳의 뜻이었는데, 뒤에 비밀한 곳의 뜻으로 쓰였다.

## 蜜 꿀 밀
- 虫부수, 총14획

갑골문 금문 전서 예서 해서

'벌레 충(虫)' 과 '편안할 밀(宓)' 의 形聲字(형성자)로, 꿀이 벌(蜂)에서 나오므로, 벌레 충(虫)자를 더하였다. 벌이 봄, 여름철 꿀을 모아 가을, 겨울철에 편안히 지낼 수 있으므로 '宓' 을 취한 것이다.

泊 배댈 **박**
• 水부수, 총8획

갑골문 금문 전서 예서 해서

'물 수(氵)'와 '흰 백(白)'의 形聲字(형성자)로, 물가에 배를 대다의 뜻이다.

拍 실 **박**
• 手부수, 총8획

갑골문 금문 전서 예서 해서

'손 수(扌)'와 '흰 백(白)'의 形聲字(형성자)로, 손으로 손뼉을 치다의 뜻이다. 白은 본래 百으로 여러 번 치다의 뜻이었는데, 뒤에 白으로 변한 것이다.

迫 닥칠 **박**
• 辵부수, 총9획

갑골문 금문 전서 예서 해서

'쉬엄쉬엄 갈 착(辶)'과 '흰 백(白)'의 形聲字(형성자)로, 가서(辶) 닥친다는 뜻이다.

朴 후박나무 **박**
• 木부수, 총6획

갑골문 금문 전서 예서 해서

'나무 목(木)'과 '점 복(卜)'의 形聲字(형성자)로, 본래 木皮(목피), 곧 나무껍질의 뜻. '卜'은 거북의 껍질을 기름에 튀기어 길흉을 점친 데서 나무 껍질의 뜻으로 취함. 한국에서는 姓氏(성씨)로 씀. 순박하다의 뜻으로도 씀.

博 | 넓을 박
ㅣ +부수, 총12획
갑골문  금문  전서  예서  해서

'열 십(+)' 과 '펼 부(尃)' 의 形聲字(형성자)로, 사방의 일을 두루 알다의 뜻에서 '넓다' 의 뜻이다.

薄 | 엷을 박
ㅣ 艸부수, 총17획
갑골문  금문  전서  예서  해서

'풀 초(++)' 와 '넓을 부(溥)' 의 形聲字(형성자)로, 풀잎처럼 얇다고 해서 풀 초(++)자가 쓰였다.

半 | 반 반
ㅣ +부수, 총5획
갑골문  금문  전서  예서  해서

金文(금문)에 '半' 의 형태로, 소(牛)를 반으로 나눈다(八 : 分, 즉 '나누다' 의 뜻이 있음) 는 의미로 만들어진 글자이다.

反 | 돌이킬 반
ㅣ 又부수, 총4획
갑골문  금문  전서  예서  해서

甲骨文(갑골문)에 '反' 의 형태로, 본래 깃털 따위를 손으로 잡아서 반대로 뒤집는 모양을 본뜬 글자로, '돌이키다' 의 뜻으로 쓰였다.

飯 | 밥 반
ㅣ 食부수, 총13획
갑골문  금문  전서  예서  해서

'먹을 식(食)' 과 '되돌릴 반(反)' 의 形聲字(형성자)이다. '反' 은 곧 '返(돌아올 반)' 의 省體(생체)로, 음식을 입에 넣어 반복해서 씹는다는 데서 '먹다' 의 뜻이었는데, '밥' 의 뜻으로도 쓰인다.

**叛** | 배반할 반
• 又부수, 총9획

갑골문　금문　전서　예서　해서

'돌이킬 반(反)' 과 '반 반(半)' 의 形聲字(형성자)로, 반대하여 배신하니까 되돌릴 반(反)을 취한 것이다.

**返** | 돌아올 반
• 辶부수, 총8획

갑골문　금문　전서　예서　해서

'쉬엄쉬엄 갈 착(辶)' 과 '되돌릴 반(反)' 의 形聲字(형성자)로, 가서(辶) '돌아오다(反)' 의 뜻이다.

**般** | 돌 반
• 舟부수, 총10획

갑골문　금문　전서　예서　해서

'배 주(舟)' 와 '칠 수(殳)' 의 會意字(회의자)로, 삿대(殳)를 손에 들고 배를 부리다의 뜻이었는데, 뒤에 옮기다, 무리, 종류 등의 뜻으로 변하였다.

**盤** | 소반 반
• 皿부수, 총15획

갑골문　금문　전서　예서　해서

'옮길 반(般)' 과 '그릇 명(皿)' 의 形聲字(형성자)로, 그릇을 옮기는(般) '쟁반' 이라는 뜻이다.

**班** | 나눌 반
• 玉부수, 총10획

갑골문　금문　전서　예서　해서

'옥 옥(玉)' 과 '칼 도(刂)' 의 會意字(회의자)로, 옥(玉) 덩어리를 칼(刂)로 나누어 두 조각을 낸다는 뜻이다.

| 發 | 필발<br>• <sup>癶</sup>부수, 총12획 | 갑골문 金文 | 금문 | 전서 | 예서 | 해서 |

'걸음 발(癶)'과 '활 궁(弓)', '창 수(殳)'의 形聲字(형성자)로, 본래 화살이 활을 '떠나다'의 뜻이었는데, '피다'의 뜻이 되었다.

| 拔 | 뺄발<br>• 手부수, 총8획 | 갑골문 | 금문 | 전서 | 예서 | 해서 |

'손 수(扌)'와 '달아날 발(犮)'의 形聲字(형성자)로, 빨리 뽑다의 뜻이다.

| 髮 | 터럭발<br>• 髟부수, 총15획 | 갑골문 | 금문 | 전서 | 예서 | 해서 |

'머리털 늘어질 표(髟)'와 '개 달아날 발(犮)'의 形聲字(형성자)로, 길게(長) 자란 머리털(髟), 곧 '머리카락'을 뜻한다. 犮은 발음 요소이다.

| 方 | 모방<br>• 方부수, 총4획 | 갑골문 | 금문 | 전서 | 예서 | 해서 |

甲骨文(갑골문)에 '方'의 자형으로, 본래 '쟁기'의 모양을 본뜬 글자인데, 뒤에 '모서리', '사방' 등의 뜻으로 쓰였다.

| 放 | 놓을방<br>• 攴부수, 총8획 | 갑골문 | 금문 | 전서 | 예서 | 해서 |

'칠 복(攴→攵)'과 '모서리 방(方)'의 形聲字(형성자)이다. 옛날에 신하가 죄를 지으면 먼 지방(方)으로 쫓아내다(放逐)의 뜻이었는데, '놓다'의 뜻으로도 쓰인다.

房 | 방방
• 戶부수, 총8획

갑골문　금문　전서　예서　해서

'집 호(戶)' 와 '모 방(方)' 의 形聲字(형성자)로, 방의 뜻이다. 본래는 正室(정실) 양편에 있는 방의 뜻이다. 방은 대개 四角(사각)으로 되어 있기 때문에 方을 취한 것이다.

防 | 막을방
• 阜부수, 총7획

갑골문　금문　전서　예서　해서

'언덕 부(阜→阝)' 와 '방위 방(方)' 의 形聲字(형성자)로, 물이 흐르는 언덕(阝)의 한쪽 방향(方)을 막아 둑을 쌓아서 '막다' 의 뜻이다.

訪 | 찾을방
• 言부수, 총11획

갑골문　금문　전서　예서　해서

'말씀 언(言)' 과 '모서리 방(方)' 의 形聲字(형성자)로, 본의는 '널리 꾀하라' 인데, 뒤에 '찾아가다' 의 뜻이 되었다.

芳 | 꽃다울방
• 艸부수, 총8획

갑골문　금문　전서　예서　해서

'풀 초(艹)' 와 '모서리 방(方)' 의 形聲字(형성자)이다. '方' 은 '放(놓을 방)' 의 省體(생체)로 향을 풍기는 풀이라는 뜻에서 '꽃답다' 의 뜻이다.

傍 | 곁방
• 人부수, 총12획

갑골문　금문　전서　예서　해서

'사람 인(亻)' 과 '곁 방(旁)' 의 形聲字(형성자)로, 사람의 옆을 뜻한다.

| 妨 | 방해할 방 | | 갑골문 | 금문 | 전서 | 예서 | 해서 |
| --- | --- | --- | --- | --- | --- | --- | --- |
| | • 女부수, 총7획 | | | | 妨 | 妨 | 妨 |

'여자 녀(女)' 와 '모서리 방(方)' 의 形聲字(형성자)로, 방해하다의 뜻이다. 奸(간), 嫉(질) 등과 같이 女性(여성)의 성질을 비하하여 '女' 를 취하였다.

| 倣 | 본뜰 방 | | 갑골문 | 금문 | 전서 | 예서 | 해서 |
| --- | --- | --- | --- | --- | --- | --- | --- |
| | • 人부수, 총10획 | | | | 倣 | 倣 | 倣 |

'사람 인(人)' 과 '놓아줄 방(放)' 의 形聲字(형성자)로, 모방하다의 뜻이다. 仿의 累增字 (누증자)이다.

| 邦 | 나라 방 | | 갑골문 | 금문 | 전서 | 예서 | 해서 |
| --- | --- | --- | --- | --- | --- | --- | --- |
| | • 邑부수, 총7획 | | 甫 | 邦 | 邦 | 邦 | 邦 |

'고을 읍(邑→阝)' 과 '우거질 봉(丰)' 의 形聲字(형성자)로, 물건이 풍부한(丰) 여러 고을 (邑)을 합친 것이 '나라' 라는 뜻이다.

| 拜 | 절 배 | | 갑골문 | 금문 | 전서 | 예서 | 해서 |
| --- | --- | --- | --- | --- | --- | --- | --- |
| | • 手부수, 총9획 | | | 拜 | 拜 | 拜 | 拜 |

본래 손에 신장대를 잡고 신에게 절하는 것을 가리키어 '拜, 拜, 拜' 의 형태로 나 타낸 것인데, 楷書體(해서체)의 '拜(절 배)' 자가 된 것이다.

| 杯 | 잔 배 | | 갑골문 | 금문 | 전서 | 예서 | 해서 |
| --- | --- | --- | --- | --- | --- | --- | --- |
| | • 木부수, 총8획 | | | | 杯 | 杯 | 杯 |

옛날에는 잔을 나무로도 만들었기 때문에, '나무 목(木)' 자를 부수자로 하였다. '盃 (잔 배)' 와 같이 쓰인다. '不' 자는 발음 요소이다.

## 倍

곱 배
- 人부수, 총10획

갑골문　금문　전서　예서　해서

'사람 인(人)' 과 '비(音)' 의 形聲字(형성자)로, 본래는 사람끼리 서로 등지다의 뜻이다. 지금은 곱절의 뜻으로도 쓰인다. '音' 는 呸(침 뱉을 비)의 本字(본자)로, 남에게 침을 뱉어 싫어하다의 뜻이다.

## 培

북돋울 배
- 土부수, 총11획

갑골문　금문　전서　예서　해서

'흙 토(土)' 와 '다투는 소리 비(呸: 音와 同字)' 의 形聲字(형성자)로, 힘써(音) 흙(土)을 더하여 높이 한다에서 '북돋다' 의 뜻이 되었다.

## 配

짝 배
- 酉부수, 총10획

갑골문　금문　전서　예서　해서

'닭 유(酉)' 와 '몸 기(己)' 의 形聲字(형성자)로, 짝의 뜻이다. '酉' 는 본래 술항아리의 모양을 그리어 술의 뜻이었는데, 十二支(십이지)의 닭띠 酉(유)의 뜻으로 쓰이자 水를 더하여 酒(술 주)자를 만들었다.

## 排

물리칠 배
- 手부수, 총11획

갑골문　금문　전서　예서　해서

'손 수(扌)' 에 '아닐 비(非)' 의 形聲字(형성자)로, 사실이 아닌(非) 주장을 손(扌)을 들어 단호하게 '물리치다' 의 뜻이다.

## 輩

무리 배
- 車부수, 총15획

갑골문　금문　전서　예서　해서

'수레 거(車)' 와 '아닐 비(非)' 의 形聲字(형성자)이다. '非' 는 '排(밀칠 배)' 의 省體(생체)로 수레(車)를 배열하여 놓다의 뜻이었는데, 뒤에 '무리' 의 뜻이 되었다.

背 | 등 배
• 肉부수, 총9획

갑골문　금문　전서　예서　해서

'북녘 북(北)'에 '고기 육(肉)'의 形聲字(형성자)로, 등의 뜻이다. 北의 자형이 두 사람이 서로 등지고 앉은 모양으로 등의 뜻이었는데, 뒤 곧 북쪽의 뜻으로 쓰이자 '肉(月)'을 더하여 背를 또 만들었다.

白 | 흰 백
• 白부수, 총10획

　갑골문　금문　전서　예서　해서

'白'은 甲骨文(갑골문)에 '　'의 형태로, 본래는 엄지손가락의 모양을 본뜬 것인데, 뒤에 '희다'의 뜻으로 쓰이게 되었다.

百 | 일백 백
• 白부수, 총6획

　갑골문　금문　전서　예서　해서

본래 엄지손가락의 모양을 그린 '白'에 '一'을 더하여 '일백'의 뜻을 나타낸 글자이다. 옛날에는 엄지손가락을 펴서 '百'을 표현했다.

伯 | 맏 백
• 人부수, 총7획

　갑골문　금문　전서　예서　해서

'사람 인(人)'과 '흰 백(白)'의 形聲字(형성자)로, 長兄(장형), 長子(장자)의 뜻이다. 白은 본래 엄지의 象形字(상형자)로 으뜸의 뜻이다.

柏 | 나무 이름 백
• 木부수, 총9획

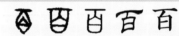
갑골문　금문　전서　예서　해서

'나무 목(木)'과 '흰 백(白)'의 形聲字(형성자)로, 측백나무, 곧 향나무의 뜻. 모든 나무가 東으로 향하는데, 측백만은 西向(서향)하여 檜木(회목)이라 함. 西方(서방)은 白色(백색)을 뜻하여 '白'을 취함. 柏을 한국에서는 '잣나무'의 뜻으로 씀. 栢은 柏의 俗字(속자).

134

## 番

갈마들 번

- 田부수, 총12획

갑골문　금문　전서　예서　해서

'밭 전(田)'과 '분별할 변(釆)'의 形聲字(형성자)로, 누구의 밭(田)인지를 분별(釆)하기 위해, 차례대로 번호를 매겨 번지를 정하는 데에서 유래한다. '釆'자와 '采(캘 채)'자를 구별해야 한다.

## 煩

괴로워할 번

- 火부수, 총13획

갑골문　금문　전서　예서　해서

'머리 혈(頁)'과 '불 화(火)'의 會意字(회의자)로, 머리에 열이 나서 괴롭다는 뜻이다.

## 繁

번성할 번

- 糸부수, 총17획

갑골문　금문　전서　예서　해서

'실 사(糸)'와 '빠를 민(敏)'의 形聲字(형성자)로, 말갈기에 잡다히 장식하다의 뜻에서 번성하다의 뜻이다.

## 飜

뒤칠 번

- 飛부수, 총21획

갑골문　금문　전서　예서　해서

'날 비(飛)'와 '갈마들 번(番)'의 形聲字(형성자)로, 새가 날개를 차례(番)로 퍼득거리며 난다(飛)는 데서 '엎치락뒤치락하다', '뒤집히다'의 뜻이다.

## 伐

칠 벌

- 人부수, 총6획

갑골문　금문　전서　예서　해서

甲骨文(갑골문)에 '𢨋'의 자형으로, 창(戈)으로 사람(亻)의 목을 베는 모습을 본떠 만든 글자로서, 적을 창으로 '물리치다'의 뜻이다.

135

| 罰 | 벌줄 벌 | | | 갑골문 | 금문 | 전서 | 예서 | 해서 |
|---|---|---|---|---|---|---|---|---|
| | • 网부수, 총14획 | | | | | | | |

'칼 도(刀)' 와 '꾸짖을 리(詈)' 의 會意字(회의자)로, 가벼운 죄를 범한 자에게 칼(刀)을 들고 꾸짖되(詈), 살상하지 않는 응징을 '벌' 이라고 한다.

| 凡 | 무릇 범 | | | 갑골문 | 금문 | 전서 | 예서 | 해서 |
|---|---|---|---|---|---|---|---|---|
| | • 几부수, 총3획 | | | | | | | |

본래 '이에 내(乃)' 와 '한 일(一)' 의 會意字(회의자)로, 물건을 포괄하여 감싸다. 곧 모두, 대개의 뜻이다.

| 汎 | 뜰 범 | | | 갑골문 | 금문 | 전서 | 예서 | 해서 |
|---|---|---|---|---|---|---|---|---|
| | • 水부수, 총6획 | | | | | | | |

'물 수(氵)' 와 '무릇 범(凡)' 의 形聲字(형성자)이다. '凡' 은 모든 것의 뜻으로, 물 위에 모든 것이 '뜨다' 의 뜻이다.

| 犯 | 범할 범 | | | 갑골문 | 금문 | 전서 | 예서 | 해서 |
|---|---|---|---|---|---|---|---|---|
| | • 犬부수, 총5획 | | | | | | | |

'개 견(犭→犬)' 과 '병부 절(㔾)' 의 合體字(합체자)로, '㔾' 에는 '침해하다' 의 뜻이 있고, 개(犬) 역시 잘 물므로 '침해하다' 의 뜻이다.

| 範 | 모범 범 | | | 갑골문 | 금문 | 전서 | 예서 | 해서 |
|---|---|---|---|---|---|---|---|---|
| | • 竹부수, 총15획 | | | | | | | |

'본보기 범(笵)' 과 '수레 거(車)' 의 形聲字(형성자)로, 앞에 차가 지나간 자리를 뒤 차가 반드시 따라 지나가야 한다는 데서 '모범' 의 뜻으로 쓰였다.

# 法

법 **법**

• 水부수, 총8획

'물 수(氵)' 에 '갈 거(去)' 를 합한 글자로, '법' 은 물(氵)처럼 공평해야 하고, 시대와 상황에 따라 물 흘러가듯이(去) 바뀐다는 뜻이다. 원 글자는 '灋' 의 형태로서 곧 '해태(廌:해태 치)' 는 선악을 구별하는 짐승으로, 부당한 사람은 밀어낸다는 뜻에서 죄를 벌하다의 뜻을 나타낸 글자인데 '법' 의 뜻으로 쓰였다.

# 壁

벽 **벽**

• 土부수, 총16획

'흙 토(土)' 와 '죄 다스릴 벽(辟)' 의 形聲字(형성자)로, 흙으로 만든 벽의 뜻이다.

# 碧

푸를 **벽**

• 石부수, 총14획

'돌 석(石)' , '구슬 옥(玉)' 의 會意字(회의자)에, '흰 백(白)' 을 더하여 形聲字(형성자)로 만들어 옥(玉) 돌(石)의 색이 푸르기 때문에 푸르다는 뜻이다.

# 變

변할 **변**

• 言부수, 총23획

小篆(소전)에 '變' 의 자형으로, '말잇대일 련(絲)' 과 '칠 복(攵)' 의 形聲字(형성자)로, 쳐서(攵) 이어지도록(絲)하다의 뜻이었는데, '고치다' , '변하다' 의 뜻이 되었다.

# 辯

말 잘할 **변**

• 辛부수, 총21획

'죄인이 서로 송사할 변(辡)' 에 '말씀 언(言)' 을 가운데 끼운 글자로, 다투는 두 사람(辡) 가운데서 말(言)로 타일러 옳고 그름을 가려준다는 데서 '판별하다' , '말 잘하다' 의 뜻이다.

辨 | 분별할 변
• 辛부수, 총16획

갑골문 금문 전서 예서 해서

'죄인이 서로 송사할 변(辡)'과 '칼 도(刀)'의 形聲字(형성자)로, 송사를 칼로 자르듯이 분명히 시비를 '분별하다', '판단하다'의 뜻이다.

---

邊 | 가 변
• 辵부수, 총19획

갑골문 금문 전서 예서 해서

金文(금문)에 '邊'의 자형으로 볼 때, '쉬엄쉬엄 갈 착(辶)'과 '보이지 않을 면(臱)'의 形聲字(형성자)로, 멀리 떨어져 있는 곳의 뜻에서 '변두리'의 뜻이 되었다.

---

別 | 다를 별
• 刀부수, 총7획

갑골문 금문 전서 예서 해서

'살 바를 과(冎)'에 '칼 도(刂)'를 합한 글자로, 칼(刂)로 나누어 구별한다는 데서 '나누다' 또는 '다르다'의 뜻이다.

---

丙 | 남녘 병
• 一부수, 총5획

갑골문 금문 전서 예서 해서

甲骨文(갑골문)에 '丙'의 자형으로 본래 제사상의 모양을 본뜬 것인데, 뒤에 '天干(천간)'의 뜻으로 쓰이게 되고, 방위로는 남쪽에 해당되므로 '남녘'의 뜻으로 쓴다.

---

病 | 병 병
• 疒부수, 총10획

갑골문 금문 전서 예서 해서

'병질 녁(疒)'은 사람(人→亠)이 침상(爿→丬)에 누워 있음을 나타낸 것이고, '남녘 병(丙)'은 '火'의 뜻으로 병이 점점 심하여 열이 난다에서 '병'의 뜻이다.

兵 | 군사 병
• 八부수, 총7획

갑골문　금문　전서　예서　해서

甲骨文(갑골문)에 '🔺'의 형태로, 두 손으로 자귀를 잡은 모양을 본뜬 것인데. '병사' 의 뜻으로 쓰이게 되었다.

竝 | 아우를 병
• 立부수, 총10획

갑골문　금문　전서　예서　해서

두 사람이 나란히 서 있는 모습을 象形(상형)하여 '🔺🔺, 🔺🔺, 🔺🔺' 의 형태로 그린 것인데, 楷書體(해서체)의 '竝(아우를 병)' 자가 되었다.

屛 | 병풍 병
• 尸부수, 총11획

갑골문　금문　전서　예서　해서

'집 호(尸)' 의 省字(생자) '尸' 와 '아우를 병(幷)' 의 形聲字(형성자)로, 병풍의 뜻이다. 병풍은 여러 폭이 연이어지는 것이므로 幷을 취하였다.

報 | 갚을 보
• 土부수, 총12획

갑골문　금문　전서　예서　해서

'놀랄 녑(𡘻)' 과 '다스릴 복(𠬝)' 의 形聲字(형성자)로, 곧 죄인을 처단한다는 뜻이었는데, 뒤에 '갚다', '알리다' 의 뜻으로 쓰였다.

步 | 걸음 보
• 止부수, 총7획

갑골문　금문　전서　예서　해서

사람의 두 발을 그리어 '🔺, 🔺, 🔺' 의 형태로 걸어가는 것을 나타낸 것인데, 楷書體(해서체)의 '步(걸음 보)' 자가 된 것이다. '步' 를 '步' 의 형태로 써서는 안 된다.

保 | 보전할 보
• 人부수, 총9획

갑골문 금문 전서 예서 해서

甲骨文(갑골문)에 '犭' 의 자형으로, 어른(亻)이 아기(子)를 업고 保護(보호)하는 모습에서 '보호하다' 의 뜻이다.

普 | 넓을 보
• 日부수, 총12획

갑골문 금문 전서 예서 해서

두 사람(竝)이 태양(日)을 가리어 서 있는 상황을 형상화한 글자로, 본래는 태양이 빛이 가리어져 어두운 상태에서는 모두 대등하다는데서 '두루' 의 뜻이 되었다.

譜 | 계보 보
• 言부수, 총19획

갑골문 금문 전서 예서 해서

'말씀 언(言)' 과 '두루 보(普)' 의 形聲字(형성자)로, 계보, 족보의 뜻이다. 족보는 전체의 일을 적는 것이므로 普를 취한 것이다.

補 | 기울 보
• 衣부수, 총12획

갑골문 금문 전서 예서 해서

'옷 의(衣)' 와 '클 보(甫)' 의 形聲字(형성자)로, 찢어진 옷을 기우니까, '옷 의(衣)' 자를 취하였다.

寶 | 보배 보
• 宀부수, 총20획

갑골문 금문 전서 예서 해서

'집 면(宀)' , '구슬 옥(玉)' , '조개 패(貝)' 와 聲符(성부)인 항아리 부(缶)의 形聲字(형성자)로서 보배의 뜻. 보배인 玉과 貝(옛날에는 돈으로 씀)를 집(宀) 안에 보관하는데, 缶(항아리)처럼 신중히 간직해야 한다는 뜻으로 취함. 본래는 '寶' 의 會意字(회의자)였다.

福
복 복
• 示부수, 총14획

갑골문 금문 전서 예서 해서

'볼 시(示)' 와 '찰 복(畐)' 의 形聲字(형성자)로, 술이 든 항아리(畐)를 신(示)에게 바치며 소원을 빌어 바라는 바를 얻는다는 데서 '복' 의 뜻이다.

伏
엎드릴 복
• 人부수, 총6획

갑골문 금문 전서 예서 해서

개(犬)가 사람(亻) 앞에 엎드려(伏) 외인을 살피다의 뜻이다. 뒤에 엎드리다, 복종하다 의 뜻으로 쓰인다.

服
옷 복
• 月부수, 총8획

갑골문 금문 전서 예서 해서

小篆(소전)에 '服' 의 자형으로, 본래 배 주(舟)에 다스릴 복(及)을 합한 形聲字(형성자)로, 배를 움직여 앞으로 나아가도록 다스리는 것을 뜻한 글자인데, '입다' 의 뜻으로 쓰였다.

復
돌아올 복 / 다시 부
• 彳부수, 총12획

갑골문 금문 전서 예서 해서

'자축거릴 척(彳)' 에 '돌아갈 복(夏)' 의 形聲字(형성자)로, 갔던(彳) 길을 돌아온다(夂)는 데서 '거듭' 의 뜻이다. '다시' 의 뜻일 경우는 '부' 로 읽는다. 이름자에 쓸 때는 '복' 으로 읽는다.

攴
칠 복
• 攵부수, 총4획

갑골문 금문 전서 예서 해서

오른손(又)에 믹대기(卜)를 든 모양(攴)을 그려서 '치다' , '건드리다' 의 뜻이 있다. 부수 로는 모양이 다른 '攵(칠 복)' 자로 쓰인다.

腹

배 복
- 肉부수, 총13획

갑골문    금문    전서    예서    해서

'고기 육(肉)' 과 '돌아갈 복(夏)' 의 形聲字(형성자)로, 배의 뜻이다. 腸은 구불구불 왕복의 형태로 되어 있어서 夏을 취한 것이다.


複

겹옷 복
- 衣부수, 총14획

갑골문    금문    전서    예서    해서

'옷 의(衤)' 와 '돌아갈 복(夏)' 의 形聲字(형성자)로, 옷(衣)을 거듭하여(夏) 입었다 하여 겹옷의 뜻이다.


卜

점 복
- 卜부수, 총2획

갑골문    금문    전서    예서    해서

점을 칠 때 거북의 腹甲(복갑)을 기름에 튀기어 생기는 균열의 모양을 본뜬 글자이다.


本

근본 본
- 木부수, 총5획

갑골문    금문    전서    예서    해서

본래 나무를 象形(상형)한 '米' 자에 '一' 의 부호로써 '줄기' 부분을 가리키어 '米' 의 指事字(지사자)를 만든 것이다.


奉

받들 봉
- 大부수, 총8획

갑골문    금문    전서    예서    해서

본래 두 손으로 옥을 받들고 있는 모습을 가리켜 '𤼈, 𤼈, 𤼈' 의 형태로 나타낸 것인데, 楷書體(해서체)의 '奉' 자가 된 것이다.

| 逢 | 만날 봉 | | 갑골문 | 금문 | 전서 | 예서 | 해서 |
|---|---|---|---|---|---|---|---|
| | • 辵부수, 총11획 | | | | | | |

'쉬엄쉬엄 갈 착(辶)' 과 '이끌 봉(夆)' 의 形聲字(형성자)로, 서로 '만나다' 의 뜻이다.

| 峰 | 봉우리 봉 | | 갑골문 | 금문 | 전서 | 예서 | 해서 |
|---|---|---|---|---|---|---|---|
| | • 山부수, 총10획 | | | | | | |

'뫼 산(山)' 과 '이끌 봉(夆)' 의 形聲字(형성자)로, 풀이 무성한(丰) '산봉우리' 라는 뜻이다.

| 蜂 | 벌 봉 | | 갑골문 | 금문 | 전서 | 예시 | 해시 |
|---|---|---|---|---|---|---|---|
| | • 虫부수, 총13획 | | | | | | |

'벌레 충(虫)' 과 '이끌 봉(夆)' 의 形聲字(형성자)로, 벌의 뜻이다. 鳩 · 鵝 등이 새의 울음 소리를 취한 擬聲字(의성자)이듯이 벌이 '봉봉' 거리는 소리를 취하여 夆을 더한 것으로 보아야 할 것이다.

| 封 | 봉할 봉 | | 갑골문 | 금문 | 전서 | 예서 | 해서 |
|---|---|---|---|---|---|---|---|
| | • 寸부수, 총9획 | | | | | | |

'封' 자의 金文(금문) '𡉚' 으로 볼 때, 손(寸)으로 흙(土) 위에 나무(木)를 심는 모습이다. 고대에 경계를 삼기 위해 나무를 심었기 때문에 '땅의 경계' 라는 의미를 가지며, 이후 경계가 만들어진 토지를 주어 '제후로 봉한다' 는 의미가 추가되었다.

| 鳳 | 봉새 봉 | | 갑골문 | 금문 | 전서 | 예서 | 해서 |
|---|---|---|---|---|---|---|---|
| | • 鳥부수, 총14획 | | | | | | |

본래는 봉황을 본뜬 象形字(상형자)였는데, 새 조(鳥)와 무릇 범(凡)의 形聲字(형성자)로, 상상의 새인 '봉황' 의 뜻이다.

部 | 떼 부
• 邑부수, 총11획

갑골문　금문　전서　예서　해서

'고을 읍(邑→阝)' 과 '떼 부(咅)' 의 形聲字(형성자)로, 본래는 감숙성의 한 지명이었는데 지금은 나누다, 떼, 부락 등의 뜻으로 쓰인다.

浮 | 뜰 부
• 水부수, 총10획

갑골문　금문　전서　예서　해서

'부화할 부(孚)' 와 '물 수(氵)' 의 形聲字(형성자)로, 어미가 알 위에 앉아 가볍게 품듯이 물 위에 뜨다의 뜻이다.

婦 | 부인 부
• 女부수, 총11획

갑골문　금문　전서　예서　해서

'계집 녀(女)' 와 '비 추(帚)' 의 合體字(합체자)로, 빗자루(帚)를 들고 집안을 청소하는 여자(女)가 '아내', '며느리' 라는 뜻이다.

富 | 부자 부
• 宀부수, 총12획

갑골문　금문　전서　예서　해서

'집 면(宀)' 과 '찰 복(畐)' 의 形聲字(형성자)로, '가득차다(滿)' 의 뜻이었는데, '부자' 의 뜻으로 쓰인다.

扶 | 붙들 부
• 手부수, 총7획

갑골문　금문　전서　예서　해서

'손 수(扌)' 와 '사내 부(夫)' 의 形聲字(형성자)로, 장부(夫)는 힘이 세어 도울 수 있으므로 夫를 취한 것이다.

否 | 아닐 부
• 口부수, 총7획

갑골문　금문　전서　예서　해서

'입 구(口)' 와 '아닐 불(不)' 의 形聲字(형성자)로, 입(口)으로 아니라(不)고 이야기하는 데 에서 유래하였다.

夫 | 사나이 부
• 大부수, 총4획

갑골문　금문　전서　예서　해서

지아비(장부)는 옛날 남자가 20살이 되면 머리를 틀어 묶고 관을 썼던 모습을 象形(상 형)하여 '夫, 夫, 夫' 와 같이 그린 것인데, 楷書體(해서체)의 '夫' 자가 된 것이다.

付 | 부칠 부
• 人부수, 총5획

갑골문　금문　전서　예서　해서

'사람 인(人)' 과 '마디 촌(寸)' 의 會意字(회의자)로, 사람(人)에게 손(寸)으로 물건을 '건 네주다' 의 뜻이다.

符 | 부신 부
• 竹부수, 총11획

갑골문　금문　전서　예서　해서

'대나무 죽(竹)' 과 '줄 부(付)' 의 形聲字(형성자)로, 옛날에는 대나무에 글을 써서 半分 (반분)하여 지니고 있다가 뒤에 그것을 합하여 '符節(부절)' 의 뜻이다.

父 | 아버지 부
• 父부수, 총4획

갑골문　금문　전서　예서　해서

아버지가 손(又)에 매(丨)를 들고 자식의 잘못을 꾸짖는 모습을 象形(상형)하여 '父, 父, 父' 와 같이 그린 것인데, 楷書體(해서체)의 '父' 가 된 것이다. 돌도끼를 손에 잡은 것으로 풀이하는 이도 있다.

# 附

붙을 **부**

- 阜부수, 총8획

'언덕 부(阜→阝)' 와 '줄 부(付)' 의 形聲字(형성자)로, 본래는 작은 언덕의 뜻이었는데 언덕에 풀이 뿌리를 내려 살 듯이 기대거나 의지하다의 뜻으로 쓰인다.

# 府

곳집 **부**

- 广부수, 총8획

'돌집 엄(广)' 과 '줄 부(付)' 의 形聲字(형성자)로, 본래 문서를 두는 집이란 뜻이다. 책은 집 안에 두어 필요한 사람에게 급여해야 한다는 데서 付를 취한 것이다.

# 腐

썩을 **부**

- 肉부수, 총14획

'고기 육(肉)' 과 '곳집 부(府)' 의 形聲字(형성자)로, '府' 는 본래 문서를 보관하는 창고의 뜻인데, 공기가 잘 통하지 않는 창고에 고기(肉)를 두면 상하게 되므로 '썩다' 의 뜻이다.

# 負

질 **부**

- 貝부수, 총9획

'사람 인(人)' 과 '조개 패(貝)' 의 會意字(회의자)로, 본래는 사람이 재물(貝)을 지켜 씀으로 믿음직하다의 뜻인데, 갚아야 할 돈(貝)이나 부채(負債)가 사람(人)이 짐을 진 것 같이 부담(負擔)이 된다는 데서 '짐을 지다' 의 뜻으로 쓰인다.

# 副

버금 **부**

- 刀부수, 총11획

'칼 도(刂)' 와 '찰 복(畐)' 자의 形聲字(형성자)로, 칼로 쪼개다의 뜻이다. '쪼개다' 의 뜻일 때는 '복' , '버금' 의 뜻으로 쓰일 때는 '부' 로 읽는다.

| 簿 | 장부 부 · 竹부수, 총19획 | | | 갑골문 | 금문 | 藢 전서 | 簿 예서 | 簿 해서 |
|---|---|---|---|---|---|---|---|---|

'대나무 죽(竹)' 과 '넓을 부(溥)' 의 形聲字(형성자)로, 옛날에는 대나무에 장부를 기록하였으므로 竹을 취한 것이다.

| 阜 | 언덕 부 · 阜부수, 총8획 | | | 갑골문 | 금문 | 𨸏 전서 | 𨸏 예서 | 阜 해서 |
|---|---|---|---|---|---|---|---|---|

올라갈 수 있게 층계로 된 언덕의 모양을 본뜬 것이다.

| 膚 | 살갗 부 · 肉부수, 총15획 | | | 갑골문 | 금문 | 膚 전서 | 膚 예서 | 膚 해서 |
|---|---|---|---|---|---|---|---|---|

'고기 육(月)' 과 '범의 무늬 로(虍)' 의 形聲字(형성자)로 피부의 뜻. '虍(로)' 에 밥그릇의 뜻이 있어 表皮(표피)의 뜻으로 취함.

| 赴 | 나아갈 부 · 走부수, 총9획 | | | 갑골문 | 금문 | 赴 전서 | 赴 예서 | 赴 해서 |
|---|---|---|---|---|---|---|---|---|

'달릴 주(走)' 와 '점 복(卜)' 의 形聲字(형성자)로, 달려 나아가다의 뜻이다.

| 賦 | 구실 부 · 貝부수, 총14획 | | | 갑골문 | 금문 | 賦 전서 | 賦 예서 | 賦 해서 |
|---|---|---|---|---|---|---|---|---|

'조개 패(貝)' 와 '무인 무(武)' 의 形聲字(형성자)로, 백성들에게 징수하는 세금의 뜻이다. 세금은 나라를 유지하기 위한 강제행위이므로 武를 취하였다.

| 北 | 북녘 북 / 질 배 | | 갑골문 | 금문 | 전서 | 예서 | 해서 |
|---|---|---|---|---|---|---|---|
| | • 匕부수, 총5획 | | | | | | |

'北'은 甲骨文(갑골문)에 '北, 北, 北', 金文(금문)에 '北, 北, 北' 등의 자형으로, 두 사람이 등을 대고 서 있는 모습을 그리어 '등'의 뜻을 나타낸 會意字(회의자)이다. 후에 뒤쪽 곧 '북쪽'의 뜻으로 전의 되자, '北'에 '肉月'을 더하여 다시 '背(등 배)'자를 만들었다.

| 分 | 나눌 분 | | 갑골문 | 금문 | 전서 | 예서 | 해서 |
|---|---|---|---|---|---|---|---|
| | • 刀부수, 총4획 | | | | | | |

'여덟 팔(八)'에 '칼 도(刀)'를 합한 글자로, 물건을 칼(刀)로 잘라(八) 나눈다는 의미로 '나누다', '분별하다'의 뜻이다.

| 紛 | 어지러워질 분 | | 갑골문 | 금문 | 전서 | 예서 | 해서 |
|---|---|---|---|---|---|---|---|
| | • 糸부수, 총10획 | | | | | | |

'실 사(糸)'와 '나눌 분(分)'의 形聲字(형성자)로, 본래 말꼬리에 매달던 천이었는데 그 모양이 매우 분잡하여 어지럽다의 뜻으로 쓰인다.

| 粉 | 가루 분 | | 갑골문 | 금문 | 전서 | 예서 | 해서 |
|---|---|---|---|---|---|---|---|
| | • 米부수, 총10획 | | | | | | |

'쌀 미(米)'와 '나눌 분(分)'의 形聲字(형성자)로, 쌀(米)을 잘게 나눈(分) 가루(粉)로서 얼굴에 바르던 분의 뜻이다.

| 奔 | 달릴 분 | | 갑골문 | 금문 | 전서 | 예서 | 해서 |
|---|---|---|---|---|---|---|---|
| | • 大부수, 총9획 | | | | | | |

풀 세 포기의 '풀 훼(卉)'와 '큰 대(大)'가 합쳐진 글자로, 풀 밭(卉)으로 사람(大)이 분주(奔走)하게 달려가는 모습을 본떠 달리다의 뜻이다. 다른 설도 있다.

| 墳 | 무덤 **분**<br>• 土부수, 총15획 | 墳 | 墳 | 墳 |
|---|---|---|---|---|
| | | 갑골문 금문 전서 | 예서 | 해서 |

'흙 토(土)' 와 '흙 부풀어오를 분(賁)' 의 形聲字(형성자)로, 흙을 높이 쌓은 무덤의 뜻이다.

| 憤 | 결낼 **분**<br>• 心부수, 총15획 | 憤 | 憤 | 憤 |
|---|---|---|---|---|
| | | 갑골문 금문 전서 | 예서 | 해서 |

'마음 심(忄)' 과 '성낼 분(賁)' 의 形聲字(형성자)로, 노기를 마음에 품고 편치 않음의 뜻에서 '분하다' 의 뜻이다.

| 奮 | 떨칠 **분**<br>• 大부수, 총16획 | 奮 | 奮 | 奮 | 奮 |
|---|---|---|---|---|---|
| | | 갑골문 | 금문 | 전서 | 예서 해서 |

밭(田)에서 새(隹)가 날개를 크게 휘두르며(大) 위로 날아올라 가려고 분발(奮發)하는 모습을 본떠 크게 날다의 뜻이다.

| 不 | 아닐 **불** / 부<br>• 一부수, 총4획 | 不 | 不 | 不 | 不 | 不 |
|---|---|---|---|---|---|---|
| | | 갑골문 | 금문 | 전서 | 예서 | 해서 |

본래 새가 하늘로 날아가 보이지 않음을 '不, 不, 不, 不' 의 형태로 나타낸 것인데, 부정사로서 '不(아니 불)' 자로 쓰이게 된 것이다. 꽃의 받침을 그린 것으로 보는 이도 있다.

| 弗 | 아닐 **불**<br>• 弓부수, 총5획 | 弗 | 弗 | 弗 | 弗 | 弗 |
|---|---|---|---|---|---|---|
| | | 갑골문 | 금문 | 전서 | 예서 | 해서 |

본래 비뚤어진 화살을 묶어 바르게 잡는 모양을 본뜬 것인데, 不定詞(부정사)의 뜻으로 쓰이게 되었다.

| 佛 | 부처 불 | | 갑골문 | 금문 | 전서 | 예서 | 해서 |
|---|---|---|---|---|---|---|---|
| | • 人부수, 총7획 | | | | 佛 | 佛 | 佛 |

'사람 인(亻)'에 '아닐 불(弗)'을 합한 形聲字(형성자)로, 본래는 '彷佛(방불)'의 뜻이었지만, 梵語(범어)의 '부다'를 음역하여 '부처'의 뜻으로 쓰였다.

| 拂 | 떨 불 | | 갑골문 | 금문 | 전서 | 예서 | 해서 |
|---|---|---|---|---|---|---|---|
| | • 手부수, 총8획 | | | | 拂 | 拂 | 拂 |

'손 수(扌)'와 '아닐 불(弗)'의 形聲字(형성자)로, 손으로 먼지를 털어내다의 뜻이다. '弗'은 본래 굽은 화살을 바로잡던 도구로서, 바르지 못한 것을 털어 버린다는 뜻으로 쓰였다.

| 朋 | 벗 붕 | | 갑골문 | 금문 | 전서 | 예서 | 해서 |
|---|---|---|---|---|---|---|---|
| | • 月부수, 총8획 | | 拜 | 昜 | 玥 | 朋 | |

楷書體(해서체)로는 달 월(月)자가 두 개 합쳐진 글자처럼 보이지만, 본래 보배 조개들이 두 줄에 꿰어 있는 모습으로, 여러 개의 조개들의 모습에서 '무리'나 '벗'이라는 뜻으로 쓰인다. '朋'은 '鳳(새 봉)'의 古字(고자)로도 본다.

| 崩 | 무너질 붕 | | 갑골문 | 금문 | 전서 | 예서 | 해서 |
|---|---|---|---|---|---|---|---|
| | • 山부수, 총11획 | | | 崩 | 崩 | 崩 | |

'벗 붕(朋)'과 '뫼 산(山)'의 形聲字(형성자)로, 산이 무너지다의 뜻이다. 붕새는 한 번 날면 뭇새들이 따라 날아 그 소리가 매우 크다. 산이 무너질 때도 뭇 草木(초목)이 함께 떨어지는 소리가 큰 것이 같아서 '鳳'의 古字(고자)인 朋을 취한 것이다.

| 備 | 갖출 비 | | 갑골문 | 금문 | 전서 | 예서 | 해서 |
|---|---|---|---|---|---|---|---|
| | • 人부수, 총12획 | | 崩 | 崩 | 備 | 備 | 備 |

甲骨文(갑골문)에 '崩'의 자형으로, 본래는 화살을 담아두는 통의 象形字(상형자)였다. 뒤에 '사람 인(亻)'자와 '갖출 비(甭)'의 形聲字(형성자)로 변하였다. '甭'는 '쓸 용(用)'과 '진실로 구(苟)'의 省體(생체)인 '芍'의 合體字(합체자)로 '갖추다'의 뜻이다.

非 | 아닐 비
• 非부수, 총8획

갑골문　금문　전서　예서　해서

甲骨文(갑골문)에 '非, 非', 金文(금문)에 '非', 小篆(소전)에 '非' 의 자형으로 보아, 본래 새의 날개를 손으로 잡아 날아갈 수 없게 한 데서, 다시 날개가 서로 엇갈려 있음에서 서로 다름, 나아가 '아니다' 의 부정사로 쓰였다.

悲 | 슬플 비
• 心부수, 총12획

갑골문　금문　전서　예서　해서

'아닐 비(非)' 와 '마음 심(心)' 의 形聲字(형성자)로, 슬프다의 뜻이다. 바라는 바가 아닌 (非) 일이 생길 때 슬프다는 데서 非를 취한 것이다.

比 | 견줄 비
• 比부수, 총4획

갑골문　금문　전서　예서　해서

'比' 자는 甲骨文(갑골문)에 '比' 의 자형으로서 두 사람이 나란히 서 있는 모습을 본뜬 글자로 '견주다' 의 뜻이다.

飛 | 날 비
• 飛부수, 총9획

갑골문　금문　전서　예서　해서

새가 날개를 치며 나는 모습을 본떠 '飛, 飛' 의 형태로 그렸던 것인데, 楷書體(해서체)의 '飛' 자로서 '날다' 의 뜻이다.

鼻 | 코 비
• 鼻부수, 총14획

갑골문　금문　전서　예서　해서

주름살 진 어른 코의 모양을 象形(상형)하여 '自, 自, 自' 와 같이 그린 것인데, 뒤에 楷書體(해서체)의 '自' 와 같이 변하고, 글자의 뜻도 '자기' 곧 '스스로' 의 뜻으로 변하여 '스스로 자(自)' 자가 된 것이다. 중국 사람들은 지금도 스스로를 가리킬 때는 자신의 코를 가리키는 습관이 있다. 뒤에 본래의 '自' 에 '畀(줄 비)' 를 합쳐 形聲字(형성자)로서 '鼻(코 비)' 자를 만들었다.

批
| | 갑골문 | 금문 | 전서 | 예서 | 해서 |
|---|---|---|---|---|---|

**칠 비**
• 手부수, 총7획

'손 수(扌)' 와 '견줄 비(比)' 의 形聲字(형성자)로, 본래 손으로 반격하여 치다의 뜻이다.


卑

**낮을 비**
• 十부수, 총8획

'卑' 자의 풀이가 구구하다. 金文(금문)에 '𤰈' 의 자형으로, 항아리를 들고 다니는 것은 賤役(천역)으로 여겨, '낮다' 의 뜻이 되었다.


婢

**여자종 비**
• 女부수, 총11획

'여자 녀(女)' 와 '낮을 비(卑)' 의 形聲字(형성자)로, 계집 종의 뜻이다.


碑

**돌기둥 비**
• 石부수, 총13획

'돌 석(石)' 과 '낮을 비(卑)' 의 形聲字(형성자)로, 비석은 밑(卑)을 튼튼히 하여 돌로 만드니까 돌 석(石)자를 취하였다.


妃

**왕비 비**
• 女부수, 총6획

'여자 녀(女)' 와 '몸 기(己)' 의 形聲字(형성자)로, 왕비라는 뜻이다. 옛날 '己(몸 기)' 를 '비' 로 발음한 지역도 있었다. 자신(己)의 짝이 되는 여자라는 데서 본래 配匹(배필)의 뜻이다.

152

肥 | 살찔 비
• 肉부수, 총8획

갑골문 금문 전서 예서 해서

'고기 육(肉→月)' 과 '꼬리 파(巴)' 의 形聲字(형성자)로, '살찌다' 의 뜻이다.

祕 | 숨길 비
• 禾부수, 총10획

갑골문 금문 전서 예서 해서

'보일 시(示)' 와 '반드시 필(必)' 의 形聲字(형성자)로, 귀신의 일은 눈에 보이지 않고 숨어 있다는 뜻과 '必' 은 '閟(으슥할 비)' 의 省體(생체)를 합쳐 '신비롭다' , '숨기다' 의 뜻이 되었다. '秘' 는 '祕' 의 俗字(속자)이다.

費 | 쓸 비
• 貝부수, 총12획

갑골문 금문 전서 예서 해서

'조개 패(貝)' 와 '아닐 불(弗)' 의 形聲字(형성자)로, 물건을 탐하여 가치 없이 돈(貝)을 '쓰다' 의 뜻이다.

貧 | 가난할 빈
• 貝부수, 총11획

갑골문 금문 전서 예서 해서

'나눌 분(分)' 과 '조개 패(貝)' 의 形聲字(형성자)로, 재물(貝)을 헛되이 낭비하여 나누어져(分) 적어지니 '가난하다' 의 뜻이다.

賓 | 손 빈
• 貝부수, 총14획

갑골문 금문 전서 예서 해서

甲骨文(갑골문)에 '𡩃' 의 자형으로, '집 면(宀)' , '사람 인(人)' , '그칠 지(止)' 의 會意字(회의자)이다. 집(宀)에 온(止) 사람(人)이 손님이란 뜻으로, 나중에 재물을 의미하는 조개 패(貝)자가 더해져 재물을 가지고 오는 손님, 즉 '귀한 손님' 이란 뜻이 되었다.

頻 | 자주 빈
• 頁부수, 총16획

갑골문 | 금문 | 전서 | 예서 | 해서

'건널 섭(涉)' 의 省字(생자)인 '걸음 보(步)' 와 '머리 혈(頁)' 의 會意字(회의자)로, 본래 물가의 뜻이었는데, 자주의 뜻으로 쓰인다. 瀕(물가 빈)은 頻의 累增字(누증자)이다.

氷 | 얼음 빙
• 冫부수, 총6획

갑골문 | 금문 | 전서 | 예서 | 해서

물(水)이 얼어 얼음(仌→冫)이 된다는 뜻의 會意字(회의자)인데, '冰' 에서 점을 하나 생략하여 '氷' 으로도 쓰인다.

聘 | 찾아갈 빙
• 耳부수, 총13획

갑골문 | 금문 | 전서 | 예서 | 해서

'귀 이(耳)' 와 '호협할 빙(甹→傳)' 의 形聲字(형성자)로, 귀(耳)로 좋은 사람의 소문을 듣고 찾아가다, 곧 초빙하다의 뜻이다.

---

四　| 넉 **사**
• 口부수, 총5획

갑골문　금문　전서　예서　해서

'四'는 甲骨文(갑골문)에 '三'와 같이 썼는데, 金文(금문)에 와서 '四, 四'와 같이 변하여, 楷書體(해서체)의 '四(넉사)' 자가 된 것이다. '四(사)' 자는 사방을 뜻하는 '口'의 형태 속에 분별을 뜻하는 '儿, 八'의 부호로써 사방이 나뉨을 나타낸 글자이다.

---

士　| 선비 **사**
• 士부수, 총3획

갑골문　금문　전서　예서　해서

'한 일(一)'과 '열 십(十)'의 會意字(회의자)이며, 하나를 들으면 열을 안다는 뜻으로, 곧 총명한 사람을 선비(士)라고 일컫은 것이다. 달리 풀이하는 이도 있다.

---

巳　| 여섯째 지지 **사**
• 己부수, 총3획

갑골문　금문　전서　예서　해서

뱀이 몸을 도사리고 있는 모양을 본뜬 글자이다. 뱀은 冬眠(동면)하여 4月이면 활동하므로 十二地支(십이지지)의 4월에 해당하는 뱀을 뜻한다. 본래는 巳(뱀 사)와 己(이미 이)는 同字(동자)였는데 뒤에 구별하여 썼다.

---

仕　| 벼슬 **사**
• 人부수, 총5획

갑골문　금문　전서　예서　해서

'사람 인(亻)'과 '선비 사(士)'의 形聲字(형성자)로, 선비(士) 중에 공부와 덕을 쌓은 사람(人)이 나라 일을 본다는 데서 '벼슬'의 뜻이다.

## 史 | 사기 사
• 口부수, 총5획

갑골문　금문　전서　예서　해서

'사기 사(史)' 자는 '가운데 중(中)' 에 '오른손 우(屴→又)' 를 합친 글자로, 中(중)은 '바름' 을 나타낸다. 손(又)에 붓을 들어 사실을 바르게(中) '기록하는 사람' 또는 그 기록인 '歷史(역사)' 를 뜻한다.

## 謝 | 사례할 사
• 言부수, 총17획

갑골문　금문　전서　예서　해서

'말씀 언(言)' 과 '쏠 사(射)' 의 形聲字(형성자)로, 본의는 화살이 줄을 떠나듯이 '이별을 고하고 떠나다' 의 뜻이었는데, 뒤에 '사례하다' 의 뜻이 되었다.

## 私 | 사사로울 사
• 禾부수, 총7획

갑골문　금문　전서　예서　해서

'厶' 의 甲骨文(갑골문)은 '己', 金文(금문)은 'β', 小篆(소전)은 '厶', 隸書(예서)는 '厶' 등의 자형으로서 반듯하지 못한 모양을 그리어 正直하지 못한 사사로운 마음, 곧 '公' 의 반대되는 뜻을 나타낸 指事字(지사자)이다. '厶' 자가 뒤에 部首字(부수자)로만 쓰이게 되자, '禾(벼 화)' 를 더하여 벼의 이름으로서 '私(사사로울 사)' 자를 또 만들었다. '禾' 는 곡식을 총칭한 것으로 개인의 이익을 위한 것이므로 '사사롭다' 의 뜻이 되었다.

## 師 | 스승 사
• 巾부수, 총10획

갑골문　금문　전서　예서　해서

'쌓일 퇴(自)' 에 '두를 잡(帀)' 을 합한 글자로, 사면에 흙을 쌓아올린 언덕에 군사가 주둔함을 나타내어 '군사' 의 뜻으로 쓰인 글자인데, 뒤에 '스승' 의 뜻으로도 쓰이게 되었다.

## 寺 | 절 사 / 관청 시
• 寸부수, 총6획

갑골문　금문　전서　예서　해서

본래 법도(寸)에 일을 보는 관청의 뜻이다. 뒤에 '절' 의 뜻으로 쓰인 것은 漢代(한대)에 인도의 중이 이입되었을 때 寺에 머물렀기 때문이다.

射 │ 쏠 사
• 寸부수, 총10획

갑골문 금문 전서 예서 해서

甲骨文(갑골문)에 '↑' 의 자형으로 볼 때, 화살을 發射(발사)하기 위해 활(弓)에 올려 놓은 화살을 그리어 '쏘다' 의 뜻을 나타낸 글자인데, 활(弓)과 화살의 모습이 몸 신(身)자로 변해 버린 것이다.

死 │ 죽을 사
• 歹부수, 총6획

갑골문 금문 전서 예서 해서

뼈만 앙상하게(歹 : 부서진 뼈 알) 남은 상태에 누워 있는 사람의 모습(匕)을 더하여 '죽다' 의 뜻이 되었다.

使 │ 하여금 사
• 人부수, 총8획

갑골문 금문 전서 예서 해서

'사람 인(人)' 과 '벼슬아치 리(吏)' 의 合體字(합체자)로, 관리가 임금의 명을 받들어 일을 하다. 또는 그 사람의 뜻에서 '하여금, 부리다' 의 뜻이 되었다.

舍 │ 집 사
• 舌부수, 총8획

갑골문 금문 전서 예서 해서

본래 집의 옆모양을 본뜬 글자이다. 그러므로 '舌(설)' 부수자와는 관계없는 글자이다.

絲 │ 실 사
• 糸부수, 총12획

갑골문 금문 전서 예서 해서

실타래가 엉키지 않도록 묶어 놓은 모양을 본뜬 글자이다. 다른 글자의 변으로 쓰일 때는 '糸' 의 형태로 쓰인다.

**思** | 생각 **사**
• 心부수, 총9획

갑골문  금문  전서  예서  해서

마음(心)먹은 바를 두뇌(囟)로 '생각한다' 는 뜻이다. 지금은 '田' 자의 형태로 쓰고 있으나, 본래는 '囟' 의 자형으로서 '정수리 신' 자이다.

---

**事** | 일 **사**
• ㅣ부수, 총8획

갑골문  금문  전서  예서  해서

金文(금문)에 '𤔲' 의 자형으로 볼 때, 깃발을 걸고 이떤 일을 취급한 데서 '일' 의 뜻으로 쓰였다.

---

**司** | 맡을 **사**
• 口부수, 총5획

갑골문  금문  전서  예서  해서

손을 입에 대고 큰소리를 지르는 모양을 본떠, 명령하여 맡은 책임을 실행하다의 뜻으로 쓰이게 되었다.

---

**詞** | 말씀 **사**
• 言부수, 총12획

갑골문  금문  전서  예서  해서

'말씀 언(言)' 과 '시킬 사(司)' 의 形聲字(형성자)로, 말씀이란 뜻이다. 본래는 '𧥣' 의 자형으로 마음 속에 품은 뜻을 밖으로 말로써 나타낸다는 뜻이다.

---

**蛇** | 뱀 **사**
• 虫부수, 총11획

갑골문  금문  전서  예서  해서

'虫' 자는 甲骨文(갑골문)에 '𧊸, 𧑐, 𧉧', 金文(금문)에 '𧉚, 𧍙' 등의 자형으로서 뱀의 모양을 그린 象形字(상형자)이다. 뒤에 삼인칭으로 쓰이게 되자, '人(사람 인)' 자를 가하여 '佗→他(다를 타)' 자를 또 만들었다. '它' 자가 '다를 타' 곧 사물을 가리키는 대명사 '他' 와 같은 뜻으로 전의되자. '它' 에 '虫' 을 더하여 '蛇(뱀 사)' 자를 다시 만들었다.

捨 | 버릴 사
• 手부수, 총11획

갑골문 금문 전서 예서 해서

'손 수(扌)' 와 '집 사(舍)' 의 形聲字(형성자)로, 버리다의 뜻이다. 舍는 시중의 주거로 분산하여 산다는 데서 버리다의 뜻으로 쓰였다.

邪 | 간사할 사 / 땅 이름 야
• 邑부수, 총7획

갑골문 금문 전서 예서 해서

'고을 읍(邑→阝)' 과 '어금니 아(牙)' 의 形聲字(형성자)로, 원래는 고을 이름이었으나, '간사하다' 는 의미가 생겼다.

賜 | 줄 사
• 貝부수, 총15획

갑골문 금문 전서 예서 해서

'조개 패(貝)' 와 '바꿀 역(易)' 이 합쳐진 글자로, 재물(貝)을 다른 사람에게 주다의 뜻이다. 易(바꿀 역)으로서 소유권이 바뀌었음을 뜻한다.

斜 | 비낄 사
• 斗부수, 총11획

갑골문 금문 전서 예서 해서

'말 두(斗)' 와 '나 여(余)' 의 形聲字(형성자)로, 본래는 꺼내다(抒)의 뜻이었는데 지금은 빗기다, 기울다의 뜻으로 쓰인다.

詐 | 속일 사
• 言부수, 총12획

갑골문 금문 전서 예서 해서

'말씀 언(言)' 과 '언 듯 사(乍)' 의 形聲字(형성자)로, 순간(乍)에 말(言)로 남을 속이다의 뜻이다.

社 | 모일 **사**
• 示부수, 총8획

갑골문　금문　전서　예서　해서

'보일 시(示)'에 '흙 토(土)'를 합한 글자로, 토지를 지키는 신에게 '제사 지낸다'는 뜻이었으나, 그 제사를 지낼 때 여러 사람이 모인다 하여 '사회', '단체'의 뜻으로 쓰인다.

沙 | 모래 **사**
• 水부수, 총7획

갑골문　금문　전서　예서　해서

'물 수(氵)'와 '어릴 소(少)'의 形聲字(형성자)로, 물에 의하여 잘게 부서진 모래라는 뜻이다.

似 | 같을 **사**
• 人부수, 총7획

갑골문　금문　전서　예서　해서

'사람 인(人)'과 '써 이(以)'의 形聲字(형성자)로, 서로 비슷하다의 뜻이다. 以는 본래 밭 가는 모습의 모양을 본뜬 글자로서 발음으로 취하였다.

查 | 조사할 **사**
• 木부수, 총9획

갑골문　금문　전서　예서　해서

'나무 목(木)'과에 '또 차(且)'의 形聲字(형성자)로, 통행을 막는 목문(木門)을 가리킨 데서 '조사'의 뜻이 되었다.

寫 | 베낄 **사**
• 宀부수, 총15획

갑골문　금문　전서　예서　해서

'집 면(宀)'과 '짚신 석(舃)'의 合體字(합체자)로, '물건을 다른 곳에 두다'의 뜻으로 쓰이다가 '베끼다, 그리다'의 뜻으로 쓰였다.

# 辭

말씀 사

- 辛부수, 총19획

갑골문 금문 전서 예서 해서

'𤔔' 는 본래 두 손으로 엉킨 실을 다스린다는 뜻이고, 매울 신(辛)은 원래 형벌을 주는 기구였다. 이 글자의 원래 의미는 '죄를 다스리다' 였으나, 뒤에 말씀이나 사양하다의 뜻으로 쓰이게 되었다.

# 斯

이 사

- 斤부수, 총12획

갑골문 금문 전서 예서 해서

본래의 키의 상형자인 '그 기(其)' 와 '도끼 근(斤)' 의 會意字(회의자)이다. 키는 곡물들에서 쭉정이나 티끌을 가려내는 도구이고, 도끼는 쪼개는 도구이므로 '쪼개어 가른다' 는 의미이다. 지금은 '이것' 이란 의미나 어조사로 많이 사용된다.

# 祀

제사 사

- 示부수, 총8획

갑골문 금문 전서 예서 해서

'보일 시(示)' 와 '뱀 사(巳)' 의 形聲字(형성자)로, 제사의 뜻이다. 본래의 자형은 '祀' 로서 사람이 신(示=神) 앞에서 꿇어 앉아 있는 모습이다.

# 削

깎을 삭

- 刀부수, 총9획

갑골문 금문 전서 예서 해서

'칼 도(刀)' 와 '닮을 초(肖)' 의 形聲字(형성자)로, 본래는 칼집의 뜻이었는데, 깎다의 뜻으로 쓰인다. '肖' 는 본래 뼈와 살이 비슷하다는 뜻으로, 여기서는 칼과 칼집의 모양이 비슷한데서 취해졌다.

# 朔

초하루 삭

- 月부수, 총10획

갑골문 금문 전서 예서 해서

한 달(月)이 지나가고, 다시 거슬러(屰→逆) 올라가 초하루가 된다는 뜻이다.

| 産 | 낳을 산<br>● 生부수, 총11획 | 갑골문 | 금문 | 전서 | 예서 | 해서 |
|---|---|---|---|---|---|---|

'선비 언(彦:产)' 과 '날 생(生)' 의 形聲字(형성자)로, 아이를 '낳다(生)' 의 뜻이다.

| 山 | 메 산<br>● 山부수, 총3획 | 갑골문 | 금문 | 전서 | 예서 | 해서 |
|---|---|---|---|---|---|---|

산봉우리의 모양을 그대로 象形(상형)하여  과 같이 그린 것인데, 楷書體(해서체)의 '山' 이 된 것이다.

| 算 | 셈할 산<br>● 竹부수, 총14획 | 갑골문 | 금문 | 전서 | 예서 | 해서 |
|---|---|---|---|---|---|---|

'대나무 죽(竹)' 에 '갖출 구(具)' 를 합한 글자로, 산가지(竹)로 틀림없이 갖추어(具) 셈하다의 뜻이다.

| 散 | 흩을 산<br>● 攵부수, 총12획 | 갑골문 | 금문 | 전서 | 예서 | 해서 |
|---|---|---|---|---|---|---|

본래의 자형은 '㪔' 의 형태로 수풀(林)을 쳐서(攴:칠 복) 나무들의 줄기와 잎이 떨어져 분산된다는 뜻이다

| 酸 | 초 산<br>● 酉부수, 총14획 | 갑골문 | 금문 | 전서 | 예서 | 해서 |
|---|---|---|---|---|---|---|

'닭 유(酉)' 와 '갈 준(夋)의 形聲字(형성자)로 신맛의 식초의 뜻. 초(醋)는 술로 만들기 때문에 '酒(술 주)' 의 初文(초문)인 '酉' 를 취하고, '夋' 에 가는 모습의 뜻이 있어, 초가 몸에 닿으면 자극되어 찌푸린다는 뜻으로 '夋' 을 취함.

殺
죽일 살 / 감할 쇄
• 殳부수, 총11획

| 갑골문 | 금문 | 전서 | 예서 | 해서 |
|---|---|---|---|---|

'창 수(殳)' 와 '朮(삽주뿌리 출)' 의 形聲字(형성자)로, 창(殳)으로 사람을 '죽이다' 의 뜻
이다.


三
석 삼
• 一부수, 총3획

| 갑골문 | 금문 | 전서 | 예서 | 해서 |
|---|---|---|---|---|

산대의 세 개를 가로놓은 것을 본뜬 글자이다.


森
나무 빽빽할 삼
• 木부수, 총12획

| 갑골문 | 금문 | 전서 | 예서 | 해서 |
|---|---|---|---|---|

수풀에는 나무(木)가 많으니 '빽빽하다' 는 뜻이다.


尚
오히려 상
• 小부수, 총8획

| 갑골문 | 금문 | 전서 | 예서 | 해서 |
|---|---|---|---|---|

'여덟 팔(八)' 과 '향할 향(向)' 의 形聲字(형성자)로 '더하다(曾)' 의 뜻이었는데, '숭상하
다' , '오히려' 의 뜻으로도 쓰인다.


常
떳떳할 상
• 巾부수, 총11획

| 갑골문 | 금문 | 전서 | 예서 | 해서 |
|---|---|---|---|---|

'수건 건(巾)' 과 '오히려 상(尚)' 의 形聲字(형성자)로, 본의는 수건(巾)처럼 긴 깃발(旗)의
뜻이었는데, 뒤에 '항상' , '떳떳하다' 의 뜻이 되었다.

**賞** 상줄 상
- 貝부수, 총15획

갑골문　금문　전서　예서　해서

'조개 패(貝)' 와 '오히려 상(尙)' 의 形聲字(형성자)로, 상을 줄 때 돈(조개)을 주니까 조개 패(貝)자를 취하여 '상주다' 의 뜻이 되었다.

**傷** 상할 상
- 人부수, 총13획

갑골문　금문　전서　예서　해서

'사람 인(亻)' 과 '昜(陽의 古字인 '昜' 과 同字)' 의 形聲字(형성자)로, 몸의 상처의 뜻인데, 상처는 잘 나타나므로 밝게 나타나다의 뜻을 가진 '昜' 자를 취한 것이다.

**相** 서로 상
- 目부수, 총9획

갑골문　금문　전서　예서　해서

'나무 목(木)' 과 '눈 목(目)' 의 會意字(회의자)로, 눈만 뜨면 맞보는 것이 나무라는 데서 '서로, 마주' 의 뜻으로 쓰였다.

**想** 생각 상
- 心부수, 총13획

갑골문　금문　전서　예서　해서

'마음 심(心)' 과 '서로 상(相)' 의 形聲字(형성자)로, '相' 에는 자세히 살펴보다의 뜻이 있으므로 세밀히 보고 '생각하다' 의 뜻이다.

**上** 윗 상
- 一부수, 총3획

갑골문　금문　전서　예서　해서

'위' 는 일정한 모양을 본뜰 수 없으므로 먼저 기준이 되는 선을 긋고, 그 선의 위를 가리키어 곧 '二→上' 의 형태로 나타냈던 것인데, 뒤에 '上→上(윗 상)' 의 형태로 변하였다.

喪 | 잃을 상
• 口부수, 총11획

갑골문 금문 전서 예서 해서

小篆(소전)에 '喪' 의 자형으로, '울 곡(哭)' 과 '도망할 망(亡)' 의 合體字(합체자)로, 이 세상을 떠나 다시는 만날 수 없는, 곧 亡者(망자)를 생각하여 울다에서 '잃다' 의 뜻이다.

商 | 장사 상
• 口부수, 총11획

갑골문 금문 전서 예서 해서

'商' 자는 甲骨文(갑골문)에 '畨' 의 형태로 본래 청동기의 모양을 본떠서 商나라의 명칭으로 쓰인 것이다. '장사' 란 뜻은 '商' 나라가 망한 뒤 유민들이 행상을 한데서 전의된 뜻이다.

霜 | 서리 상
• 雨부수, 총17획

갑골문 금문 전서 예서 해서

'비 우(雨)' 와 '서로 상(相)' 의 形聲字(형성자)로, 나무가 서리를 맞으면 잎이 모두 떨어진다는 데서 '서리' 의 뜻이다.

嘗 | 맛볼 상
• 口부수, 총12획

갑골문 금문 전서 예서 해서

'맛있을 지(旨)' 와 '오히려 상(尚)' 의 形聲字(형성자)로, 맛보다의 뜻이다. 일찍의 뜻으로도 쓰인다. '旨' 는 본래 숟가락(匕)으로 맛보다(甘→曰)의 뜻이다.

裳 | 치마 상
• 衣부수, 총14획

갑골문 금문 전서 예서 해서

'옷 의(衣)' 와 '오히려 상(尚)' 의 形聲字(형성자)로, 下衣(하의), 곧 치마의 뜻이다. 尚은 귀하다의 뜻으로, 하체를 가리는 귀한 옷이란 뜻으로 취한 것이다.

詳

자세할 상
- 言부수, 총13획

갑골문　금문　전서　예서　해서

'말씀 언(言)' 과 '양 양(羊)' 의 形聲字(형성자)로, 양처럼 착하게 말로써 자세하게 의논하다의 뜻이다.

---

祥

상서로울 상
- 示부수, 총11획

갑골문　금문　전서　예서　해서

'보일 시(示)' 와 '양 양(羊)' 의 形聲字(형성자)로, 신이 내려 주는 좋은 일, 곧 행복의 뜻이다.

---

床

상 상
- 广부수, 총7획

갑골문　금문　전서　예서　해서

'집 엄(广)' 에 '나무 목(木)' 을 합한 글자로, 집(广) 안에 있는 나무(木) 침대 곧 '평상(平床)' 을 뜻한다. '牀(침상 상)' 의 俗字(속자)로 우리나라에서는 食床(식상)의 뜻으로 쓰인다.

---

象

코끼리 상
- 豕부수, 총12획

갑골문　금문　전서　예서　해서

부수가 돼지 시(豕) 부이지만 돼지와는 전혀 관련이 없고, 코끼리의 옆모습을 90도 회전시켜 놓은 상형자이다.

---

像

형상 상
- 人부수, 총14획

갑골문　금문　전서　예서　해서

'사람 인(人)' 과 '코끼리 상(象)' 의 形聲字(형성자)로, 옛날 북방에서는 산 코끼리를 보기 어려우므로 그 형상을 그려와서 보았으므로 '비슷하다' 의 뜻이었는데, '형상' 의 뜻이 되었다.

| | | 갑골문 | 금문 | 전서 | 예서 | 해서 |

**狀** 형상 상 / 문서 장
• 犬부수, 총8획

'개 견(犬)' 과 '나무 조각 장(爿)' 의 形聲字(형성자)로, 개가 여러 가지 형상으로 움직이는 데서 모양의 뜻이다.

**桑** 뽕나무 상
• 木부수, 총10획

'桑' 자는 甲骨文(갑골문)에 '桑' 의 형태로 '뽕나무' 의 모양을 象形(상형)한 것이다. 뒤에 뽕나무의 잎이 '又' 자형으로 변하였다.

**償** 갚을 상
• 人부수, 총17획

'사람 인(人)' 과 '조개 패(貝)' 에 발음 요소인 尙(상)을 더하여 남의 돈을 갚다의 뜻이다. '賞' 의 累增字(누증자)이다.

**雙** 쌍 쌍
• 隹부수, 총18획

손(又)에 새(隹 : 새 추) 두 마리를 잡고 있는 모습으로, 한 쌍(雙), 두 쌍(雙)과 같이 헤아리는 단위로 쓰인다.

**塞** 변방 새 / 막을 색
• 土부수, 총13획

'흙 토(土)' 와 '굴 색(寒)' 의 形聲字(형성자)로, 흙(土)으로 막다의 뜻이다. '寒' 은 흙으로 둘러싼 굴이란 뜻이다. 새는 변방, 색은 막다의 뜻이다.

色 | 빛 색
• 色부수, 총6획

갑골문　금문　전서　예서　해서

'사람 인(人)'과 '마디 절(節)'의 옛글자인 'ㅁ(병부 절)'을 합한 글자(ㅂ)로, 사람(人)의 마음은 얼굴에 그대로 나타난다는 顔色(안색)의 뜻에서 '빛'의 뜻으로 쓰였다.

生 | 날 생
• 生부수, 총5획

갑골문　금문　전서　예서　해서

풀(屮)이 땅(土)에서 돋아나는 모양을 그리어 '屮, 屮, 生'의 형태로 나타낸 것인데, 楷書體(해서체)의 '生'자로서 '나다'의 뜻이다.

索 | 동아줄 삭 / 찾을 색
• 糸부수, 총10획

갑골문　금문　전서　예서　해서

金文(금문)에 '索'의 자형으로, 풀(屮)과 실(糸)의 合體字(합체자)이다. 곧 풀의 줄기로 새끼를 꼬기 때문에 '새끼'의 뜻이다.

書 | 글 서
• 曰부수, 총10획

갑골문　금문　전서　예서　해서

'붓 율(聿)'과 '가로 왈(曰)'의 合體字(합체자)로, 말(曰)로 전해져 내려오는 것을 붓(聿)으로 옮겨 쓴다는 데서 '글', '책'의 뜻이다. 다른 풀이도 있다.

西 | 서녘 서
• 襾부수, 총6획

갑골문　금문　전서　예서　해서

본래 새의 둥지를 그리어 '囲, 囵, 囷'의 형태로 나타낸 것인데, 해가 기울어 서쪽으로 지게 되면, 새들이 둥지로 깃들게 됨으로 '서쪽'의 뜻으로 쓰이게 되어 楷書體(해서체)의 '西'자가 된 것이다.

暑 | 더울 서
● 日부수, 총13획

갑골문 금문 전서 예서 해서

'날 일(日)' 에 '삶을 자(煮)' 를 생략하여 합한 形聲字(형성자)로, '덥다' 의 뜻을 나타낸 글자이다.

序 | 차례 서
● 广부수, 총7획

갑골문 금문 전서 예서 해서

'집 엄(广)' 과 '줄 여(予)' 의 形聲字(형성자)로, 안채와 사랑채에 東西(동서)로 쌓은 담을 뜻한 것인데, 구별을 주어(予) 담(广)을 순서대로 쌓는다는 데서 '차례' 의 뜻이다.

敍 | 차례 서
● 攴부수, 총11획

갑골문 금문 전서 예서 해서

'칠 복(攴)' 과 '나 여(余)' 의 形聲字(형성자)로, 손(又)에 수를 셈하기 위해 산가지를 들고 차례대로 나열한다는 뜻이다.

徐 | 천천할 서
● 彳부수, 총10획

갑골문 금문 전서 예서 해서

'걸을 척(彳)' 과 '나 여(余)' 의 形聲字(형성자)로, 서서히 걷다의 뜻이다.

庶 | 여러 서
● 广부수, 총11획

갑골문 금문 전서 예서 해서

'돌집 엄(广)', '달 감(甘)' 의 변형자와 '불 화(灬)' 자가 합쳐진 글자로, 맛있는(甘) 음식 과 따뜻한 불(灬)이 있는 집(广) 안에 무리(庶)를 지어 모여 있다는 뜻이다.

| 恕 | 용서할 서 | | 갑골문 | 금문 | 전서 | 예서 | 해서 |
|---|---|---|---|---|---|---|---|

**恕** 용서할 서
• 心부수, 총10획

'마음 심(心)' 과 '같을 여(如)' 의 形聲字(형성자)로, 남을 사랑하기를 자기와 같이(如)한다는 데서 '용서하다' 의 뜻이다.

**署** 관청 서
• 罒부수, 총14획

'그물 망(罒)' 과 '사람 자(者)' 의 形聲字(형성자)로, 관청에서 죄인에게 벌을 주니까 죄(罪)나 벌(罰)을 뜻하는 그물 망(罒)을 취하여 관청의 뜻이 되었다.

**緒** 실마리 서
• 糸부수, 총15획

'실 사(糸)' 와 '사람 자(者)' 의 形聲字(형성자)로, 실의 처음, 곧 실마리의 뜻이다.

**石** 돌 석
• 石부수, 총5획

벼랑에 굴러 있는 돌의 모양을 '⊓⊔, ⌐○' 와 같이 그린 것인데, 楷書體(해서체)의 '石' 자가 된 것이다. 강변의 水磨(수마)된 조약돌의 모양을 象形(상형)한 것이 아니다. '石' 을 增體象形(증체상형)으로 보는 이도 있다.

**昔** 옛 석
• 日부수, 총8획

본래 큰 홍수가 일어나 재해를 당했던 날을 나타낸 것인데, 그날은 잊을 수 없는 과거이므로 옛날의 뜻으로 쓰이게 되었다.

| | | 갑골문 | 금문 | 전서 | 예서 | 해서 |

惜 | 아낄 석
• 心부수, 총11획

'마음 심(忄)'과 '옛 석(昔)'의 形聲字(형성자)로, 지난날에 당한 재난으로 가슴 아파하다의 뜻이다.

席 | 자리 석
• 巾부수, 총10획

'수건 건(巾)'과 '무리 서(庶)'의 변형자가 합쳐진 形聲字(형성자)로, 수건 형태로 생긴 자리란 뜻이다.

夕 | 저녁 석
• 夕부수, 총3획

저녁을 나타낸 글자는 甲骨文(갑골문)의 자형으로 보면, '月'자와 구별 없이 '☽, ☾'의 형태로 썼지만, 小篆(소전)에서부터 '月'자에서 1획을 생략하여 밤이 아니라, 저녁을 나타내는 '夕'자를 만든 것이다.

析 | 가를 석
• 木부수, 총8획

도끼(斤)로 나무(木)를 쪼갠다는 뜻이다.

釋 | 풀 석
• 釆부수, 총20획

'분별할 변(釆)'과 '엿볼 역(睪)'의 形聲字(형성자)로, 시비를 분별하여 풀어주다의 뜻이다.

## 選

**가릴 선**
- 辵부수, 총16획

갑골문　금문　전서　예서　해서

'쉬엄쉬엄 갈 착(辶)'과 '헐을 손(巽)'의 形聲字(형성자)로, 헐어 있는 것을 '가려내다'의 뜻이다.

## 鮮

**고울 선**
- 魚부수, 총17획

갑골문　금문　전서　예서　해서

'물고기 어(魚)'와 '양 양(羊)'의 會意字(회의자)로, 원래는 물고기 이름이었으나, 뒤에 신선하다, 곱다의 뜻으로 쓰이고, 고운 것은 드물기 때문에 드물다의 뜻으로도 쓰인다.

## 先

**먼저 선**
- 儿부수, 총10획

갑골문　금문　전서　예서　해서

'갈 지(止→之)'에 '밑 사람 인(儿)'을 합한 글자로, 한 사람의 앞에 발자국을 그려, '먼저' 간 사람이 있었음을 뜻한 글자이다.

## 船

**배 선**
- 舟부수, 총11획

갑골문　금문　전서　예서　해서

'배 주(舟)'에 '산속 늪 연(㕣)'을 합한 글자로, 물 흐름을 따라(㕣) 다닌다는 뜻에서 '㕣'을 발음 요소로 한 形聲字(형성자)이다.

## 仙

**신선 선**
- 人부수, 총5획

갑골문　금문　전서　예서　해서

나이가 많아 산(山)에서 사는 사람(人)이 신선(神仙)이란 뜻이다.

| 線 | 줄 선 | | | 갑골문 | 금문 | 전서 | 예서 | 해서 |

線
줄 선
• 糸부수, 총15획

'실 사(糸)' 와 '샘 천(泉)' 의 形聲字(형성자)로, 실(糸)이 샘물처럼 끊이지 않고 흘러가니 이어진다는 데서 실의 뜻이다. 綫과 同字(동자)이다.

善
착할 선
• 口부수, 총12획

'善' 의 본자는 '譱' 자로서 '양 양(羊)' 에 '다투어 말할 경(誩)' 을 합한 글자로, 양(羊) 처럼 따뜻하고 부드럽게 말(言)하는 사람은 '착하다' , '선하다' 의 뜻이다.

宣
베풀 선
• 宀부수, 총9획

'집 면(宀)' 과 '돌 선(亘)' 의 形聲字(형성자)로, 본래 '큰 방' 이라는 뜻인데, 뒤에 '베풀다' 의 뜻이 되었다.

旋
돌 선
• 方부수, 총11획

'깃발 언(㫃)' 자와 '발 소(疋)' 의 會意字(회의자)로, 깃발을 가진 기수(旗手) 주위를 발로 걸어서 빙빙 돈다는 뜻이다.

禪
봉선 선
• 示부수, 총17획

'보일 시(示)' 와 '홑 선(單)' 의 形聲字(형성자)로, 선(禪)은 원래 단(壇)을 설치하여 하늘에 성대히 제사를 지낸다는 뜻이었으나 불교에서 마음을 고요히 하여 진리를 찾는 일이 란 뜻이 추가되었다.

## 雪

눈 설

• 雨부수, 총11획

갑골문 금문 전서 예서 해서

눈은 그 날리는 모습이 흰 깃털이 날리는 것 같음을 象形(상형)하여 甲骨文(갑골문)에서는 '' 과 같이 그렸던 것인데, 눈은 손(ヨ→又)으로 받을 수 있는 비(雨)라는 뜻에서 楷書體(해서체)의 '雪' 자가 된 것이다.

## 說

말씀 설 / 기쁠 열 / 달랠 세

• 言부수, 총14획

갑골문 금문 전서 예서 해서

'말씀 언(言)' 과 '날카로울 예(兌)' 의 形聲字(형성자)로, 말로써 사람을 기쁘게 할 수 있으므로 '말씀', '기쁘다', '달래다' 등의 뜻이다.

## 設

베풀 설

• 言부수, 총11획

갑골문 금문 전서 예서 해서

'말씀 언(言)' 과 '창 수(殳)' 의 會意字(회의자)로, 말로 지시하여 병기를 들어 거동시키게 하다에서 '베풀다' 의 뜻이 되었다.

## 舌

혀 설

• 舌부수, 총6획

갑골문 금문 전서 예서 해서

본래 뱀의 갈라진 혀 모양()을 그린 글자이다.

## 涉

건널 섭

• 水부수, 총10획

갑골문 금문 전서 예서 해서

'물 수(氵)' 와 '걸음 보(步)' 의 會意字(회의자)로, 물(氵)을 걸어서(步) 건넌다의 뜻이다.

| 星 | 별 성 | 갑골문 | 금문 | 전서 | 예서 | 해서 |
|---|---|---|---|---|---|---|
| | • 日부수, 총9획 | | | | | |

본래 별들의 모양을 본떠 ' ' 의 형태로 '별' 을 뜻한 글자인데, 뒤에 '생(生)' 을 더하여 形聲字(형성자)로 만들었다.

| 省 | 살필 성 / 덜 생 | 갑골문 | 금문 | 전서 | 예서 | 해서 |
|---|---|---|---|---|---|---|
| | • 目부수, 총9획 | | | | | |

'적을 소(少)' 와 '눈 목(目)' 을 합한 글자로, 눈(目)을 작게(少) 뜨고 자세히 '살핀다' 는 뜻이다. '덜어내다' 의 뜻인 경우에는 '생' 으로 읽는다.

| 城 | 성 성 | 갑골문 | 금문 | 전서 | 예서 | 해서 |
|---|---|---|---|---|---|---|
| | • 土부수, 총10획 | | | | | |

'흙 토(土)' 와 '이룰 성(成)' 의 形聲字(형성자)로, 고대에는 흙으로 성을 쌓았기 때문에 '흙 토(土)' 자를 취하였다.

| 姓 | 성씨 성 | 갑골문 | 금문 | 전서 | 예서 | 해서 |
|---|---|---|---|---|---|---|
| | • 女부수, 총8획 | | | | | |

여자(女)가 낳은(生) 아이에게 자신의 성(姓)을 따르게 한 모계사회에서 유래한 글자이다.

| 聖 | 성인 성 | 갑골문 | 금문 | 전서 | 예서 | 해서 |
|---|---|---|---|---|---|---|
| | • 耳부수, 총13획 | | | | | |

'귀 이(耳)' 와 '나타낼 정(呈)' 의 形聲字(형성자)로, 보통 사람과 달리 소리를 듣고 어느 일에나 無所不通(무소불통)한 사람이 聖人(성인) 이라는 뜻이다. '王(왕)' 자가 아니라 '壬(줄기 정)' 으로서 발음 요소이다.

175

性 | 성품 성
• 心부수, 총8획

갑골문　금문　전서　예서　해서

'마음 심(忄)'과 '날 생(生)'의 形聲字(형성자)로, 사람이 태어날 때(生)부터 가지고 있는 마음(忄)이 '성품'이라는 뜻이다.

聲 | 소리 성
• 耳부수, 총17획

갑골문　금문　전서　예서　해서

'경쇠 경(殸→聲:발음 요소)'과 '귀 이(耳)'의 形聲字(형성자)로, 악기(声)를 채로 치거나 손으로 퉁길(殳) 때, 귀(耳)로 들리는 '소리'를 뜻한다.

成 | 이룰 성
• 戈부수, 총7획

갑골문　금문　전서　예서　해서

본래 도끼로 나무토막을 쪼개는 모양을 본뜬 것인데, 뒤에 '이루다'의 뜻으로 쓰이게 되었다. '丁'이 발음 요소이므로 楷書體(해서체)에서는 'ㄱ'의 형태로 써서는 안 된다.

盛 | 성할 성
• 皿부수, 총12획

갑골문　금문　전서　예서　해서

제사를 올리기 위하여 그릇(皿:그릇 명)에 담아 놓은 곡식을 뜻한 形聲字(형성자)로, '담다'의 뜻으로 쓰이고, '성하다'의 뜻으로도 쓰인다.

誠 | 정성 성
• 言부수, 총14획

갑골문　금문　전서　예서　해서

'말씀 언(言)'과 '이룰 성(成)'의 形聲字(형성자)로, 말(言)과 행동이 일치하도록 이루어(成)낸다는 데서 '정성'의 뜻이다.

## 細

가늘 세
- 糸부수, 총11획

'실 사(糸)' 와 '정수리 신(囟)' 의 合體字(합체자)로, 아이의 정수리의 미동처럼 미세함의 뜻이다. 隸書體(예서체)에서 '囟(정수리 신)' 이 '田(밭 전)' 의 형태로 변하였다.

## 稅

세금 세
- 禾부수, 총12획

갑골문　금문　전서　예서　해서

'벼 화(禾)' 와 '기뻐할 예(兌=悅)' 의 形聲字(형성자)로, 돈이 없었던 고대에는 세금을 벼(禾)로 내었던 것에서 유래한다. 옛날 농민의 수확에 따라 조세를 받아 관청의 창고를 채웠다가 병사들의 배를 채우면 기뻤기 때문에 兌(悅)을 기뻐하다의 뜻으로 취하였다.

## 世

인간 세
- 一부수, 총5획

갑골문　금문　전서　예서　해서

세상 또는 일세대의 '世' 는 본래 나무의 줄기에 잎이 많음을 그리어 '⊎, 世' 의 형태로 나타낸 것인데, 잎이 많음의 뜻에서 한 세대의 뜻으로 바뀌고, 부모 자식 간의 한 세대는 대개 삼십 년이 되므로 뒤에 '삼십' 의 뜻으로 쓰이어 楷書體(해서체)의 '世' 자가 된 것이다.

## 洗

씻을 세
- 水부수, 총9획

갑골문　금문　전서　예서　해서

'물 수(氵)' 와 '먼저 선(先)' 의 形聲字(형성자)로, '先' 은 앞으로 나아가다의 뜻에서, 발을 뻗어 물로 '씻다' 의 뜻이다.

## 歲

해 세
- 止부수, 총13획

갑골문　금문　전서　예서　해서

'걸음 보(步)' 와 '개 술(戌)' 의 形聲字(형성자)로, 한 해의 처음을 나타낸 글자이다. 고유한 우리말의 '설, 살' 과 '歲' 가 동어원임을 알 수 있다.

## 勢 형세 세
• 力부수, 총13획

갑골문 금문 전서 예서 해서

'힘 력(力)' 과 '심을 예(埶)' 의 形聲字(형성자)이다. '埶' 는 '藝(심을 예)' 의 初文(초문)으로 '심다' 의 뜻으로, 씨앗을 심으면 싹이 나서 날로 힘차게 자라므로 '형세' 의 뜻이다.

## 所 바 소
• 戶부수, 총8획

갑골문 금문 전서 예서 해서

본래는 도끼로 나무를 베는 소리를 나타낸 글자인데, 뒤에 처소의 뜻으로 가차되었다.

## 素 본디 소
• 糸부수, 총10획

갑골문 금문 전서 예서 해서

'실 사(糸)' 와 '드리울 수(垂)' 의 변형자로, 본의는 '흰색의 고운 비단' 의 뜻이었는데, 뒤에 '바탕, 희다, 소박하다' 의 뜻으로 쓰인다.

## 消 사라질 소
• 水부수, 총10획

갑골문 금문 전서 예서 해서

'물 수(氵)' 와 '꺼질 소(肖)' 의 形聲字(형성자)로, 물이 부단히 흙을 깎아 없어지게 하다 의 뜻이다.

## 笑 웃음 소
• 竹부수, 총10획

갑골문 금문 전서 예서 해서

'죽(竹)' 과 '구부릴 요(夭)' 의 形聲字(형성자)로, 바람에 흔들리는 대나무의 소리가 흡사 웃는 소리와 비슷하여 '웃음' 의 뜻이 되었다. 웃을 때는 대나무가 바람이 불면 굽히듯이 사람도 허리를 굽히기 때문에 '夭' 자를 취하였다.

| 小 | 작을 소<br>• 小부수, 총3획 | 갑골문 금문 전서 예서 해서 |
|---|---|---|

본래 빗방울이 떨어지는 것을 象形(상형)하여 '八, 小, 川' 와 같이 나타낸 것인데, 楷書體(해서체)의 '小' 자로서 '작다' 의 뜻이다.

| 少 | 적을 소<br>• 小부수, 총4획 | 갑골문 금문 전서 예서 해서 |
|---|---|---|

'작은 소(小)' 에 '삐칠 별(丿)' 을 합한 글자로, 빗방울('ぅ'→小)의 뜻인 작은(小) 것에 다시 일부분을 덜어내니(丿), 양이 더 '적다' 는 뜻과 나아가 '젊다' 의 뜻이 있다.

| 召 | 부를 소<br>• 口부수, 총5획 | 갑골문 금문 전서 예서 해서 |
|---|---|---|

'입 구(口)' 에 '칼 도(刀)' 의 會意字(회의자)로, 사람을 불러 오게 하다의 뜻이다. 위험에 빠져 구원을 청할 때 목소리(口)처럼 날카롭다는 뜻으로 '刀' 를 취하였다.

| 昭 | 밝을 소<br>• 日부수, 총9획 | 갑골문 금문 전서 예서 해서 |
|---|---|---|

'날 일(日)' 과 '부를 소(召)' 의 形聲字(형성자)로, 햇빛이 밝다의 뜻이다.

| 蘇 | 차조기 소<br>• 艸부수, 총20획 | 갑골문 금문 전서 예서 해서 |
|---|---|---|

'풀 초(艹)' 와 '되살아날 소(穌)' 의 形聲字(형성자)로, 차조기 풀의 뜻이다. 차조기를 먹으면 서서히 깨어나기 때문에 소생하다의 뜻으로도 쓰인다.

179

**騷** │ 떠들 소
　　　• 馬부수, 총20획　　　　　　　　　　　갑골문　금문　전서　예서　해서

'말 마(馬)' 와 '벼룩 조(蚤)' 의 形聲字(형성자)로, 말(馬)이 벼룩(蚤)처럼 날뛰어 소동(騷動)을 피운다는 뜻이다.

**燒** │ 사를 소
　　　• 火부수, 총16획　　　　　　　　　　　갑골문　금문　전서　예서　해서

'불 화(火)' 와 '요임금 요(堯)' 의 形聲字(형성자)로, 불을 사르니 불빛이 높이 솟아 오르다의 뜻이다. '堯(垚)' 에는 높다의 뜻이 있다.

**訴** │ 하소연할 소
　　　• 言부수, 총12획　　　　　　　　　　　갑골문　금문　전서　예서　해서

본래 '愬' 의 자형이었는데, 예서에서 '말씀 언(言)' 과 '물리칠 척(斥)' 의 形聲字(형성자)로 쓰였다. 거역(斥)하는 말(言)이란 뜻으로, 서민이 관가에 억울함을 '호소하다' 의 뜻이다.

**掃** │ 쓸 소
　　　• 手부수, 총11획　　　　　　　　　　　갑골문　금문　전서　예서　해서

'손 수(扌)' 와 '비 추(帚)' 의 形聲字(형성자)로, 손(扌)에 비(帚)를 들고 쓸다의 뜻이다. 帚는 손(크)에 비의 모양을 합친 글자다.

**蔬** │ 푸성귀 소
　　　• 艸부수, 총15획　　　　　　　　　　　갑골문　금문　전서　예서　해서

'풀 초(艹)' 와 '성길 소(疏)' 의 形聲字(형성자)로, 사람의 발이 닿지 않는(疏) 곳에 잘 자라는 '채소' 의 뜻이다.

# 束

묶을 **속**

• 木부수, 총7획

갑골문　금문　전서　예서　해서

'나무 목(木)'과 '에울 위(口)'의 會意字(회의자)로, 나무(木)를 끈으로 '묶다'의 뜻이다. '약속'의 뜻으로도 쓰인다.

# 速

빠를 **속**

• 辵부수, 총11획

갑골문　금문　전서　예서　해서

'쉬엄쉬엄 갈 착(辶)'과 '묶을 속(束)'의 形聲字(형성자)로, '束'은 묶어서 긴박하게 하므로 두 발을 긴박하게 움직여 '빨리 간다'는 뜻이다.

# 疎

성길 **소**

• 疋부수, 총12획

갑골문　금문　전서　예서　해서

'발 소(疋)'와 '묶을 속(束)'의 形聲字(형성자)로, 두루 통하다의 뜻이었는데, 엉성하다의 뜻으로도 쓰인다.

# 續

이을 **속**

• 糸부수, 총21획

갑골문　금문　전서　예서　해서

'실 사(糸)'와 '팔 매(賣)'의 合體字(합체자)로, 부단히 '이어짐'의 뜻이다. 행상인이 계속 걸어가면서 물건을 사라고 외쳐대니까 '잇다'의 뜻으로 '賣(팔 매)'를 취하였다.

# 俗

풍속 **속**

• 人부수, 총9획

갑골문　금문　전서　예서　해서

'사람 인(人)'과 '골 곡(谷)'의 形聲字(형성자)로, 한 고을(谷)에 사는 사람(人)은 습속이 같다는 뜻에서 '풍속'의 뜻이다.

粟 　조 속
　　• 米부수, 총12획

갑골문　금문　전서　예서　해서

본래 '粟'의 자형으로 '卣(곡식)'과 '米(쌀)'의 會意字(회의자)로, 찧기 전에 곡식의 낱알의 뜻이었는데, 조의 뜻이 되었다.


屬 　엮을 속
　　• 尸부수, 총21획

갑골문　금문　전서　예서　해서

'꼬리 미(尾)'의 변형자(尸)와 '애벌레 촉(蜀)'의 形聲字(형성자)로, 꼬리가 벌레의 몸에 밀착되어 있듯이 속하다의 뜻이다. 붙이다의 뜻일 때는 '촉'으로 발음된다.


孫 　손자 손
　　• 子부수, 총10획

갑골문　금문　전서　예서　해서

甲骨文(갑골문)에 '孫'의 형태로서 아들(子)에서 아들로 실(糸→糸)처럼 이어지는(系: 이을 계) 것이 '손자'라는 뜻이다.


損 　덜 손
　　• 手부수, 총13획

갑골문　금문　전서　예서　해서

'손 수(扌)'와 '수효 원(員)'의 形聲字(형성자)로, 손(手→扌)으로 물건(貝)을 덜어 내니, 그 수가 '감한다'의 뜻이다.


送 　보낼 송
　　• 辵부수, 총10획

갑골문　금문　전서　예서　해서

'전송할 잉(倴:媵과 同字)'의 省體(생체)인 '关'에 '쉬엄쉬엄 갈 착(辶)'을 합한 글자로, 시집갈 때 사람을 '따라 보내다'에서 '보내다'의 뜻으로 쓰이게 되었다.

## 松

소나무 송

- 木부수, 총8획

| 갑골문 | 금문 | 전서 | 예서 | 해서 |
|--------|------|------|------|------|
| 糀 | 松 | 松 | 松 | |

'나무 목(木)'과 '공평할 공(公)'의 形聲字(형성자)로, 公爵(공작)이 벼슬의 으뜸이라는 데서, 소나무는 모든 나무의 으뜸이라는 뜻으로 '公'을 취하였다.

## 頌

기릴 송

- 頁부수, 총13획

| 갑골문 | 금문 | 전서 | 예서 | 해서 |
|--------|------|------|------|------|
| | 頌 | 頌 | 頌 | |

'공평할 공(公)'과 '머리 혈(頁)'의 形聲字(형성자)로, 공평하게(公) 일을 처리하는 얼굴(頁)과 인품이 훌륭하다고 칭찬하는 데서, '칭송하다', '기리다'의 뜻이다.

## 訟

송사할 송

- 言부수, 총11획

| 갑골문 | 금문 | 전서 | 예서 | 해서 |
|--------|------|------|------|------|
| 訟 | 訟 | 訟 | 訟 | |

'말씀 언(言)'과 '공정할 공(公)'의 形聲字(형성자)로, 말다툼(言)을 공정하게(公) 판가름 해야 한다는 데서 '소송하다', '재판하다'의 뜻이다.

## 誦

욀 송

- 言부수, 총14획

| 갑골문 | 금문 | 전서 | 예서 | 해서 |
|--------|------|------|------|------|
| | 誦 | 誦 | 誦 | |

'말씀 언(言)'과 '길 용(甬)'의 形聲字(형성자)로, 외우다의 뜻이다. 甬은 湧의 뜻으로, 샘물이 끊임없이 솟아나듯이 유창하게 암송하다의 뜻으로 취하였다.

## 衰

쇠할 쇠 / 상복 최

- 衣부수, 총10획

| 갑골문 | 금문 | 전서 | 예서 | 해서 |
|--------|------|------|------|------|
| 衰 | 衰 | 衰 | 衰 | |

金文(금문)에 '衰'의 자형으로, 본래 비올 때 사용하는 삿갓과 도롱이의 모양을 본떠 雨裝(우장)을 뜻한 글자인데, 뒤에 '쇠퇴하다'의 뜻으로 쓰이게 되어 다시 '蓑(도롱이 사)'자를 만들었다.

刷 | 쓸 쇄
• 刀부수, 총8획

갑골문　금문　전서　예서　해서

'칼 도(刂)와 '씻을 쇄(厰)의 省體(생체)인 '咼' 의 形聲字(형성자)로, 本義(본의)는 때를 '깨끗이 씻어내다' 의 뜻이었는데, 뒤에 '솔' , '인쇄하다' 의 뜻이 되었다.

鎖 | 쇠사슬 쇄
• 金부수, 총18획

갑골문　금문　전서　예서　해서

'쇠 금(金)' 과 '삭을 소(肖)' 의 形聲字(형성자)로, 본래는 쇠를 녹이다의 뜻이었는데 자물쇠의 뜻으로도 쓰인다. 肖는 消의 省字(생자)로 녹아 없어지다의 뜻이 있다.

收 | 거둘 수
• 攴부수, 총6획

갑골문　금문　전서　예서　해서

'얽힐 구(丩)' 와 '칠 복(攵)' 의 形聲字(형성자)로, 죄인을 잡아 묶다의 뜻을 나타낸 글자인데, 뒤에 '거두다' 의 뜻으로 쓰였다.

愁 | 근심 수
• 心부수, 총13획

갑골문　금문　전서　예서　해서

'마음 심(心)' 과 '가을 추(秋)' 의 形聲字(형성자)로, 근심의 뜻이다. 가을에는 만물이 쇠락하여 서글픈 느낌이 들므로 秋를 취하였다.

樹 | 나무 수
• 木부수, 총16획

갑골문　금문　전서　예서　해서

'나무 목(木)' 과 '세울 주(尌)' 의 形聲字(형성자)로, 나무를 세워 심다의 뜻이다. 尌는 본래 '𡒄' 의 자형으로 손으로 힘써 세우다의 뜻이다.

| 誰 | 누구 수 | | 갑골문 | 금문 | 전서 | 예서 | 해서 |
|---|---|---|---|---|---|---|---|

**誰** 누구 **수**
• 言부수, 총15획

'말씀 언(言)' 과 '새 추(隹)' 의 形聲字(형성자)로, 말로 '누구냐' 고 묻다의 뜻이다.

**修** 닦을 **수**
• 人부수, 총10획

'아득할 유(攸)' 와 '터럭 삼(彡)' 의 形聲字(형성자)로, 머리카락을 깨끗이 한다는 데서 '마음을 닦다' 의 뜻으로 쓰였다.

**首** 머리 **수**
• 首부수, 총9획

얼굴과 머리털을 象形(상형)하여 '　, 　, 　, 　' 와 같이 그린 것인데, 楷書體(해서체)로 '首' 가 된 것이다.

**須** 모름지기 **수**
• 頁부수, 총12획

鬚髥(수염)은 얼굴에 난 털(彡)이기 때문에, '터럭 삼(彡)' 과 '머리 혈(頁)' 의 合體字(합체자)로 '수염' 의 뜻이다.

**壽** 목숨 **수**
• 士부수, 총14획

壽 자는 金文(금문)에 '　' 의 자형으로 볼 때 '老' 의 省體(생체) '耂' 와 '疇(밭두둑 주)' 의 古字(고자)인 '　' 의 形聲字(형성자)이다. 노인의 나이가 오래되고 밭두둑이 길다의 뜻으로 '오래 살다' 의 뜻이 되었다.

水 | 물 수
• 水부수, 총4획

갑골문　금문　전서　예서　해서

물은 일정한 형체가 없으므로 흘러가는 물결의 모양을 象形(상형)하여 ‘〔〕, 〔〕, 〔〕’ 와 같이 그린 것인데, 楷書體(해서체)의 ‘水’ 자가 된 것이다.

受 | 받을 수
• 又부수, 총8획

갑골문　금문　전서　예서　해서

본래 제사를 지낼 때 제물을 담은 그릇을 서로 받들어 주고받는 모습을 그리어 ‘〔〕, 〔〕, 〔〕’ 의 형태로 그린 것인데, 楷書體(해서체)의 ‘受’ 자가 된 것이다. 뒤에 ‘받다’ 의 뜻으로만 쓰였다.

秀 | 빼어날 수
• 禾부수, 총7획

갑골문　금문　전서　예서　해서

金文(금문)에 ‘〔〕’ 의 형태로 사람이 벼이삭을 지고 있는 것으로 ‘벼이삭’ 을 뜻한 것인데, ‘빼어나다’ 의 뜻으로 변하였다.

數 | 셈 수 / 자주 삭
• 攵부수, 총15획

갑골문　금문　전서　예서　해서

본래 ‘끌 루(婁)’ 와 ‘칠 복(攴→攵)’ 의 合體字(합체자)로, ‘셈하다’ 의 뜻이다. ‘婁’ 는 ‘비다’ 의 뜻으로 마음속에 잡념이 없어야 정확히 셈할 수 있다는 뜻이다.

手 | 손 수
• 手부수, 총4획

갑골문　금문　전서　예서　해서

손가락을 편 모양을 象形(상형)하여 ‘〔〕, 〔〕’ 와 같이 그린 것인데, 楷書體(해서체)의 ‘手’ 자가 된 것이다.

授
줄 수
• 手부수, 총11획

갑골문 금문 전서 예서 해서

손으로 물건을 주고 받다의 뜻으로 '♥ →受' 자를 만들었으나, 받다의 뜻으로만 쓰이게 되자, 주다의 뜻으로 '授' 자를 만든 것이다.

守
지킬 수
• 宀부수, 총6획

갑골문 금문 전서 예서 해서

'집 면(宀)'에 '법도 촌(寸)'을 합한 글자로, 관부의 법도를 준수하여 맡은 일을 수행한다는 뜻에서 뒤에 '다스리다', '지키다'의 뜻으로 쓰였다.

雖
비록 수
• 隹부수, 총17획

갑골문 금문 전서 예서 해서

'벌레 충(虫)'과 '오직 유(唯)'의 形聲字(형성자)로, 본래 도마뱀과 비슷한 파충류의 뜻이었는데, 뒤에 비록의 뜻으로 가차되었다.

囚
가둘 수
• 口부수, 총5획

갑골문 금문 전서 예서 해서

사람(人)을 감옥(口 : 에울 위)에 가둔 죄수라는 뜻이다.

需
구할 수
• 雨부수, 총14획

갑골문 금문 전서 예서 해서

'비 우(雨)'와 '말이을 이(而)'의 合體字(합체자)로, 비를 만나 가지 못하고 잠시 멈추어(而) 기다린다는 뜻이다. 而는 본래 수염의 뜻이었으나 뒤에 느리다의 뜻으로 쓰였다.

帥 | 장수 수
• 巾부수, 총9획

갑골문　금문　전서　예서　해서

'수건 건(巾)' 과 '언덕 추(自)' 자의 形聲字(형성자)로, 언덕(自)에서 깃발(巾)을 들고 지휘하는 장수라는 뜻이다.

殊 | 죽일 수
• 歹부수, 총10획

갑골문　금문　전서　예서　해서

'부서진 뼈 알(歹)' 과 '붉을 주(朱)' 의 形聲字(형성자)로, 몸과 머리가 나누어져 붉은 피(朱)를 흘리고 죽다의 뜻이다. 특수의 뜻으로도 쓰인다.

隨 | 따를 수
• 阜부수, 총16획

갑골문　금문　전서　예서　해서

'쉬엄쉬엄 갈 착(辶)' 과 '수나라 수(隋)' 의 形聲字(형성자), 뒤에서 '따라오다' 의 뜻이다.

輸 | 나를 수
• 車부수, 총16획

갑골문　금문　전서　예서　해서

'수레 거(車)' 와 '통나무 배(兪)' 의 形聲字(형성자)이다. 물건을 수레를 이용하여 배로 건너듯이 '옮기다' , '나르다' 의 뜻이다.

獸 | 짐승 수
• 犬부수, 총19획

갑골문　금문　전서　예서　해서

甲骨文(갑골문)에 '𤤰', 金文(금문)에 '𤢌' 의 자형으로 본래 개를 데리고 사냥하다(狩)의 뜻이었는데, 小篆體(소전체)에서 '獸' 의 자형으로 바뀌었다. 곧 '嘼(산짐승 휴 : 畜의 古字)' 와 '犬' 의 形聲字(형성자)로, '嘼(휴)' 자는 가축의 뜻이며, 개와 같이 네발짐승의 총칭으로 쓰였다.

睡 | 잘 수
　• 目부수, 총13획

갑골문　금문　전서　예서　해서

'눈 목(目)'과 '드리울 수(垂)'의 形聲字(형성자)로, 잠 잘 때 눈(目)을 아래로 감기 때문에 '앉아 졸다'의 뜻이다.

殳 | 창 수
　• 宀부수, 총10획

갑골문　금문　전서　예서　해서

손에 창을 들고 있는 모양(𠂤)을 그린 글자로 '두들기다'의 뜻으로 쓰인다.

遂 | 이를 수
　• 辵부수, 총13획

갑골문　금문　전서　예서　해서

'쉬엄쉬엄 갈 착(辶)'과 '다할 수(㒸)'의 形聲字(형성자)로, '지하통로'의 뜻이었는데, '이루다' 또는 '드디어'의 뜻으로 전의되었다.

叔 | 아저씨 숙
　• 又부수, 총8획

갑골문　금문　전서　예서　해서

甲骨文(갑골문)에 '𡬧'의 자형으로 사람(𠂉→人)이 끈 달린 화살(弋)을 쏘는 것의 會意字(회의자)인데, 옛날에 '사내'를 낳으면 천지사방으로 화살을 여섯 개 쏘는 데서 '叔'은 남자의 美稱(미칭)이었는데, 뒤에 '아저씨'의 뜻으로 쓰였다.

淑 | 맑을 숙
　• 水부수, 총11획

갑골문　금문　전서　예서　해서

'물 수(氵)'와 '아재비 숙(叔)'의 形聲字(형성자)로, 물이 맑다의 뜻이다. 叔에는 아름답다의 뜻이 있어 물이 맑고 아름답다는 뜻이다.

189

# 宿
**잘 숙**
· 宀부수, 총11획

갑골문　금문　전서　예서　해서

宿 자의 甲骨文(갑골문)은 '𪧃' 의 형태로, 집(宀) 안에 자리(㫴) 위에서 자는 사람(亻)을 그리어 '자다' 의 뜻을 나타내었다. '집 면(宀)' 과 '이를 숙(夙의 古字 – 佰)' 의 形聲字(형성자)로, 저녁에서 아침까지 집에서 일을 멈추고 잠을 잔다는 데서 '자다' 의 뜻으로 되었다. '宿' 자가 '宿' 자의 本字(본자)이다.

---

# 孰
**누구 숙**
· 子부수, 총11획

갑골문　금문　전서　예서　해서

'누릴 향(享)' 과 '잡을 극(丮→丸)' 의 會意字(회의자)로, 음식을 익혀 먹다의 뜻이었는데, 누구의 뜻으로 쓰이면서 熟(익힐 숙)의 형태로 累增字(누증자)가 만들어졌다. '丮' 은 잡다의 뜻, 享은 음식을 익히는 그릇의 뜻으로 쓰였다.

---

# 熟
**익을 숙**
· 火부수, 총15획

갑골문　금문　전서　예서　해서

'불 화(火→灬)' 와 '누구 숙(孰)' 의 形聲字(형성자)로, 불에 익힌 음식이란 뜻에서 '익다' 의 뜻이 되었다.

---

# 肅
**엄숙할 숙**
· 聿부수, 총12획

갑골문　금문　전서　예서　해서

'연못 연(𣶒)' 과 '붓 율(聿)' 의 會意字(회의자)이다. '𣶒' 은 淵의 古字(고자), '聿' 은 筆(붓 필)의 古字(고자)로, 연못 위에서 붓을 잡고 일을 한다면 매우 조심스럽게 해야 한다는 데서 엄숙하다의 뜻이다.

---

# 純
**순수할 순**
· 糸부수, 총10획

갑골문　금문　전서　예서　해서

'실 사(糸)' 와 '모일 둔(屯)' 의 形聲字(형성자)로, 본래 매우 좋은 실의 뜻이었는데, 뒤에 '순수하다' 의 뜻으로 쓰였다.

| 順 | 순할 순 | | 갑골문 | 금문 | 전서 | 예서 | 해서 |
|---|---|---|---|---|---|---|---|

**順** 순할 순
• 頁부수, 총12획

사람의 얼굴(頁:머리 혈)에 七情(喜·怒·哀·懼·愛·惡·欲)이 물줄기(川:내 천)가 흘러가듯이 잘 나타나기 때문에 '順理(순리)'의 뜻이다.

**旬** 열흘 순
• 日부수, 총6획

'날 일(日)'과 '쌀 포(勹)'의 會意字(회의자)이다. 고대에는 날짜를 세는데 십간을 사용하였는데, 이 십간(十干)을 묶어(勹) 열흘(旬)로 만든다는 뜻이다.

**殉** 따라 죽을 순
• 歹부수, 총10획

'부서진 뼈 알(歹:죽을사 변)'과 '열흘 순(旬)'의 形聲字(형성자)로, 旬에 均(고를 균)의 뜻이 있으므로 사자(死者)를 따라 함께 죽다, 곧 순장의 뜻이다.

**盾** 방패 순
• 目부수, 총9획

방패는 창이나 화살의 공격으로부터 신체 중에서도 눈을 방어하여 보호하는 것이 가장 중요하므로, '目(눈 목)'자에 옆으로 본 방패의 모양인 '盾'의 부호를 더하여 '盾'과 같이 만든 글자인데 오늘날의 '盾(방패 순)'자가 된 것이다.

**循** 좇을 순
• 彳부수, 총12획

'걸을 척(彳)'과 '방패 순(盾)'의 形聲字(형성자)로, 길을 따라 돌아다니다의 뜻이다. 盾은 몸을 방어하여 안전하게 하다, 곧 따르다의 뜻으로 취하였다.

## 脣 | 입술 순
• 肉부수, 총11획

갑골문　금문　전서　예서　해서

'고기 육(月)'과 '별 진(辰)'의 形聲字(형성자)로, 입술이라는 뜻이다. 辰은 震으로서
움직이다의 뜻이 있어 입술은 말할 때나 먹을 때 움직이기 때문에 취하였다.

## 瞬 | 눈 깜짝일 순
• 目부수, 총17획

갑골문　금문　전서　예서　해서

'눈 목(目)'과 '임금 순(舜)'의 形聲字(형성자)로, 舜은 본래 무궁화의 뜻인데, 이 꽃은 아
침에 폈다 저녁에 지므로 눈을 감았다 뜨는 순간의 뜻이다.

## 巡 | 돌 순
• 辵부수, 총17획

갑골문　금문　전서　예서　해서

'물줄기(巛 : 川의 古字)'가 돌아서 '가듯이(辵→辶)' '두루 돌아다니다', '순행하다'
의 뜻이다.

## 戌 | 개 술
• 戈부수, 총6획

갑골문　금문　전서　예서　해서

甲骨文(갑골문)에 '戌'의 자형으로 본래 도끼의 모양을 본뜬 글자인데, 뒤에 地支(지
지)의 '개띠'를 뜻하는 글자로 쓰이게 되었다.

## 述 | 지을 술
• 辵부수, 총9획

갑골문　금문　전서　예서　해서

'쉬엄쉬엄 갈 착(辶)'과 '術'의 省體(생체) '朮(삽주나무 출)'의 形聲字(형성자)로, '베풀
다'의 뜻이다.

術 | 꾀 술
• 行부수, 총11획

갑골문 | 금문 | 전서 | 예서 | 해서

'다닐 행(行)' 과 '삽주 뿌리 출(朮)' 의 形聲字(형성자)로, 본래 읍(邑) 가운데로 통행하는 길을 뜻한 글자인데, 뒤에 '기술', '법술' 의 뜻으로 쓰였다.

崇 | 높을 숭
• 山부수, 총11획

갑골문 | 금문 | 전서 | 예서 | 해서

'뫼 산(山)' 과 '마루 종(宗)' 의 形聲字(형성자)로, 숭상하다의 뜻이다. 높은 산에 대해서는 숭상하는 마음이 있기 때문이다.

習 | 익힐 습
• 羽부수, 총11획

갑골문 | 금문 | 전서 | 예서 | 해서

본래는 '깃 우(羽)' 에 '날 일(日)' 을 합한 글자로, 매일 쉬지 않고 나는 것을 습득한다는 뜻에서 '익히다' 의 뜻이 된 것이다. 뒤에 '日' 이 '白' 자로 변하였다.

拾 | 주울 습 / 열 십
• 手부수, 총9획

갑골문 | 금문 | 전서 | 예서 | 해서

'손 수(扌)' 와 '합할 합(合)' 의 形聲字(형성자)로, 몸을 굽혀 떨어진 물건을 줍다의 뜻이다. 손과 물건이 합치다에서 습을 취하였다.

濕 | 축축할 습
• 水부수, 총17획

갑골문 | 금문 | 전서 | 예서 | 해서

'물 수(氵)' 와 '누에고치 현(㬎)' 의 形聲字(형성자)로, 본래는 山東省(산동성)에 있는 강 이름이었는데, 뒤에 젖다의 뜻으로 쓰였다.

# 襲

엄습할 습

• 衣부수, 총22획

갑골문 금문 전서 예서 해서

'옷 의(衣)' 와 '용 룡(龍)' 의 形聲字(형성자)로, 본래 겹옷(重衣)의 뜻이었는데, 뒤에 급히 치다, 엄습하다의 뜻이 되었다. 龍은 '䯫' 의 省字(생자)로 겹의 뜻으로 쓰였다.

# 勝

이길 승

• 力부수, 총12획

갑골문 금문 전서 예서 해서

'나 짐(朕)' 과 '힘 력(力)' 의 形聲字(형성자)로, 본래 배의 이은 틈을 메꾸어 물이 들어오지 못하게 하다의 뜻에서, '진력하다', '이기다' 의 뜻으로 쓰였다.

# 承

이을 승

• 手부수, 총8획

갑골문 금문 전서 예서 해서

본래 '[illegible]' 의 자형으로 '丞(승)' 의 重文(중문)이다. '丞' 은 두 손으로 함정에 빠진 사람을 구하다의 뜻으로, 承은 손(扌), 부절(卩), 廾(받들 공)의 形聲字(형성자)로 받들다, 잇다의 뜻이다.

# 升

되 승

• 十부수, 총4획

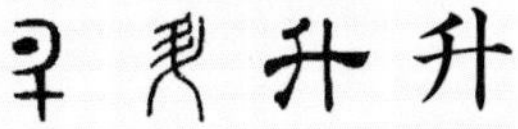

갑골문 금문 전서 예서 해서

금문에 '[illegible]' 의 자형으로 구기로 물건을 떠올리는 모양을 나타내는 상형자이다. 量의 단위로 씀.

# 乘

탈 승

• 丿부수, 총10획

갑골문 금문 전서 예서 해서

본래 사람이 다리를 벌리고 나무 위에 있는 상태를 그리어 '[illegible], [illegible], [illegible]' 의 형태로 '오르다' 의 뜻을 표시한 것인데, 楷書體(해서체)의 '乘' 자가 된 것이다.

| 昇 | 오를 승 | | | 昇 | 昇 | 昇 | 昇 |
|---|---|---|---|---|---|---|---|
| | • 日부수, 총8획 | | | 갑골문 | 금문 | 전서 | 예서 해서 |

'날 일(日)' 과 '되 승(廾)' 의 形聲字(형성자)로, 해가 떠오른다는 데에서 '오르다' 의 뜻이 되었다.

| 僧 | 중 승 | | | 僧 | 僧 | 僧 |
|---|---|---|---|---|---|---|
| | • 人부수, 총14획 | | | 갑골문 금문 | 전서 | 예서 해서 |

'사람 인(亻)' 과 '거듭 증(曾)' 의 形聲字(형성자)로, 부처를 모시는 중의 뜻이다.

| 時 | 때 시 | | | 븝 | 븝 | 嗲 | 峕 | 時 |
|---|---|---|---|---|---|---|---|---|
| | • 日부수, 종10획 | | | 깁골문 | 금문 | 전서 | 예서 | 해서 |

날 일(日)' 과 '관청 시(寺)' 의 形聲字(형성자)로, 관청이 잘 드러나듯이 사계절의 변화도 잘 나타나므로 본의는 '사계절' 의 뜻에서 '때' 의 뜻이 되었다.

| 施 | 베풀 시 | | | 旒 | 施 | 施 |
|---|---|---|---|---|---|---|
| | • 方부수, 총9획 | | | 갑골문 금문 | 전서 | 예서 해서 |

깃발 언(㫃)' 과 '어조사 야(也:본래 그릇 이)' 의 形聲字(형성자)로, 넘실거리는 깃발의 모양에서 '전하다' , '베풀다' 라는 뜻이 되었다.

| 示 | 보일 시 | | | 丅 | 丁 | 示 | 示 | 示 |
|---|---|---|---|---|---|---|---|---|
| | • 示부수, 총5획 | | | 갑골문 | 금문 | 전서 | 예서 | 해서 |

본래 甲骨文(갑골문)에서는 돌이나 나무를 세워 神主(신주)로 모셨던 형태를 그리어 '呂, 丁' 와 같이 나타낸 것인데, 뒤에 '禾' 의 형태로 바뀐 것은 하늘(二)에서 세 가지 빛 곧 햇빛, 달빛, 별빛(ノ|\)이 비칠 때 사람들은 사물을 볼 수 있음을 뜻하여 楷書體(해서체)의 '示(보일 시)' 자가 된 것이다.

視 | 볼 시
• 見부수, 총12획

갑골문　금문　전서　예서　해서

'보일 시(示)' 와 '볼 견(見)' 의 形聲字(형성자)로, 자세히 보다의 뜻이다.

始 | 비로소 시
• 女부수, 총8획

갑골문　금문　전서　예서　해서

'계집 녀(女)' 에 '기쁠 이(怡)' 의 '台' 를 합한 形聲字(형성자)로, 생명체의 시작은 어머니(女)로서 만물의 '시작' 이 된다는 뜻이다.

詩 | 시 시
• 言부수, 총13획

갑골문　금문　전서　예서　해서

'말씀 언(言)' 과 '모실 시(寺)' 의 形聲字(형성자)로, 마음에 있는 뜻을 말(言)로 표현한 것이 '시' 라는 뜻이다.

試 | 시험 시
• 言부수, 총13획

갑골문　금문　전서　예서　해서

'말씀 언(言)' 과 '법 식(式)' 의 形聲字(형성자)로, 법도로써 '시험하다' 의 뜻이다.

是 | 이 시
• 日부수, 총9획

갑골문　금문　전서　예서　해서

'날 일(日)' 과 '바를 정(正)' 의 合體字(합체자)로, 해는 편파(偏頗)해서 비치지 않고 천하에서 가장 바른 것이므로 '마땅하다' , '옳다' , '이것' 의 뜻이다.

196

**市** 저자 시
- 巾부수, 총5획

갑골문 　 금문 　 전서 　 예서 　 해서

교외에 울타리를 치고 물건을 사고파는 사람이 모이는 곳을 나타내어 '저자' 곧 '시장'의 뜻이다.

**豕** 돼지 시
- 豕부수, 총7획

갑골문 　 금문 　 전서 　 예서 　 해서

입이 삐죽 튀어나온 돼지의 몸통과 다리, 그리고 꼬리의 모양(豕)을 본뜬 글자이다.

**矢** 화살 시
- 矢부수, 총5획

갑골문 　 금문 　 전서 　 예서 　 해서

화살의 모양(矢)을 그린 글자이다.

**侍** 모실 시
- 人부수, 총8획

갑골문 　 금문 　 전서 　 예서 　 해서

'절 사(寺)'와 '사람 인(人)'의 形聲字(형성자)로, 모시다의 뜻이다. 寺는 본래 관청의 뜻으로 관청에서 근무하는 사람은 윗사람의 명을 받들어 모신다는 뜻에서 취하였다.

**式** 법 식
- 戈부수, 총6획

갑골문 　 금문 　 전서 　 예서 　 해서

'弋(주살 익)'자는 본래 숫자를 표시한 산가지로서, 만들 때는 자(工), 곧 법도의 표준을 따라 만들기 때문에 '법'의 뜻이다.

197

## 食

밥 식

- 食부수, 총9획

| 갑골문 | 금문 | 전서 | 예서 | 해서 |

甲骨文(갑골문)에 '食'의 자형으로, 밥그릇에 따뜻한 밥이 담겨 있고, 뚜껑이 있는 모양을 본뜬 글자이다.

## 植

심을 식

- 木부수, 총12획

| 갑골문 | 금문 | 전서 | 예서 | 해서 |

'나무 목(木)'과 '바를 직(直)'의 形聲字(형성자)로, 본래는 대문을 잠그기 위하여 옆에 꽂아 세웠던 곧은 나무의 뜻이었는데, 뒤에 '심다'의 뜻이 되었다.

## 識

알 식 / 기록할 지

- 言부수, 총19획

| 갑골문 | 금문 | 전서 | 예서 | 해서 |

'말씀 언(言)'과 '戠'의 形聲字(형성자)이다. '戠'는 '識'의 古字(고자)로 어떤 일의 진위 여부를 알려면 마음의 소리(音)인 말로써 안다는 데서 말씀 언(言)을 더하였다.

## 息

숨쉴 식

- 心부수, 총10획

| 갑골문 | 금문 | 전서 | 예서 | 해서 |

마음의 기운(心)이 코(自→鼻)로 나오는 숨이란 뜻이다. '自'는 본래 코의 모양을 본뜬 상형자이다.

## 飾

꾸밀 식

- 食부수, 총14획

| 갑골문 | 금문 | 전서 | 예서 | 해서 |

'사람 인(人)', '수건 건(巾)'에 '먹을 식(食)'자를 합친 形聲字(형성자)이다. 사람(人)이 수건(巾)을 가지고 씻어서 '깨끗하다'의 뜻에서 '꾸미다'의 뜻이 되었다.

辛
매울 **신**
• 辛부수, 총7획

갑골문　금문　전서　예서　해서

'辛' 자는 甲骨文(갑골문)에 ' Ƴ ' 의 형태로, 본래 죄인이나 노예의 문신에 썼던 침의 모양을 본뜬 것인데, '맵다' 의 뜻이 되었다.

身
몸 **신**
• 身부수, 총7획

갑골문　금문　전서　예서　해서

아이를 밴 여자의 모습( )을 그린 글자인데, 두루 '몸' 의 뜻으로 쓰인다.

神
귀신 **신**
• 示부수, 총10획

갑골문　금문　전서　예서　해서

'보일 시(示) 와 '펼 신(申)' 의 形聲字(형성자)로, '申' 은 본래 ' ' 의 형태로 '번개' 의 모양을 그린 글자인데, 번개는 신의 조화로 보아 신을 뜻하는 '보일 시(示)' 를 더하여 '신' 의 뜻으로 쓰였다.

信
믿을 **신**
• 人부수, 총9획

갑골문　금문　전서　예서　해서

'사람 인(人) 과 '말씀 언(言)' 의 會意字(회의자)로, 사람(人)이 하는 말(言)은 신뢰할 수 있어야 한다는 데서 '믿음' 의 뜻이다.

新
새 **신**
• 斤부수, 총13획

갑골문　금문　전서　예서　해서

나무(木)를 자귀(斤)로 잘라 땔나무를 취하다의 뜻이었는데, 뒤에 '새 것' 의 뜻으로 쓰이자, '薪(땔나무 신)' 자를 또 만들었다. '立' 은 '辛(매울 신)' 의 省體字(생체자)로서 聲符(성부)로 취하였다.

| 臣 | 신하 신 | | 갑골문 | 금문 | 전서 | 예서 | 해서 |
|---|---|---|---|---|---|---|---|

臣 **신하 신**
• 臣부수, 총6획

임금 앞에 엎드려 있는 신하의 눈모양()을 그린 글자이다.

申 **성 신**
• 田부수, 총5획

번개의 모양을 본떠 만든 상형자이다. 뒤에 十二支(십이지)의 원숭이 띠의 뜻으로 쓰였다.

伸 **펼 신**
• 人부수, 총7획

'사람 인(亻)'과 '펼 신(申)'의 形聲字(형성자)로, 펴다의 뜻이다.

晨 **새벽 신**
• 日부수, 총11획

'날 일(日)'과 '별 진(辰)'의 形聲字(형성자)로, 해(日)가 뜨고 아직도 별(辰)이 하늘에 남아 있는 새벽(晨)의 뜻이다.

愼 **삼갈 신**
• 心부수, 총13획

'마음 심(忄)'과 '참 진(眞)'의 形聲字(형성자)로, 삼가다의 뜻이다. 진실(眞)한 마음(心)으로 일에 임하다에서 삼가다의 뜻이다.

## 室

방 실

• 宀부수, 총9획

| 갑골문 | 금문 | 전서 | 예서 | 해서 |
|---|---|---|---|---|

'집 안(宀:집 면)'에서 사람이 머무는 곳(至)이, 곧 방이란 뜻이다.

## 實

열매 실

• 宀부수, 총14획

| 갑골문 | 금문 | 전서 | 예서 | 해서 |
|---|---|---|---|---|

'집 면(宀)'과 '꿸 관(貫)'의 合體字(합체자)로, 집(宀) 안에 꿴(貫) 재물, 즉 돈이 가득 찼다는 뜻과 나아가 씨가 가득하다는 데서 '열매'의 뜻이 되었다.

## 失

잃을 실

• 大부수, 총5획

| 갑골문 | 금문 | 전서 | 예서 | 해서 |
|---|---|---|---|---|

본래 손에서 어떤 물건을 떨어뜨리는 모양을 가리켜 '失, 失'의 자형이었는데, 楷書體(해서체)의 '失'자가 된 것이다.

## 深

깊을 심

• 水부수, 총11획

| 갑골문 | 금문 | 전서 | 예서 | 해서 |
|---|---|---|---|---|

'물 수(水)'와 '깊을 심(罙)'의 形聲字(형성자)로, 본래는 水名(수명)이었는데, 뒤에 '깊다'의 뜻으로 쓰였다.

## 心

마음 심

• 心부수, 총4획

| 갑골문 | 금문 | 전서 | 예서 | 해서 |
|---|---|---|---|---|

심장의 모양을 象形(상형)하여 '心, 心'와 같이 그린 것인데, 楷書體(해서체)의 '心'자가 된 것이다. 다른 글자의 왼쪽에 쓰일 때는 '忄', 밑에 쓰일 때는 '㣺'의 형태로 쓰인다.

**甚** | 심할 심
- 甘부수, 총9획

갑골문 금문 전서 예서 해서

'달 감(甘)'과 '짝 필(匹)'의 會意字(회의자)로, 사랑하는 짝(匹)과 함께 있을 때 달콤함(甘)이 한층 더하여 '심하다'는 뜻이다.

**尋** | 찾을 심
- 寸부수, 총12획

갑골문 금문 전서 예서 해서

甲骨文(갑골문)에 의 자형으로 볼 때, 본의는 양 팔을 벌려 8척의 길이를 뜻했던 것인데, 뒤에 자형이 변하고 뜻도 '찾다'로 변하였다.

**十** | 열 십
- 十부수, 총2획

갑골문 금문 전서 예서 해서

甲骨文(갑골문)에서 'ㅣ'의 형태로 표시하여, 가로 그어 'ㅡ(한 일)'로 표시한 것과 구별하여 쓴 것은 옛날 숫자를 헤아리던 산대를 세워서 열을 뜻했음을 그린 것이다. 甲骨文(갑골문)에서 '五十'을 곧 '𠂤', '六十'을 곧 '𠂤'의 형태로 표시한 것으로도 'ㅣ'이 '十'을 뜻했음을 알 수 있다. 小篆體(소전체)에서 '十'의 형태로 바뀐 것이다.

**雙** | 쌍 쌍
- 隹부수, 총18획

갑골문 금문 전서 예서 해서

손(又)에 새(隹:새 추) 두 마리를 잡고 있는 모습으로, 한 쌍(雙), 두 쌍(雙)과 같이 헤아리는 단위로 쓰인다.

**審** | 살필 심
- 宀부수, 총15획

갑골문 금문 전서 예서 해서

'집 면(宀)'과 '차례 번(番)'의 會意字(회의자)로, 집(宀) 안에 덮여 있는 것을 살펴서 밝히다의 뜻이다. '釆(변)'은 분변하다의 뜻이다.

氏 | 성씨 씨
• 氏부수, 총4획

갑골문 금문 전서 예서 해서

씨에서 뿌리와 싹이 조금 나온 모양인 '✋, 🌱' 의 형태를 그린 글자인데, 뒤에 '씨족', '성' 의 뜻으로 쓰였다.

我 | 나 아
• 戈부수, 총7획

갑골문　금문　전서　예서　해서

본래 톱니가 있는 무기의 모양을 象形(상형)하여 '䒱, 拤, 扞, 我'와 같이 그린 것인데, 楷書體(해서체)의 '我(나 아)' 자와 같이 자형이 변하였고, 이 무기는 반드시 자기 쪽으로 잡아당겨야 하므로 '나' 라는 대명사로 쓰이게 된 것이다.

兒 | 아이 아
• 儿부수, 총8획

갑골문　금문　전서　예서　해서

어린아이의 정수리가 굳지 않은 상태를 본뜬 象形字(상형자)이다.

牙 | 어금니 아
• 牙부수, 총4획

갑골문　금문　전서　예서　해서

어금니 모양(𠃌, 𠦝)을 그린 글자이다.

芽 | 싹 아
• 艹부수, 총8획

갑골문　금문　전서　예서　해서

'풀 초(艹)' 와 '어금니 아(牙)' 의 形聲字(형성자)로, 싹이 땅을 뚫고 나오는 모양이 이(牙)가 살을 뚫고 나오는 것과 같아서 '牙' 를 취하였다.

| 雅 | 맑을 아 | | 갑골문 금문 전서 예서 해서 |
|---|---|---|---|
| | • 隹부수, 총12획 | | |

 '새 추(隹)' 와 '어금니 아(牙)' 의 形聲字(형성자)로, 본의는 배가 희고 체구가 적은 까마귀의 일종인데, 뒤에 '맑다' 의 뜻이 되었다.

| 亞 | 버금 아 | | 갑골문 금문 전서 예서 해서 |
|---|---|---|---|
| | • 二부수, 총8획 | | |

본래 사당이나 묘 속의 평면도형을 본뜬 것인데, 뒤에 차례의 버금을 뜻하게 되었다. 등이 굽은 꼽추(曲脊)의 모양을 본뜬 象形字(상형자)로 보기도 한다.

| 阿 | 언덕 아 | | 갑골문 금문 전서 예서 해서 |
|---|---|---|---|
| | • 阜부수, 총8획 | | |

 '언덕 부(阜→阝)' 와 '옳을 가(可)' 의 形聲字(형성자)로, 큰 언덕의 뜻. '可' 는 '何(어찌 하)' 곧 荷(멜 하)의 初文(초문)의 省字(생자). 건장한 사람이 무거운 짐을 메듯이 큰 언덕은 건장하다는 뜻으로 '可' 를 취함.

| 餓 | 주릴 아 | | 갑골문 금문 전서 예서 해서 |
|---|---|---|---|
| | • 食부수, 총16획 | | |

 '나 아(我)' 와 '밥 식(食)' 의 形聲字(형성자)로, 굶다의 뜻이다. 먹은 것이 부족한 지를 알 수 있는 것은 자기이기 때문에 我를 취하였다.

| 惡 | 모질 악 / 미워할 오 | | 갑골문 금문 전서 예서 해서 |
|---|---|---|---|
| | • 心부수, 총12획 | | |

 '추할 아(亞)' 와 '마음 심(心)' 의 形聲字(형성자)로, 의식적인 추악(亞)한 행위는 용서할 수 없다는 데서, '나쁘다' , '악하다' 의 뜻이다. '미워하다' , '싫어하다' 의 뜻일 경우는 '오' 로 읽는다.

## 岳 큰산 악
- 山부수, 총8획

갑골문 금문 전서 예서 해서

'언덕 구(丘)' 와 '뫼 산(山)' 의 會意字(회의자)로, 큰 산(岳)이라는 뜻이다.

## 眼 눈 안
- 目부수, 총11획

갑골문 금문 전서 예서 해서

'눈 목(目)' 과 '그칠 간(艮)' 의 形聲字(형성자)로, '눈' 의 뜻이다. 눈은 좌우로 있어 뜨고 감음이 항상 상대적이기 때문에 견주다의 뜻을 가진 '艮' 을 취하였다.

## 安 편안 안
- ⼧부수, 총6획

갑골문 금문 전서 예서 해서

'집 면(⼧)' 에 '계집 녀(女)' 를 합한 글자로, 여자(女)가 집(⼧) 안에 있을 때 가장 '편안 하다' 는 뜻이다.

## 案 책상 안
- 木부수, 총10획

갑골문 금문 전서 예서 해서

'편안할 안(安)' 과 '나무 목(木)' 의 形聲字(형성자)로, 편안(安)히 앉아 책을 읽는 목제 (木)의 책상이란 뜻이다.

## 顔 얼굴 안
- 頁부수, 총18획

갑골문 금문 전서 예서 해서

'머리 혈(頁)' 과 '선비 언(彦)' 의 形聲字(형성자)로, 본래는 사람의 眉間(미간)의 수려함 의 뜻이었는데, 뒤에 '얼굴' 의 뜻이 되었다.

岸 | 언덕 안
• 山부수, 총8획

갑골문　금문　전서　예서　해서

‘산 높을 한(屵)’ 과 ‘방패 간(干)’ 의 形聲字(형성자)로, 물가의 높은 벼랑의 뜻이다.

---

雁 | 기러기 안
• 隹부수, 총12획

갑골문　금문　전서　예서　해서

‘언덕 한(厂)’ 과 ‘사람 인(亻)’, ‘새 추(隹)’ 의 形聲字(형성자)로, 꽁지가 짧은 철새(隹)들이 날 때는 사람 인(人)자의 형태로 나는 기러기의 뜻이다.

---

謁 | 아뢸 알
• 言부수, 총16획

갑골문　금문　진서　에시　해시

‘아뢴다’ 는 뜻의 어찌 갈(曷)과 말씀 언(言)의 形聲字(형성자)로, 아뢰다의 뜻이다. ‘曷’ 은 ‘渴(물 마를 갈)’ 의 省字(생자)로, 물을 다 마시듯이 윗사람에게 자신의 진심을 모두 말하다의 뜻으로 취하였다.

---

暗 | 어두울 암
• 日부수, 총16획

갑골문　금문　전서　예서　해서

‘日(날 일)’ 과 ‘音(소리 음)’ 의 形聲字(형성자)로, 어두운 暗黑(암흑) 속에서는 소리(音)로 상대방을 구분한다는 뜻에서 ‘어둡다’ 의 뜻이다.

---

巖 | 바위 암
• 山부수, 총23획

갑골문　금문　전서　예서　해서

‘뫼 산(山)’ 과 ‘엄할 엄(嚴)’ 의 形聲字(형성자)로, ‘嚴’ 에는 산이 험준해서 가까이 할 수 없다는 뜻이 있으므로, ‘바위’ 는 가파라서 올라가기 어려우므로 ‘嚴’ 자를 취하였다.

壓 | 누를 압
 • 土부수, 총17획

갑골문　금문　전서　예서　해서

본래 厭(누를 염)이었으나, 뒤에 너무 먹어 물리다의 뜻으로 쓰이자 '土'를 더하여 '壓' 자를 또 만들었다.

仰 | 우러를, 마실 앙
 • 人부수, 총6획

갑골문　금문　전서　예서　해서

'사람 인(亻)'과 '오를 앙(卬)'의 形聲字(형성자)로, 우러르다의 뜻이다. 우러러보다는 곧 높이 쳐다 본다는 데서 '卬'을 취하였다.

央 | 가운데 앙
 • 大부수, 총5획

갑골문　금문　전서　예서　해서

본래 형틀 가운데에 목을 끼우고 있는 모습을 본뜬 것인데, 뒤에 가운데의 뜻으로 쓰이게 되어 다시 '殃(재앙 앙)'을 만들었다.

殃 | 재앙 앙
 • 歹부수, 총9획

갑골문　금문　전서　예서　해서

'부서진 뼈 알(歹)'과 '가운데 앙(央)'의 形聲字(형성자)로, 재앙의 뜻이다. '央'의 累增字(누증자)이다.

愛 | 사랑 애
 • 心부수, 총13획

갑골문　금문　전서　예서　해서

다른 사람에게 마음(心)을 주는 것, 곧 은혜를 베푸는 것이 '사랑'이란 뜻의 글자이다.

哀 | 슬플 애
• 口부수, 총9획

'옷 의(衣)' 와 '입 구(口)' 의 會意字(회의자)로, 슬프다의 뜻이다. 매우 슬픈 때는 옷깃으로 입을 가리며 울기 때문이다.

涯 | 물가 애
• 水부수, 총11획

갑골문　금문　전서　예서　해서

'물 수(氵)' 와 '언덕 애(厓)' 의 形聲字(형성자)로, 물가의 언덕이라는 뜻이다. '厂' 은 산 바위 밑으로 사람이 살 수 있는 곳을 뜻한다.

厄 | 액 액
• 厂부수, 총4획

갑골문　금문　전서　예서　해서

본래 '厃' 의 자형으로 통행하기 어려운 좁은 어구라는 뜻이었는데, 뒤에 재앙의 뜻으로 쓰인다.

額 | 이마 액
• 頁부수, 총18획

갑골문　금문　전서　예서　해서

'머리 혈(頁)' 과 '손 객(客)' 의 形聲字(형성자)로, 이마의 뜻이다. 예서의 額도 같은 자이다.

野 | 들 야
• 里부수, 총11획

갑골문　금문　전서　예서　해서

甲骨文(갑골문)에 '𣘺' 의 형태로 나무를 취하는 곳이란 뜻이었는데, 뒤에 '마을 리(里)' 와 '줄 여(予)' 의 形聲字(형성자)로 변하여, 교외 곧 '들' 이라는 뜻으로 쓰였다.

| 也 | 어조사 야 |
|---|---|
| | • 乙부수, 총3획 |

갑골문　금문　전서　예서　해서

'也'는 金文(금문)에 '𠃉, 𠃊' 등의 字形으로서 본래는 세수하는 그릇의 모양을 그린 象形字(상형자)이다. 뒤에 어조사의 뜻으로 쓰이게 되자, '匚(상자 방)'을 더하여 '匜(그릇 이)'를 또 만들었다. '也' 의 본래 뜻을 달리 보는 이도 있으나 그릇의 명칭으로 보는 것이 타당하다.

| 夜 | 밤 야 |
|---|---|
| | • 夕부수, 총8획 |

갑골문　금문　전서　예서　해서

'夜' 자가 현재는 '옷 의(衣)' 와 '저녁 석(夕)' 의 合體字(합체자)로 되어 있으나, 본래는 또 역(亦)에 저녁 석(夕)을 합한 글자이며, '亦' 자는 본래 겨드랑이를 뜻하는 글자로, 겨드랑이 밑에 반달이 감추어지면 '밤' 이 된다는 뜻이다.

| 耶 | 어조사 야 |
|---|---|
| | • 耳부수, 총9획 |

갑골문　금문　전서　예서　해서

'고을 읍(邑→阝)' 과 '귀 이(耳)' 의 形聲字(형성자)로, 秦나라 때 琅邪(낭야)의 郡縣名(군현명)이다. 邪(야)가 耶로 변하였다. 의문조사로도 쓰인다.

| 若 | 같을 약 |
|---|---|
| | • 艸부수, 총9획 |

갑골문　금문　전서　예서　해서

'풀 초(艸→⺿)' 와 '오른쪽 우(右)' 의 合體字(합체자)로, 본의는 손으로 '채소를 가리다' 의 뜻이었는데, 뒤에 '같다, 만약' 의 뜻이 되었다.

| 藥 | 약 약 |
|---|---|
| | • 艸부수, 총19획 |

갑골문　금문　전서　예서　해서

'풀 초(⺿)' 와 '즐거울 락(樂)' 의 形聲字(형성자)로, 약초(⺿)에서 취한 약을 병든 사람이 먹으면 점점 나아 즐겁게(樂)된다는 것에서 '약' 의 뜻이다.

弱 | 약할 약
• 弓부수, 총10획

갑골문 　금문 　전서 　예서 　해서

'弓(활 궁)'은 부드럽고 얇은 나무의 휘어진 모양이고, 'ㅿ→彡(터럭 삼)'은 가는 털이므로 '약함'을 뜻하고, 약한 것은 홀로 설 수 없으므로 두 개를 겹쳐 '약하다'의 뜻을 나타낸 指事字(지사자)이다.

約 | 언약 약
• 糸부수, 총9획

갑골문 　금문 　전서 　예서 　해서

본래는 '綐'의 자형으로 끈(糸)으로 사람(人)을 묶다의 뜻이었는데, 뒤에 '約'의 자형으로 변하였다.

養 | 기를 양
• 食부수, 총15획

갑골문 　금문 　전서 　예서 　해서

'양 양(羊)'과 '밥 식(食)'의 形聲字(형성자)로, 기름진 음식을 만들어 양처럼 유순하게 '봉양한다'는 뜻이다.

揚 | 날릴 양
• 手부수, 총12획

갑골문 　금문 　전서 　예서 　해서

'손 수(扌)'와 '빛날 양(昜:陽의 古字)'의 形聲字(형성자)로, 손으로 들어 밝게 보게 하다에서 '날리다'의 뜻이다.

陽 | 볕 양
• 阜부수, 총12획

갑골문 　금문 　전서 　예서 　해서

'언덕 부(阜→阝)'와 '볕 양(昜)'의 形聲字(형성자)로, 햇빛(日)이 잘 비치는 산언덕(昜)이 '양지'란 뜻이다.

**羊** | 양 양
● 羊부수, 총6획

갑골문　금문　전서　예서　해서

양을 정면에서 본 모양을 象形(상형)하여 ‘ⵯ, ⵯ, 羊, 羊, 羊’ 와 같이 그린 것인데, 楷書體(해서체)의 ‘羊’ 이 된 것이다.

**洋** | 큰바다 양
● 水부수, 총9획

갑골문　금문　전서　예서　해서

‘물 수(氵)’ 와 ‘양 양(羊)’ 의 形聲字(형성자)로, 본래는 山東省(산동성)에 있는 강 이름이 었는데, 뒤에 큰 바다의 뜻이 되었다.

**壤** | 흙 양
● 土부수, 총20획

갑골문　금문　전서　예서　해서

‘흙 토(土)’ 와 ‘도울 양(襄)’ 의 形聲字(형성자)로, ‘흙덩이’ 의 뜻이다.

**讓** | 사양 양
● 言부수, 총24획

갑골문　금문　전서　예서　해서

‘말씀 언(言)’ 과 ‘도울 양(襄)’ 의 形聲字(형성자)로, 본의는 말로 상대를 힐책하다의 뜻 이었는데, 뒤에 ‘사양한다’ 의 뜻이 되었다.

**樣** | 모양 양
● 木부수, 총15획

갑골문　금문　전서　예서　해서

‘나무 목(木)’ 과 ‘물 근원길 양(羕)’ 의 形聲字(형성자)로, 본래 도토리 나무의 뜻이었는 데, 뒤에 모양의 뜻이 되었다.

楊 | 버들 양
● 木부수, 총13획

갑골문　금문　전서　예서　해서

'나무 목(木)'과 '빛날 양(昜)'의 形聲字(형성자)로, 물가 버들의 뜻이다. 버들 중에 柳는 가지가 늘어지는 것이고, 楊은 가지가 위로 뻗기 때문에 陽의 고자인 昜을 취하였다.


魚 | 고기 어
● 魚부수, 총11획

갑골문　금문　전서　예서　해서

물고기의 옆모양을 象形(상형)하여 ''와 같이 그린 것인데, 楷書體(해서체)의 '魚'자가 된 것이다.


漁 | 고기 잡을 어
● 水부수, 총14획

갑골문　금문　전서　예서　해서

'물 수(氵)'와 '고기 어(魚)'의 形聲字(형성자)로, 볼래는 물(水)속에서 손(又)으로 '물고기(魚)를 잡다'의 자형이었는데, 뒤에 '又'자가 생략되었다.


於 | 어조사 어
● 方부수, 총8획

갑골문　금문　전서　예서　해서

본래 까마귀의 모습을 본떠 만든 글자로, '烏(까마귀 오)'의 古字(고자)인데, '어조사'로 사용된다.


語 | 말씀 어
● 言부수, 총14획

갑골문　금문　전서　예서　해서

'말씀 언(言)'과 '나 오(吾)'의 形聲字(형성자)로, 나(吾)의 의견을 '말(言)하다'의 뜻이다.

御 | 어거할 어
• 彳부수, 총11획

갑골문 금문 전서 예서 해서

'걸을 척(彳)'과 말을 부리다의 뜻인 卸(어)의 形聲字(형성자)로, 말을 몰다의 뜻이다. 뒤에 막다, 모시다, 임금 등의 뜻으로도 쓰였다.

憶 | 생각 억
• 心부수, 총16획

갑골문 금문 전서 예서 해서

'마음 심(忄)'과 '뜻 의(意)'의 合體字(합체자)로, 계속 '생각하다'의 뜻이다.

億 | 억 억
• 人부수, 총15획

갑골문 금문 전서 예서 해서

'사람 인(亻)'과 '뜻 의(意)'의 形聲字(형성자)로, 본래 마음이 편안하다의 뜻인데, 뒤에 數의 단위인 '억'으로도 쓰이게 되었다.

抑 | 누를 억
• 手부수, 총7획

갑골문 금문 전서 예서 해서

'손 수(扌)'와 '오를 앙(卬)'의 形聲字(형성자)로, 본래 도장을 눌러 찍다의 뜻에서 누르다의 뜻이 되었다.

言 | 말씀 언
• 言부수, 총7획

갑골문 금문 전서 예서 해서

본래 입에 피리 같은 악기를 물고 소리를 내는 모양을 가리키어 '舌, 舌, 舌'의 형태로 나타낸 것인데, 소리가 말씀하다의 뜻으로 변하여 楷書體(해서체)의 '言(말씀 언)'자가 된 것이다.

焉 | 어찌 언
• 火부수, 총11획

갑골문 금문 전서 예서 해서

본래 봉황새의 모양을 본뜬 것인데, 뒤에 어조사로 쓰이게 되었다.


嚴 | 엄할 엄
• 口부수, 총20획

갑골문 금문 전서 예서 해서

'부르짖을 현(吅)' 과 '험준할 산 김(厰)' 의 形聲字(형성자)로, 큰소리를 질러 경계하는 모습이 험준한 산세처럼 위엄스럽다의 뜻이다.


广 | 바위집 엄
• 广부수, 총3획

갑골문 금문 전서 예서 해서

산 밑에 지은 집의 모양을 본뜬 것이다. 부수자로만 쓰이며, 이 부수자 밑에 쓰인 글자는 字音(자음)을 나타낸다. '엄호' 는 부수의 명칭이고, 본래는 '바위집 엄' 이다.


厂 | 언덕 엄
• 厂부수, 총2획

갑골문 금문 전서 예서 해서

본래 언덕의 튀어나온 벼랑을 본뜬 글자이다. '민엄호' 는 부수의 명칭일 따름이다. 본래는 '언덕 한' 이라고 읽는다.


業 | 업 업
• 木부수, 총13획

갑골문 금문 전서 예서 해서

본래 종이나 북을 매다는 틀을 본떠서 '丵, 㸼, 業' 의 형태로 그린 것인데, 그 틀 따 위에 무늬를 새기는 것을 일삼은 데서 일 또는 업의 뜻으로 쓰여, 楷書體(해서체)의 '業' 자가 된 것이다.

**如** │ 같을 여
● 女부수, 총6획

갑골문 금문 전서 예서 해서

여자(女)의 입(口)은 동서고금이 같다는데서 '같다'의 뜻이 된 것으로 보는 것이다.

**餘** │ 남을 여
● 食부수, 총16획

갑골문 금문 전서 예서 해서

'먹을 식(食)'과 '나 여(余)'의 形聲字(형성자)로, 배가 부르도록 먹다의 뜻에서 '남다'의 뜻이 되었다.

**與** │ 줄 여
● 臼부수, 총14획

갑골문 금문 전서 예서 해서

甲骨文(갑골문)에 'ꍢ'의 자형으로 볼 때, 물건을 마주 드는(舁:마주들 여) 모습으로, '주다'의 뜻이었는데, '더불어'의 뜻으로도 쓰인다.

**余** │ 나 여
● 人부수, 총7획

갑골문 금문 전서 예서 해서

본래 '予(나 여)'와 同字(동자)로서 '주다'의 뜻이었는데, 뒤에 '나'의 뜻으로 쓰인다.

**汝** │ 너 여
● 水부수, 총6획

갑골문 금문 전서 예서 해서

'물 수(氵)'와 '계집 녀(女)'의 形聲字(형성자)로, 본래는 물 이름이었으나 뒤에 이인칭 대명사 너의 뜻으로 쓰였다.

予 | 나 여
• ㅣ 부수, 총4획

갑골문 금문 전서 예서 해서

'㫃' 의 자형으로 물건을 손으로 밀어 남에게 주는 것을 나타낸 뜻이었는데, 뒤에 '나(我)' 의 뜻으로 가차되었다.

---

輿 | 수레 여
• 車부수, 총17획

갑골문 금문 전서 예서 해서

'수레 거(車)' 에 '들것 여(舁)' 를 합한 글자로, 수레에 짐을 실을 때에 여러 사람의 손이 동원된다 하여, 널리 '무리' 의 뜻으로도 쓰인다.

---

逆 | 거스를 역
• 辶부수, 총10획

갑골문 금문 전서 예서 해서

'쉬엄쉬엄 갈 착(辶)' 과 '거스를 역(屰)' 의 形聲字(형성자)로, 갑골문에 '㞷' 의 자형으로 '屰' 의 모양을 사람이 밖에서 들이오는 모습에서 거스르다의 뜻이 된다. 본래 사람을 마중하다의 뜻이었는데, 뒤에 거스르다의 뜻이 되었다.

---

易 | 바꿀 역 / 쉬울 이
• 日부수, 총8획

갑골문 금문 전서 예서 해서

도마뱀의 네 다리를 상형하여 '㑥, 㑥' 과 같이 그린 것인데, 楷書體(해서체)의 '易' 이 된 것이며, 뜻도 도마뱀이 잘 변색하는 특징에서 '바꾸다' 의 뜻으로 변하여 '易(바꿀 역)' 자가 되었고, 쉽게 바꾸므로 '易(쉬울 이)' 자로도 쓰이게 되었다. 달리 풀이하기도 한다.

---

譯 | 통변할 역
• 言부수, 총20획

갑골문 금문 전서 예서 해서

'말씀 언(言)' 과 '엿볼 역(睪)' 의 形聲字(형성자)로, 번역·통역하다의 뜻이다. '睪' 은 '驛' 의 省字(생자)로 역의 말은 물건을 사방으로 옮긴다는 데서 여러 나라의 말(言)을 옮기다의 뜻으로 취하였다.

亦 | 또 역
● 亠부수, 총6획

갑골문　금문　전서　예서　해서

본래 사람의 겨드랑이를 표시한 글자인데, 뒤에 '또'의 뜻으로 변하였다. 다시 '腋(겨드랑이 액)' 자를 만들었다.

驛 | 역참 역
● 馬부수, 총23획

갑골문　금문　전서　예서　해서

'말 미(馬)'와 '엿볼 역(睪)'의 形聲字(형성자)로, 옛날의 관부의 말이 쉬어가거나 갈아타는 역의 뜻이다. 역에서는 말의 다소, 완급 등을 살펴 예비해야 하기 때문에 '睪'을 취하였다.

役 | 부릴 역
● 彳부수, 총7획

갑골문　금문　전서　예서　해서

'걸을 척(彳)'과 '창 수(殳)'의 會意字(회의자)로, 창을 들고 순행하다, 곧 변방을 지키다의 뜻이다.

疫 | 염병 역
● 疒부수, 총9획

갑골문　금문　전서　예서　해서

'병질 안(疒)'과 '창 수(殳)'의 形聲字(형성자)로 전염병의 뜻이다. 殳는 '役(부릴 역)'의 省字(생자)로 전염병은 鬼神이 하는 행위(役)로 본 것이다.

域 | 지경 역
● 土부수, 총11획

갑골문　금문　전서　예서　해서

땅(一) 위에 있는 지역(口)을 창(戈)으로 지킨다는 의미의 '나라 역(或 : 지금은 혹 혹)'에 '흙 토(土)'가 추가되어 '域'이 되었다.

218

## 研 갈 연
- 石부수, 총11획

갑골문　금문　전서　예서　해서

'돌 석(石)' 과 '평평할 견(幵)' 의 形聲字(형성자)로, 돌로 물체를 평평하게 갈다의 뜻이다.

## 然 그럴 연
- 火부수, 총12획

갑골문　금문　전서　예서　해서

金文(금문)에 '[자형], [자형]' 등의 字形(자형)으로서 곧 '犬(개)', '肉(肉)', '火(灬)'의 會意字(회의자)이다. 본뜻은 '개를 불에 그슬린 고기' 의 뜻이었는데, 자고로 개는 반드시 불에 그슬려 잡기 때문에 '그슬리다(태우다)' 의 뜻으로 轉義(전의)되고, 또한 개고기를 먹고 나면 "개고기는 정말 맛있어, 역시 개고기야, 암 그렇지, 그렇지" 하다 보니까 뒤에 '그럴 연' 자로 轉義되자, 다시 '燃(태울 연)' 자를 만들었다.

## 燃 사를 연
- 火부수, 총16획

갑골문　금문　전서　예서　해서

'然' 이 태우다의 뜻이었으나, '그러하다' 의 뜻으로 전의되자, '火' 를 또 더하여 만든 累增字(누증자)이다. '然' 은 犬(개 견)과 肉(고기 육), 夕(火 : 불 화)의 會意字(회의자)로 본래 개털을 불에 그슬린 고기란 뜻이었는데, 개는 반드시 그슬러 잡았기 때문에 '그스르다' 의 뜻이 되고, 뒤에 그러하다의 뜻이 되었다.

## 煙 연기 연
- 火부수, 총13획

갑골문　금문　전서　예서　해서

'불 화(火)' 와 '막을 인(垔)' 의 形聲字(형성자)로, 연기의 뜻이다. 垔은 堙(막을 인)의 初文(초문)으로 불을 땔 때 연통으로 나오는 연기의 뜻으로 취하였다.

## 硯 벼루 연
- 石부수, 총12획

갑골문　금문　전서　예서　해서

'돌 석(石)' 과 '볼 견(見)' 의 形聲字(형성자)로, 본의는 돌의 미끄러움을 뜻한 것인데 뒤에 '벼루' 의 뜻으로 쓰였다.

延 | 끌 연
• 廴부수, 총7획

갑골문　금문　전서　예서　해서

길을 뜻하는 '걸을 인(廴)'과 발을 뜻하는 '그칠 지(止)'를 합쳐, 느릿느릿 멀리 걷다에서 연기하다의 뜻으로도 쓰인다. '止'의 'ノ'은 곧 厂의 형태로서 발음 요소로 취한 것이다.

燕 | 제비 연
• 火부수, 총16획

갑골문　금문　전서　예서　해서

제비의 나는 모습을 象形(상형)하여 '𠂤, 𤓫'과 같이 그린 것인데, 楷書體(해서체)의 '燕(제비 연)' 자가 된 것이다.〔제비의 다른 형태의 글자로 '乙(새 을)' 자도 있으나, 지금은 干支名(간지명)으로만 쓰이고 있다.〕

沿 | 따를 연
• 水부수, 총8획

갑골문　금문　전서　예서　해서

'물 수(氵)'와 '산속 늪 연(㕣)'의 形聲字(형성자)로, 물가라는 뜻이다.

鉛 | 납 연
• 金부수, 총13획

갑골문　금문　전서　예서　해서

'쇠 금(金)'과 '산속 늪 연(㕣)'의 形聲字(형성자)로, 아연이란 금속의 뜻이다. 아연은 유연하므로 '㕣'을 성부로 취하였다.

宴 | 잔치 연
• 宀부수, 총10획

갑골문　금문　전서　예서　해서

'宴'은 '㝇'의 累增字(누증자)이다. 㝇은 '妟'으로서 여자가 집 안에 머물 때 안전하다의 뜻이었는데, 뒤에 잔치의 뜻으로도 쓰였다.

軟 | 연할 연
• 車부수, 총11획

갑골문 금문 전서 예서 해서

'수레 거(車)' 와 '하품 흠(欠)' 의 合體字(합체자)로, 수레의 부드럽고 약함의 뜻이었는데, '연하다' 의 뜻으로 쓰인다.

演 | 멀리 흐를 연
• 水부수, 총14획

갑골문 금문 전서 예서 해서

'물 수(氵)' 와 '동방 인(寅)' 의 形聲字(형성자)로, 물이 유유히 흐름을 뜻한다. 나아가 생각한 바를 물 흐르듯이 말로 '넓히다' 는 뜻으로도 쓰인다.

緣 | 인연 연
• 糸부수, 총15획

갑골문 금문 전서 예서 해서

'실 사(糸)' 와 '판단할 단(彖)' 의 形聲字(형성자)로, 본래 옷의 선을 두르다의 뜻이다. '彖' 은 본래 털짐승의 뜻인데, 옷깃의 장식이 털처럼 예쁜데서 취한 것이다.

熱 | 더울 열
• 火부수, 총15획

갑골문 금문 전서 예서 해서

'불 화(灬)' 와 '심을 예(埶)' 의 形聲字(형성자)로, 열은 모두 불로 인해 발생되고 땅에 심은 식물은 열로 생장하기 때문에 '덥다' 의 뜻이다.

悅 | 기쁠 열
• 心부수, 총10획

갑골문 금문 전서 예서 해서

'마음 심(忄)' 과 '기쁠 열(兌)' 의 形聲字(형성자)이다. '兌' 는 본래 '기쁘다' 의 뜻이었으나, '바꿀 태' 로 전의되자, 마음 심(心)을 더하여 '悅' 자를 또 만들었다.

# 炎
**불탈 염**
- 火부수, 총8획

갑골문　금문　전서　예서　해서

불(火)이 거듭해서 타오른다는 데서 '불꽃', '화염'을 뜻한다.

# 染
**물들일 염**
- 木부수, 총9획

갑골문　금문　전서　예서　해서

'나무 목(木)'에서 나온 즙(氵)인 물감에 아홉(九) 번 거듭 담가 '물들인다'는 뜻이다.

# 鹽
**소금 염**
- 鹵부수, 총24획

갑골문　금문　전서　예서　해서

'소금 로(鹵)'와 '볼 감(監)'의 形聲字(형성자)로, 소금의 뜻이다. '鹵'는 천연의 소금이고, 鹽은 사람이 만든 소금이다. 金文(금문)에는 '鹽'의 자형으로 '水, 皿, 鹵'의 合體字(합체자)로 보아 바닷물을 그릇(皿)에 담아 고은 것이 소금이라는 뜻이므로, 小篆(소전)의 '鹽'은 변형된 글자로서 소금은 나라에서 監督(감독)한다는 데서 監을 취한 것이다.

# 葉
**잎 엽**
- 艹부수, 총13획

갑골문　금문　전서　예서　해서

'풀 초(艹)'와 '엷은 엽(枼)'의 形聲字(형성자)로, 초목에 달려 있는 '잎사귀'를 뜻한다.

# 英
**꽃부리 영**
- 艹부수, 총9획

갑골문　금문　전서　예서　해서

'풀 초(艹)'와 '가운데 앙(央)'의 形聲字(형성자)이다. '央'은 선명의 뜻으로 활짝 핀 '꽃송이'를 이른다.

**永** | 길 영
- 水부수, 총5획

갑골문 금문 전서 예서 해서

甲骨文(갑골문)에 '', 金文(금문)에 '' 등의 자형으로 사람이 헤엄치는 것을 나타낸 會意字(회의자)이다. 뒤에 물줄기가 '길다' 의 뜻으로 쓰이게 되자, '水(氵)' 를 더하여 '泳(헤엄칠 영)' 자를 또 만들었다. '永' 을 강물주기의 지류에서 '길다' 의 뜻으로 轉義(전의)되었다고 보는 이도 있다.

**泳** | 헤엄칠 영
- 水부수, 총8획

갑골문 금문 전서 예서 해서

'물 수(水)' 와 '길 영(永)' 의 形聲字(형성자)로, 물(氵)속에서 두 팔과 몸을 길게(永) 펴고 멀리까지 '헤엄치다' 의 뜻이다.

**詠** | 읊을 영
- 言부수, 총12획

갑골문 금문 전서 예서 해서

'말씀 언(言)' 과 '길 영(永)' 의 形聲字(형성자)로, 말을 길게 끌어 읊다 곧 노래의 뜻이다.

**迎** | 맞을 영
- 辵부수, 총8획

갑골문 금문 전서 예서 해서

'쉬엄쉬엄 갈 착(辶)' 과 '오를 앙(卬)' 의 形聲字(형성자)로, 나아가 '만나다', '맞이하다' 의 뜻이다.

**榮** | 영화 영
- 木부수, 총14획

갑골문 금문 전서 예서 해서

'나무 목(木)' 과 '등불 형(熒)' 의 省體(생체)인 '炏' 의 合體字(합체자)로, 나무 위에 불(熒)처럼 활활 타는 듯한 꽃이 달려 있는 형상으로, '영화롭다' 는 뜻이다.

**營** | 경영할 영
• 火부수, 총17획

갑골문 금문 전서 예서 해서

'빛날 형(熒)' 과 '집 궁(宮)' 의 생략한 자형을 합한 形聲字(형성자)로, 여러 집이 들어선 곳에 불빛이 사방으로 비치는 주거지를 나타낸 글자인데, '군영(軍營)', '경영하다' 의 뜻으로 쓰인다.

**影** | 그림자 영
• 彡부수, 총15획

갑골문 금문 전서 예서 해서

본래 景(日+京)으로서 그림자의 뜻이었는데 景이 볕의 뜻으로 쓰이자, 예서체에서 '影' 으로 변하였다. 햇빛이 나면 물체에 따라 형태가 생기므로 '그림자' 의 뜻이다.

**映** | 비출 영
• 日부수, 총9획

갑골문 금문 전서 예서 해서

'날 일(日)' 과 '가운데 앙(央)' 의 形聲字(형성자)로, 태양(日)이 하늘 가운데(央)에서 '밝게', '비추다' 의 뜻이 되었다.

**藝** | 재주 예
• 艸부수, 총19획

갑골문 금문 전서 예서 해서

'풀 초(艹)' 밑에 '심을 예(埶)' 와 '이를 운(云)' 을 합한 글자로, 초목(艹)을 심을 때(埶)는 기술이 필요하다는 데서(云) '재주' 의 뜻이다. 속자(俗字)의 芸(운)은 원래 '김맬 운' 자 이다.

**豫** | 미리 예
• 豕부수, 총16획

갑골문 금문 전서 예서 해서

'나 여(予)' 와 '코끼리 상(象)' 의 形聲字(형성자)로, 본래 코끼리의 일종이었는데, 미리 겁을 내어 진퇴를 꺼리었기 때문에 '미리' 의 뜻으로 쓰였다.

## 譽

기릴 예

- 言부수, 총21획

갑골문 금문 전서 예서 해서

'말씀 언(言)' 과 '더불 여(與)' 의 形聲字(형성자)로, 명예의 뜻이다. 與는 주다의 뜻으로 남에게 칭찬하다의 뜻이다.

## 銳

날카로울 예

- 金부수, 총15획

갑골문 금문 전서 예서 해서

'쇠 금(金)' 과 '날카로울 예(兌)' 의 形聲字(형성자)로, 쇠(金)로 만든 물건들은 대부분 날카롭기 때문에 날카롭다의 뜻이다.

## 五

다섯 오

- 二부수, 총4획

갑골문 금문 전서 예서 해서

다섯도 본래는 '三' 와 같이 표시했던 것인데, '二' 와 '三' 이 겹쳐 쓰일 때와를 구별하기 위하여, 본래 5개의 산가지를 겹쳐 놓은 모양이 '多→╳→区→五' 와 같이 점점 변하여 楷書體(해서체)의 '五' 자가 된 것이다.

## 吾

나 오

- 口부수, 총7획

갑골문 금문 전서 예서 해서

'다섯 오(五)' 와 '입 구(口)' 의 形聲字(형성자)이다. 古音에서는 나의 뜻인 '余(여)' , '予(여)' 와 '吾' 가 同音(동음)으로 '나' 의 뜻이다.

## 悟

깨달을 오

- 心부수, 총10획

갑골문 금문 전서 예서 해서

'마음 심(忄)' 과 '나 오(吾)' 의 形聲字(형성자)로, 마음으로 '깨닫다' 의 뜻이다.

| | | 갑골문 | 금문 | 전서 | 예서 | 해서 |

**梧** 벽오동나무 오
• 木부수, 총11획

갑골문　금문　전서　예서　해서

'나무 목(木)' 과 '나 오(吾)' 의 形聲字(형성자)로, 오동나무의 뜻. '오(吾)' 에 거만하다의
뜻이 있어, 오동나무 중에 '梧木(오목)' 은 다른 나무에 비하여 특별히 거대하여 봉황이
깃든다는 뜻에서 '吾' 를 취함.

**午** 낮 오
• 十부수, 총4획

갑골문　금문　전서　예서　해서

甲骨文(갑골문)에 ' ' 의 자형으로, 절굿공이의 모양을 본뜬 것인데, 뒤에 地支의 뜻으
로 변하였다. 다시 '杵(절구공이 저)' 를 만들었다. 地支(지지)의 午는 시간으로 오전 11
시에서 오후 1시까지를 가리키므로 '낮 오' 라고 일컫게 되었다.

**誤** 그르칠 오
• 言부수, 총14획

갑골문　금문　전서　예서　해서

'말씀 언(言)' 과 '큰소리로 말할 오(吳)' 의 形聲字(형성자)로, 큰 소리로 떠들면 진실과
바른 뜻을 잃게 되므로 '그르치다' 의 뜻이다.

**汚** 더러울 오
• 水부수, 총6획

갑골문　금문　전서　예서　해서

'물 수(水)' 와 '어조사 우(亏:于의 本字)' 의 形聲字(형성자)로, 물은 가장 더러워지기 쉽
고, 더러운 것은 밖으로 吐出(토출)되기 때문에 '더럽다' 의 뜻이다.

**烏** 까마귀 오
• 火부수, 총10획

갑골문　금문　전서　예서　해서

'새 조(鳥)' 자에서 글자 중간에 있는 눈동자의 형상(一)을 뺀 모습이다. 즉 까마귀는 검
은 눈동자가 구분이 되지 않아 흡사 눈이 없는 새처럼 보인다고 해서 만들어진 글자
이다.

## 嗚

탄식 소리 오
● 口부수, 총13획

갑골문 금문 전서 예서 해서

'입 구(口)' 에 '까마귀 오(烏)' 의 形聲字(형성자)로, 까마귀의 흉한 울음소리(口)처럼 '탄식하다' 의 뜻이다.

## 娛

즐거워할 오
● 女부수, 총10획

갑골문 금문 전서 예서 해서

'여자 녀(女)' 와 '큰소리할 오(吳)' 의 形聲字(형성자)이다. '吳' 는 '娛' 의 本字(본자)로, 곧 입을 크게 벌려 떠들다의 뜻이며, 여성은 쉽게 기뻐하므로 '즐기다' 의 뜻이다.

## 傲

거만할 오
● 人부수, 총13획

갑골문 금문 전서 예서 해서

'사람 인(人)' 과 '거만할 오(敖)' 의 形聲字(형성자)로, 거만하다의 뜻이다. '敖' 는 본래 '敖' 의 자형으로 出(土)과 放의 合體字(합체자)로, 방랑하다의 뜻이다.

## 屋

집 옥
● 尸부수, 총9획

갑골문 금문 전서 예서 해서

사람(尸→尸)이 머물러(至) 사는 곳이 '집' 이란 뜻이다.

## 獄

옥 옥
● 犬부수, 총14획

갑골문 금문 전서 예서 해서

'말씀 언(言)' 자 좌우로 '개 견(犭)' 자와 '개 견(犬)' 자가 들어가 있다. 두 마리의 개(犬)가 서로 으르렁거리며 싸우듯이, 원고와 피고가 큰 소리로 말(言)을 하며 싸운다는 데서 송사(訟事)의 뜻이었는데 뒤에 감옥의 뜻이 되었다. 다른 설도 있다.

**玉** | 구슬 옥
• 玉부수, 총5획

갑골문　금문　전서　예서　해서

구슬을 끈에 꿴 모양을 象形(상형)하여 '丰, 王, 王' 과 같이 그린 것인데, 楷書體(해서체)의 '玉(구슬 옥)' 자가 된 것이다.

**溫** | 따뜻할 온
• 水부수, 총13획

갑골문　금문　전서　예서　해서

小篆(소전)에 '溫' 의 형태로서 곧 죄수(囚)에게 그릇(皿)에 물을 떠주는 것으로서 따뜻한 마음을 나타낸 글자였는데, 뒤에 '어질 온' 자로 쓰이게 되자, 물 수(氵)자를 더하여 '溫(따뜻할 온)' 자를 또 만들었다.

**翁** | 늙은이 옹
• 羽부수, 총10획

갑골문　금문　전서　예서　해서

'깃 우(羽)' 에 '드러낼 공(公)' 의 形聲字(형성자)로, 본래의 새의 목털을 뜻하였는데, 목은 신체의 상부에 있기 때문에 경칭하여 노인의 뜻으로도 쓰인다.

**瓦** | 기와 와
• 瓦부수, 총5획

갑골문　금문　전서　예서　해서

암키와와 수키와의 엇물린 모양과 와당(ᒑ, ᗐ)을 그린 글자이다.

**臥** | 엎드릴 와
• 臣부수, 총8획

갑골문　금문　전서　예서　해서

'신하 신(臣)' 과 '사람 인(人)' 의 會意字(회의자)로, 쉬다, 눕다의 뜻이다. 신하는 임금 앞에서 몸을 굽히므로 '臣' 으로써 굽히어 눕다의 뜻으로 취하였다.

**完**

완전할 완
· ᄼ부수, 총7획

갑골문　금문　전서　예서　해서

'집 면(ᄼ) 과 '으뜸 원(元) 의 形聲字(형성자)로, 집(ᄼ) 안에 사람(元)이 있으니 '완전하다' 는 뜻이다.

**緩**

느릴 완
· 糸부수, 총15획

갑골문　금문　전서　예서　해서

'실 사(糸) 와 '당길 원(爰)' 의 形聲字(형성자)로, 완만하다의 뜻이다.

**曰**

가로 왈
· 曰부수, 총4획

갑골문　금문　전서　예서　해서

입의 모양을 象形(상형)한 'ᄇ', 곧 '입 구(口)' 자에 혀로 떠드는 말을 가리키는 부호를 더하여 'ᄇ, ᄂ' 의 형태로 나타낸 것인데, 楷書體(해서체)의 '曰' 자가 된 것이다.

**王**

임금 왕
· 玉부수, 총4획

갑골문　금문　전서　예서　해서

'王' 자는 하늘·땅·사람을 뜻한 '三' 자형을 하나로 꿰어 이은 것이 '王(임금 왕) 자라고 설문해자에서 풀이한 것은 甲骨文(갑골문)에 '王, 王, 王' 등의 자형을 보면 잘못된 해석임을 알 수 있다. 왕(王)자는 본래 큰 도끼를 들고 있는 모습으로써 왕의 권위를 象形(상형)한 글자이다.

**往**

갈 왕
· 彳부수, 총8획

갑골문　금문　전서　예서　해서

小篆(소전)에 '往' 의 자형만으로 볼 때, '조금 걸을 척(彳) 과 '임금 주(主) 의 形聲字(형성자)이다. '主' 는 '坒(坒) 의 자형으로, 곧 止와 土의 合體字(합체자)로서 '땅 위를 걷다' 의 뜻이기 때문에 '가다' 의 뜻이다.

229

**外** 바깥 외
- 夕부수, 총5획

| 갑골문 | 금문 | 전서 | 예서 | 해서 |

甲骨文(갑골문)에 '卜'의 형태로서 정해 놓은 경계선 밖으로 나간 것을 가리킨 것이다. 뒤에 '外'의 자형으로 바뀐 것이다.

**畏** 두려워할 외
- 田부수, 총9획

| 갑골문 | 금문 | 전서 | 예서 | 해서 |

귀신의 모습을 한 글자로, '귀신은 두렵다'고 해서 '두렵다'라는 뜻으로 쓰인다.

**要** 요긴할 요
- 襾부수, 총9획

| 갑골문 | 금문 | 전서 | 예서 | 해서 |

'要'의 小篆體(소전체)는 '𡢐'의 형태로 '臼(깍지 낄 국)'과 '交→交'의 합체로, 두 손을 허리에 붙인 모양을 象形(상형)하여 '허리'의 뜻을 나타낸 글자인데, 뒤에 '중요하다'의 뜻으로 쓰이자, '腰(허리 요)'자를 또 만들었다.

**腰** 허리 요
- 肉부수, 총13획

| 갑골문 | 금문 | 전서 | 예서 | 해서 |

'고기 육(月)'에 '중요할 요(要)'의 形聲字(형성자)로, 허리의 뜻이다. '要'가 본래 허리의 뜻이었는데, 뒤에 중요하다의 뜻으로 쓰이자 月(肉)을 더한 累增字(누증자)이다.

**搖** 흔들릴 요
- 手부수, 총13획

| 갑골문 | 금문 | 전서 | 예서 | 해서 |

'손 수(扌)'와 '질그릇 요(䍃)'의 形聲字(형성자)로, 손으로 흔들다의 뜻이다. 䍃(요)는 '夕(肉)'과 '缶(항아리 부)'의 會意字(회의자)로, 그릇에 고기를 담고 양념할 때 손으로 흔들어야 하기 때문에 취하였다.

| 遙 | 멀 요 | | 갑골문 | 금문 | 전서 | 예서 | 해서 |
|---|---|---|---|---|---|---|---|

遙 멀 요
• 辵부수, 총14획

'쉬엄쉬엄 갈 착(辶)' 자와 '질그릇 요(䍃)' 의 形聲字(형성자)로, 멀다의 뜻이다.

謠 노래 요
• 言부수, 총17획

본래 '䍃' 의 자형으로 肉聲(육성)으로 소리내어 부르는 노래의 뜻이었다. 뒤에 '謠' 의 자형으로 바뀌었다.

浴 몸 씻을 욕
• 水부수, 총10획

'물 수(氵)' 와 '골 곡(谷)' 의 形聲字(형성자)로, 몸을 씻다의 뜻이다. 옛날에는 산골짜기에서 목욕했으므로 谷을 취했다.

欲 하고자 할 욕
• 欠부수, 총11획

'골 곡(谷)' 과 '하품 흠(欠)' 의 形聲字(형성자)로, 사람의 마음이 골짜기(谷)처럼 텅 비어 있어 그것을 채우려고 크게 입을 벌리고(欠) '욕심을 내다' , '탐내다' 의 뜻이다.

慾 욕심 욕
• 心부수, 총15획

'마음 심(心)' 과 '바랄 욕(欲)' 의 形聲字(형성자)로, 마음(心)에서 바라는(欲) 것이 커지면 '욕심' 이 된다는 뜻이다.

| 辱 | 욕되게 할 욕 | | 갑골문 | 금문 | 전서 | 예서 | 해서 |
|---|---|---|---|---|---|---|---|
| | • 辰부수, 총10획 | | 辱 | 辱 | 辱 | | |

'별 진(辰)'에 '법도 촌(寸)'을 합친 글자로, 농사철(辰)에 법도(寸)에 맞게 씨를 뿌리지 않으면 형벌을 받는데서 '욕'의 뜻으로 쓰였다.

| 勇 | 날랠 용 | | 갑골문 | 금문 | 전서 | 예서 | 해서 |
|---|---|---|---|---|---|---|---|
| | • 力부수, 총9획 | | | | 勇 | 勇 | |

'물 솟을 용(甬)'과 '힘 력(力)'의 形聲字(형성자)로, 힘(力)이 용솟음(甬)쳐서 행동이 '날래고', '용감하다'는 뜻이 되었다. 'ㄱ'과 '男'의 合體字(합체자)가 아니다.

| 用 | 쓸 용 | | 갑골문 | 금문 | 전서 | 예서 | 해서 |
|---|---|---|---|---|---|---|---|
| | • 用부수, 총5획 | | 用 | 用 | 用 | 用 | 用 |

甲骨文(갑골문)에 '用'의 자형으로, 본래 종의 모양을 본뜬 것인데, 뒤에 '쓰다'의 뜻으로 변하였다.

| 容 | 얼굴 용 | | 갑골문 | 금문 | 전서 | 예서 | 해서 |
|---|---|---|---|---|---|---|---|
| | • 宀부수, 총10획 | | 容 | 容 | 容 | 容 | |

'집 면(宀)'과 '계곡 곡(谷)'의 合體字(합체자)로, 둘 다 안에 사물을 담다의 뜻에서 '수용하다', 나아가 '얼굴'의 뜻이 되었다.

| 庸 | 쓸 용 | | 갑골문 | 금문 | 전서 | 예서 | 해서 |
|---|---|---|---|---|---|---|---|
| | • 广부수, 총11획 | | 庸 | 庸 | 庸 | 庸 | |

'쓸 용(用)'과 '천간 경(庚)'의 形聲字(형성자)로, '나무로 쓰는 통(用)'에서 낟알을 터는 모습을 하고 있어 '쓰다', '부리다'의 뜻으로 쓰인다.

| 于 | 어조사 우 | | 千 | 于 | 丂 | 于 | 于 |
|---|---|---|---|---|---|---|---|
| | • 二부수, 총3획 | | 갑골문 | 금문 | 전서 | 예서 | 해서 |

小篆體(소전체)에 '丂' 의 자형으로 'ㄧ' 은 입에서 나오는 기운의 평평한 모양에 '丂' (고) 의 指事字(지사자)로 어조사의 뜻이다.

| 憂 | 근심 우 | | | 憂 | 憂 | 憂 |
|---|---|---|---|---|---|---|
| | • 心부수, 총15획 | | 갑골문 | 금문 | 전서 | 예서 | 해서 |

小篆(소전)에 '憂' 의 자형으로 마음 심(心)과 머리 혈(頁)의 形聲字(형성자)로, 마음에 근심이 있음이 얼굴(頁)에 나타남의 뜻이다.

| 優 | 넉넉할 우 | | | | 優 | 優 | 優 |
|---|---|---|---|---|---|---|---|
| | • 人부수, 총17획 | | 갑골문 | 금문 | 전서 | 예서 | 해서 |

'사람 인(亻)' 과 '근심할 우(憂)' 의 形聲字(형성자)이다. '憂(근심 우)' 자는 面(얼굴 면), 心 (마음 심), 夂(천천히 걸을 쇠)의 合體字(합체자)로, 마음에 근심을 품고 '서서히 걷다' 의 뜻에서, '넉넉하다' 의 뜻을 나타낸 것인데, 뒤에 '뛰어나다' 의 뜻이 되었다.

| 又 | 또 우 | | 又 | 彐 | 又 | 又 | 又 |
|---|---|---|---|---|---|---|---|
| | • 又부수, 총2획 | | 갑골문 | 금문 | 전서 | 예서 | 해서 |

甲骨文(갑골문)에 '又' 의 자형으로, 원래 오른손의 형태를 상형한 것인데, 뒤에 '또' 의 뜻으로 쓰였다.

| 遇 | 만날 우 | | 寓 | 遇 | 遇 | 遇 |
|---|---|---|---|---|---|---|
| | • 辶부수, 총13획 | | 갑골문 | 금문 | 전서 | 예서 | 해서 |

'쉬엄쉬엄 갈 착(辶)' 과 '짝 우(偶)' 의 省體(생체)인 '禺' 의 形聲字(형성자)로, 도로상에서 서로 '만나다' 의 뜻이다.

友 벗 우
• 又부수, 총4획

갑골문 금문 전서 예서 해서

甲骨文(갑골문)에 '❉', 金文(금문)에 '❉' 등의 자형으로 볼 때, 손(又)을 맞잡고 있는 모습을 그리어 '벗'의 뜻을 나타내었다.

右 오른 우
• 口부수, 총5획

갑골문 금문 전서 예서 해서

밥을 먹을 때는 오른손을 사용한다는 뜻에서 오른손을 그린 '❉→ナ'의 자형에 '口' 자를 더하여 '오른쪽'의 뜻으로 쓰였다.

雨 비 우
• 雨부수, 총8획

갑골문 금문 전서 예서 해서

빗방울이 하늘에 떠 있는 구름에서 떨어지는 것을 그대로 象形(상형)하여 '❉, ❉, ❉' 와 같이 그렸던 것인데, 楷書體(해서체)의 '雨' 자가 된 것이다.

牛 소 우
• 牛부수, 총4획

갑골문 금문 전서 예서 해서

소를 정면에서 본 모양을 象形(상형)하여 '❉, ❉, ❉, ❉, ❉' 와 같이 그린 것인데, 楷書體(해서체)의 '牛' 자가 된 것이다.

宇 집 우
• 宀부수, 총6획

갑골문 금문 전서 예서 해서

'집 면(宀)'과 '어조사 우(于)'의 形聲字(형성자)로, '공간의 집'을 뜻한다.

| 尤 | 더욱 우 | 갑골문 | 금문 | 전서 | 예서 | 해서 |
|---|---|---|---|---|---|---|
| | • 尤부수, 총4획 | | | | | |

'尤(절름발이 왕)' 자에 점을 하나 가한 글자로, 본래는 특이한 물건을 손으로 뽑아낸다
는 뜻에서 '더욱'의 뜻으로 쓰였다.

| 羽 | 깃 우 | 갑골문 | 금문 | 전서 | 예서 | 해서 |
|---|---|---|---|---|---|---|
| | • 羽부수, 총6획 | | | | | |

새의 깃털 모양(羽)을 그린 글자이다.

| 郵 | 역참 우 | 갑골문 | 금문 | 전서 | 예서 | 해서 |
|---|---|---|---|---|---|---|
| | • 邑부수, 총11획 | | | | | |

'변방 수(垂)'와 '고을 읍(邑→阝)'의 會意字(회의자)로, 나라(邑)에서 변경지방(垂)까지
공문서를 전달하기 위하여 이용하는 곳의 뜻인데 우편(郵便)의 뜻으로 쓰이게 되었다.
'垂'는 본래 나뭇가지가 아래로 늘어진 것을 상형한 것인데, 가지가 사방으로 늘어지
듯 사방으로 나누어진 변방의 뜻이 되었다.

| 愚 | 어리석을 우 | 갑골문 | 금문 | 전서 | 예서 | 해서 |
|---|---|---|---|---|---|---|
| | • 心부수, 총13획 | | | | | |

'마음 심(心)'과 '원숭이 우(禺)'의 形聲字(형성자)로, 행동은 인간이면서도 원숭이처럼
어리석다는 뜻이다.

| 偶 | 짝 우 | 갑골문 | 금문 | 전서 | 예서 | 해서 |
|---|---|---|---|---|---|---|
| | • 人부수, 총11획 | | | | | |

'사람 인(亻)'과 '원숭이 우(禺)'의 形聲字(형성자)로, 짝의 뜻이다. 禺는 원숭이의 일종
으로 사람과 비슷하므로 짝하다의 뜻으로 취하였다.

**云** 이를 운
• 二부수, 총4획

갑골문　금문　전서　예서　해서

甲骨文(갑골문)에 '云, 云', 金文(금문)에 '云, 云' 등의 자형으로, 구름의 모양을 그린 象形字(상형자)이다. 뒤에 '云(구름 운)' 이 '이르다' 의 뜻으로 전의되자, '云' 에 '雨' 를 더하여 '雲(구름 운)' 자를 다시 만들었다.

**雲** 구름 운
• 雨부수, 총12획

갑골문　금문　전서　예서　해서

甲骨文(갑골문)에 '云, 云', 金文(금문)에 '云, 云' 등의 자형으로, 구름의 모양을 그린 象形字(상형자)이다. 뒤에 '云(구름 운)' 이 '이르다' 의 뜻으로 전의되자, '云' 에 '雨' 를 더하여 '雲(구름 운)' 자를 다시 만들었다.

**韻** 운 운
• 音부수, 총19획

갑골문　금문　전서　예서　해서

'소리 음(音)' 과 '둥글 원(員)' 의 形聲字(형성자)로, 소리가 고르고 원만함을 뜻한다. 員에는 본래 圓(둥글 원)과 같은 뜻도 있다.

**運** 운전 운
• 辵부수, 총13획

갑골문　금문　전서　예서　해서

'군사 군(軍)' 과 '쉬엄쉬엄 갈 착(辵)' 의 形聲字(형성자)로, 수레에 짐을 싣고 '이사하다' 는 뜻이다.

**雄** 수컷 웅
• 隹부수, 총12획

갑골문　금문　전서　예서　해서

'새 추(隹)' 와 '팔 굉(肱)' 의 初文(초문)인 '厷' 의 形聲字(형성자)로, 힘이 세어 암컷을 거느리는 '수컷' 의 뜻이다.

236

**園** 동산 원
• 口부수, 총13획

갑골문　금문　전서　예서　해서

'에울 위(口)' 안에 '옷 치렁치렁할 원(袁)' 을 넣은 形聲字(형성자)로, 과일이 주렁주렁 열린 과수(袁)를 울타리로 에워 싼(口) '동산' 을 뜻한다.

---

**圓** 둥글 원
• 口부수, 총13획

갑골문　금문　전서　예서　해서

'에울 위(口)' 와 '수효 원(員)' 의 形聲字(형성자)로, 둥글게 둘러 싸여 '둥글다' 의 뜻이다.

---

**遠** 멀 원
• 辵부수, 총14획

갑골문　금문　전서　예서　해시

'쉬엄쉬엄 갈 착(辶)' 과 '옷 치렁치렁할 원(袁)' 의 形聲字(형성자)로, 옷이 치렁치렁 긴 것에서 '멀다' 의 뜻이다.

---

**原** 근원 원
• 厂부수, 총10획

갑골문　금문　전서　예서　해서

金文(금문)에 '厵, 厡, 厵' 등의 字形(자형)으로서 본래 산골짜기에서 처음 물이 흘러 내리는 것을 그린 象形字(상형자)이다. 뒤에 '언덕 원' 의 뜻으로 쓰이게 되자, '水(氵)' 를 더하여 '源(근원 원)' 자를 또 만들었다. '原' 의 本字(본자)를 '原'과 같이 바위 언덕을 나타낸 '厂(언덕 한)' 에 '泉(샘 천)' 을 더한 것으로 '原' 이 본래 '근원 원' 의 글자임을 알 수 있다.

---

**源** 근원 원
• 水부수, 총13획

갑골문　금문　전서　예서　해서

본래 산골짜기에서 처음 물이 흘러내리는 것을 본뜬 것이다. 뒤에 '언덕(原)' 의 뜻으로 쓰이게 되어, 다시 '근원 원(源)' 자를 만들었다.

## 願
**원할 원**
- 頁부수, 총19획

갑골문　금문　전서　예서　해서

'머리 혈(頁)' 과 '근원 원(原)' 의 形聲字(형성자)로, 소망하는 바가 있으면 높은 언덕(原)에 올라가 머리(頁)를 굽혀 빈다는 데서 '원하다' 의 뜻이다.

## 怨
**원망할 원**
- 心부수, 총9획

갑골문　금문　전서　에서　해서

'마음 심(心)' 과 '누워 뒹굴 원(夗)' 의 形聲字(형성자)로, 원망하다의 뜻이다. 분한 마음 때문에 몸을 세우지 못하고 뒹군다는 뜻으로 '夗' 을 취하였다.

## 元
**으뜸 원**
- 人부수, 총4획

갑골문　금문　전서　예서　해서

'윗 상(上)' 의 古字(고자) '二' 와 '밑사람 인(儿)' 의 合體字(합체자)로, 여러 사람의 '우두머리', '처음' 이란 뜻이다. 사람의 머리 위를 나타내어 '으뜸' 의 뜻으로 쓰였다.

## 員
**수효 원**
- 口부수, 총10획

갑골문　금문　전서　예서　해서

'입 구(口)' 와 '조개 패(貝)' 의 指事字(지사자)이다. '口(구)' 는 '○' 의 변형으로서 圓(둥글 원)의 옛 글자, '貝' 는 '鼎(솥 정)' 의 변형으로 본래는 솥의 주위가 둥근 것을 그려 '둥글다' 의 뜻을 나타낸 글자인데, 뒤에 '관원', '인원' 의 뜻으로 쓰였다.

## 援
**당길 원**
- 手부수, 총12획

갑골문　금문　전서　예서　해서

'손 수(扌)' 와 '당길 원(爰)' 의 形聲字(형성자)로, 손(扌)으로 당긴다(爰)는 데서 남을 이끌어 '도와준다' 는 뜻이다.

院 | 담 원
• 阜부수, 총10획
갑골문 금문 전서 예서 해서

'언덕 부(阜→阝)' 와 '완전할 완(完)' 의 形聲字(형성자)로, 원래 언덕(阝)처럼 튼튼한 담장을 의미했으나, 나중에 담장으로 둘러싸인 '집' 의 뜻이다.

月 | 달 월
• 月부수, 총4획
갑골문 금문 전서 예서 해서

예로부터 달에는 옥토끼가 있다는 전설에 따라 달의 기운 모양을 본뜨고, 그 안에 토끼를 표시하여 놓은 글자이다. 달이 기울었을 때의 특징을 잡아 'ㄐ' 과 같이 象形(상형)하였다.

越 | 넘을 월
• 走부수, 총12획
갑골문 금문 전서 예서 해서

'도끼 월(戉)' 과 '달릴 주(走)' 의 形聲字(형성자)로, 넘다의 뜻이다. '戉' 은 도끼로서 멀리까지 威儀(위의)를 떨친 兵器(병기)이므로 멀리 넘다의 뜻으로 취하였다.

威 | 위엄 위
• 女부수, 총9획
갑골문 금문 전서 예서 해서

'여자 녀(女)' 와 '무기 술(戌)' 의 會意字(회의자)로, 창(戈)으로 사람을 죽이는 것을 여자에게 보이어 두려워(畏)함을 나타낸 글자인데, 뒤에 '위엄' 의 뜻이 되었다.

危 | 위태할 위
• 㔾부수, 총6획
갑골문 금문 전서 예서 해서

小篆(소전)에 '舟' 의 자형으로 사람(⻔=人)이 절벽(厂:언덕 한) 위에, 또 아래에 사람(巴)이 서있는 것은 '위태롭다' 는 뜻이다.

位 | 자리 위
• 人부수, 총7획

갑골문　금문　전서　예서　해서

'사람 인(亻)'과 '설 립(立)'의 會意字(회의자)로, 옛날 조정에서 신하(亻)는 임금의 앞에 좌우로 펼쳐 서는(立) 자리가 품계에 따라 정해져 있다는 데서 '자리', '벼슬'을 뜻한다.

爲 | 할 위
• 爪부수, 총12획

갑골문　금문　선서　예서　해서

본래 사람의 손으로 코끼리의 귀를 잡고 코끼리를 부리는 뜻으로 '爲, 象, 爲'의 형태로 그린 것인데, '하다'의 뜻이 되었다.

胃 | 밥통 위
• 肉부수, 총9획

갑골문　금문　전서　예서　해서

'고기 육(月)'에 위장 속에 쌀이 들어 있는 모양인 '⊠'의 부호를 더하여 '胃'와 같이 만든 글자인데, 楷書體(해서체)의 '胃'자가 된 것이다.

謂 | 이를 위
• 言부수, 총16획

갑골문　금문　전서　예서　해서

'말씀 언(言)'과 '위장 위(胃)'의 形聲字(형성자)로, 이르다의 뜻이다. 위장(胃)에서 음식물의 영양을 섭취하여 각 기관에 보내듯이 사람의 품위를 일컫다의 뜻으로 쓰였다.

圍 | 둘레 위
• 口부수, 총12획

갑골문　금문　전서　예서　해서

金文(금문)에 '口'의 자형으로 '圍'의 古字(고자)이다. 小篆體(소전체)에서 '에울 위(口)'에 '가죽 위(韋)'를 더하여 形聲字(형성자)를 만들었다. 가죽은 물건을 둘러 묶는데 쓰이므로 '韋'자를 취한 것이다.

偉 | 거룩할 위
• 人부수, 총11획

갑골문　금문　전서　예서　해서

'가죽 위(韋)'와 '사람 인(亻)'의 形聲字(형성자)로, 위대하다의 뜻이다.


緯 | 씨 위
• 糸부수, 총15획

갑골문　금문　전서　예서　해서

'실 사(糸)'와 '가죽 위(韋)'의 形聲字(형성자)로, 베를 짤 때 세로로 들어가는 실, 곧 씨줄의 뜻이다.


衛 | 지킬 위
• 行부수, 총16획

갑골문　금문　전서　예서　해서

'가죽 위(韋)'와 '다닐 행(行)'의 形聲字(형성자)로, 두루 돌아다니며(行) 성을 '지키다' 나아가 '경계(警戒)하다'의 뜻으로 쓰인다.


違 | 어길 위
• 辶부수, 총13획

갑골문　금문　전서　예서　해서

'갈 착(辶)'과 '가죽 위(韋)'의 形聲字(형성자)로, 어기고(韋) 가다, 곧 위배하다의 뜻이다.


委 | 맡길 위
• 女부수, 총8획

갑골문　금문　전서　예서　해서

'벼 화(禾)'와 '위엄 위(威)'의 省字(생자)인 '여자 녀(女)'의 形聲字(형성자)로, 위임하다의 뜻이다.

慰 | 위로할 위
• 心부수, 총15획

갑골문　금문　전서　예서　해서

'벼슬 위(尉)'와 '마음 심(心)'의 形聲字(형성자)이다. '尉'는 '熨(다릴 울, 눌러덥게 할 위)'의 初文(초문)으로 구겨진 옷을 다려서 편다는 뜻에서 마음을 편안히 '위로하다'의 뜻이다.

偽 | 거짓 위
• 人부수, 총14획

갑골문　금문　전서　예서　해서

'사람 인(人)'과 '할 위(爲)'의 形聲字(형성자)로, 거짓이란 뜻이다. 자연 그대로가 아니라 사람이 하는 행위(爲)는 진실하지 못하기 때문이다.

油 | 기름 유
• 水부수, 총8획

갑골문　금문　전서　예서　해서

'물 수(氵)'와 '말미암을 유(由)'의 形聲字(형성자)로, 본래 강물 이름이었는데, 뒤에 '기름'의 뜻으로 쓰였다.

遺 | 남길 유
• 辶부수, 총16획

갑골문　금문　전서　예서　해서

'쉬엄쉬엄 갈 착(辶)'과 '귀할 귀(貴)'의 形聲字(형성자)로, 본래 '망실하다'의 뜻이었는데, '남기다'의 뜻으로 쓰인다.

遊 | 놀 유
• 辶부수, 총13획

갑골문　금문　전서　예서　해서

'쉬엄쉬엄 갈 착(辶)'과 '깃발 유(游)'의 形聲字(형성자)로, 깃발이 바람에 날리듯이 마음대로 천천히 걷다에서 '놀다'의 뜻이다.

由 | 말미암을 유
• 田부수, 총5획
갑골문 금문 전서 예서 해서

본래 술 그릇의 모양을 본뜬 象形字(상형자)인데, 뒤에 '말미암다'의 뜻으로 쓰이게 되었다.

柔 | 부드러울 유
• 木부수, 총9획
갑골문 금문 전서 예서 해서

'창 모(矛)'와 '나무 목(木)'의 合體字(합체자)로, 창 자루로 사용하는 나무는 부드럽고 柔軟(유연)해야 한다는 데서 '부드럽다'의 뜻이다.

幼 | 어릴 유
• 幺부수, 총5획
갑골문 금문 전서 예서 해서

'작은 요(幺)'와 '힘 력(力)'의 形聲字(형성자)로, 어리다의 뜻이다. 어린아이는 힘(力)이 적기 때문에 '幺'를 취하였다.

有 | 있을 유
• 月부수, 총6획
갑골문 금문 전서 예서 해서

'오른손 우(又→ナ)'에 '고기 육(肉)'을 합한 글자로, 고기를 손에 쥐고 있는 모습을 그려 '있다', '가지다'의 뜻이다.

酉 | 닭 유
• 酉부수, 총7획
갑골문 금문 전서 예서 해서

술 항아리의 모양(酉, 酉)을 그려 술을 나타낸 글자인데, 뒤에 간지인 '닭띠'의 뜻으로 쓰였다.

| 猶 | 오히려 유 | | 갑골문 | 금문 | 전서 | 예서 | 해서 |

**猶** | 오히려 유
犬부수, 총12획

'개 견(犬→犭)' 과 '두목 추(酋)' 의 形聲字(형성자)이다. '猶' 는 본래 '족제비' 곧 나무를 잘 타는 鼬鼠(유서)인데, '豫' 라는 짐승과 더불어 의심이 많기 때문에 猶豫(유예), 곧 '시간을 미루다' 의 뜻으로 쓰인다.

**唯** | 오직 유
口부수, 총11획

'입 구(口)' 와 '새 추(隹)' 의 形聲字(형성자)로, 윗사람에게 대답하다의 뜻이었는데, 뒤에 '오직' 의 뜻으로 쓰였다.

**幽** | 그윽할 유
幺부수, 총9획

'뫼 산(山)' 과 '작을 요(幺)' 의 形聲字(형성자)로, 산중의 은밀한 곳의 뜻에서 그윽하다의 뜻으로 쓰인다.

**惟** | 생각할 유
心부수, 총11획

'마음 심(忄)' 과 '새 추(隹)' 의 形聲字(형성자)로, 생각하다의 뜻이다. 隹와 惟, 唯, 維는 통용된다.

**維** | 바 유
糸부수, 총14획

'실 사(糸)' 와 '새 추(隹)' 의 形聲字(형성자)로, 수레의 덮개를 얽어매는 끈이란 뜻이었는데, 뒤에 '얽다' 의 뜻이 되었다.

## 乳

젖 유

• 乙부수, 총8획

갑골문 금문 전서 예서 해서

갑골문에 '' 의 자형으로 어머니가 아이(子)를 안고(爪 : 손의 뜻) 젖을 먹이는 모습을 본떠 '젖' 의 뜻이다.

## 儒

선비 유

• 人부수, 총16획

갑골문 금문 전서 예서 해서

'사람 인(亻)' 과 '모름지기 수(需)' 의 形聲字(형성자)로, 덕을 갖춘 선비의 뜻이다. 선비는 꼭 필요한 사람이므로 '需' 를 취하였다.

## 裕

넉넉할 유

• 衣부수, 총12획

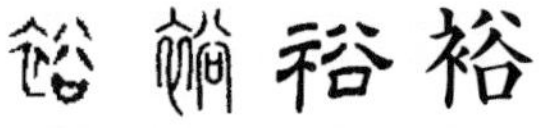

갑골문 금문 전서 예서 해서

'옷 의(衣→衤)' 와 '골 곡(谷)' 의 合體字(합체자)로, 샘물이 흘러나오는 골짜기(谷)에는 물의 근원이 멀고 넉넉한데서 '넉넉하다' 의 뜻으로 쓰였다.

## 誘

꾈 유

• 言부수, 총14획

갑골문 금문 전서 예서 해서

'말씀 언(言)' 과 '빼어날 수(秀)' 의 形聲字(형성자)로, 남에게 다가가 달콤한 말(言)을 빼어나게(秀)해서 '달래다' 의 뜻이다.

## 愈

나을 유

• 心부수, 총13획

갑골문 금문 전서 예서 해서

'마음 심(心)' 과 '나을 유(兪)' 의 形聲字(형성자)로, 낫다의 뜻이다. 兪는 통나무를 파낸 배의 뜻으로 넘다의 뜻이다.

悠 | 멀 유
• 心부수, 총11획

갑골문　금문　전서　예서　해서

'마음 심(心)' 과 '태연할 유(攸)' 의 形聲字(형성자)이며, '攸' 는 물이 유유히 멀리 흘러 감의 뜻이므로 곧 마음이 '유유하다' 의 뜻에서 '멀다' 의 뜻이 되었다.

育 | 기를 육
• 肉부수, 총8획

갑골문　금문　전서　예시　해서

小篆(소전)에 '育' 의 자형으로, 어머니의 배에서 갓 나온 아이의 모양(㐬→去)에 '～→肉→月' 을 더하여 만든 글자인데, 아이를 낳아 '기르다' 의 뜻으로 쓰였다.

肉 | 고기 육
• 肉부수, 총6획

갑골문　금문　전서　예서　해서

小篆(소전)에 '肉' 의 자형으로, 고깃덩어리의 근육을 본뜬 글자이다. 부수자로 쓰일 때는 ' 月(고기 육)' 의 형태로 쓰인다.

閏 | 윤달 윤
• 門부수, 총12획

갑골문　금문　전서　예서　해서

옛날 임금(王)이 매달 초하루에 종묘에 제사를 지낼 때 종묘의 문 밖에서 제사를 지냈으나, 윤달에는 문(門) 안에 들어가 제사를 지냈기 때문에 임금(王)이 문(門) 안에 들어가 있음을 나타낸 會意字(회의자)로, 윤달의 뜻이다.

潤 | 젖을 윤
• 水부수, 총15획

갑골문　금문　전서　예서　해서

'물 수(氵)' 와 '윤달 윤(閏)' 의 形聲字(형성자)로, 물을 더하다의 뜻이다. 물기가 있어야 만물이 윤택하므로 윤택하다의 뜻으로도 쓰인다.

# 銀

은은

 金부수, 총14획

갑골문　금문　전서　예서　해서

銀銀銀

'쇠 금(金)' 과 '그칠 간(艮)' 의 形聲字(형성자)로, '艮' 에는 견주다의 뜻이 있으므로 黃金(황금)에 견줄 수 있는 것이 白金(백금), 곧 '은' 이란 뜻이다.

# 恩

은혜 은

 心부수, 총10획

갑골문　금문　전서　예서　해서

恩恩恩

'인할 인(因)' 과 '마음 심(心)' 의 形聲字(형성자)로, 진심으로 우러나는 마음(心)에서 도와줌으로 인해(因) 보답한다는 의미로 '은혜' 라는 뜻이다.

# 隱

숨길 은

 阜부수, 총17획

갑골문　금문　전서　예서　해서

隱隱隱

'언덕 부(阜→阝)' 자와 '숨길 은(㥯)' 자의 形聲字(형성자)로, 숨다의 뜻이다. 언덕(阜)에 가려 보이지 않게 조심스러이(㥯:謹의 뜻) 하여 산다는 뜻이다.

# 陰

그늘 음

 阜부수, 총11획

갑골문　금문　전서　예서　해서

陰陰陰陰

'언덕 부(阜→阝)' 에 '이를 운(云:雲의 本字)' 과 '이제 금(今)' 의 形聲字(형성자)로, 구름(云)이 해를 가려 그늘이 진다는 데서 '그늘' 의 뜻이다.

# 乙

새 을

 乙부수, 총1획

갑골문　금문　전서　예서　해서

乁乚乙乙乙

본래는 '乁' 의 자형으로 봄에 새싹이 나오다가 寒氣(한기) 때문에 솟아오르지 못하고 굽이 있는 상태를 가리킨 지사자. 새의 뜻으로도 씀. 일반적으로 天干의 두번째로 쓰임.

# 飲 | 마실 음
• 食부수, 총13획

갑골문 금문 전서 예서 해서

본래 '쓴술 염(酓)' 에, 술을 마실 때는 입을 크게 벌려야 하므로 '하품 흠(欠)' 을 합한 글자로, '마시다' 의 뜻이다. 隸書體(예서체)에서 '歓' 이 '飲' 으로 바뀌었다.

# 音 | 소리 음
• 音부수, 총9획

갑골문 금문 전서 예서 해서

小篆體(소전체)에 '音' 의 자형으로, 본래는 '말씀 언(言)' 자에 '한 일(一)' 자를 더해서 말속에 '소리' 가 있음을 나타낸 글자이다.

# 吟 | 읊을 음
• 口부수, 총7획

갑골문 금문 전서 예서 해서

'입 구(口)' 와 '이제 금(今)' 의 形聲字(형성자)로, 입으로 '읊는다' 는 뜻이다.

# 邑 | 고을 읍
• 邑부수, 총7획

갑골문 금문 전서 예서 해서

'邑' 자는 甲骨文(갑골문)의 '邑' 의 자형으로 경계로 둘러싸인(囗) 고을에 사람이 꿇어 앉아 있는 모습(卪→巴)을 합쳐, 곧 백성이 사는 '고을' 의 뜻이다.

# 淫 | 음란할 음
• 水부수, 총11획

갑골문 금문 전서 예서 해서

'물 수(氵)' 와 '가까이 할 음(㸒)' 자의 形聲字(형성자)로, 물에 적셔 들어가다의 뜻이다. 장마의 뜻으로도 쓰인다.

# 泣

울 읍

• 水부수, 총8획

'물 수(氵)' 와 '설 립(立)' 의 形聲字(형성자)로, 서 있는 사람(立)이 눈물(氵)을 흘리는 모습으로 소리내지 않고 눈물 흘리다의 뜻이다.

# 應

응할 응

• 心부수, 총17획

갑골문　금문　전서　예서　해서

'마음 심(心)' 과 '매 응(鷹)' 의 形聲字(형성자)로, 매는 떼를 지어 사는 새로서 날 때는 서로 질서를 지켜야 하므로 '응하다' 의 뜻이다.

# 意

뜻 의

• 心부수, 총13획

갑골문　금문　전서　예서　해서

소리(音)를 듣고 마음(心)으로 뜻(意)을 안다고 해서 생긴 會意字(회의자)로, 마음(心)의 소리(音)가, 곧 뜻(意)이라고 해석하기도 한다.

# 義

옳을 의

• 羊부수, 총13획

갑골문　금문　전서　예서　해서

甲骨文(갑골문)에 '羛, 羲, 㸤', 金文(금문)에 '羛, 羛, 羲' 등의 자형으로, '我(㦬)' 형의 창을 가지고 '羊(羊)' 을 잡는 동작을 나타낸 會意字(회의자)이다. '義' 자가 처음부터 '옳다' 의 뜻으로 만들어진 것이 아니라, 신에게 祭를 지낼 때 祭物(제물)을 바치는 것은 마땅한 일이므로 '義(희생할 의)' 의 뜻이 '옳을 의' 로 전의되자, '牛' 를 더하여 '犧(희생할 희)' 자를 또 만들었다. 특히 大祭(대제)에는 소(牛)를 바쳤기 때문에 '牛' 자를 더한 것이다.

儀 │ 거동 의
　• 人부수, 총15획

갑골문　금문　전서　예서　해서

'사람 인(人)' 과 '옳을 의(義)' 의 形聲字(형성자)로, 사람(人)이 옳게(義) 해야 할 격식(儀)에서 '거동(擧動)' 의 뜻이다.

議 │ 의논 의
　• 言부수, 총20획

갑골문　금문　전서　예서　해서

'말씀 언(言)' 과 '옳을 의(義)' 의 形聲字(형성자)로, 사리의 옳음(義)을 말(言)로써 논하다의 뜻이다.

醫 │ 의원 의
　• 酉부수, 총18획

갑골문　금문　전서　예서　해서

본래 몸에 박힌 화살(矢)을 술(酉 : 酒의 本字)로 소독하고 도구(殳)로 빼내는 것으로써 '의사' 의 뜻을 나타낸 글자이다.

衣 │ 옷 의
　• 衣부수, 총6획

갑골문　금문　전서　예서　해서

웃옷의 모양을 象形(상형)하여 '㐅, 㐅' 와 같이 그린 것인데, 楷書體(해서체)의 '衣(옷의)' 자가 된 것이다.

依 │ 의지할 의
　• 人부수, 총8획

갑골문　금문　전서　예서　해서

'사람 인(人)' 과 '옷 의(衣)' 의 形聲字(형성자)로, 사람이 옷에 의지하여 몸을 보호하기때문에 '의지하다' 의 뜻이다.

**矣** 어조사 의
- 矢부수, 총7획

갑골문　금문　전서　예서　해서

小篆(소전)에 '矣' 의 자형으로 볼 때, '㠯(以의 古字)' 와 '화살 시(矢)' 의 形聲字(형성자)이다. 화살은 반드시 그치는 곳이 있다는 데서 말을 '마치다' 의 뜻이다.

---

**宜** 마땅할 의
- 宀부수, 총8획

갑골문　금문　전서　예서　해서

金文(금문)에 '宜', 小篆(소전)에 '宜' 의 자형으로 볼 때, 집 안에 제물을 차려 놓고 '祭' 를 지내는 것을 나타낸 것으로 '마땅하다' 의 뜻이 되었다.

---

**疑** 의심할 의
- 疋부수, 총14획

갑골문　금문　전서　예서　해서

비수 비(匕)와 화살 시(矢)에 아들 자(⼦→子)와 발 소(疋=足)를 합한 글자로, 어린아이(子)가 걷는 발(疋)에 방향은 마치 날아가는 비수(匕)나 화살(矢)처럼 어느 목표 지점에 떨어질 줄 모르듯이 알 수 없다는 데서 '의심하다' 의 뜻이다. 갑골문에 '疑' 의 자형으로 사람이 머리를 들어 주위를 살피는 모습으로 의심하다의 뜻이었는데, 뒤에 楷書體(해서체)의 자형으로 변하였다.

---

**耳** 귀 이
- 耳부수, 총6획

갑골문　금문　전서　예서　해서

귀의 모양을 象形(상형)하여 '耳, 耳, 耳, 耳' 와 같이 그린 것인데, 뒤에 楷書體(해서체)의 '耳' 자가 된 것이다.

---

**異** 다를 이
- 田부수, 총12획

갑골문　금문　전서　예서　해서

'異' 자의 金文(금문)은 '異' 의 형태로 기이한 귀신 가면을 쓰고 춤을 추는 무당의 모습을 본떠 만들어진 글자로, '기이하다' 의 의미에서 '다르다' 는 의미가 추가되었다.

二 | 두 이
ㆍ 二부수, 총2획

갑골문　금문　전서　예서　해서

산대의 두 개를 가로놓은 것을 본뜬 글자이다.

---

貳 | 두 이
ㆍ 貝부수, 총12획

갑골문　금문　전서　예서　해서

'조개 패(貝)'와 二의 累增字(누증자)인 '弍(이)'의 形聲字(형성자)로, 더하다, 둘의 뜻이다.

---

移 | 옮길 이
ㆍ 禾부수, 총11획

갑골문　금문　전서　예서　해서

'벼 화(禾)'와 '많을 다(多)'의 形聲字(형성자)로, 移의 古音(고음)이 'dia'로서 'ie'로 변한 것이다.

---

已 | 이미 이
ㆍ 己부수, 총3획

갑골문　금문　전서　예서　해서

'뱀 사(巳)'와 '이미 이(已)'가 甲骨文(갑골문)에 'ᕀ', 金文(금문)에 'ᕀ', 小篆(소전)에 'ᕀ'의 자형으로 같은 형태였는데, '뱀'을 象形(상형)한 것이다. 뒤에 楷書體(해서체)에서 구별하여 썼다. '已(이미 이)', '巳(뱀 사)'로 구별한다.

---

以 | 써 이
ㆍ 人부수, 총5획

갑골문　금문　전서　예서　해서

본래 밭 가는 '보습'의 모양을 본뜬 것인데, '~로써'의 뜻으로 쓰이게 되어, 다시 '耜(보습 사)'자를 만들었다.

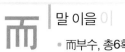
## 夷
큰활 이
• 大부수, 총6획

갑골문　금문　전서　예서　해서

甲骨文(갑골문)에서는 활의 모양을 본 뜬 '⼸' 의 형태였는데, 뒤에 활 위에 화살을 올려놓은 '⾜' 의 자형으로 변하여 楷書體(해서체)의 '夷' 자가 되었으므로 '오랑캐 이' 라고 해서는 안 된다. 예전에 활을 잘 쏘는 동쪽 부족을 '東夷族(동이족)' 이라고 불렀다.

## 而
말 이을 이
• 而부수, 총6획

갑골문　금문　전서　예서　해서

甲骨文(갑골문)에 '⽽', 金文(금문)에 '⾯, 不' 등의 자형으로서 입 아래 늘어진 수염을 그린 象形字(상형자)이다. 뒤에 '말 이을 이' 자로 전의되자, 부득이 '頁(얼굴 혈)' 에 수염의 형태(彡)를 더하여 '須(수염 수)' 자를 만들었으나, 다시 이 '須' 자가 '반드시, 모름지기' 의 뜻으로 전의되자, '須' 에 터럭을 뜻하는 '髟(머리털 늘어질 표)' 를 더하여 다시 '鬚(수염 수)' 자를 만든 것이다.('須' 가 '반드시' 로 전의된 것은 여자는 반드시 수염이 나지 않는 데서 연유된 것이다.)

## 益
더할 익
• 皿부수, 총10획

갑골문　금문　전서　예서　해서

甲骨文(갑골문)에 '⼐', '⼐', 金文(금문)에 '⼐, ⼐' 등의 자형으로서 그릇의 물이 넘쳐흐르는 것을 나타낸 會意字(회의자)이다. 뒤에 '더할 익, 이로울 익' 의 뜻으로 전의되자, '氵(水)' 를 더하여 '溢(넘칠 일)' 자를 또 만들었다. 자음도 변하여 '일' 로 읽는다.('腦溢血' 을 '뇌익혈' 이 아니라 '뇌일혈' 로 발음해야 한다.)

## 翼

날개 익
• 羽부수, 총17획

갑골문　금문　전서　예서　해서

'날개 우(羽)' 와 '다를 이(異)' 의 形聲字(형성자)로, 날개의 뜻이다. 異는 둘이 다르다의 뜻으로써 두 날개의 뜻으로 취하였다.

引 | 끌 인
• 弓부수, 총4획

갑골문 금문 전서 예서 해서

활(弓)의 시위를 끌어 당겨 직선(丨)이 된 상태로서 당기다의 뜻이다.


人 | 사람 인
• 人부수, 총2획

갑골문 금문 전서 예서 해서

남자 어른의 옆모습을 象形(상형)하여 '⟨, ⟨, ⟨' 과 같이 그린 것인데, 楷書體(해서체)의 '人' 이 된 것이다. '人' 은 본래 '女' 의 대칭자로서 남자의 뜻으로 쓰인 것인데, 뒤에 사람의 뜻으로 전의되자 '男(사내 남)' 자를 또 만들었다.


仁 | 어질 인
• 人부수, 총4획

갑골문 금문 전서 예서 해서

'사람 인(亻)' 에 '두 이(二)' 를 합한 글자로, 사람과 사람이 친하게 지낸다는 의미에서 '어질다' 의 뜻이다.


印 | 도장 인
• 卩부수, 총6획

갑골문 금문 전서 예서 해서

小篆(소전)에 '𣎴' 의 형태로, 사람의 손(手=爪)에 신표(卩)를 가지고 政事(정사)를 한다는 뜻에서 '도장' 의 뜻으로 쓰였다.


忍 | 참을 인
• 心부수, 총7획

갑골문 금문 전서 예서 해서

'마음 심(心)' 과 '칼날 인(刃)' 의 形聲字(형성자)로, 심장(心)에 칼날(刃)이 꽂혀도 '참다' 의 뜻이다.

認 | 알 인
• 言부수, 총14획

갑골문　금문　전서　예서　해서

'참을 인(忍)' 과 '말씀 언(言)' 의 形聲字(형성자)로, 본래 말을 참다의 뜻이었는데 뒤에 인식하다의 뜻이 되었다.

寅 | 셋째지지 인
• 宀부수, 총11획

갑골문　금문　전서　예서　해서

金文(금문)에 '㝂' 의 자형으로 양손으로 화살을 바로 펴고 있는 모양을 본뜬 象形字 (상형자)이다. 뒤에 본 뜻은 잊혀지고 十二支(십이지)의 하나로 쓰였다.

因 | 인할 인
• 口부수, 총6획

갑골문　금문　전서　예서　해서

'因' 은 甲骨文(갑골문)에 '囚', '囙', 金文(금문)에 '㞋', '囜' 등의 字形(자형)으로, 바닥에 까는 '자리' 의 모양을 그린 象形字(상형자)이다. 뒤에 '인할 인' 의 뜻으로 전의되자, 자리는 莞草(완초:왕골)나 등넝쿨 등 식물로 엮기 때문에 '艸→艹(풀 초)' 를 더하여 '茵(자리 인)' 자를 또 만들었다. '因' 의 本義(본의)를 달리 보는 이도 있다.

姻 | 혼인 인
• 女부수, 총9획

갑골문　금문　전서　예서　해서

여자(女)가 남편의 집에 의지하여(因:인할 인) 사는 것에서 '혼인' 의 뜻이다.

刃 | 칼날 인
• 刀부수, 총3획

갑골문　금문　전서　예서　해서

칼의 모양을 본뜨고, 칼날 부분을 부호로 가리킨 글자이다.

日 **날 일**
• 日부수, 총4획

갑골문　금문　전서　예서　해서

甲骨文(갑골문)에서부터 '⊟→⊙→日'의 형태로 해의 내부에 '•, 乙' 또는 '一'의 표시를 한 것은 東夷族(동이족)의 전설에 해에는 '日中有金烏(일중유금오)' 곧 다리가 셋 달린 금까마귀(三足烏)가 있어서 날개를 펴면, 날개의 금빛이 반사하여 해가 밝게 빛나는 것이라고 전하여 태양의 외곽을 '○'와 같이 표시하고, 그 안에 금까마귀를 '•, 乙'의 형태로 곧 새을(乙)자를 표시했던 것인데, 楷書體(해서체)의 '日'자가 된 것이다.

一 **한 일**
• 一부수, 총1획

갑골문　금문　전서　예서　해서

수를 헤아리던 산대의 하나를 가로 놓은 것을 가리킨 글자이다.

壹 **한 일**
• 士부수, 총12획

갑골문　금문　전서　예서　해서

본래의 '壹'의 자형은 '항아리 호(壺)'와 '길할 길(吉)'의 形聲字(형성자)로, 오로지 한 가지에 힘쓰다에서 하나의 뜻이 되었다.

逸 **달아날 일**
• 辶부수, 총12획

갑골문　금문　전서　예서　해서

'토끼 토(兎)'와 '쉬엄쉬엄 갈 착(辶)'의 會意字(회의자)로, 토끼가 적을 만나면 뛰어 피하다에서 '질주하다'의 뜻인데, '편안하다'의 뜻도 있다.

任 **맡길 임**
• 人부수, 총6획

갑골문　금문　전서　예서　해서

'壬(임)'의 본래 뜻은 'エ + 一'의 자형으로 물건을 등에 지다의 뜻이다. 사람(人)이 짐을 등에 지다(壬)로써 맡기다의 뜻이다.

**壬** | 아홉째 천간 임
• 士부수, 총4획

본래 실패(壬)의 모양을 본떠 만든 象形字(상형자)이다. 가차되어 10간(干)의 하나로 사용되며, 방위로는 북쪽을 가리키므로 '북방' 의 뜻이다.


**入** | 들 입
• 入부수, 총2획

풀이나 나무의 뿌리가 땅으로 들어가는 모양을 가리키어 '入, 人' 의 형태로 나타낸 것인데, 楷書體(해서체)의 '入' 자가 된 것이다. 송곳이 뚫고 들어가는 것으로 풀이하는 이도 있다.


**賃** | 품팔이 임
• 貝부수, 총13획

'조개 패(貝)' 와 '맡길 임(任)' 의 形聲字(형성자)로, 남에게 일을 시키고(任) 돈(貝)을 주다의 뜻이다.

## 字 글자 자
- 子부수, 총6획

갑골문 금문 전서 예서 해서

'집 면(宀)'과 '아들 자(子)'의 會意字(회의자)이다. 원래는 '집(宀)' 안에서 아이(子)를 낳다' 라는 뜻이었으나, 뒤에 '글자'의 뜻으로 쓰였다.

## 者 사람 자
- 老부수, 총9획

갑골문 금문 전서 예서 해서

학자에 따라 해석이 다른데, 본래의 자형은 '耂'와 '白'의 합자가 아니라, 者의 金文(금문) '𦫼', '𣈆' 등으로 볼 때, 사탕수수를 象形(상형)한 자형 아래 '달 감(甘)'자를 더하여 '사탕수수(蔗)'를 뜻한 글자인데, 뒤에 '사람', '~것'의 뜻으로 쓰이게 되었다.

## 慈 사랑 자
- 心부수, 총13획

갑골문 금문 전서 예서 해서

'마음 심(心)'과 '풀 무성한 자(兹)'의 形聲字(형성자)로, 마음이 화해롭다의 뜻이다. 兹 의 형태로 풀이 무성함을 뜻하는데, 애써 도와 기르다의 뜻으로 아이를 사랑하다의 뜻으로 쓰였다.

## 姉 손 윗누이 자
- 女부수, 총8획

갑골문 금문 전서 예서 해서

'女'와 '𣎑'의 形聲字(형성자)로, '𣎑'자는 발음을 나타내어 '누이'의 뜻으로 쓰였다. '姉'는 '姉'의 속자이다.

自 | 스스로 자
• 自부수, 총6획

갑골문 금문 전서 예서 해서

甲骨文(갑골문)에 '𣂪, 𣁐', 金文(금문)에 '𦣹, 𦣻' 등의 자형으로 어른의 코의 모양을 그린 象形字(상형자)이다. 中國人(중국인)들은 자고로 자신을 가리킬 때 반드시 코를 가리키기 때문에 '스스로'의 뜻으로 전의되자, '自'에 '畀(줄 비)'의 聲符(성부)를 더하여 形聲字(형성자)로서 '鼻(코 비)'를 또 만든 것이다.

子 | 아들 자
• 子부수, 총3획

갑골문 금문 전서 예서 해서

아이가 포대기(강보)에 싸여서 두 팔만 흔들고 있는 모습을 象形(상형)하여 '𤽒, 𤽒, 𤽒'와 같이 그린 것인데, 楷書體(해서체)의 '子'가 된 것이다.(子는 본래 남녀의 구별이 없이 아이를 나타냈던 글자인데, 뒤에 주로 '아들'의 뜻으로 쓰였다.)

兹 | 이 자
• 玄부수, 총10획

갑골문 금문 전서 예서 해서

소전체에 '茲'의 자형으로 풀 초(艹)와 실(絲)의 形聲字(형성자)로, 풀이 무성하다의 뜻이다. 여기(此)라는 뜻으로 가차되어 쓰인다.

雌 | 암컷 자
• 隹부수, 총13획

갑골문 금문 전서 예서 해서

'새 추(隹)'와 '이 차(此)'의 形聲字(형성자)로, 암컷의 뜻. '此(차)'에 머물다의 뜻이 있어, 어미새는 알을 깔 때 수컷보다 둥지에 더 많이 머물기 때문에 '此'를 취함.

紫 | 자줏빛 자
• 糸부수, 총11획

갑골문 금문 전서 예서 해서

'실 사(糸)'와 '이를 차(此)'의 形聲字(형성자)로, 자주색이라는 뜻이다.

| | | | 갑골문 | 금문 | 전서 | 예서 | 해서 |

**資** 재물 자
- 貝부수, 총13획

갑골문　금문　전서　예서　해서

'버금 차(次)'와 '조개 패(貝)'의 形聲字(형성자)로, 사람들은 '재물(貝)'을 次序(차서)에 따라 사용한다는 데서 '次'를 취하였다.

**姿** 맵시 자
- 女부수, 총9획

갑골문　금문　전서　예서　해서

'여자 녀(女)'와 '재물 자(資)'의 省體(생체)인 '次'의 形聲字(형성자)이다. 본의는 자질 (資)이 높은 여자(女)라는 뜻이었는데, 姿態(자태), 곧 '모양'의 뜻이 되었다.

**恣** 방자할 자
- 心부수, 총10획

갑골문　금문　전서　예서　해서

'마음 심(心)'과 '버금 차(次)'의 形聲字(형성자)로, 방자하다의 뜻이다. '次'는 나아가 지 못함, 정교하지 못함의 뜻이 있어 방종(放縱)의 뜻으로 쓰였다.

**刺** 찌를 자
- 刀부수, 총8획

갑골문　금문　전서　예서　해서

'칼 도(刂)'와 '가시 자(朿)'의 形聲字(형성자)로, 칼(刂)이나 가시는 찌르니까 찌를 자(刺) 자가 되었다. '刺'는 '朿(자)'의 累增字(누증자)이다.

**昨** 어제 작
- 日부수, 총9획

갑골문　금문　전서　예서　해서

'날 일(日)'과 '언뜻 사(乍)'의 形聲字(형성자)이다. 잠시의 뜻을 가진 '乍'를 취하여 잠 시 전 '어제'의 뜻이 되었다.

作 | 지을 작
• 人부수, 총7획

갑골문　금문　전서　예서　해서

'乍(잠깐 사)'를 甲骨文(갑골문)에 '乍, 乍, 乍', 金文(금문)에 '乍, 乍, 乍' 등의 자형으로 볼 때, 본래 옷을 만드는 것을 나타낸 글자이다. 뒤에 '잠깐, 갑자기'의 뜻으로 전의되자, 'イ'을 더하여 '作(지을 작)'을 또 만들었다.

酌 | 따를 작
• 酉부수, 총10획

갑골문　금문　전서　예서　해서

'술 유(酉)'와 '잔 작(勺)'의 形聲字(형성자)로, 술(酉)을 국자(勺)로 떠서 상대에게 권하다의 뜻이다. '酉(유)'는 술항아리의 상형자이고, '勺(작)'은 국자의 상형자이다.

爵 | 벼슬 작
• 爪부수, 총18획

갑골문　금문　전서　예서　해서

본래 청동기로 만든 참새 모양의 술잔을 상형한 것으로 술잔의 뜻이었는데, 뒤에 벼슬의 뜻으로 쓰이게 되었다.

殘 | 해칠 잔
• 歹부수, 총12획

갑골문　금문　전서　예서　해서

'앙상한 뼈 알(歹)'에 '상할 잔(戔)'의 形聲字(형성자)로, 사람을 창(戈)으로 상해하다의 뜻에서 '잔인하다'의 뜻으로도 쓰인다.

潛 | 자맥질 할 잠
• 水부수, 총15획

갑골문　금문　전서　예서　해서

'물 수(氵)'와 '일찍 참(朁)'의 形聲字(형성자)로, 물속에 들어가 건지다의 뜻에서 잠기다로 쓰인다.

## 蠶

누에 **잠**
* 虫부수, 총24획

'벌레 충(虫)' 과 '일찍 참(朁)' 의 形聲字(형성자)로 누에의 뜻. 갑골문에 '𧊦' 의 형태로 누에를 그린 상형자였는데, 소전체에서 '蠶' 의 자형으로 변함. '朁' 은 '簪(비녀 잠)' 의 省字(생자)로, 비녀는 가늘고 길어서 누에와 비슷하게 생겼다는 뜻으로 취함.

## 暫

잠시 **잠**
* 日부수, 총15획

'날 일(日)' 과 '벨 참(斬)' 의 形聲字(형성자)로, 잠깐의 뜻이다. 물건을 순식간에 베다(斬) 의 뜻에서 잠깐의 뜻을 취하였다.

## 雜

섞일 **잡**
* 隹부수, 총18획

'옷 의(衣)' 와 '모일 집(集)' 의 形聲字(형성자)로, 본의는 다섯 가지 색이 합쳤다는 뜻이다. '集' 은 본래 많은 새(隹:새 추)가 나무(木) 위에 모여 있다는 뜻으로, 五彩(오채) 옷감으로 옷을 만들다의 뜻이 '섞이다' 의 뜻이 되었다.

## 章

글월 **장**
* 立부수, 총11획

'소리 음(音)' 과 '열 십(十)' 의 會意字(회의자)로, '音' 은 곧 악곡의 뜻이고, '十' 은 수의 마지막으로서 음악이 마치는 것을 '章' 이라 하였는데, 뒤에 '글' 의 뜻이 되었다.

## 長

길 **장**
* 長부수, 총8획

본래 머리털이 긴 노인이 지팡이를 짚고 가는 모습을 그려 '镸, 镸, 镸' 의 형태로, '어른' 의 뜻으로 쓴 것인데, '길다', '오래다' 의 뜻으로도 쓰인다.

**場** 마당 장
· 土부수, 총12획

갑골문　금문　전서　예서　해서

'흙 토(土)' 와 '볕 양(昜:陽의 古字)' 의 形聲字(형성자)로, 햇빛(日)이 잘 들어오는 양지바른 땅(土)이란 데서 '마당' 의 뜻이다.

**壯** 씩씩할 장
· 土부수, 총7획

갑골문　금문　전서　예서　해서

'나무조각 장(爿)' 과 '선비 사(士)' 의 形聲字(형성자)로, 심신이 건장한 대인의 뜻에서 '씩씩하다' 의 뜻이 되었다.

**爿** 나뭇조각 장
· 爿부수, 총4획

갑골문　금문　전서　예서　해서

본래 나무로 만든 침상의 형태를 세워서 본뜬 것인데, 부수자로 쓰이게 되었다.

**將** 장수 장
· 寸부수, 총11획

갑골문　금문　전서　예서　해서

'將' 자는 '寸' 과 '牆(醬:육장 장)' 의 생략자인 '爿' 의 形聲字(형성자)로, '장수(將帥)' 의 뜻이다. '寸' 은 곧 법도의 뜻으로서 법도가 있은 뒤에 병졸을 통솔할 수 있다는 뜻이다.

**丈** 어른 장
· 一부수, 총3획

갑골문　금문　전서　예서　해서

지팡이( | )를 잡은 손(又)의 모습이다. 본래 손(又)에 자(尺)을 잡은 字形(자형)으로 十尺(십척)의 길이를 '장' 이라고 한다. 남자 나이 20세를 일컫는다.

| 張 | 베풀 장 | | 갑골문 | 금문 | 전서 | 예서 | 해서 |
|---|---|---|---|---|---|---|---|
| | • 弓부수, 총11획 | | 鿄 | 滺 | 張 | 張 | |

'활 궁(弓)' 에 '긴 장(長)' 의 形聲字(형성자)로, 활시위를 길게 잡아당겨 '벌리다' 의 뜻이 나아가 '베풀다' 의 뜻으로도 쓰인다.

| 帳 | 휘장 장 | | 갑골문 | 금문 | 전서 | 예서 | 해서 |
|---|---|---|---|---|---|---|---|
| | • 巾부수, 총11획 | | | 幧 | 帳 | 帳 | |

'수건 건(巾)' 과 '긴 장(長)' 의 形聲字(형성자)로, 천(巾)으로 길게(長) 둘러서 무엇을 가리우는 '포장' 이란 뜻이다.

| 莊 | 풀 성할 장 | | 갑골문 | 금문 | 전서 | 예서 | 해서 |
|---|---|---|---|---|---|---|---|
| | • 艸부수, 총11획 | | 莊 | 莊 | 症 | 莊 | |

'풀 초(艹)' 와 '씩씩할 장(壯)' 의 形聲字(형성자)로, 풀이 무성함의 뜻이다. 엄숙하다의 뜻으로도 쓰인다.

| 裝 | 꾸밀 장 | | 갑골문 | 금문 | 전서 | 예서 | 해서 |
|---|---|---|---|---|---|---|---|
| | • 衣부수, 총13획 | | | 婪 | 痕 | 裝 | |

'옷 의(衣)' 와 '장할 장(壯)' 의 形聲字(형성자)로, 옷 위를 꾸미다의 뜻이다. 壯은 성대한 체구의 뜻으로 옷을 성대히 꾸미다의 뜻으로 취하였다.

| 獎 | 권면할 장 | | 갑골문 | 금문 | 전서 | 예서 | 해서 |
|---|---|---|---|---|---|---|---|
| | • 犬부수, 총14획 | | | 勝 | 猭 | 獎 | |

'큰 대(大)' 와 '도울 장(將)' 의 形聲字(형성자)로 되어 있으나 본래의 '大' 가 아니라, '犬(견)' 으로서 개를 충동질하여 물게 하다의 뜻이었는데, 뒤에 장려하다의 뜻이 되었다. 將(장)에 지휘하다의 뜻이 있어, 개로 하여금 물게 할 때는 주인의 지휘하에 움직이므로 將을 취함. 뒤에 '犬' 이 '大' 로 변함.

墙 │ 담 장
　　● 土부수, 총16획

갑골문　금문　전서　예서　해서

'흙 토(土)' 와 '아낄 색(嗇)' 의 形聲字(형성자)로, 담장의 뜻이다. '嗇' 은 물건을 보관하는 곳간의 뜻으로 담도 가린다는 뜻으로 취하였다. 牆은 同字(동자).

葬 │ 장사지낼 장
　　● 艹부수, 총13획

갑골문　금문　전서　예서　해서

'풀 우거질 망(茻)' 과 '시체 시(死)' 의 形聲字(형성자)로, 장사지내다의 뜻이다. 옛날에는 시신을 풀로 써서 매장했기 때문에 '茻' 을 취하였다.

粧 │ 단장할 장
　　● 米부수, 총12획

갑골문　금문　전서　예서　해서

'쌀 미(米)' 와 '농막 장(庄)' 의 形聲字(형성자)로, 화장의 뜻이다. 옛날에는 쌀(米)을 빻아 화장을 했기 때문에 米를 취하였다.

掌 │ 손바닥 장
　　● 手부수, 총12획

갑골문　금문　전서　예서　해서

'손 수(手)' 와 '오히려 상(尚)' 의 形聲字(형성자)로, 손바닥이란 뜻이다.

藏 │ 감출 장
　　● 艹부수, 총18획

갑골문　금문　전서　예서　해서

'숨길 장(臧)' 자의 뜻을 강조하기 위해, '풀 초(++)' 자가 추가된 形聲字(형성자)이다.

臟 | 오장 **장**
• 肉부수, 총22획

| 갑골문 | 금문 | 전서 | 예서 | 해서 |

'고기 육(肉→月)' 과 '감출 장(藏)' 의 形聲字(형성자)로, 창자의 뜻이다. 오장(臟)은 몸속에 감추어진(藏) 신체(肉)의 일부이다.

---

障 | 가로막을 **장**
• 阜부수, 총14획

| 갑골문 | 금문 | 전서 | 예서 | 해서 |

'언덕 부(阜→阝)' 와 '글 장(章)' 의 形聲字(형성자)로, '章' 에는 '구별' 의 뜻도 있어서 높은 언덕(阜)으로 구별하다(章)에서 '막히다' 의 뜻이다.

---

腸 | 창자 **장**
• 肉부수, 총13획

| 갑골문 | 금문 | 전서 | 예서 | 해서 |

'고기 육(月)' 과 '빛날 양(昜)' 의 形聲字(형성자)로, '昜' 은 '陽' 의 古字(고자)로서 '밝다' 의 뜻이다. 대 소장은 매우 길어서 밝게, 곧 분명히 알 수 있으므로 '昜' 을 취한 것이다.

---

再 | 두 **재**
• 冂부수, 총6획

| 갑골문 | 금문 | 전서 | 예서 | 해서 |

'한 일(一)' 밑에 '쌓을 구(冓)' 의 省體(생체) '冉' 를 합친 글자로, 쌓아 놓은 재목 위에 거듭 쌓은 데서 '두 번', '거듭' 의 뜻이 되었다.

---

才 | 재주 **재**
• 手부수, 총3획

| 갑골문 | 금문 | 전서 | 예서 | 해서 |

'才' 의 甲骨文(갑골문)은 '', '', '', 金文(금문)은 '', '', '' 등의 자형으로서 식물의 싹이 흙 속에서 처음 돋아나는 모양을 나타낸 것이다. '才' 자가 뒤에 '재주, 재능' 의 뜻으로 쓰이게 되었다.

| | | 갑골문 | 금문 | 전서 | 예서 | 해서 |

**在** 있을 재
• 土부수, 총6획

甲骨文(갑골문)에 'ㅏ'의 형태로, 있다는 뜻을 나타냈으나, 뒤에 재주 재(才:발음요소)에, 만물이 존재하는 곳이 흙이므로 흙 토(土)자를 더하여 '있다' 의 뜻이 되었다. 곧 '在' 는 '才' 의 累增字(누증자)이다.

**材** 재목 재
• 木부수, 총7획

'나무 목(木)' 과 '재주 재(才)' 의 形聲字(형성자)로, '재목' 의 뜻이다.

**財** 재물 재
• 貝부수, 총10획

'조개 패(貝)' 와 '재주 재(才)' 의 形聲字(형성자)로, 옛날에는 조개(貝)를 돈으로 사용했으므로 사람이 소유한 모든 재물이란 뜻이다. '才' 는 본래 초목의 싹이지만, 쓸만한 木材(목재)라는 뜻이 있다.

**哉** 어조사 재
• 口부수, 총9획

'입 구(口)' 와 '해할 재(𢦏)' 자의 形聲字(형성자)로, 어조사는 입으로 말하는 것과 관련되니까 입 구(口)자를 취하였다.

**栽** 심을 재
• 木부수, 총10획

'나무 목(木)' 과 '해할 재(𢦏)' 의 形聲字(형성자)로, 본래는 담장을 쌓는 도구의 뜻이었는데, 뒤에 나무(木)를 '심다' 의 뜻으로 쓴다.

裁 | 마를 재
• 衣부수, 총12획

갑골문 금문 전서 예서 해서

'해할 재(㦮)' 와 '옷 의(衣)' 의 形聲字(형성자)로, 옷(衣)을 만들기 위하여 옷감을 자른다(㦮)는 데서 '마르다' 의 뜻이다. '㦮(해할 재)' 가 '㦮' 로 변형되었다.

載 | 실을 재
• 車부수, 총13획

갑골문 금문 전서 예서 해서

'수레 거(車)' 와 '해할 재(㦮→㦮)' 의 形聲字(형성자)로, 차에 물건을 '싣다' 의 뜻이다.

災 | 재앙 재
• 火부수, 총7획

갑골문 금문 전서 예서 해서

홍수(巛 : 川의 古字)와 화재(火)가 '재앙(災殃)' 이라는 뜻이다.

爭 | 다툴 쟁
• 爪부수, 총8획

갑골문 금문 전서 예서 해서

甲骨文(갑골문)에 '🔥' 의 자형으로, 두 사람이 물건을 서로 빼앗는 상태를 나타내어 '다투다' 의 뜻으로 쓰였다.

著 | 나타날 저 / 입을 착
• 艸부수, 총13획

갑골문 금문 전서 예서 해서

'풀 초(艹)' 와 '놈 자(者)' 의 形聲字(형성자)로, 늘 볼 수 있는 풀(艹)과 같이 눈에 잘 보인다는 뜻이다. 옷을 입다의 뜻일 때는 '착(着)' 으로 발음된다.

貯 | 쌓을 저
• 貝부수, 총12획

갑골문　금문　전서　예서　해서

'조개 패(貝)'와 '쌓을 저(宁)'의 形聲字(형성자)로, 재물(貝)을 쌓아(宁) 둔다는 데서 '저장하다'의 뜻이다. '宁'는 '貯'의 古字(고자)이다.

底 | 밑 저
• 广부수, 총8획

갑골문　금문　전서　예서　해서

'돌집 엄(广)'과 '밑 저(氏)'의 形聲字(형성자)로, 집(广)의 밑(氏)이 '바닥'이라는 뜻이다.

低 | 낮을 서
• 人부수, 총7획

갑골문　금문　전서　예서　해서

'사람 인(人)'과 '밑 저(氏)'의 形聲字(형성자)로, 사람이 땅을 향하여 굽혔을 때 키가 크지 않다는 데서 '낮다'의 뜻이다.

抵 | 거스를 저
• 手부수, 총8획

갑골문　금문　전서　예서　해서

'손 수(手)'와 '근본 저(氏)'의 形聲字(형성자)로, 밀어내다의 뜻이다. 氏는 柢(뿌리 저)의 初文(초문)으로 나무 뿌리가 밑으로 뻗어나가듯이 밀어내다의 뜻으로 쓰였다.

的 | 과녁 적
• 白부수, 총8획

갑골문　금문　전서　예서　해서

小篆(소전)에 '旳'의 자형으로, 본래 '날 일(日)'과 '구기 작(勺)'의 形聲字(형성자)로서 '밝다'의 뜻이다. 뒤에 '的'의 자형으로 바뀌고 뜻도 '과녁'이 되었다.

敵 | 대적할 적
• 攵부수, 총15획

갑골문 금문 전서 예서 해서

'칠 복(攴→攵)' 과 '밑둥 적(啇)' 의 形聲字(형성자)로, 끝까지(啇) 쳐서(攵) 이겨야 하는 것이 '적' 이라는 뜻이다.

適 | 마침 적
• 辵부수, 총15획

갑골문 금문 전서 예서 해서

'쉬엄쉬엄 갈 착(辶)' 과 '다만 시(啇)' 의 形聲字(형성자)로, '가다' 의 뜻이다. 隷書體(예서체)에서 '啻' 가 '啇(뿌리 적)' 으로 변하였다.

滴 | 물방울 적
• 水부수, 총14획

갑골문 금문 전서 예서 해서

'물 수(氵)' 와 '밑둥 적(啇)' 의 形聲字(형성자)로, 물방울이라는 뜻이다. 물이 위에서 아래로 떨어지다의 뜻으로 '啇' 을 취하였다.

摘 | 딸 적
• 手부수, 총14획

갑골문 금문 전서 예서 해서

'손 수(扌)' 와 '밑둥 적(啇)' 의 形聲字(형성자)로, 나무의 과일을 손(扌)으로 따다의 뜻이다.

赤 | 붉을 적
• 赤부수, 총7획

갑골문 금문 전서 예서 해서

'큰 대(大)' 와 '불 화(火)' 의 會意字(회의자(烾, 烾))로, 큰 불은 '붉다' 는 뜻을 나타낸 것이다.

笛 | 피리 적
• 竹부수, 총11획

갑골문　금문　전서　예서　해서

'대 죽(竹)'과 '말미암을 유(由)'의 形聲字(형성자)로, 피리의 뜻. 피리는 대나무로 만들므로 '竹'을 취함. '由'에 근본의 뜻이 있어, 피리는 모든 현악기의 흄을 정하는 데 근본이 된다는 데서 '由'를 취함. 피리를 똑바로 부는 것을 洞簫(통소), 옆으로 부는 것을 '笛(적)'이라 함.

寂 | 고요할 적
• 宀부수, 총11획

갑골문　금문　전서　예서　해서

'집 면(宀)'과 '아재비 숙(叔)'의 形聲字(형성자)로, 집(宀)이 '조용하다', '편안하다'의 뜻이다.

籍 | 시적 적
• 竹부수, 총20획

갑골문　금문　전서　예서　해서

'대나무 죽(竹)'과 '깔개 자(耤)'의 形聲字(형성자)로, 대나무(竹) 쪽에 쓴 문서라는 뜻이다. 籍은 耤의 累增字(누증자)이다. 耤의 본 뜻은 天子가 친경(親耕)하는 밭의 뜻으로 耤田(자전)을 줄여서 籍으로 썼다.

賊 | 도둑 적
• 貝부수, 총13획

갑골문　금문　전서　예서　해서

'창 과(戈)'와 '법 칙(則)'의 形聲字(형성자)로, 도적의 뜻이다. 또는 '조개 패(貝)'와 '칼도(刀)', '창 과(戈)'의 會意字(회의자)로, 칼이나 창으로 돈(貝)을 빼앗는 도적의 뜻으로도 풀이한다.

跡 | 자취 적
• 足부수, 총13획

갑골문　금문　전서　예서　해서

'발 족(足)'과 '또 역(亦)'의 形聲字(형성자)로, 걸어가면 발자국이 땅에 남는다는 데서 '발자취'의 뜻이 된 글자이다. 亦은 본래 겨드랑이의 뜻인데, 발자국이 겨드랑이처럼 오목하게 남는데서 취한 것이다. 迹·蹟도 같은 뜻이다.

## 蹟
자취 적
- 足부수, 총18획

갑골문   금문   전서   예서   해서

'발 족(足)'과 '꾸짖을 책(責)'의 形聲字(형성자)로, 지나간 자국 곧 자취의 뜻. '責(책)'에 따져 밝히다의 뜻이 있어, 발(足)로 걸어갈 때 발자국을 남기기 때문에 자취를 밝히다 의 뜻으로 취함.

## 積
쌓을 적
- 禾부수, 총16획

갑골문   금문   전서   예서   해서

'벼 화(禾)'와 '꾸짖을 책(責)'의 形聲字(형성자)로, '責'에는 힘써 구하다의 뜻이 있으 므로 수확한 벼(禾)를 힘써(責) '쌓다'의 뜻이다.

## 績
실 낳을 적
- 糸부수, 총17획

갑골문   금문   전서   예서   해서

'실 사(糸)'와 '꾸짖을 책(責)'의 形聲字(형성자)로, '責'에는 구하다의 뜻이 있어, 삼(麻) 를 삼아 실(糸)을 계속이어 실타래를 만들어 '길쌈하다'의 뜻이다.

## 錢
돈 전
- 金부수, 총16획

갑골문   금문   전서   예서   해서

'쇠 금(金)'과 '적을 전(戔)'의 形聲字(형성자)로, '돈'은 금속(金)으로 만드니까 쇠 금(金) 자에, 쇠를 자잘하게 조각낸 것이 돈이므로 '戔'자를 취한 것이다.

## 田
밭 전
- 田부수, 총5획

갑골문   금문   전서   예서   해서

밭두둑의 모양을 그리어 '畕, 田, 田'과 같이 象形(상형)한 것인데, 楷書體(해서체)의 '田'이 되었다. '田'자를 만들던 당시 이미 토지가 구획되어 있었음을 알 수 있다.

272

| 電 | 번개 전 | | | | | |
|---|---|---|---|---|---|---|
| | • 雨부수, 총13획 | 갑골문 | 금문 | 전서 | 예서 | 해서 |

번개는 구름과 구름 사이에서 번갯불이 번쩍이는 것을 象形(상형)하여 '乞, 电'과 같이 그렸던 것인데, 뒤에 '电→申'과 같이 변하여 '납 신(申)'이 되었다. '납'은 十二支(십이지)에서 잔나비 곧 원숭이를 가리킨다. 이와 같이 '申'자가 뒤에 다른 뜻으로 쓰이게 되어 '雨'자와 합쳐서 楷書體(해서체)의 '電(번개 전)'자가 된 것이다.

| 典 | 법 전 | | | | | |
|---|---|---|---|---|---|---|
| | • 八부수, 총8획 | 갑골문 | 금문 | 전서 | 예서 | 해서 |

본래 두 손으로 竹册(죽책)이나 玉册(옥책)을 받든 모습을 본뜬 것인데, '법' 또는 '규정'의 뜻으로 쓰이게 되었다.

| 戰 | 싸움 전 | | | | | |
|---|---|---|---|---|---|---|
| | • 戈부수, 총16획 | 갑골문 | 금문 | 전서 | 예서 | 해서 |

'창 과(戈)'와 '홑 단(單)'의 形聲字(형성자)로, 무기를 들고 적과 싸우다의 뜻이다. 單은 大의 뜻으로, 곧 대형 무기로 싸우다의 뜻이다.

| 前 | 앞 전 | | | | | |
|---|---|---|---|---|---|---|
| | • 刀부수, 총9획 | 갑골문 | 금문 | 전서 | 예서 | 해서 |

본래 배 위에 발을 올려놓으면 앞으로 나아감에서 '앞'의 뜻으로 쓰인 글자이다. '前'자는 본래 '歬'의 자형으로서 'リ(칼 도)'자는 隸書體(예서체)에서부터 더해진 것이다.

| 全 | 온전 전 | | | | | |
|---|---|---|---|---|---|---|
| | • 入부수, 총6획 | 갑골문 | 금문 | 전서 | 예서 | 해서 |

'入(들 입)'과 '구슬 옥(王→玉)'의 會意字(회의자)로, 玉 즉 보배는 집안에 잘 보관하여 손상되지 않게 해야 함으로 '완벽', 곧 '온전'의 뜻으로 쓰였다.

## 傳

전할 전

• 人부수, 총13획

갑골문 금문 전서 예서 해서

'사람 인(亻)' 과 '오로지 전(專)' 의 形聲字(형성자)로, 빨리 가는 역마를 타고 문서(專)를 전한 데서 '전하다' 의 뜻이다. '專(오로지 전)' 은 옛날 관청의 문서를 뜻한다.

## 展

펼 전

• 尸부수, 총10획

갑골문 금문 전서 예서 해서

小篆(소전)에 '[illegible]' 의 자형으로 '尸(수검 시라고 하지만, 실은 사람의 굽힌 모습)' 와 '𧝝(붉은 옷 전)' 의 省體(생체)인 '[illegible]' 의 形聲字(형성자)로, 본의는 '구르다' 였는데, 뒤에 '펴다' 의 뜻이 되었다.

## 專

오로지 전

• 寸부수, 총11획

갑골문 금문 전서 예서 해서

'마디 촌(寸)' 과 '실패 전(叀)' 의 形聲字(형성자)로, 손(寸=又)으로 실을 감다의 뜻이었는데, 뒤에 오로지, 전문의 뜻으로 변하였다. 專의 갑골문은 '[illegible]' 의 자형으로 실패를 돌리는 형태이다.

## 轉

구를 전

• 車부수, 총18획

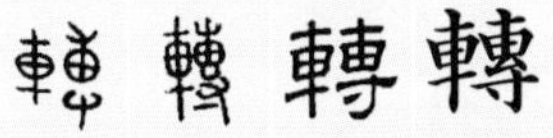

갑골문 금문 전서 예서 해서

'수레 거(車)' 와 '물레 전(叀)' 과 '마디 촌(寸)' 을 합한 글자로, 손(寸)으로 물레(叀)를 돌리듯 수레(車)의 바퀴가 돌아간다는 데서 '구르다' 의 뜻이다.

## 絶

끊을 절

• 糸부수, 총12획

갑골문 금문 전서 예서 해서

甲骨文(갑골문)에 '[illegible]' 의 형태로, 실(糸)의 매듭(巴)을 칼(刀)로 '끊는다.' 는 뜻의 글자이다.

## 節

마디 절

• 竹부수, 총15획

갑골문 금문 전서 예서 해서

'대 죽(竹)'과 '나아갈 즉(即)'의 合體字(합체자)로, 대나무(竹)가 자라감(即)에 따라 '마디'가 생긴다는 뜻이며, 의미가 확장되어 '계절', '절도(節度)' 등의 뜻이 되었다.

## 切

끊을 절

• 刀부수, 총4획

갑골문 금문 전서 예서 해서

'七'은 본래 甲骨文(갑골문)에 '十', 金文(금문)에 '十, 七' 등의 字形(자형)으로서 칼로 물건을 자르는 것을 나타낸 指事字(지사자)이다. 뒤에 '일곱'의 뜻으로 전의되자, 칼로 끊기 때문에 '刀(칼 도)'를 더하여 '切(끊을 절)'을 또 만들었다. 'ㅣ→十→十'의 자형과 구별하기 위하여 '十→七→七'의 형태로 변하였다.

## 折

꺾을 절

• 手부수, 총7획

갑골문 금문 전서 예서 해서

小篆(소전)에 '𣂟'의 자형으로 본래는 자귀로 풀을 끊어 놓은 것인데, 뒤에 '折'의 자형으로 변하였다.

## 占

점칠 점

• 卜부수, 총5획

갑골문 금문 전서 예서 해서

은(殷)나라 때 거북의 배 껍데기나 소뼈를 기름에 튀기어 균열을 보고 점을 쳤는데, '卜(복)'은 균열의 형태이고 입(口)으로 점괘를 말하다에서 '占'자가 이루어졌다.

## 店

가게 점

• 广부수, 총8획

갑골문 금문 전서 예서 해서

'집 엄(广)'과 '점칠 점(占)'의 形聲字(형성자)로, 상점의 뜻이다. '店'은 본래 '坫'字가 예서체에서 변형되었다. 坫에는 차지하다의 뜻도 있어 집(广) 안에 물건이 차지한 뜻으로 취하였다.

**點** 점찍을 점
- 黑부수, 총17획

갑골문　금문　전서　예서　해서

'검을 흑(黑)' 과 '점 점(占)' 의 形聲字(형성자)로, 검은색의 작은 점이란 뜻이다.

**漸** 점점 점
- 水부수, 총14획

갑골문　금문　전서　예서　해서

'물 수(氵)' 와 '벨 찬(斬)' 의 形聲字(형성자)로, 水名(수명)이었는데, 서서히 물이 흘러 나아감의 뜻에서 '점점' 의 뜻이 되었다.

**接** 접할 접
- 手부수, 총11획

갑골문　금문　전서　예서　해서

'손 수(手)' 와 '첩 첩(妾)' 의 形聲字(형성자)로, 손으로 이끌어 '접하다' 의 뜻이다. '妾' 은 옛날 죗값으로 관청에서 노역을 하기 때문에 비교적 접하는 사람이 많으므로 '妾' 자를 취하였다.

**蝶** 나비 접
- 虫부수, 총15획

갑골문　금문　전서　예서　해서

'벌레 충(虫)' 과 '엷을 엽(枼)' 의 形聲字(형성자)로, 나비란 뜻이다. 나비의 날개가 얇은 나무조각 같기 때문이다.

**靜** 고요할 정
- 靑부수, 총16획

갑골문　금문　전서　예서　해서

'靑(푸를 청)' 과 '다툴 쟁(爭)' 의 形聲字(형성자)로, 본래 '밝게 알다(審)' 의 뜻이었는데, 뒤에 '고요하다' 의 뜻으로 쓰였다.

**淨** | 깨끗할 정
- 水부수, 총11획

갑골문　금문　전서　예서　해서

'다툴 쟁(爭)'과 '물 수(氵)'의 形聲字(형성자)로, '깨끗하다'의 뜻이다. 물로 때를 씻어 낼 때는 때(垢)와 다투듯이 제거해야 하므로 '爭'을 취한 것이다.

**庭** | 뜰 정
- 广부수, 총10획

갑골문　금문　전서　예서　해서

'집 엄(广)'과 '조정 정(廷)'의 形聲字(형성자)로, 신하들이 왕 앞에 도열하여 정무를 듣던 조정(廷)의 마당을 뜻하였으나, 뒤에 일반 '뜰'을 뜻하게 되었다.

**情** | 뜻 정
- 心부수, 총11획

갑골문　금문　전서　예서　해서

'마음 심(忄)'과 '푸를 청(靑)'의 形聲字(형성자)로, 사람의 마음(心)은 맑고 푸른(靑) 하늘처럼 선명하게 우러나오는 인간의 본성, 즉 七情(喜·怒·哀·懼·愛·惡·欲)을 뜻한다.

**正** | 바를 정
- 止부수, 총5획

갑골문　금문　전서　예서　해서

'正'자는 甲骨文(갑골문)에 ' ', ' ', ' ', 金文(금문)에 ' ', ' ', ' ' 등의 자형으로, 敵의 城을 치러 가는 것을 나타낸 會意字(회의자)이다. 적의 잘못을 바로 잡는다는 뜻에서 '바르다'로 전의되자, '正'에 '가다'의 뜻을 가진 '彳(조금 걸을 척)'을 더하여 '征(칠 정)'자를 또 만들었다.

**井** | 우물 정
- 二부수, 총4획

갑골문　금문　전서　예서　해서

본래 우물의 난간을 그리고, 가운데 우물을 표시한 것인데 뒤에 점을 생략한 글자이다.

政
정사 정
· 攵부수, 총8획

갑골문　금문　전서　예서　해서

'바를 정(正)' 과 '칠 복(攴→攵)' 의 形聲字(형성자)로, 매를 대서(攵) 바르게(正) 이끈다는 데서 '바로잡다' 의 뜻이 된 글자이다. 나아가 나라를 다스려(攵) 백성을 바르게(正) 이끈다하여 '정사(政事)' 의 뜻으로도 쓰인다.

定
정할 정
· 宀부수, 총8획

갑골문　금문　전서　예서　해서

'집 면(宀)' 과 '바를 정(正)' 의 形聲字(형성자)로, 집은 사각이 바라야 거처하기가 안전하므로 본래 '안전하다' 의 뜻이었는데, 뒤에 '정하다' 의 뜻이 되었다.

精
정할 정
· 米부수, 총14획

갑골문　금문　전서　예서　해서

'쌀 미(米)' 와 '푸를 청(靑)' 의 形聲字(형성자)로, 쌀 중에서 좋은 것만을 고르다의 뜻이다. 뒤에 쌀을 찧다, 마음의 뜻으로도 쓰인다.

貞
곧을 정
· 貝부수, 총9획

갑골문　금문　전서　예서　해서

'점 복(卜)' 과 '솥 정(鼎)' 의 形聲字(형성자)로, 본래는 吉凶을 점치다의 뜻이다. '鼎' 을 '貝' 로 보고 돈(貝)을 가지고 吉凶(길흉)을 물어보는 占을 친데서 貝를 취한 것으로도 풀이한다.

丁
장정 정
· 一부수, 총2획

갑골문　금문　전서　예서　해서

본래 못대가리의 모양을 본뜬 것인데, 뒤에 천간(天干)의 뜻으로 변하였다. 다시 '釘(못 정)' 자를 만들었다.

亭 정자 정
• 亠부수, 총9획

갑골문 금문 전서 예서 해서

금문에는 '龠' 의 형태로 정자의 모양을 본뜬 상형자였는데, 뒤에 높을 고(高)의 省字(생자)와 못 정(丁)자의 形聲字(형성자)로 변하였다.

停 머무를 정
• 人부수, 총11획

갑골문 금문 전서 예서 해서

'사람 인(人)' 과 '정자 정(亭)' 의 形聲字(형성자)로, 정자(亭)는 쉬는 곳이므로 '停' 이 '머무르다' 의 뜻이다.

頂 정수리 정
• 頁부수, 총11획

갑골문 금문 전서 예서 해서

'머리 혈(頁)' 과 '못 정(丁)' 의 形聲字(형성자)로, 정수리는 머리에 있으니까, '머리 혈(頁)' 자를 취하였다.

訂 바로 잡을 정
• 言부수, 총9획

갑골문 금문 전서 예서 해서

'말씀 언(言)' 과 '못 정(丁)' 의 形聲字(형성자)로, 말을 바로잡다의 뜻이다. '丁' 은 본래 못(釘)의 상형자로 못을 만들 때는 두드려서 바르게 하는 데서 취하였다.

廷 조정 정
• 廴부수, 총7획

갑골문 금문 전서 예서 해서

'길게 걸을 인(廴)' 과 '줄기 정(壬)' 자의 形聲字(형성자)로, 왕과 신하가 정사를 논하던 조정의 뜻이다. '壬' 은 본래 금문에 '𡈼' 의 형태로 사람이 흙을 쌓은 높은 단위에 사람이 서있는 모습이다.

# 程

**단위 정**

- 禾부수, 총12획

| 갑골문 | 금문 | 전서 | 예서 | 해서 |
|---|---|---|---|---|
| | | 程 | 程 | 程 |

'벼 화(禾)'와 '드릴 정(呈)'의 形聲字(형성자)로, 길이의 단위를 뜻한다. 十髮(십발)이 곧 程이다. 髮은 벼의 가시랭이 12개의 길이에 해당한다. 1程이 分(분), 十分(십분)이 寸(촌)이다.

# 征

**칠 정**

- 彳부수, 총8획

| 갑골문 | 금문 | 전서 | 예서 | 해서 |
|---|---|---|---|---|
| 卩 | 征 | 延 | 征 | 征 |

'조금 걸을 척(彳)'과 '바를 정(正)'의 形聲字(형성자)로, 정의를 위하여 적을 치러 가다 의 뜻이다. '征'은 '正'의 累增字(누증자)이다.

# 整

**가지런할 정**

- 攵부수, 총16획

| 갑골문 | 금문 | 전서 | 예서 | 해서 |
|---|---|---|---|---|
| | 整 | 整 | 整 | 整 |

'묶을 속(束)', '칠 복(攵)', '바를 정(正)'이 합쳐진 形聲字(형성자)로, 묶고(束) 쳐서(멤) 바르게(正) 정리(整理)한다는 뜻이다.

# 除

**덜 제**

- 阜부수, 총10획

| 갑골문 | 금문 | 전서 | 예서 | 해서 |
|---|---|---|---|---|
| | | 餘 | 除 | 除 |

'언덕 부(阜→阝)'와 '천천히 서(徐)'의 省體(생체) '余'와의 形聲字(형성자)로, 대궐의 계단을 뜻한 것인데, 뒤에 '덜다'의 뜻으로 쓰였다.

# 弟

**아우 제**

- 弓부수, 총7획

| 갑골문 | 금문 | 전서 | 예서 | 해서 |
|---|---|---|---|---|
| 重 | 重 | 弟 | 弟 | 弟 |

'重, 弟'의 자형에서 '弟(아우 제)'자로 된 것으로 보면, 주살(화살의 오늬에 줄을 매어 쏘는 화살)은 반드시 화살대에 줄을 감을 때 次第(차제), 곧 순서가 있어야 하므로 맏형 다음에 낳는 여러 동생들은 첫째, 둘째, 셋째 등과 같이 순서에 따라 구별되므로 '弟'자가 아우의 뜻으로 쓰인 것이다.

第 | 차례 제
• 竹부수, 총11획

갑골문  금문  전서  예서  해서

'대 죽(竹)' 과 '아우 제(弟)' 의 省字(생자)인 '弟' 의 會意字(회의자)로, 簡册(간책)을 묶을 때의 차례의 뜻이다. 弟는 화살에 끈을 매어 감을 때에 차례대로 하는 뜻을 취했다.

祭 | 제사 제
• 示부수, 총11획

갑골문  금문  전서  예서  해서

'보일 시(示)' 와 '고기 육(肉→夕)', '오른손 우(又)' 의 會意字(회의자)이다. 손으로 제수품인 고기를 들어 神에게 올리는 형태로 제사의 뜻이다.

制 | 마를 제
• 刀부수, 총8획

갑골문  금문  전서  예서  해서

小篆(소전)에 '𣂧' 의 자형은 곧 '칼 도(刀)' 와 '아닐 미(未)' 의 合體字(합체자)로, '未' 는 '味' 의 省體字(생체자)이다. 本義는 잘 익은 과일을 칼로 잘라 식용으로 하다였는데, '짓다' 의 뜻으로 쓰인다. 隸書(예서)에서 '制' 로 변하였다.

製 | 지을 제
• 衣부수, 총14획

갑골문  금문  전서  예서  해서

'지을 제(制)' 와 '옷 의(衣)' 의 形聲字(형성자)로, 옷감을 치수에 맞게 잘라서 옷(衣)을 만드는(制) 데서 '만들다', '짓다' 의 뜻이다.

帝 | 임금 제
• 巾부수, 총9획

갑골문  금문  전서  예서  해서

씨방과 꽃대가 있는 모습, 아래로 향하는 꽃의 모습, 하늘의 신 上帝(상제)를 위해 쌓아 놓은 제단의 모습 등 여러 가지 해석이 있다.

## 提 ｜끌 제
- 手부수, 총12획

갑골문　금문　전서　예서　해서

'손 수(扌)' 와 '바를 시(是)' 의 形聲字(형성자)로, 손(扌)으로 물건을 위로 들어 올리다의 뜻이다. 是는 實의 뜻으로, 실제 존재하는 물건을 들어 올린다는 뜻으로 취하였다.

## 堤 ｜방죽 제
- 土부수, 총12획

갑골문　금문　전서　예서　해서

'흙 토(土)' 와 '바를 시(是)' 의 形聲字(형성자)로, 흙(土)으로 막은 방죽이란 뜻이다. '是'는 굴할 줄 모르는 고집의 뜻으로써 견고히 막다의 뜻으로 취하였다.

## 題 ｜제목 제
- 頁부수, 총18획

갑골문　금문　전서　예서　해서

'머리 혈(頁)' 과 '바를 시(是)' 의 形聲字(형성자)로, 본의는 얼굴(頁)의 '이마' 의 뜻이었는데, 뒤에 '제목' 의 뜻이 되었다.

## 諸 ｜모든 제
- 言부수, 총16획

갑골문　금문　전서　예서　해서

'놈 자(者)' 와 '말씀 언(言)' 의 形聲字(형성자)로, 여러 가지 일을 총괄한다는 데서 '모든' 또는 어조사로 사용된다.

## 際 ｜사이 제
- 阜부수, 총14획

갑골문　금문　전서　예서　해서

언덕 부(阜→阝)와 제사 제(祭)의 形聲字(형성자)로, 본래 山中(산중)의 두 봉우리가 만나는 곳의 뜻이었는데, 뒤에 사이의 뜻이 되었다.

## 齊
가지런할 제
• 齊부수, 총14획

갑골문 금문 전서 예서 해서

본래 보리 이삭의 크기가 가지런한 모양(𝌀)을 본떠서 '고르다' 의 뜻을 나타낸 글자이다.

## 濟
건널 제
• 水부수, 총17획

갑골문 금문 전서 예서 해서

'물 수(氵)' 와 '가지런할 제(齊)' 의 形聲字(형성자)로, 험한 냇물(氵)을 여러 사람이 함께 질서 있게(齊) '건너가다' 는 뜻과 물에 빠진 사람을 건져주니 '구제하다' 의 뜻이 있다.

## 調
고를 조
• 言부수, 총15획

갑골문 금문 전서 예서 해서

'말씀 언(言)' 과 '두루 주(周)' 의 形聲字(형성자)로, 말(言)로 두루(周) 어울리게 한다 하여 '고르다' 의 뜻이다.

## 助
도울 조
• 力부수, 총7획

갑골문 금문 전서 예서 해서

'힘 력(力)' 과 '도마 조(且)' 의 形聲字(형성자)이다. '且' 는 '祖(할아버지 조)' 의 本字(본자)로, 옛사람들은 큰일이 있을 때는 조상에게 제사를 지내며 보호를 구하였으므로 '돕다' 의 뜻이다.

## 鳥
새 조
• 鳥부수, 총11획

갑골문 금문 전서 예서 해서

새의 모양을 象形(상형)하여  와 같이 본뜬 것인데, 楷書體(해서체)의 '鳥' 가 된 것이다.

| 早 | 일찍 조 | 우 룸 早 早 |
|---|---|---|
| | • 日부수, 총6획 | 갑골문　금문　전서　예서　해서 |

金文(금문)에 '우'의 형태로 해가 지평선의 풀 위로 솟아오르는 모양을 본떠 '일찍'
의 뜻으로 썼다.

| 朝 | 아침 조 | 朝 朝 朝 朝 朝 |
|---|---|---|
| | • 月부수, 총12획 | 갑골문　금문　전서　예서　해서 |

'해돋을 간(倝)'에 '달 월(月)'을 합한 글자로, 해가 떠오르는데(倝) 서쪽 하늘에는 아
직 새벽 달(月)이 떠 있다는 데서 '아침'의 뜻이다. '月'을 '舟(배 주)'의 변형으로도 본
다.

| 兆 | 조짐 조 | 兆 兆 兆 兆 兆 |
|---|---|---|
| | • 儿부수, 총6획 | 갑골문　금문　전서　예서　해서 |

'점 복(卜)'과 같은 뜻으로, 거북의 배 껍데기나 소뼈를 기름에 튀기어 갈라진 형태를
보고 점(占)을 쳤는데, 이때 거북의 배 껍질이나 소뼈가 갈라지는 형태가 간단한 모양
이 복(卜)자이고, 좀 복잡한 모양이 조짐 조(兆)자이다.

| 造 | 지을 조 | 造 造 造 造 |
|---|---|---|
| | • 辶부수, 총11획 | 갑골문　금문　전서　예서　해서 |

'쉬엄쉬엄 갈 착(辶)'과 '알릴 고(告)'의 形聲字(형성자)로, 일을 해서 이룬 것을 남에게
알리기(告) 위하여 나간다(辶)는 데서 '만들다', '짓다'의 뜻이다.

| 祖 | 할아버지 조 | 且 且 祖 祖 祖 |
|---|---|---|
| | • 示부수, 총10획 | 갑골문　금문　전서　예서　해서 |

甲骨文(갑골문)에 '且, 且, 且', 金文(금문)에 '且, 且, 且' 등의 자형으로서 祖上(조상)
의 神을 모신 사당, 또는 제사를 지낼 때 제물을 올리는 도마 모양을 그린 象形字(상형
자)이다. 뒤에 '또, 만약'의 뜻으로 전의되자, 戰國時代(전국시대)에 이르러 神의 뜻을
나타내는 '示(보일 시)'를 더하여 '祖(할아비 조)'자를 또 만들었다.

| 弔 | 조상할 조 | | 갑골문 | 금문 | 전서 | 예서 | 해서 |
|---|---|---|---|---|---|---|---|
| | • 弓부수, 총4획 | | | | | | |

사람이 죽으면 탈육(脫肉)이 될 때까지 풀속에 싸서 두고, 금수(禽獸)가 시체를 해치지 않도록 활을 가지고 지키던 뜻의 글자인데 '조상(弔喪)하다'의 뜻으로 쓰이게 되었다.

| 燥 | 마를 조 | | 갑골문 | 금문 | 전서 | 예서 | 해서 |
|---|---|---|---|---|---|---|---|
| | • 火부수, 총17획 | | | | | | |

'불 화(火)'와 '울 조(喿)'의 形聲字(형성자)이다. '喿(조)'는 뭇새가 나무 위에서 울다의 뜻인데, 물건을 불에 과도하게 말리면 소리가 나므로 '喿'를 취하였다.

| 操 | 잡을 조 | | 갑골문 | 금문 | 전서 | 예서 | 해서 |
|---|---|---|---|---|---|---|---|
| | • 手부수, 총16획 | | | | | | |

'손 수(扌)'와 '새 떼로 울 조(喿)'의 形聲字(형성자)로, 새들이 온 힘을 기울여 울듯이 전력을 다하여 '잡다'의 뜻이다.

| 照 | 비출 조 | | 갑골문 | 금문 | 전서 | 예서 | 해서 |
|---|---|---|---|---|---|---|---|
| | • 火부수, 총13획 | | | | | | |

'불 화(灬)'와 '밝을 소(昭)'의 形聲字(형성자)로, 불빛이 밝다의 뜻이다. 昭는 해가 밝다의 뜻이다.

| 條 | 가지 조 | | 갑골문 | 금문 | 전서 | 예서 | 해서 |
|---|---|---|---|---|---|---|---|
| | • 木부수, 총11획 | | | | | | |

'나무 목(木)'과 '유유할 유(攸)'의 形聲字(형성자)로, 바람에 나부끼는 잔 나뭇가지의 뜻이다.

285

## 潮

조수 조
• 水부수, 총15획

| 갑골문 | 금문 | 전서 | 예서 | 해서 |
|---|---|---|---|---|
| | | 潮 | 潮 | 潮 |

'물 수(氵)' 와 '아침 조(朝)' 의 形聲字(형성자)로, 본래는 물이 모여 바다로 밀려 들어감을 뜻하였으나, 뒤에 조수의 뜻이 되었다. 早潮(조조)를 潮, 晚潮(만조)를 汐(석)이라고 일컫는 것으로 보면, 아침에 바닷물이 높아지는 뜻으로 朝를 취한 것이다.

## 租

구실 조
• 禾부수, 총10획

| 갑골문 | 금문 | 전서 | 예서 | 해서 |
|---|---|---|---|---|
| | | 租 | 租 | 租 |

'벼 화(禾)' 와 '도마 조(且)' 의 形聲字(형성자)로, 옛날에는 세금을 벼(禾)로 내었다는 데에서 유래한다. 且는 祖의 古字(고자)로서 받은 세금을 宗廟(종묘)에 바치므로 '且' 를 취하였다.

## 組

끈 조
• 糸부수, 총11획

| 갑골문 | 금문 | 전서 | 예서 | 해서 |
|---|---|---|---|---|
| | 組 | 組 | 組 | 組 |

'실 사(糸)' 와 '도마 조(且)' 의 形聲字(형성자)로, 여러 올의 실을 꼬아 끈을 만들다의 뜻으로, 조직하다의 뜻으로 쓰인다.

## 族

겨레 족
• 方부수, 총11획

| 갑골문 | 금문 | 전서 | 예서 | 해서 |
|---|---|---|---|---|
| 族 | 族 | 族 | 族 | 族 |

표적으로 세워 놓은 깃발(㫃) 아래 화살(矢)이 집중되는 뜻으로써, '겨레', '민족' 을 뜻한다.

## 足

발 족
• 足부수, 총7획

| 갑골문 | 금문 | 전서 | 예서 | 해서 |
|---|---|---|---|---|
| 足 | 足 | 足 | 足 | 足 |

발의 모양을 象形(상형)하여 '足, 足, 足' 과 같이 그린 것으로, '口' 는 곧 무릎의 둥근 모양을 그린 것인데, 楷書體(해서체)의 '足' 이 된 것이다.

存
있을 존
• 子부수, 총6획

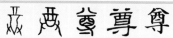
갑골문　금문　전서　예서　해서

小篆(소전)에 '抙'의 자형으로 '아들 자(子)'와 '재주 재(才)'의 形聲字(형성자)로, 본의는 풀싹의 뜻으로 약한 풀싹과 아이는 잘 보살펴야 하므로 '위문하다'의 뜻이었는데, 뒤에 '있다'의 뜻이 되었다.

尊
높을 존
• 寸부수, 총12획

갑골문　금문　전서　예서　해서

甲骨文(갑골문)에 '尊, 尊', 金文(금문)에 '尊, 尊, 尊' 등의 자형으로서 두 손으로 받쳐 들고 가는 '술항아리'를 나타낸 會意字(회의자)이다. 신에게 바치는 술항아리를 들고 갈 때는 존경하는 마음이 있어야 하므로 '존경할 존, 높을 존'의 뜻으로 전의되자, '木'자를 더하여 '樽(술항아리 준)'자를 또 만들었다.

卒
군사 졸
• 十부수, 총8획

갑골문　금문　전서　예서　해서

본래 '옷 의(衣)'와 '한 일(一)'의 指事字(지사자)로, 一로써 일반 옷과는 다른 염색한 옷이란 것을 가리킨 것이다. 짙은 염색을 한 옷을 입은 죄인 중에 公役(공역)을 하는 사람을 뜻한다. 병졸의 뜻이 되었다.

拙
졸할 졸
• 手부수, 총8획

갑골문　금문　전서　예서　해서

'손 수(扌)'와 '나갈 출(出)'의 形聲字(형성자)로, 솜씨가 없음을 뜻한다.

宗
마루 종
• 宀부수, 총8획

갑골문　금문　전서　예서　해서

'보일 시(示)'와 '집 면(宀)'의 合體字(합체자)로, 조상신인 신(示)을 모시는 집(宀), 곧 '사당'의 뜻이다.

終 마침 종
• 糸부수, 총11획

갑골문 금문 전서 예서 해서

'冬' 자의 甲骨文(갑골문)은 '冬', '冬', 金文(금문)은 '冬', '冬', 小篆(소전)은 '冬' 의 자형으로, 金文(금문)시대까지는 끈의 끝을 맺은 것으로 어떤 일의 끝남을 나타냈던 象形字(상형자)인데, 이로써 四季節의 끝인 겨울을 뜻했던 것이다. 小篆體(소전체)에서부터는 얼음을 象形(상형)한 '冫(冫:얼음 빙)' 자를 더하여 '冬(겨울 동)' 자를 만들었다. 따라서 실끈의 뜻을 가진 '糸(실 사)' 를 더하여 '終(마칠 종)' 자를 다시 만들었다.

鐘 쇠북 종
• 金부수, 총20획

갑골문 금문 전서 예서 해서

'쇠 금(金)' 과 '아이 동(童)' 의 合體字(합체자)로, '동동' 소리나는 종소리를 擬聲(의성)한 形聲字(형성자)이다.

種 씨 종
• 禾부수, 총14획

갑골문 금문 전서 예서 해서

'벼 화(禾)' 와 '무거울 중(重)' 의 形聲字(형성자)로, 본의는 먼저 심고 늦게 익는 벼의 일종을 가리킨 것인데, '곡식의 씨앗을 심다, 종자' 의 뜻이 되었다.

從 좇을 종
• 彳부수, 총11획

갑골문 금문 전서 예서 해서

甲骨文(갑골문)에 '從, 從', 金文(금문)에 '從, 從' 등의 자형으로서 한 사람이 다른 사람의 뒤를 따라가는 것을 나타낸 會意字(회의자)이다. 그런데 '比(견줄 비)' 자도 甲骨文(갑골문)에 '從' 金文(금문)에 '從, 從' 등의 자형으로서 '從(따를 종)' 자와 구별이 잘 안 되기 때문에, '從' 자에 '從, 從, 從' 등과 같이 거리를 나타낸 '彳(조금 걸을 척)' 과 발을 나타낸 '止(그칠 지)' 를 더하여 '從(따를 종)' 자를 또 만들었다.

縱 늘어질 종
• 糸부수, 총17획

갑골문 금문 전서 예서 해서

'실 사(糸)' 와 '따를 종(從)' 의 形聲字(형성자)로, 본래 실을 풀어주다의 뜻인데, 뒤에 세로의 뜻이 되었다. 從은 순서대로 따르다의 뜻으로 쓰였다.

| | | 갑골문 | 금문 | 전서 | 예서 | 해서 |

**左** 왼 좌
• 工부수, 총5획

장인(工)이 무엇을 만들 때는 오른손에 망치를 잡고 왼손(ㅈ→ナ)의 연장을 두드려 만들기 때문에 '왼손'의 뜻이다.

**佐** 도울 좌
• 人부수, 총7획

'사람 인(人)'과 '왼손 좌(左)'의 形聲字(형성자)로, 왼손은 연장을 만들 때 돕는 역할을 하므로 '돕다'의 뜻이다.

**坐** 앉을 좌
• 土부수, 총7획

땅 위(土)에 두 사람(人人)이 앉아 있는 모습을 나타내어 '앉다'의 뜻이다.

**座** 자리 좌
• 广부수, 총10획

'집 엄(广)'과 '앉을 좌(坐)'의 形聲字(형성자)로, 앉는 '자리'를 뜻한다.

**罪** 허물 죄
• 罒부수, 총13획

'罪'의 본자는 코(自)를 찔러 고통(辛)을 준다는 뜻의 '辠'였는데, 진시황이 '皇(임금 황)'자와 비슷하다고 하여 '罪'로 바꾸었다. '罪'는 본래 대나무로 만든 '어망'의 뜻이었는데, '범법'의 뜻이 되었다.

| | | 갑골문 | 금문 | 전서 | 예서 | 해서 |

畫 낮 주
• 日부수, 총11획

'그림 화(畫)'에서 한 획을 빼어 밤과 낮의 경계를 그린다는 데서 '晝'로써 '낮'의 뜻을 나타낸 것이다.

走 달아날 주
• 走부수, 총7획

甲骨文(갑골문)에 '夭', 金文(금문)에 '夶'의 자형으로 사람이 달려가는 모양을 본뜬 글자이다.

主 주인 주
• 丶부수, 총5획

甲骨文(갑골문)에 '𣎴', 金文(금문)에 '𤴐'의 字形(자형)으로, 등잔불의 심지에 불을 붙인 모양을 그린 象形字(상형자)이다. 뒤에 자형이 '𤴐→主'의 형태로 바뀌고 字義(자의)도 '임금 주'로 轉義(전의)되자, '火'를 더하여 '炷(심지 주)' 자를 또 만들었다.

住 살 주
• 人부수, 총7획

'사람 인(亻)'과 '주인 주(主)'의 形聲字(형성자)로, '主'는 본래 등잔의 심지의 뜻에서 끊어 머물게 하므로 사람이 '머물다' 이 뜻이다.

注 물댈 주
• 水부수, 총8획

'물 수(氵)'와 '주인 주(主)'의 形聲字(형성자)로, 임금(主)을 향하여 모든 신하가 모이듯이 모든 물줄기가 강과 바다로 흘러든다는 것에서 '물대다'의 뜻이다.

# 柱

기둥 주

- 木부수, 총9획

桂 柱 柱
갑골문　금문　전서　예서　해서

'나무 목(木)' 과 '임금 주(主)' 의 形聲字(형성자)로, 기둥은 집에 있어서 가장 중요한 부분이기 때문에 임금 주(主)자를 취하였다.

---

# 朱

붉을 주

- 木부수, 총6획

米 米 米 米 朱
갑골문　금문　전서　예서　해서

본래 구슬을 실에 꿴 모양을 象形(상형)하여 '米, 米, 米' 의 형태로 나타낸 것인데, 楷書體(해서체)의 '朱' 자가 된 것이다. 옛날 구슬의 대부분이 붉은색이었기 때문에 본래 실에 꿴 구슬의 뜻이 '붉다' 의 뜻으로 바뀐 것이다. 부득이 구슬을 뜻하는 '珠(구슬 주)' 를 또 만들었다.

---

# 株

그루 주

- 木부수, 총10획

株 株 株
갑골문　금문　전서　예서　해서

'나무 목(木)' 과 '붉을 주(朱)' 의 形聲字(형성자)로, 그루터기의 뜻이다. '朱(붉을 주)' 는 속이 붉은 나무인데, 붉다의 뜻으로 쓰이자 木을 더하여 그루터기의 뜻이 되었다.

---

# 酒

술 주

- 酉부수, 총10획

酉 酒 酒 酒
갑골문　금문　전서　예서　해서

'酉' 는 甲骨文(갑골문)에 '酉, 酉, 酉', 金文(금문)에 '酉, 酉' 등의 자형으로서 술이 들어 있는 항아리의 모양을 그리어 술의 뜻을 나타낸 象形(상형자)이다. 뒤에 十二支 중의 '닭띠' 를 뜻하는 글자로 전의되자, 술도 물이기 때문에 '酉' 에 '水' 를 더하여 '酒(술 주)' 자를 다시 만들었다.

---

# 宙

집 주

- 宀부수, 총8획

宙 宙 宙 宙
갑골문　금문　전서　예서　해서

'집 면(宀)' 과 '말미암을 유(由)' 의 形聲字(형성자)로, '시간의 집' 을 뜻한다. 宇宙(우주) 는 곧 공간의 집과 시간의 집의 결합체로 생각한 옛사람들의 착상이 놀랍다.

# 周
## 두루 주
- 口부수, 총8획

| 갑골문 | 금문 | 전서 | 예서 | 해서 |
|---|---|---|---|---|

갑골문에 '田'의 자형으로 밭 전(田)자 안에 4개의 점으로써 밭의 농작물이 '두루', '골고루' 잘되었다는 뜻이었다. 뒤에 쓸 용(用)과 입 구(口)의 會意字(회의자)로, 입은 화복의 문이므로 입을 사용(用)하여 말할 때는 입을 주밀(周密)하게 삼가야 한다는 데서 두루의 뜻이 되었다.

---

# 舟
## 배 주
- 舟부수, 총6획

| 갑골문 | 금문 | 전서 | 예서 | 해서 |
|---|---|---|---|---|

배의 모양(𝌀, 𣍹)을 그린 글자이다.

---

# 州
## 고을 주
- 巛 부수, 총6획

| 갑골문 | 금문 | 전서 | 예서 | 해서 |
|---|---|---|---|---|

흐르는 시냇물(川:내 천) 가운데로 솟은 땅(삼각주)을 본뜬 글자로, 그 곳에 비옥하여 사람이 모여 살게 되어 '고을'의 뜻이 되었다. 뒤에 氵(물 수)를 더하여 '洲(섬 주)'자를 또 만들었다.

---

# 洲
## 섬 주
- 水부수, 총9획

| 갑골문 | 금문 | 전서 | 예서 | 해서 |
|---|---|---|---|---|

섬을 뜻하던 주(州)자가 고을이란 뜻으로 사용되자, 본래의 뜻을 분명히 하기 위해 물 수(氵)자를 더하여 섬 주(洲)자를 만들었다.

---

# 準
## 수준기 준
- 水부수, 총13획

| 갑골문 | 금문 | 전서 | 예서 | 해서 |
|---|---|---|---|---|

'準' 자는 '准' 자와 同字(동자)로서, 물이 평평하다의 뜻이었는데, 뒤에 '승인하다'의 뜻이 되었다.

竹 | 대 죽
• 竹부수, 총6획

대나무 잎의 모양을 본떠 '艸' 과 같이 그린 象形字(상형자)인데, 楷書體(해서체)의 '竹(대 죽)' 자가 된 것이다.〔갑골문에 '竹(죽)' 자가 없는 것으로 보아 殷(은)대에는 황하 이북에 아직 대나무가 없었음을 알 수 있다.〕

俊 | 준걸 준
• 人부수, 총9획

갑골문　금문　전서　예서　해서

'사람 인(亻)' 과 '갈 준(夋)' 의 形聲字(형성자)로, 사람이 준수하다는 뜻이다. '夋' 은 행동이 민첩하다는 데서 재주가 뛰어남의 뜻으로 쓰였다.

遵 | 좇을 준
• 辵부수, 총16획

갑골문　금문　전서　예서　해서

'쉬엄쉬엄 갈 착(辶)' 과 '어른 존(尊)' 의 形聲字(형성자)로, 사당으로 술항아리를 받들고 간다는 데서, '받들고 가다' 의 뜻이다.

中 | 가운데 중
• ㅣ부수, 총4획

갑골문　금문　전서　예서　해서

'中' 자는 고대 씨족사회에 있어서 어떠한 대회가 있을 때는 광장 한 가운데 그 씨족을 상징하는 깃발을 세워 사방의 사람들이 모여들게 한 데서, '畗, 呂, 中' 의 형태로 한 가운데서 깃발이 날림을 그리어 '가운데' 를 뜻하게 되었고, 楷書體(해서체)의 '中' 자가 된 것이다.

重 | 무거울 중
• 里부수, 총9획

갑골문　금문　전서　예서　해서

金文(금문)에 '𡍱' 의 자형으로 줄기 정(壬)과 동녘 동(東)의 形聲字(형성자)이다. 줄기 정(壬)은 '𡉚' 의 자형으로 사람(丿)이 흙더미(土) 위에 서 있는 모습으로서 땅 위에 있으면 땅이 두터움을 알게 되므로 '두텁다' 의 뜻이었는데, 뒤에 '무겁다' 의 뜻이 되었다.

衆 무리 중
• 血부수, 총12획

갑골문 금문 전서 예서 해서

'衆' 자는 甲骨文(갑골문)에  의 형태로, 원래는 많은 노예(炏炏)들이 함께 뙤약볕(日) 밑에서 일하다의 뜻을 나타낸 글자인데, 뒤에 '무리'의 뜻으로 쓰였다. '衆'의 '血(피 혈)'은 '日(날 일)'이 변형된 것이다.

---

仲 버금 중
• 人부수, 총6획

中 中 仲 仲 仲
갑골문 금문 전서 예서 해서

'사람 인(人)'과 '가운데 중(中)'의 形聲字(형성자)로, 맏이(伯)와 막내(季)의 중간에 있는 형제를 뜻한다.

---

卽 곧 즉
• 卩부수, 총9획

 即 即 卽 卽
갑골문 금문 전서 예서 해서

金文(금문)에 ''의 자형으로, 밥그릇의 象形(상형)인 '향내 날 급(皀)'과 무릎을 꿇고 앉아 있는 '병부 절(卩)'의 會意字(회의자)로, 밥이 앞에 있으면 즉시 먹는다는 데서 '곧'의 뜻이다.

---

曾 일찍 증
• 日부수, 총12획

甶 曾 曾 曾 曾
갑골문 금문 전서 예서 해서

본래 시루의 모양을 본뜬 것인데, 일찍의 뜻으로 쓰이게 되어, 다시 '甑(시루 증)' 자를 만들었다.

---

增 더할 증
• 土부수, 총15획

增 曾 增 增 增
갑골문 금문 전서 예서 해서

'흙 토(土)'와 '거듭 증(曾)'의 形聲字(형성자)로, 흙을 더하여 '북돋우다'의 뜻이다.

憎 미워할 증
· 心부수, 총15획

갑골문　금문　전서　예서　해서

'마음 심(忄)'과 '거듭 증(曾)'의 形聲字(형성자)로, 마음(心)의 부담을 더욱(曾) 더하니 '미워하다'의 뜻이다.

贈 보낼 증
· 貝부수, 총19획

갑골문　금문　전서　예서　해서

'조개 패(貝)'와 '거듭 증(曾)'의 形聲字(형성자)로, 재물(貝)을 다른 사람에게 '주다'의 뜻이다.

證 증거 증
· 言부수, 총19획

갑골문　금문　전서　예서　해서

'말씀 언(言)'과 '오를 등(登)'의 形聲字(형성자)로, 말로써 사실을 명백하게 알리다의 뜻에서 증명하다의 뜻이다. 登은 더하다의 뜻이 있어 실상을 더하여 증명하다로 쓰였다.

症 증세 증
· 疒부수, 총10획

갑골문　금문　전서　예서　해서

'병질 녁(疒)'과 '바를 정(正)'의 形聲字(형성자)로, 병 증세의 뜻이다. 疒은 사람이 병들어 침상에 누워 있는 모습을 나타낸 것이고, 正은 証(證)의 省字(생자)로 징후의 뜻으로 쓰였다.

蒸 찔 증
· 艸부수, 총14획

갑골문　금문　전서　예서　해서

'풀 초(++)'와 '김 오를 증(烝)'의 形聲字(형성자)로, 찌다의 뜻이다. 蒸은 본래 삼(麻)을 불로 쪄서 삼피를 벗긴 대를 뜻했던 것이다.

只 | 다만 지
• 口부수, 총5획

갑골문　금문　전서　예서　해서

'입 구(口)' 밑에 '八' 의 자형으로, 곧 입에서 입김이 퍼져나감을 가리키어 말을 마침의 뜻이었는데, '다만' 의 뜻으로 쓰인다.

之 | 갈 지
• 丿부수, 총4획

갑골문　금문　전서　예서　해서

'之' 자는 甲骨文(갑골문)에 '屮' 의 형태로 땅 위에 발을 그리어 '가다' 의 뜻을 나타낸 글자이다. 뒤에 조사 '의' 로 쓰이게 되었다.

池 | 못 지
• 水부수, 총6획

갑골문　금문　전서　예서　해서

'물 수(氵)' 와 '어조사 이〔也:匜(세숫대야 이)의 初文(초문)〕' 의 形聲字(형성자)로, 대야에 물을 담듯이 연못도 물을 모아두기 때문에 '연못' 의 뜻이다.

誌 | 기록할 지
• 言부수, 총14획

갑골문　금문　전서　예서　해서

'말씀 언(言)' 과 '뜻 지(志)' 의 形聲字(형성자)로, 말한 뜻을 잊지 않도록 기록하여 두다의 뜻이다.

智 | 슬기 지
• 日부수, 총12획

갑골문　금문　전서　예서　해서

甲骨文(갑골문)의 '秋', 小篆(소전)의 '習' 자가 楷書體(해서체)의 '智' 로 변하였다. '知' 와 '智' 가 同字(동자)였으나, 뒤에 '智' 가 '지혜' 의 뜻으로 쓰였다.

| 遲 | 늦을 지 | | 갑골문 | 금문 | 전서 | 예서 | 해서 |
|---|---|---|---|---|---|---|---|

> 辵부수, 총16획

'천천히 걸어갈 착(辶)' 에 '무소 서(犀)' 의 形聲字(형성자)로, 느릿느릿하게 가는(辶) 코뿔소(犀)의 모습에서 '더디다(遲)' 라는 뜻이다. '犀' 는 본래 꼬리 미(尾)와 소 우(牛)의 形聲字(형성자)로, 코뿔소의 뜻이다.

| 枝 | 가지 지 | | 갑골문 | 금문 | 전서 | 예서 | 해서 |
|---|---|---|---|---|---|---|---|

> 木부수, 총8획

'나무 목(木)' 과 '가를 지(支)' 의 形聲字(형성자)로, '나뭇가지' 의 뜻이다.

| 持 | 가질 지 | | 갑골문 | 금문 | 전서 | 예서 | 해서 |
|---|---|---|---|---|---|---|---|

> 手부수, 총9획

'손 수(扌)' 와 '모실 시(寺)' 의 形聲字(형성자)이지만, 본래는 손(寸)에 무엇(土)을 가지고 있는 모습을 나타낸 글자 '시(寺→寺)' 자가 '모실 시(寺)', '절 사(寺)' 로 전의되자, 손 수(扌)자가 추가되었다.

| 止 | 그칠 지 | | 갑골문 | 금문 | 전서 | 예서 | 해서 |
|---|---|---|---|---|---|---|---|

> 止부수, 총4획

'止' 자는 甲骨文(갑골문)에 '止' 의 형태로, 땅 위에 서 있는 발의 모습을 본뜬 것인데, 뒤에 '그치다' 로 전의되었다.

| 地 | 땅 지 | | 갑골문 | 금문 | 전서 | 예서 | 해서 |
|---|---|---|---|---|---|---|---|

> 土부수, 총6획

'흙 토(土)' 에 '뱀 사' 의 古字(고자)인 '它(也)' 를 합한 글자로, 옛날에는 지구상에 도처에 '뱀(也)' 이 많았기 때문에, '土' 에 '也' 를 합쳐 '땅' 의 뜻이 되었다.

志 | 뜻 지
• 心부수, 총7획

갑골문 금문 전서 예서 해서

마음(心) 가는(之→士) 것이 뜻이라는 의미로, 나중에 갈 지(之)자가 선비 사(士)자로 변형되어, 뜻(志)이란 선비(士)의 마음(心)이라고 해석하기도 한다.

指 | 손가락 지
• 手부수, 총9획

갑골문 금문 전서 예서 해서

'손 수(扌)'와 '맛있을 지(旨)'의 形聲字(형성자)로, 옛날에는 수저가 없어 손가락으로 찍어 맛을 보았기 때문에 '旨(맛있을 지)'를 취하여 '손가락'의 뜻을 나타내었다.

知 | 알 지
• 矢부수, 총8획

갑골문 금문 전서 예서 해서

어떤 일을 알리는 데는 입(口)과 화살(矢)로 한다는 데서 '알다'의 뜻이다.

紙 | 종이 지
• 糸부수, 총10획

갑골문 금문 전서 예서 해서

'실 사(糸)'와 '뿌리 씨(氏)'의 形聲字(형성자)로, 옛날에는 낡은 베옷을 삶아 종이를 만들었기 때문에 '종이'의 뜻이 되었다.

支 | 지탱할 지
• 支부수, 총4획

갑골문 금문 전서 예서 해서

대나무의 반쪽과 손을 합한 글자(𠔻)로, 손으로 댓가지를 '가르다'의 뜻이다.

# 至

이를 지

• 至부수, 총6획

갑골문 금문 전서 예서 해서

'이르다(도달하다)' 는 화살(矢)을 멀리 쏘아 땅(一)에 이른 것을 나타내어 '至, 至'
의 형태로 그렸던 것인데, 楷書體(해서체)의 '至' 가 된 것이다.

---

# 職

벼슬 직

• 耳부수, 총18획

갑골문 금문 전서 예서 해서

'귀 이(耳)' 와 '찰흙 시(戠:본래는 새기다의 뜻)의 形聲字(형성자)로, 작은 일도 귀(耳)로
잘 들어 마음에 새기다(戠)의 뜻이었는데, 뒤에 '직책' , '직분' 의 뜻으로 쓰였다. 戠는
알 식(識)의 初文(초문)이고, 職은 識의 本字(본자)이다.

---

# 織

짤 직

• 糸부수, 총18획

갑골문 금문 전서 예서 해서

'실 사(糸)' 와 '찰흙 시(戠)' 의 形聲字(형성자)로, 실을 날실과 씨실로 하여 옷감을 '짜
다' 의 뜻이다.

---

# 直

곧을 직

• 目부수, 총8획

갑골문 금문 전서 예서 해서

甲骨文(갑골문)에 '直' 의 자형으로, 본래 눈의 시선이 똑 바로 보는 것을 나타낸 것인데,
'곧다' 의 뜻이 되었다.

---

# 進

나아갈 진

• 辶부수, 총12획

갑골문 금문 전서 예서 해서

새(隹:새 추)가 뛰어(辶:쉬엄쉬엄 갈 착) 가다가 날아가는 것처럼 앞으로 나간다는 뜻
에서 '올라가다' , '나아가다' 의 뜻이다.

眞
참 진
• 目부수, 총10획

갑골문 　 금문 　 전서 　 예서 　 해서

匕(될 화의 古字), 目(눈 목), ㄴ(隱의 古字), ハ(丌의 省文)의 會意字(회의자)로, 사람이 도를 닦아 신선으로 변하여 하늘로 올라간 사람이란 뜻이다. 도를 깨친 사람에서 참되다의 뜻이 되었다. 仙人(타인)을 眞人(진인)이라고도 칭함에서도 알 수 있다.

盡
다할 진
• 皿부수, 총14획

갑골문 　 금문 　 전서 　 예서 　 해서

화로(皿) 속의 불(火)을 손(⺕)에 부젓가락(丨)을 잡고 휘저으면 불이 꺼지게 되는데, 그 상태를 그리어 ', 盡, 盡' 의 형태로 '꺼지다' 의 뜻이었는데, '다할 진' 의 뜻으로 변한 것은 고대에 있어서 화로에 담아 놓은 불씨가 꺼지면, 무엇도 할 수 없이 일이 다 끝나버리기 때문에 '다하다' 로 된 것이다.

辰
별 진
• 辰부수, 총7획

갑골문 　 금문 　 전서 　 예서 　 해서

甲骨文(갑골문)에 '㕯' 의 자형으로, 본래 조개껍데기를 손에 매어 벼 이삭을 자르는 모양을 본뜬 것인데, 전갈 별자리 모양과 비슷하여 '별' 의 뜻으로 쓰이게 되었다.〔다시 '辰' 자에 '虫(벌레 충)' 자를 더하여 '蜃(조개 신)' 자를 만들었다.〕

振
떨칠 진
• 手부수, 총10획

갑골문 　 금문 　 전서 　 예서 　 해서

'손 수(扌)' 와 '별 진(辰)' 의 形聲字(형성자)로, 떨치다의 뜻이다. 본래 손(扌)을 높이 들어 구원하다의 뜻이었다.

鎭
진압할 진
• 金부수, 총18획

갑골문 　 금문 　 전서 　 예서 　 해서

'쇠 금(金)' 과 '참 진(眞)' 의 形聲字(형성자)로, 본래 물건을 누르기 위하여 쇠붙이로 만든 물건의 뜻이었는데, 누르다의 뜻으로 쓰인다. 眞은 속이 비지 않은 물건의 뜻으로 쓰였다.

| 陣 | 줄 진 | | | | 갑골문 | 금문 | 전서 | 예서 | 해서 |

陣
줄 진
• 阜부수, 총10획

갑골문　금문　전서　예서　해서

'언덕 부(阜→阝)' 와 '수레 거(車)' 의 形聲字(형성자)이다. 車는 곧 陳(진)의 省字(생자)로 쓰였다. 小篆體(소전체)는 '䡅' 으로서 손으로 쳐서(攴 :칠 복) 열을 맞추다에서 진치다의 뜻이 되었다.

陳
늘어놓을 진
• 阜부수, 총11획

갑골문　금문　전서　예서　해서

본래의 자형은 다르지만, '언덕 부(阜→阝)' 에 '동녘 동(東)' 을 합한 글자로, 본의는 지명을 나타낸 글자인데, '베풀다' , '묵다' 의 뜻으로 쓰인다.

珍
보배 진
• 玉부수, 총9획

갑골문　금문　전서　예서　해서

'구슬 옥(玉)' 과 '숱 많을 진(㐱)' 자의 形聲字(형성자)로 이루어진 글자이다. 갑골문에 '⊛' 의 자형으로서 본래 조개(貝)를 손(勹)으로 싸고 있는 형태로 보물의 뜻이었는데, 소전체에서 '珍' 의 자형으로 변하였다.

質
바탕 질
• 貝부수, 총15획

갑골문　금문　전서　예서　해서

'조개 패(貝)' 와 '모탕 은(斦)' 의 會意字(회의자)로, 재물(貝)의 가치를 따져 저당하는 사물의 뜻에서 '바탕' 의 뜻으로 쓰인다.

秩
차례 질
• 禾부수, 총10획

갑골문　금문　전서　예서　해서

'벼 화(禾)' 와 '과실 실(失)' 의 形聲字(형성자)로, 벼(禾)를 베어서 실수(失)가 없도록 차곡차곡 볏가리를 세운다는 데서 '질서' 의 뜻이다.

疾 병 질
• 疒부수, 총10획

갑골문 금문 전서 예서 해서

'병 질(疒)' 과 '화살 시(矢)' 의 形聲字(형성자)로, 병(疒)이 화살(矢)처럼 급히 전염한다는 데서 '급속하다' 의 뜻이었는데, '병' 의 뜻이 되었다.

姪 조카 질
• 女부수, 총9획

갑골문 금문 전서 예서 해서

'여자 녀(女)' 와 '이를 지(至)' 의 形聲字(형성자)로, '조카' 의 뜻으로 쓰였다. '侄' 은 姪 의 俗字(속자)이다.

集 모을 집
• 隹부수, 총12획

갑골문 금문 전서 예서 해서

'새 추(隹)' 에 '나무 목(木)' 을 합친 글자로, 나무(木) 위에 새(隹)가 떼 지어 앉으니 '모이다' 는 뜻이다. 본래 '雧' 의 자형이었는데 '集' 으로 변하였다.

執 잡을 집
• 土부수, 총11획

갑골문 금문 전서 예서 해서

꿇어 앉아 있는 사람(丸)의 두 손에 수갑(幸)을 채운 죄수를 잡아 놓은 모습이다.

徵 부를 징
• 彳부수, 총15획

갑골문 금문 전서 예서 해서

徵은 본래 '壬(줄기 정)' 과 '微(적을 미)' 의 省字(생자)인 '㣲' 의 會意字(회의자)로, 이름이 나지 않은 사람이 좋은 일(壬 : 義의 뜻)을 하여 임무를 맡기려고 부르다(召)의 뜻이다.

302

| 혼날 징
• 心부수, 총19획

懲 懲
갑골문　금문　전서　예서　해서

'마음 심(心)' 과 '부를 징(徵)' 의 形聲字(형성자)로, 징계하다의 뜻이다.

且 | 또 차
· 一부수, 총5획

갑골문 금문 전서 예서 해서

고기를 수북히 담아 신에게 바친 도마의 모양을 본뜬 象形字(상형자)이다. 뒤에 '또' 의
뜻으로 쓰였다. 다른 설도 있으나, 會意字(회의자)로 본 것은 잘못이다.

借 | 빌릴 차
· 人부수, 총10획

갑골문 금문 전서 예서 해서

'사람 인(人)' 과 '옛 석(昔)' 의 形聲字(형성자)로, 빌리다의 뜻이다.

次 | 버금 차
· 欠부수, 총6획

갑골문 금문 전서 예서 해서

'두 이(二)' 와 '하품 흠(欠)' 의 形聲字(형성자)로, 첫째가 되지 못하고 버금의 뜻이다.

此 | 이 차
· 止부수, 총6획

갑골문 금문 전서 예서 해서

발(止)과 사람(匕：人의 反文)이 서 있는 모습으로, 즉 사람(匕)이 서 있는(止) 곳이 이곳
이라는 뜻이다.

差 | 어긋날 차
• 工부수, 총10획

갑골문 금문 전서 예서 해서

小篆(소전)에 '差' 의 자형으로 왼손(左)과 (乖:어그러질 괴)의 合體字(합체자)로, '어긋나다' 의 뜻이다. 왼눈으로 보면 바르지 못함의 뜻.


辶 | 쉬엄쉬엄 갈 착
• 辶부수, 총4획

갑골문 금문 전서 예서 해서

네거리에 사람의 다리를 그려 '가다' 의 뜻을 나타낸 것인데, 부수자로만 쓰이게 되었다. 본래는 '辵(착)' 자인데, '辶(착받침→책받침)' 으로 명칭이 변하였다.


着 | 입을 착 / 나타날 저 (본래 '著')
• 羊부수, 총13획

갑골문 금문 전서 예서 해서

著의 俗字(속자). 옷을 입다의 뜻일 때는 '착(着)' 으로 발음된다.


錯 | 섞일 착
• 金부수, 총16획

갑골문 금문 전서 예서 해서

'쇠 금(金)' 과 '옛 석(昔)' 의 形聲字(형성자)로, 원래 쇠를 도금하여 꾸민다는 뜻이었으나, 도금하기 위해 쇠를 섞는다는 뜻이 생겼다. 昔은 措(섞을 조)의 省字(생자)로 섞다의 뜻으로 쓰였다.


捉 | 잡을 착
• 手부수, 총10획

갑골문 금문 전서 예서 해서

'손 수(扌)' 와 '발 족(足)' 의 形聲字(형성자)로, 손으로 손(手)이나 발(足)을 잡다의 뜻이다.

305

**贊** 도울 찬
• 貝부수, 총19획

갑골문　금문　전서　예서　해서

'조개 패(貝)' 와 '나아갈 신(兟)' 의 形聲字(형성자)로, 보물을 가지고 나아가 알현하다의
뜻인데, 뒤에 칭찬, 찬성의 뜻이 되었다.

**讚** 기릴 찬
• 言부수, 총26획

갑골문　금문　전서　예서　해서

'말씀 언(言)' 과 '도울 찬(贊)' 의 形聲字(형성자)로, 말(言)로 도와준다(贊)는 데서 '돕다',
'기리다' 의 뜻이다.

**察** 살필 찰
• 宀부수, 총14획

갑골문　금문　전서　예서　해서

'집 면(宀)' 과 '제사 제(祭)' 의 形聲字(형성자)로, 제사 지낼 때 제물보다 더 살필 일이 없
다는 것에서 '살피다' 의 뜻으로 쓰였다.

**參** 참여할 참 / 석 삼
• 厶부수, 총11획

갑골문　금문　전서　예서　해서

금문에 '  ' 의 자형으로 사람(人)의 머리 위에 있는 3개의 별을 그린 會意字(회의자)
로, 밝게 빛을 내는 별(晉星)이란 뜻이다. 晉星은 세 개의 별로 되어 있어 '셋' 의 뜻이
다. 뒤에 참가하다의 뜻으로 쓰였다. 중국에서는 인삼의 뜻으로도 쓰인다.

**慘** 참혹할 참
• 心부수, 총14획

갑골문　금문　전서　예서　해서

'마음 심(心)' 과 '석 삼(參)' 의 形聲字(형성자)로, 마음을 아프게 하다의 뜻이다. 參은 별
이름으로 합치다의 뜻이 있어 남을 해칠 때는 여럿이 합쳐서 하다에서 취하였다.

|  慙 | 부끄러울 참 | | | 慙 慙 慙 |
|---|---|---|---|---|
| | • 心부수, 총15획 | 갑골문 금문 | 전서 | 예서 해서 |

'마음 심(心)' 과 '참할 참(斬)' 의 形聲字(형성자)로, 부끄러워하다의 뜻이다.

| 昌 | 창성할 창 | | | ㅂ 윱 昌 昌 |
|---|---|---|---|---|
| | • 日부수, 총8획 | 갑골문 금문 | 전서 | 예서 해서 |

金文(금문)에 '윱, 윰, 윰' 등의 자형으로서, 곧 아침에 해(日)가 솟아오르는 것을 보고 입(曰:가로 왈)으로 소리치는 것을 나타낸 會意字(회의자)이다. 뒤에 '昌' 의 뜻이 '창성하다, 번창하다' 의 뜻으로 전의되자, '昌' 에 '口(입 구)' 를 더하여 '唱(부를 창)' 자를 다시 만들었다.

| 唱 | 부를 창 | | | 唱 唱 唱 |
|---|---|---|---|---|
| | • 口부수, 총11획 | 갑골문 금문 | 전서 | 예서 해서 |

'입 구(口)' 와 '번창할 창(昌)' 의 形聲字(형성자)로, '昌(번창할 창)' 의 累增字(누증자)이다.

| 窓 | 창문 창 | | | 囱 窓 窓 |
|---|---|---|---|---|
| | • 穴부수, 총11획 | 갑골문 금문 | 전서 | 예서 해서 |

窓의 본자는 '囱→窗→窻' 으로서, 벽에 구멍(穴)을 내어 밝은 빛을 받아들이게 한 것이 '창문' 이라는 뜻이다.

|  倉 | 곳집 창 | | | 倉 倉 倉 倉 |
|---|---|---|---|---|
| | • 人부수, 총10획 | 갑골문 금문 | 전서 | 예서 해서 |

곳집, 곧 창고의 모양을 본뜬 상형자이다.

## 創

비롯할 창
- 刀부수, 총12획

갑골문    금문    전서    예서    해서

‘刅(벨 창)’ 은 金文(금문)에 ‘  ’ 등의 자형으로서 칼날에 피가 묻은 것을 나타낸 指事字(지사자)이다. 뒤에 ‘刅(창)’ 이 聲符(성부)로 쓰이게 되자, ‘刱(상처 창)’ 자를 만들고, 또한 ‘創(상처 창)’ 자와 같이 字形이 변하였다. 字義(자의)도 변하여 ‘처음’ 이란 뜻으로도 쓰인다. 創傷(창상)은 칼에 벤 상처라는 뜻이다.

## 蒼

푸를 창
- 艸부수, 총14획

갑골문    금문    전서    예서    해서

‘풀 초(++)’ 와 ‘창고 창(倉)’ 의 形聲字(형성자)로, 풀이 푸르다의 뜻이다.

## 滄

찰 창
- 水부수, 총13획

갑골문    금문    전서    예서    해서

‘물 수(氵)’ 와 ‘창고 창(倉)’ 의 形聲字(형성자)이다. 창고는 온도가 차고 통풍이 잘되어야 하므로 물이 ‘차다’ 의 뜻이다.

## 暢

펼 창
- 日부수, 총14획

갑골문    금문    전서    예서    해서

‘펼 신(申)’ 과 ‘빛날 양(昜)’ 의 形聲字(형성자)로, 햇빛(昜)이 넓게 퍼져(申:伸) 화창(暢)하다는 뜻이다.

## 菜

나물 채
- 艸부수, 총12획

갑골문    금문    전서    예서    해서

‘풀 초(++)’ 와 ‘캘 채(采)’ 의 形聲字(형성자)로, 손(爪)으로 뜯은 ‘나물’ 의 뜻이다.

採 캘 채
• 手부수, 총11획

갑골문　금문　전서　예서　해서

'손 수(扌)' 와 '캘 채(采)' 의 形聲字(형성자)이다. 采가 풍채의 뜻으로 전의되자 採자를 또 만든 累增字(누증자)이다.

彩 무늬 채
• 彡부수, 총11획

갑골문　금문　전서　예서　해서

'캘 채(采)' 와 '그릴 삼(彡)' 의 形聲字(형성자)로, 채색으로 '꾸미다' 의 뜻이다. 彩는 采의 累增字(누증자)이다.

責 꾸짖을 책
• 貝부수, 총11획

갑골문　금문　전서　예서　해서

'조개 패(貝)' 와 '가시 자(朿)' 의 形聲字(형성자)로, 빌려준 돈(貝)을 제때 갚지 않아 가시 (朿)로 찌르듯이 핍박하다에서 '꾸짖다' 의 뜻이 되었다.

債 빚 채
• 人부수, 총13획

갑골문　금문　전서　예서　해서

'사람 인(人)' 과 '재촉할 책(責)' 의 會意字(회의자)로, 남에게 빚지다의 뜻이다. 남에게 빚을 졌을 때 상환을 독촉받다의 뜻으로 責이 취해졌다.

策 채찍 책
• 竹부수, 총12획

갑골문　금문　전서　예서　해서

'대나무 죽(竹)' 과 '가시 자(朿)' 의 形聲字(형성자)로, 본래 '채찍' 의 뜻이었는데, '꾀' 의 뜻으로 전의되었다.

册 책 책
• 冂부수, 총5획

갑골문 금문 전서 예서 해서

나무나 대쪽, 곧 簡册(간책)에 글씨를 써서 끈으로 엮은 모양을 象形(상형)하여 '冊, 冊'
과 같이 그린 것인데, 楷書體(해서체)의 '册(책 책)' 자가 된 것이다.


處 곳 처
• 虍부수, 총11획

갑골문 금문 전서 예서 해서

'범 호(虍)'에 '책상 궤(几)'와 '천천히 걸을 쇠(夊)'를 합한 글자로, '이르러 머물다'의
뜻에서 '사는 곳'을 뜻한다.


妻 아내 처
• 女부수, 총8획

갑골문 금문 전서 예서 해서

여자가 머리에 손(彐)으로 비녀(十)를 꽂은 모습을 본뜬 會意字(회의자)로, 아내의 뜻이다.


悽 슬퍼할 처
• 心부수, 총11획

갑골문 금문 전서 예서 해서

'마음 심(心)'과 '아내 처(妻)'의 形聲字(형성자)로, 슬퍼 마음을 아파하다의 뜻. 妻 는
凄(쓸쓸할 처)의 省字(생자)로 슬퍼할 때는 쓸쓸함이 있다는 뜻으로 취함.


尺 자 척
• 尸부수, 총4획

갑골문 금문 전서 예서 해서

옛날 사람들이 손목에서부터 팔꿈치까지의 길이를 10寸, 곧 한 자의 단위로 하였기
때문에 사람(彳)에 팔꿈치(乀)를 표시한 부호를 더하여 '尺'의 형태로 나타낸 것인
데, 楷書體(해서체)의 '尺(자 척)' 자가 된 것이다.

| | | 갑골문 | 금문 | 전서 | 예서 | 해서 |

斥 | 물리칠 척
• 斤부수, 총5획 | | | 庐 | 庐 | 斥

본래 '庐' 의 자형으로 '집 엄(广) 과 戟의 古字[고자(屰)]의 形聲字(형성자)이다. 옛집 (广)의 모양을 고쳐 넓게 만들다에서 '屰' 은 不順(불순)의 뜻이므로 배척하다의 뜻으로 쓰인다.

拓 | 주울 척 / 박을 탁
• 手부수, 총8획 | | | 师 | 拓 | 拓

'손 수(扌)' 와 '돌 석(石)' 의 形聲字(형성자)로, 손(手)으로 돌을 주워내어 확장하는 것에서 '개척하다' 의 뜻이다.

戚 | 겨레 척
• 戈부수, 총11획 | | 昒 | 朵 | 槭 | 槭 | 戚

본래는 '도끼 월(戉)' 과 콩 숙(尗 → 叔)의 形聲字(형성자)로, 도끼(戉)보다 작은 도끼라는 뜻이다. '尗' 은 작다의 뜻으로 쓰였다. 뒤에 가차되어 겨레의 뜻으로 쓰인다.

川 | 내 천
• 川부수, 총3획 | | 巛 | 巛 | 巛 | 川 | 川

물줄기가 들판을 뚫고 흘러가는 굴곡된 모양을 象形(상형)하여 '巛, 巛, 巛' 과 같이 그린 것인데, 楷書體(해서체)의 '川' 으로서 '내' 의 뜻이다. 부수자로 쓸 때는 다른 모양인 '巛(내 천)' 으로도 쓰인다.

泉 | 샘 천
• 水부수, 총9획 | | 釆 | 京 | 宋 | 泉 | 泉

샘물이 바위틈에서 흘러나오는 모양을 '釆, 釆, 釆' 과 같이 그린 것인데, 뒤에 자형이 크게 변하여 '泉' 과 같이 '흰 백(白) 자와 '물 수(水) 자를 합한 會意字(회의자)의 형태로서 '샘 천(泉)' 의 자형이 되었다.

| 千 | 일천 천 | | 允 | 弁 | 戶 | 千 | 千 |
|---|---|---|---|---|---|---|---|
| | • 十부수, 총3획 | | 갑골문 | 금문 | 전서 | 예서 | 해서 |

숫자의 일천은 甲骨文(갑골문)에서 '允, 允' 의 형태로 썼고, 2천은 '弁', 5천은 '釆' 의 형태로 쓴 것을 보면, 본래 사람을 象形(상형)한 '允(人)' 자 자체가 천을 뜻하였음을 알 수 있다. 고대에 있어서 엄지손가락으로써 百을 가리키고, 자신의 몸을 가리키어 '千' 을 뜻한 데서 甲骨文(갑골문)의 '允' 과 같은 자형이 이루어졌고, 다시 '弁, 千' 의 형태로 변하여 楷書體(해서체)의 '千' 자가 된 것이다.

| 天 | 하늘 천 | | 呆 | 大 | 页 | 天 | 天 |
|---|---|---|---|---|---|---|---|
| | • 大부수, 총4획 | | 갑골문 | 금문 | 전서 | 예서 | 해서 |

본래 사람의 이마, 곧 머리를 가리키어 '呆, 夫, 夫, 夫, 页' 의 형태로 만든 것인데, 뒤에 사람의 머리 위가, 곧 넓은 하늘임을 뜻하여 楷書體(해서체)의 '天(하늘 천)' 자가 된 것이다. 부득이 다시 이마를 뜻하는 글자로 '頂(정수리 정)', '顚(이마 전)', '題(이마 제)' 자를 만들었다.

| 淺 | 얕을 천 | | | 纞 | 淺 | 淺 | 淺 |
|---|---|---|---|---|---|---|---|
| | • 水부수, 총11획 | | 갑골문 | 금문 | 전서 | 예서 | 해서 |

'물 수(氵)' 와 '적을 전(戔)' 의 形聲字(형성자)로, 물이 얕다의 뜻이다. 戔에는 細少(세소) 의 뜻이 있다.

| 賤 | 천할 천 | | | 賎 | 賤 | 賤 | |
|---|---|---|---|---|---|---|---|
| | • 貝부수, 총15획 | | 갑골문 | 금문 | 전서 | 예서 | 해서 |

'조개 패(貝)' 와 '적을 전(戔)' 의 形聲字(형성자)로, 물품이 값(貝)이 적은(戔)데서 천하다 의 뜻이다.

| 踐 | 밟을 천 | | | 踐 | 踐 | 踐 | |
|---|---|---|---|---|---|---|---|
| | • 足부수, 총15획 | | 갑골문 | 금문 | 전서 | 예서 | 해서 |

'발 족(足)' 과 '해칠 잔(戔)' 의 形聲字(형성자)로, 발로 밟다의 뜻이다. 발로 사물을 밟으 면 상처가 생기므로 해하다의 뜻을 가진 戔(잔)을 취하였다.

| 遷 | 옮길 천 | | | | | | 갑골문 금문 전서 예서 해서 |
|---|---|---|---|---|---|---|---|

遷
옮길 천
• 辵부수, 총16획

'쉬엄쉬엄 갈 착(辶)' 자와 '옮길 선(䙴)'의 形聲字(형성자)로, 옮기다의 뜻이다. 䙴은 높이 오르다의 뜻이다.

薦
천거할 천
• 艸부수, 총17획

'풀 초(++)'와 '해태 치(廌)'의 形聲字(형성자)로, 본래 자리의 뜻이다. 廌는 是非(시비)를 가릴 줄 아는 神獸(신수)로 풀을 먹기 때문에 ++(풀)을 더한 것이다.

鐵
쇠 철
• 金부수, 총21획

'쇠 금(金)'과 '클 질(載)'의 形聲字(형성자)로, '검은 쇠'의 뜻이다. '클 질(載)'은 '䥫'의 자형이 변형된 것인데, 많다의 뜻으로 쇠는 얻기 쉬운 금속이란 뜻이다.

哲
밝을 철
• 口부수, 총10획

'입 구(口)'와 '꺾을 절(折)'의 形聲字(형성자)로, 是非를 결단하여(折) 명백하게 입(口)으로 말함에서 밝다의 뜻이다.

徹
통할 철
• 彳부수, 총15획

'걸을 척(彳)'과 '철저할 철(㪠)'의 形聲字(형성자)로, 중간을 가로질러 가는 데서 '통하다'의 뜻이다.

| 尖 | 뽀족할 첨 |
|---|---|
| | • 小부수, 총6획 |

갑골문　금문　전서　예서　해서

아래가 크고(大) 위로 올라갈수록 끝은 작아진다(小)는 데서 '뽀족하다', '날카롭다'
의 뜻이다.

| 添 | 더할 첨 |
|---|---|
| | • 水부수, 총11획 |

갑골문　금문　전서　예서　해서

'물 수(氵)'와 '더러울 첨(忝)'의 形聲字(형성자)로, 첨가하다의 뜻이다. 물은 주야로 부
단히 흘러 웅덩이마다 만족시켜 줌에서 첨가하다의 뜻으로 쓰였다.

| 妾 | 첩 첩 |
|---|---|
| | • 女부수, 총8획 |

갑골문　금문　전서　예서　해서

'여자 녀(女)'와 '매울 신(辛)'의 會意字(회의자)로, 옛날 포로로 잡혀온 여자의 얼굴에
문신을 하여(辛) 첩으로 삼은 데서 첩의 뜻이다. '辛'은 문신의 도구이다.

| 晴 | 갤 청 |
|---|---|
| | • 日부수, 총12획 |

갑골문　금문　전서　예서　해서

본래는 '저녁 석(夕)'과 '날 생(生)'의 形聲字(형성자)로, 저녁에 비가 그치고 별이 보이
면 내일 낮이 맑게 개일 것이라는 뜻이다. 예서에서 '晴' 자로 변하였다.

| 聽 | 들을 청 |
|---|---|
| | • 耳부수, 총22획 |

갑골문　금문　전서　예서　해서

'귀 이(耳)'와 '덕 덕(悳)'의 변형자, 줄기 정(壬)자의 形聲字(형성자)로, 귀로 듣다의 뜻
이다. '悳'은 '得(얻을 득)'과 같은 뜻으로, 귀(耳)로 얻은(悳) 것이란 뜻에서 취하였다.

廳 관청 청
• 广부수, 총25획

갑골문 금문 전서 예서 해서

'돌집 엄(广)'과 '들을 청(聽)'의 形聲字(형성자)로, 백성의 말을 들어 일을 하는 큰집의 뜻이다. 본래 '聽' 이었는데 예서체에서 '廳'으로 쓰인 累增字(누증자)이다.

靑 푸른 청
• 靑부수, 총8획

갑골문 금문 전서 예서 해서

여러 가지 설이 있으나, 金文(금문)에 '靑', 小篆(소전)에 '靑'의 자형으로서 '生'과 '丹(붉을 단)'의 形聲字(형성자)로, '丹'은 有色(유색)의 돌을 뜻하며, 그중 푸른색의 돌로서 '푸른빛'의 뜻이다.

淸 맑을 청
• 水부수, 총11획

갑골문 금문 전서 예서 해서

'물 수(氵)'와 '푸를 청(靑)'의 形聲字(형성자)로, 물(水)이 푸르게(靑) 보여 '맑고 깨끗하다'의 뜻이다.

請 청할 청
• 言부수, 총15획

갑골문 금문 전서 예서 해서

'말씀 언(言)'과 '푸를 청(靑)'의 形聲字(형성자)로, 말로 부탁(請)하다의 뜻이다. 靑은 情(뜻 정)의 省字(생자)로서 진정할 뜻으로 취하였다.

體 몸 체
• 骨부수, 총23획

갑골문 금문 전서 예서 해서

'뼈 골(骨)'과 '제기 례(豊)'의 形聲字(형성자)로, '豊'에는 풍부함의 뜻이 있으므로 뼈(骨)에 붙은 살 전체로써 '몸'의 뜻이다.

# 替
**바꿀 체**
- 曰부수, 총12획

갑골문　금문　전서　예서　해서

小篆(소전)에 '朁'의 자형으로, '나아갈 신(兟)'과 '가로 왈(曰)'의 會意字(회의자)로 되어 있다. 옛 것을 폐하여 새 것을 일으키다에서 교체하다의 뜻으로 쓰인다. 뒤에 '朁'로, 또 替로 변했다.

# 初
**처음 초**
- 刀부수, 총7획

갑골문　금문　전서　예서　해서

옷(衤)을 만들 때는 먼저 가위나 칼(刀)로 옷감을 재단한다는 데서 '처음'의 뜻이다.

# 艸
**풀 초**
- ++부수, 총6획

갑골문　금문　전서　예서　해서

풀싹이 돋아나는 모양을 본뜬 것이다. 본래는 '艸' 자인데 '++'의 부수자로 되었다. '++' 밑에 쓰는 글자는 모두 식물 이름이나 식물과 관계있는 글자이다.

# 草
**풀 초**
- 艸부수, 총10획

갑골문　금문　전서　예서　해서

'艸'의 金文(금문)은 '艸, 艸' 등의 자형으로서 풀 싹의 모양을 그린 會意字(회의자)이다. 뒤에 '艸→++'와 같이 자형이 변형되어 部首字(부수자)로만 쓰이게 되자, '++'에 '早'를 더하여 形聲字(형성자)로서 '草' 자가 된 것이다.〔풀 싹을 하나만 그린 象形字(상형자)는 '屮→屮'의 자형으로서 '싹날 철' 이라고 한다.〕

# 肖
**닮을 초**
- 肉부수, 총7획

갑골문　금문　전서　예서　해서

'고기 육(月)'과 '작을 소(小)'의 形聲字(형성자)로, 본래 후손이 그 선조의 모습과 비슷하다의 뜻이다. 骨肉(골육)이 완전히 같은 것이 아니라, 좀(小) 닮았다는 뜻으로 '不肖(불초)'는 선조를 닮지 못해 不孝(불효)하다는 뜻으로 쓰인다.

**招** | 부를 초
• 手부수, 총8획

갑골문　금문　전서　예서　해서

'손 수(扌)' 와 '부를 소(召)' 의 形聲字(형성자)로, 손짓하여 '부르다' 의 뜻이다. '招' 는 '召' 의 累增字(누증자)이다.

**超** | 넘을 초
• 走부수, 총12획

갑골문　금문　전서　예서　해서

'달릴 주(走)' 와 '부를 소(召)' 의 形聲字(형성자)로, 어른이 부르면(召) 뛰어간다(走)는 데서 '뛰어 달리다' 의 뜻이다.

**抄** | 베낄 초
• 手부수, 총7획

갑골문　금문　전서　예서　해서

'손 수(扌)' 와 '적을 소(少)' 의 形聲字(형성자)로, 손에 수저를 잡고 음식을 뜨다의 뜻이었는데, 뒤에 베껴쓰다의 뜻이 되었다.

**礎** | 주춧돌 초
• 石부수, 총18획

갑골문　금문　전서　예서　해서

'돌 석(石)' 과 '회초리 초(楚)' 의 形聲字(형성자)로, '楚' 는 苦楚(고초)의 뜻으로 기둥을 받치고 있는 돌(石)은 매우 중압을 받음이 고초스러운 것이므로 '주춧돌' 의 뜻이 되었다.

**促** | 재촉할 촉
• 人부수, 총9획

갑골문　금문　전서　예서　해서

'사람 인(人)' 과 '발 족(足)' 의 形聲字(형성자)로, 사람(人)의 발(足) 걸음을 재촉한다는 뜻이다.

燭 | 촛불 촉
• 火부수, 총17획

갑골문 금문 전서 예서 해서

'불 화(火)' 와 '벌레 촉(蜀)' 의 形聲字(형성자)로, 옛날 밤에 불이 문 안에 있는 것은 庭燎 (정요), 문밖에 있는 것은 大燭(대촉)이라 하였는데, 뒤에 촛불의 뜻이 되었다.

觸 | 닿을 촉
• 角부수, 총20획

갑골문 금문 전서 예서 해서

'뿔 각(角)' 과 '벌레 족(蜀)' 이 形聲字(형성자)로, 벌레가 촉각으로 접촉하는 데서 접촉 하다의 뜻이다.

寸 | 마디 촌
• 寸부수, 총3획

갑골문 금문 전서 예서 해서

손목에서 동맥의 맥박이 뛰는 위치까지를 十分, 곧 한 치의 단위로 보아, 손(又)에 맥박 의 위치를 가리키는 부호를 더하여 '寸' 의 형태로 나타낸 것인데, 楷書體(해서체)의 '寸 (마디 촌)' 자가 된 것이다.

村 | 마을 촌
• 木부수, 총7획

갑골문 금문 전서 예서 해서

'나무 목(木)' 과 '마디 촌(寸)' 의 形聲字(형성자)이지만, 본래는 小篆(소전)에 '邨' 의 자 형으로, 곧 '屯(진칠 둔)' 과 '邑(고을 읍)' 의 合體字(합체자)로 '시골집' 의 뜻이다. '屯' 은 모여 머무는 뜻에서 '邨' 은 곧 '마을' 의 뜻이다. '村' 은 '邨' 의 俗字(속자)이지만, 현 재 더 널리 쓰인다.

銃 | 총 총
• 金부수, 총14획

갑골문 금문 전서 예서 해서

'쇠 금(金)' 과 '가득할 충(充)' 의 形聲字(형성자)로, 본래는 도끼의 자루를 박는 구멍의 뜻이었는데, 총의 뜻으로 쓰인다. 중국에서는 지금도 槍(창)으로써 총을 뜻한다.

| 總 | 거느릴 총 |
|---|---|
| | • 糸부수, 총17획 |

갑골문 　 금문 　 전서 　 예서 　 해서

‘실 사(糸)’ 와 ‘굴뚝 총(悤)’ 의 形聲字(형성자)로, 많은 실을 모아 하나로 묶는다는 뜻에서 ‘거느리다’ 의 뜻이 되었다. 悤에는 빠르다의 뜻이 있어 흩어진 실을 빨리 한데 묶다의 뜻으로 취하였다.

| 聰 | 귀 밝을 총 |
|---|---|
| | • 耳부수, 총17획 |

갑골문 　 금문 　 전서 　 예서 　 해서

‘귀 이(耳)’ 와 ‘바쁠 총(悤)’ 의 形聲字(형성자)로, 들은(耳) 것을 빨리(悤) 대응하여 살피다의 뜻이었는데, 총명하다의 뜻이 되었다.

| 最 | 가장 최 |
|---|---|
| | • 曰부수, 총12획 |

갑골문 　 금문 　 전서 　 예서 　 해서

어려운 일을 무릅쓰고〔冃 : 모자 모, 冒(무릅쓸 모)를 생략한 것〕취해야 최고의 경지에 이를 수 있다는 뜻에서 뒤에 ‘가장’ 의 뜻으로 쓰이게 되었다. ‘最’ 와 같이 ‘冃’ 을 ‘曰(가로 왈)’ 로 써서는 안 된다.

| 催 | 재촉할 최 |
|---|---|
| | • 人부수, 총13획 |

갑골문 　 금문 　 전서 　 예서 　 해서

‘사람 인(人)’ 과 ‘높을 최(崔)’ 의 形聲字(형성자)로, 재촉하다의 뜻이다. 높은 산(崔)의 앞에 당도하면 마음이 절로 촉박해지므로 재촉의 뜻으로 쓰인다.

| 追 | 따를 추 |
|---|---|
| | • 辵부수, 총10획 |

갑골문 　 금문 　 전서 　 예서 　 해서

‘쉬엄쉬엄 갈 착(辶)’ 과 ‘흙더미 퇴(𠂤)’ 의 形聲字(형성자)로, 쫓아가 잡다의 뜻이다. ‘𠂤’ 는 師의 古字(고자)이다.

秋 | 가을 추
• 禾부수, 총9획

갑골문　금문　전서　예서　해서

본래 甲骨文(갑골문)에서 메뚜기의 모양을 본떠 '𧒽, 𧒽'의 형태로 그린 것인데, 가을의 뜻으로 쓰인 것은 가을철에는 메뚜기를 불(火)에 구워 먹기 때문에 '가을'의 뜻으로 쓰였다. 金文(금문)에 '秌', 小篆(소전)에 '𤓰'의 형태로 甲骨文(갑골문)의 형태와는 전연 달라졌다. 곧 벼이삭이 익어 늘어져 있는 모양(𥝊→禾)에 '火(불 화)'자를 더하여 '秋(가을 추)'자를 만든 것은 메뚜기는 벼에 붙어살기 때문이다.

推 | 밀 추
• 手부수, 총11획

갑골문　금문　전서　예서　해서

'손 수(扌)'와 '새 추(隹)'의 形聲字(형성자)로, 손으로 밀다의 뜻이다. 새(隹)는 밖으로 향해 날기를 좋아하므로 밖으로 밀다의 뜻으로 쓰였다.

抽 | 뺄 추
• 手부수, 총8획

갑골문　금문　전서　예서　해서

'손 수(扌)'와 '말미암을 유(由)'의 形聲字(형성자)로, 손으로 뽑다의 뜻이다.

醜 | 추할 추
• 酉부수, 총17획

갑골문　금문　전서　예서　해서

'귀신 귀(鬼)'와 '술 유(酉)'의 形聲字(형성자)로, 술에 취하여 귀신같이 추하다의 뜻이다.

丑 | 소 축
• 一부수, 총4획

갑골문　금문　전서　예서　해서

본래 손으로 끈을 매는 모양을 본뜬 것인데, 뒤에 地支(지지)의 뜻으로 변하였다. 地支(지지)에서 '丑'은 소띠이므로 '소 축'으로 일컫게 되었다.

祝 | 빌 축
• 示부수, 총10획

갑골문 금문 전서 예서 해서

'볼 시(示)', '입 구(口)', '밑 사람 인(儿)' 의 合體字(합체자)로, 사람(儿)이 입(口)으로 신(示)에게 소원을 간절하게 빈다는 데서 '빌다' 의 뜻이다.

畜 | 기를 축
• 田부수, 총10획

갑골문 금문 전서 예서 해서

'밭 전(田)' 과 '玄(茲의 省體, 茲는 늘다, 무성하다의 뜻)' 의 會意字(회의자)로, 힘써 지은 밭 곡식의 총칭이었는데, '기르다' 의 뜻이 되었다.

蓄 | 모을 축
• 艹부수, 총14획

갑골문 금문 전서 예서 해서

'풀 초(艹)' 와 '가축 축(畜)' 의 形聲字(형성자)로, 곡식, 채소 꼴(蒭) 등을 쌓아두다의 뜻이다.

築 | 쌓을 축
• 竹부수, 총16획

갑골문 금문 전서 예서 해서

'나무 목(木)' 과 '악기 이름 축(筑)' 의 形聲字(형성자)로, '筑' 의 악기를 대나무로 켜야 소리가 나는 것처럼 나무공이로 땅을 찧어야 굳어진다는 데서 '찧다' 의 뜻이었는데, '쌓다' 의 뜻으로도 쓰인다.

逐 | 쫓을 축
• 辶부수, 총11획

갑골문 금문 전서 예서 해서

'쉬엄쉬엄 갈 착(辶)' 과 '돼지 시(豕)' 의 會意字(회의자)로, 사람이 돼지(豕)를 잡으러 쫓아가다(辶)의 뜻이다.

321

## 縮

줄일 축

• 糸부수, 총17획

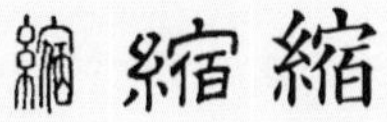

갑골문 금문 전서 예서 해서

‘실 사(糸)’ 와 ‘잘 숙(宿)’ 의 形聲字(형성자)로, 본래 어지러운 상태를 뜻한 것인데, 뒤에 축소하다의 뜻으로 쓰이게 되었다. 실(糸)을 오래(宿) 쌓아 두면 어지럽게 된다는 데서 宿을 취하였다.

## 春

봄 춘

• 日부수, 총9획

갑골문 금문 전서 예서 해서

본래 甲骨文(갑골문)에 ‘ , , ’ 과 같이 표현되어 있는데, 이것은 곧 따뜻한 햇볕( )에 풀·나무의 싹( )이 나는 봄의 정경을 나타내고, 글자의 소리를 표시한 ‘ 〔屯:진칠 둔, ‘純(순)’ 의 本字(본자)임〕’ 을 더하여 이미 소리를 겸한 會意字(회의자)를 만들었다. 金文(금문)에서 ‘ ’, 小篆(소전)에서 ‘ ’ 의 형태로 변하여 楷書體(해서체)의 ‘春’ 자가 된 것이다.

## 出

날 출

• 凵부수, 총5획

갑골문 금문 전서 예서 해서

사람의 발이 문(또는 동굴) 밖으로 향하여 나가는 모양을 가리키어 ‘ , , , ’ 의 형태로 나타낸 것인데, 楷書體(해서체)의 ‘出’ 자가 된 것이다.

## 蟲

벌레 충

• 虫부수, 총18획

갑골문 금문 전서 예서 해서

본래 뱀의 모양을 象形(상형)하여 ‘ , , ’ 와 같이 그린 것인데, 뒤에 ‘虫’ 과 같이 자형이 변하여, ‘虫(벌레 충)’ 자로 쓰이게 되었다.〔部首字(부수자)로 쓸 때는 한 자의 ‘虫(벌레 훼)’ 를 쓰지만, 독립하여 벌레의 뜻으로 쓸 때에는 석자를 합쳐서 ‘蟲(벌레 충)’ 으로 쓴다.〕

## 充

채울 충

• 儿부수, 총5획

갑골문 금문 전서 예서 해서

사람 인의 古字〔고자(儿)〕와 ‘기를 육(育)’ 의 省字〔생자(𠫓)〕의 會意字(회의자)로, 어린이의 몸이 점점 자라다의 뜻이었는데, 뒤에 가득차다의 뜻이 되었다.

忠 | 충성 충
• 心부수, 총8획

갑골문 금문 전서 예서 해서

'가운데 중(中)' 과 '마음 심(心)' 의 形聲字(형성자)로, 편파되지 않은 정직한 마음, 곧 '충성' 이라는 뜻이다.

衝 | 찌를 충
• 行부수, 총15획

갑골문 금문 전서 예서 해서

본래는 '다닐 행(行)' 과 '아이 동(童)' 의 形聲字(형성자)로, 사방으로 통하다의 뜻이었으나 충돌하다의 뜻으로도 쓰인다. 童은 산에 초목이 없어 아무 장애물이 없다는 뜻으로 쓰였다.

取 | 가질 취
• 又부수, 총8획

갑골문 금문 전서 예서 해서

'귀 이(耳)' 에 '또 우〔又:본래 오른손의 象形字(상형자)〕' 를 합한 글자로, 죄인의 왼쪽 귀를 벤다는 뜻인데, '거두다' , '가지다' 의 뜻으로 쓰였다.

就 | 나아갈 취
• 尤부수, 총12획

갑골문 금문 전서 예서 해서

'서울 경(京)' 과 '더욱 우(尤)' 의 會意字(회의자)로, '京' 은 높은 곳의 뜻이고, '尤' 는 보통과 다르다는 뜻으로서 본의는 '높은 곳에 산다' 는 뜻이었는데, 뒤에 '나아가다' 의 뜻이 되었다.

吹 | 불 취
• 口부수, 총7획

갑골문 금문 전서 예서 해서

하품(欠:하품 흠)하듯이 입(口)을 크게 벌리고 불다(吹)의 會意字(회의자)이다.

臭 | 냄새 취
• 自부수, 총10획

갑골문　금문　전서　예서　해서

코의 형상인 '스스로 자(自)' 와 '개 견(犬)' 의 會意字(회의자)로, 개(犬)는 코(自)로 '냄새를 잘 맡다' 의 뜻이다.

醉 | 취할 취
• 酉부수, 총15획

갑골문　금문　전서　예서　해서

'닭 유(酉)' 와 '마칠 졸(卒)' 의 形聲字(형성자)로, 취하다의 뜻이다. 酉 는 본래 술(酒)을 뜻한 자이고, 卒은 마치다의 뜻으로 술이 바닥이 나도록 마시어 취하다의 뜻이다.

趣 | 달릴 취
• 走부수, 총15획

갑골문　금문　전서　예서　해서

'달아날 주(走)' 와 '취할 취(取)' 의 形聲字(형성자)로, 빨리 달려가 일에 임하다의 뜻에서 '뜻', '흥취' 의 뜻이 되었다.

側 | 곁 측
• 人부수, 총11획

갑골문　금문　전서　예서　해서

'사람 인(人)' 과 '법칙 칙(則)' 의 形聲字(형성자)로, 곁이라고 말할 때는 사람을 기준으로 하여 말하기 때문에 사람 인(人)을 취하였다.

測 | 잴 측
• 水부수, 총12획

갑골문　금문　전서　예서　해서

'물 수(氵)' 와 '법칙 칙(則)' 의 形聲字(형성자)로, 물의 깊이를 헤아리다의 뜻이다.

# 層

층 층

• 尸부수, 총15획

갑골문 금문 전서 예서 해서

'주검 시(尸)'와 '거듭 증(曾)'의 形聲字(형성자)로, 층의 뜻이다. '尸'는 시체가 아니라 屋(집 옥)의 省字(생자)이다.

# 治

다스릴 치

• 水부수, 총8획

갑골문 금문 전서 예서 해서

'물 수(氵)'와 '기쁠 이(台)'의 形聲字(형성자)로, 본래는 강 이름이었는데, 뒤에 '다스리다'의 뜻으로 쓰였다.

# 致

이를 치

• 至부수, 총10획

갑골문 금문 전서 예서 해서

뒤에 따라 오는 사람이 목적지에 빨리 이르도록(至) 매로 채찍질(攴→攵) 한다는 데서 '이르다', '도달하다'의 뜻이다.

# 齒

이 치

• 齒부수, 총15획

갑골문 금문 전서 예서 해서

입안에 있는 이의 모양을 본뜬 것인데, 「止」자를 더하여 글자의 음을 표시하였다.

# 値

값 치

• 人부수, 총10획

갑골문 금문 전서 예서 해서

'사람 인(人)'과 '곧을 직(直)'의 形聲字(형성자)로, 사람의 하는 일이 곧고 바르다가 본래의 뜻이었는데, 지금은 가치의 뜻으로 쓰인다.

# 置

둘 치
• 网부수, 총13획

갑골문 금문 전서 예서 해서

'그물 망(网→罒)' 에 '곧을 직(直)' 을 합한 글자로, 새 그물(罒)을 바르게(直) 쳐 둔다는 데서 '두다' 의 뜻이다.

# 恥

부끄러워할 치
• 心부수, 총10획

갑골문 금문 전서 예시 해서

'마음 심(心)' 과 '귀 이(耳)' 의 形聲字(형성자)로, 죄스러운 마음(心)이 들면 귀(耳)가 빨개진다는 데서 '부끄럽다' 의 뜻이다.

# 稚

어릴 치
• 禾부수, 총13획

갑골문 금문 전서 예서 해서

'벼 화(禾)' 와 '새 추(隹)' 의 形聲字(형성자)로, 본래 어린 벼의 뜻. '隹' 에 꽁지 짧은 새의 뜻이 있어 벼 모가 짧기 때문에 취함.

# 則

법칙 칙 / 곧 즉
• 刀부수, 총9획

갑골문 금문 전서 해서

'조개 패(貝)' 에 '칼 도(刂)' 를 합한 글자로, 재물(貝)을 나누는(刂) 데는 差等(차등)을 정하여 나눈다는 뜻에서 발전하여, 사람이 좇아야 할 '법칙' 이란 뜻이다.

# 親

친할 친
• 見부수, 총16획

갑골문 금문 전서 예서 해서

'볼 견(見)' 과 '쓸 신(辛)' 의 변체(亲)의 形聲字(형성자)로, 눈으로 본 곳에 몸이 이르다(至)의 뜻이었는데, 서로 접하면 정도 돈독해지므로 '친하다' 의 뜻이 되었다.

七 일곱 칠
● 一부수, 총2획

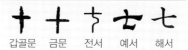
갑골문 금문 전서 예서 해서

'七' 은 본래 甲骨文(갑골문)에 칼로 사물을 절단하여 놓은 것을 '十' 의 형태로 가리
킨 指事字(지사자)인데, 뒤에 숫자의 '일곱' 을 뜻하는 글자로 가차되자, 부득이 절단
을 뜻하는 글자는 '刀(칼 도)' 자를 더하여 '切→切(끊을 절)' 과 같이 또 만들었다.
'七' 자의 자형은 본래 '十' 의 형태로 '十(열 십)' 자와 혼동이 생기어, 진(秦)나라 때
에 '卞, 七' 의 형태로 바뀌어 楷書體(해서체)의 '七(일곱 칠)' 자가 된 것이다.

漆 옻 칠
● 水부수, 총14획

漱 涞 漆
갑골문 금문 전서 예서 해서

'물 수(氵)' 와 '옻나무액 칠(桼)' 의 形聲字(형성자)로, 강물의 이름이었으나 뒤에 옻칠의
뜻으로 쓰였다. 漆은 桼의 累增字(누증자)이디.

針 바늘 침
● 金부수, 총10획

針 針 針
갑골문 금문 전서 예서 해서

본래 '쇠 금(金)' 과 '다 함(咸)' 의 形聲字(형성자)로, 쇠(金)로 만든 바늘의 뜻이다. 현재
는 鍼은 의술의 침이고, 針은 바늘의 뜻으로 구별하여 쓴다.

侵 침노할 침
● 人부수, 총9획

侵 侵 侵 侵
갑골문 금문 전서 예서 해서

'帚(비 추)' 자는 손(又)에 비(帚)를 잡은 자형으로, 사람(人)이 비(帚)로 쓸 때는 점점 앞
으로 나아감에서 '점진(漸進)' 의 뜻이 되고, 뒤에 '침범하다' 의 뜻이 되었다.

浸 담글 침
● 水부수, 총10획

浸 浸 浸
갑골문 금문 전서 예서 해서

'물 수(氵)' 와 침(寖)자의 形聲字(형성자)로, 물에 넣어 깨끗이 하다의 뜻이다. 寖은 寢
의 省字(생자)로 집안에서 비를 들고 쓸다의 뜻으로 깨끗이 하다의 뜻으로 취하였다.

# 寢

**잠잘 침**
- 宀부수, 총14획

갑골문 금문 전서 예서 해서

'집 면(宀)'과 '나무 조각 장(爿)', '침범할 침(侵)'의 省字(생자)인 '𠖕'의 形聲字(형성자)로, 침상에 눕다의 뜻에서 자다의 뜻으로 쓰인다. 侵은 서서히 나아가다의 뜻인데, 일을 마치고 서서히 잠들다의 뜻으로 취하였다.

# 沈

**가라앉을 침 / 성 심**
- 水부수, 총7획

갑골문 금문 전서 예서 해서

'물 수(氵)'와 '멀리갈 음(冘)'의 形聲字(형성자)로, 물에 잠기다의 뜻이다.

# 枕

**베개 침**
- 木부수, 총8획

갑골문 금문 전서 예서 해서

'나무 목(木)'과 '잠길 침(沈)'의 省字[생자(冘)]의 形聲字(형성자)로, 나무로 만든 베개의 뜻이다.

# 稱

**일컬을 칭**
- 禾부수, 총14획

갑골문 금문 전서 예서 해서

'벼 화(禾)'와 '둘을 한꺼번에 들 칭(爯)'의 形聲字(형성자)로, 저울에 달다의 뜻이다. 길이(量)의 최소단위는 秒(벼까래기 묘), 경중(輕重)의 최소단위는 粟(조 속)이다.

# ㅋㅌㅍ

## 快 | 쾌할 쾌
• 心부수, 총7획

갑골문　금문　전서　예서　해서

'마음 심(心)'과 '깍지 결(夬→夬)'의 形聲字(형성자)로, 화살이 손에서 떨어져 나가는 (夬) 순간에 마음(心)이 '상쾌하다'의 뜻이다.

## 他 | 다를 타
• 人부수, 총5획

갑골문　금문　전서　예서　해서

'사람 인(人)'과 '어조사 야(也)'의 形聲字(형성자)이다. 본래 '뱀'의 象形字(상형자)인 '它(타)'가 '佗'로, 다시 '他'로 변형된 것이다. '물건을 등에 지다'의 뜻이었는데, '다르다'의 뜻이 되었다.

## 打 | 칠 타
• 手부수, 총5획

갑골문　금문　전서　예서　해서

'손 수(扌)'와 '못 정(丁)'의 形聲字(형성자)로, '때리다'의 뜻이다. 손으로 사물을 치면 '덩덩' 소리가 나기 때문에 발음 요소로 '丁'을 취한 것이다. '打(덩)'의 音이 뒤에 '다 →타'로 변하였다.

## 妥 | 온당할 타
• 女부수, 총7획

갑골문　금문　전서　예서　해서

'손톱 조(爪)'와 '여자 녀(女)'의 會意字(회의자)로, 편안하다의 뜻이다. 싸움에 이겨 여 인(女)을 잡아(爪 : 손) 아내로 취하여 마음이 편하다는 뜻이다.

**墮** 떨어질 타
- 土부수, 총15획

갑골문　금문　전서　예서　해서

'흙 토(土)' 와 '떨어질 수(隋)' 의 形聲字(형성자)로, 본래 성벽을 파손하다의 뜻인데, 떨어지다의 뜻으로 쓰인다. '𡑭' 의 자형이었는데, 뒤에 '墮' 의 자형으로 변했다.

---

**濁** 흐릴 탁
- 水부수, 총16획

갑골문　금문　전서　예서　해서

'물 수(氵)' 와 '벌레 촉(蜀)' 의 形聲字(형성자)로, 물이 흐리다의 뜻이다.

---

**托** 밀 탁
- 手부수, 총6획

갑골문　금문　전서　예서　해서

'손 수(扌)' 와 '잎 탁(乇)' 의 形聲字(형성자)로, 손으로 받다의 뜻이었는데 부탁의 뜻으로도 쓰인다. '乇' 은 잎의 뜻으로 줄기가 잎을 받들다의 뜻에서 취했다.

---

**濯** 씻을 탁
- 水부수, 총17획

갑골문　금문　전서　예서　해서

'물 수(氵)' 와 '멧새 탁(翟)' 의 形聲字(형성자)로, 새가 물에 깃털을 씻다의 뜻에서 세탁하다의 뜻으로 쓰인다.

---

**琢** 쪼을 탁
- 玉부수, 총12획

갑골문　금문　전서　예서　해서

'구슬 옥(玉)' 과 '돼지발 얽을 축(豖)' 의 形聲字(형성자)로, 옥을 쪼다의 뜻. '豖' 에 돼지의 발을 끈으로 매어 함부로 날뛰지 못하게 하다의 뜻이 있어 옥을 다룰 때는 신중히 해야 한다는 뜻으로 취함.

炭 | 숯 탄
• 火부수, 총9획

갑골문　금문　전서　예서　해서

'언덕 안(岸)'의 省字(생자)인 '屵'와 '불 화(火)'의 形聲字(형성자)로, 숯의 뜻이다. 높은 산 절벽 바위는 숯과 비슷해서 '屵'을 취하였다.

歎 | 읊을 탄
• 欠부수, 총15획

갑골문　금문　전서　예서　해서

'하품 흠(欠)'과 '어려울 난(難)'의 省字(생자)인 '堇'의 形聲字(형성자)로, 하품(欠)을 하듯이 입을 크게 벌리고 어려움(堇)을 탄식(歎)하다의 뜻이다. 嘆과 歎은 같은 뜻의 글자이다.

彈 | 탄알 탄
• 弓부수, 총15획

갑골문　금문　전서　예서　해서

'활 궁(弓)'과 '홑 단(單)'의 形聲字(형성자)로, 활줄을 당겨 탄자(丸)를 쏘다의 뜻이다. 탄자는 매번 하나씩 쏘아야 하므로 單을 취하였다.

脫 | 벗을 탈
• 肉부수, 총11획

갑골문　금문　전서　예서　해서

'고기 육(肉→月)'과 '바꿀 태(兌)'의 形聲字(형성자)로, 본래 뼈에서 살(肉)을 '벗기다'의 뜻이었는데, '벗다, 벗어나다'의 의미로 바뀌었다.

奪 | 빼앗을 탈
• 大부수, 총14획

갑골문　금문　전서　예서　해서

새(隹)가 날개를 크게 휘두르며(大) 손(寸)에서 빠져 나가다의 會意字(회의자)로, 빼앗다의 뜻이다.

探 | 더듬을 탐
• 手부수, 총11획

갑골문 금문 전서 예서 해서

'깊을 심(罙)' 과 '손 수(扌)' 의 形聲字(형성자)로, 손을 깊이 넣어 끌어내다의 뜻이다.

---

貪 | 탐할 탐
• 貝부수, 총11획

갑골문 금문 전서 예서 해서

'조개 패(貝)' 와 '이제 금(今)' 의 形聲字(형성자)로, 눈앞에 현재(今) 있는 재물(貝)을 보면 탐내다의 뜻이다.

---

塔 | 탑 탑
• 土부수, 총13획

갑골문 금문 전서 예서 해서

'흙 토(土)' 와 '작은 콩 답(荅)' 의 形聲字(형성자)로, 土石(토석)으로 쌓은 탑을 뜻한다. 塔은 梵語(범어)의 'Stupa' 를 초기에 '卒塔婆(졸탑파)' 또는 '塔婆(탑파)' 로 번역한 것을 '塔' 으로 약칭하였다.

---

湯 | 끓을 탕
• 水부수, 총12획

갑골문 금문 전서 예서 해서

'물 수(氵)' 와 '빛날 양(昜)' 의 形聲字(형성자)로, 물을 끓이다의 뜻이다. 昜은 陽의 初文(초문)이다.

---

太 | 클 태
• 大부수, 총4획

갑골문 금문 전서 예서 해서

金文(금문)에 '𡗕', 소전에 '𡗕' 의 형태로 위의 '𠂇' 는 '人' 의 상형자, 아래의 '⼀'은 물의 指事字(지사자)로 발이 진흙물에 빠져 있어 설 수 없는 모습을 가리킨 指事字(지사자)로 미끄럽다의 뜻. 크다는 의미의 '大(대)' 에 점(•)을 찍어 더 큼을 나타낸 글자이다. '泰(클 태)' 의 古字(고자). 한국에서 '콩' 의 뜻으로 쓰는 것은 속칭.

泰 | 클 태
• 水부수, 총10획

갑골문 금문 전서 예서 해서

小篆體(소전체)에 '𣲎' 의 자형으로, '큰 대(大)' , '물 수(水)' , '들 공(廾)' 의 形聲字(형성자)이다. 물속에 손이 있을 때 매우 미끄러우므로 본의는 '미끄럽다' 의 뜻이었는데, 뒤에 '크다' 의 뜻이 되었다.


怠 | 게으름 태
• 心부수, 총9획

갑골문 금문 전서 예서 해서

'마음 심(心)' 과 '별 태(台)' 의 形聲字(형성자)로, 마음이 게으르다의 뜻이다. 台에는 본래 기뻐하다(悅)의 뜻이 있어 놀기를 좋아하고 일을 싫어한다는 뜻으로 취하였다.


殆 | 위태할 태
• 歹부수, 총9획

갑골문 금문 전서 예서 해서

'부서진 뼈 알(歹)' 과 '별 태(台)' 의 形聲字(형성자)로, 위태하다의 뜻이다. 위험이 심하면 죽음(歹)에 이르다에서 台(迨의 省字:미치다)를 취하였다.


態 | 모양 태
• 心부수, 총14획

갑골문 금문 전서 예서 해서

'마음 심(心)' 과 '능할 능(能)' 의 會意字(회의자)로, 마음속의 재능이 외모에 나타나는 意態(의태)의 뜻이다. 能(능)은 본래 재주 잘 부리는 곰의 모양을 나타내는 글자이다.


宅 | 집 댁 / 택
• 宀부수, 총6획

갑골문 금문 전서 예서 해서

'집 면(宀)' 과 '맡길 탁(乇)' 의 形聲字(형성자)로, 집(宀)에 의지(乇)한다는 데서, 의지하고 사는 '집' 을 뜻한다. '댁' 으로도 읽는다.

**澤** | 못 택
• 水부수, 총16획

갑골문 금문 전서 예서 해서

'물 수(氵)'와 '엿볼 역(睪)'의 形聲字(형성자)로, 본래는 광택의 뜻이었는데, 뒤에 연못의 뜻으로도 쓰인다. 물은 광택의 대표적인 사물이다.

**擇** | 가릴 택
• 手부수, 총16획

갑골문 금문 전서 예서 해서

'손 수(手)'와 '엿볼 역(睪)'의 形聲字(형성자)로, 눈으로 분별하여(睪) 선택하다의 뜻이다.

**土** | 흙 토
• 土부수, 총3획

갑골문 금문 전서 예서 해서

밭을 갈아 흙덩이가 일어나 있는 모양을 '⟁, ⟁, ⟁, ⟁'와 같이 그린 것인데, 楷書體(해서체)의 '土'자가 된 것이다. 토지신을 모시던 제단의 형태를 그린 것으로도 풀이한다.

**吐** | 토할 토
• 口부수, 총6획

갑골문 금문 전서 예서 해서

'입 구(口)'와 '흙 토(土)'의 形聲字(형성자)로, 입(口)으로 '토하다'의 뜻이다.

**兔** | 토끼 토
• 儿부수, 총7획

갑골문 금문 전서 예서 해서

토끼의 옆모양에서, 특히 큰 귀를 강조하여 세워서 본뜬 글자이다.

| 討 | 칠 **토** |
|---|---|
| | • 言부수, 총10획 |

갑골문 금문 전서 예서 해서

'말씀 언(言)'에 '법도 촌(寸)'을 합한 글자로, 말을 할 때는 사리에 맞게 해야 다스릴 수 있음을 나타낸 글자이다. 나아가 다스리기 위해 적을 '친다'는 뜻으로도 쓰인다.

| 統 | 거느릴 **통** |
|---|---|
| | • 糸부수, 총12획 |

갑골문 금문 전서 예서 해서

'실 사(糸)'와 '채울 충(充)'의 形聲字(형성자)이다. 명주실을 뽑을 때 여러 고치의 실마리들이 한 줄기로 모여 이끌린다는 데서 '거느리다'의 뜻으로도 쓰인다.

| 通 | 통할 **통** |
|---|---|
| | • 辶부수, 총11획 |

갑골문 금문 전서 예서 해서

'쉬엄쉬엄 갈 착(辶)'과 '골목길 용(甬)'의 形聲字(형성자)로, '甬'은 '涌(샘솟을 용:湧)'의 省體(생체)로서 물이 거침없이 솟듯이 장애 없이 '통행하다'의 뜻이다.

| 痛 | 아플 **통** |
|---|---|
| | • 疒부수, 총12획 |

갑골문 금문 전서 예서 해서

'병 녁(疒)'과 '通(통할 통)'의 省體(생체)인 '길 용(甬)'의 形聲字(형성자)로, 병(疒)이 들면 살 속으로 통하여 '아픔'을 느끼다의 뜻이다.

| 退 | 물러갈 **퇴** |
|---|---|
| | • 辶부수, 총10획 |

갑골문 금문 전서 예서 해서

'쉬엄쉬엄 갈 착(辶)'에 '그칠 간(艮)'을 합친 글자로, 하던 일을 그치고(艮) 간다(辶)는 데서 '물러가다'의 뜻이다.

投 | 던질 투
• 手부수, 총7획

갑골문　금문　전서　예서　해서

'손 수(扌)' 와 '창 수(殳)' 의 形聲字(형성자)이다. 손으로 창(殳)을 '던지다' 의 뜻이다.


鬪 | 싸움 투
• 鬥부수, 총20획

갑골문　금문　전서　예서　해서

본래 두 사람이 손으로 머리를 잡고 싸우는 것을 본뜬 글자이다. 뒤에 깎을 착(斲)자를 더하여 '鬭' 의 형태로 바뀌었고, 다시 '鬪' 의 형태로 바뀌었다. '鬭' 는 약자이다.


透 | 통할 투
• 辵부수, 총11획

갑골문　금문　전서　예서　해서

'쉬엄쉬엄 갈 착(辶)' 과 '빼어날 수(秀)' 의 形聲字(형성자)로, 위로 높이 뛰다의 뜻인데 뒤에 투시하다의 뜻으로도 쓰인다.


特 | 특별할 특
• 牛부수, 총10획

갑골문　금문　전서　예서　해서

'소 우(牛)' 와 '절 사(寺)' 의 會意字(회의자)이다. '寺(시)' 는 본래 관청의 뜻으로, 일반 집과는 다르듯이 수소(牡牛)는 크고 씩씩하다는 뜻에서 '특별하다' 의 뜻이다.


破 | 깨뜨릴 파
• 石부수, 총10획

갑골문　금문　전서　예서　해서

'돌 석(石)' 과 '가죽 피(皮)' 의 形聲字(형성자)로, 짐승에서 가죽을 벗기어 살과 분리하듯이 돌을 '깨다' 의 뜻이다.

# 波

물결 파

- 水부수, 총8획

갑골문 금문 전서 예서 해서

'물 수(氵)'와 '가죽 피(皮)'의 形聲字(형성자)로, 물의 표피(皮)가 출렁이는 물결의 뜻이다.

# 派

물갈래 파

- 水부수, 총9획

갑골문 금문 전서 예서 해서

'물갈래 파(𣲆→𠂢)'의 象形字(상형자)를 보면, 물이 갈라져 흐르는 모습으로, 뒤에 뜻을 분명히 하기 위해 물 수(水)자를 더했다.

# 播

뿌릴 파

- 手부수, 총15획

갑골문 금문 전서 예서 해서

손(扌)으로 구멍을 파고 씨앗을 뿌리는 것이 마치 짐승의 발자국(番:본래 짐승의 발자국의 뜻)과 비슷하기 때문에 씨앗을 '심다'의 뜻이다.

# 罷

방면할 파

- 罒부수, 총15획

갑골문 금문 전서 예서 해서

'그물 망(网→罒)'과 '능할 능(能)'의 會意字(회의자)로, 현능한 사람이 罪網(죄망)에 걸렸을 때는 즉시 풀어주다의 뜻이다.

# 頗

자못 파

- 頁부수, 총14획

갑골문 금문 전서 예서 해서

'가죽 피(皮)'와 '머리 혈(頁)'의 形聲字(형성자)로, 머리가 한 쪽으로 기울어지다의 뜻에서 편파의 뜻이다.

# 判

판단할 판
• 刀부수, 총7획

갑골문 금문 전서 예서 해서

'반 반(半)' 과 '칼 도(刂)' 의 形聲字(형성자)로, 물건을 칼(刂)로 절반(半)씩 자르듯 모든 일의 시비를 분명히 가려낸다는 데서 '판단하다' 의 뜻이다.

# 板

널빤지 판
• 木부수, 총8획

갑골문 금문 전서 예서 해서

'나무 목(木)' 과 '뒤집을 반(反)' 의 形聲字(형성자)로, 통나무(木)를 반으로 켠 '널조각' 을 뜻하는 글자이다.

# 販

팔 판
• 貝부수, 총11획

갑골문 금문 전서 예서 해서

'조개 패(貝)' 와 '되돌릴 반(反)' 의 形聲字(형성자)로, 돈(貝)을 받고 물건을 팔다의 뜻이다. 反은 물건을 팔아 利를 돌려받다의 뜻으로 취하였다.

# 版

널 판
• 片부수, 총8획

갑골문 금문 전서 예서 해서

'나뭇조각 편(片)' 과 '되돌릴 반(反)' 의 形聲字(형성자)로, 널조각이란 뜻이다. 板과 같은 뜻으로 나무에 글자를 새긴 木片(목편)이란 뜻이다.

# 八

여덟 팔
• 八부수, 총2획

갑골문 금문 전서 예서 해서

'八' 은 본래 엄지손가락을 마주 세워서 여덟을 표시한 모양을 본뜬 글자이다.

# 貝

조개 패

- 貝부수, 총7획

| 갑골문 | 금문 | 전서 | 예서 | 해서 |

조개 모양(♆, ♙)을 그린 글자로, 옛날에는 조개로 화폐를 사용한데서 '재물'의 뜻으로 쓰는 글자이다.

# 敗

패할 패

- 攵부수, 총11획

| 갑골문 | 금문 | 전서 | 예서 | 해서 |

'조개 패(貝)'와 '칠 복(攴→攵)'의 形聲字(형성자)로, 목걸이로 쓰던 '조개(貝)를 깨뜨리다'의 뜻이었는데, '패하다'의 뜻으로 쓰였다.

# 片

조각 편

- 片부수, 총4획

| 갑골문 | 금문 | 전서 | 예서 | 해서 |

조각이란 뜻을 나타내기 위하여 '米' 자를 반으로 쪼개 놓은 모양을 본떠 '爿→片'(조각 편) 자가 된 것이다.

# 便

편할 편 / 문득 변

- 人부수, 총9획

| 갑골문 | 금문 | 전서 | 예서 | 해서 |

'사람 인(亻)'에 '고칠 경(更)'을 합한 글자로, 사람(亻)은 불편한 점이 있으면 다시 고쳐서(更) '편리하게 하다'의 뜻이다. '변'으로도 발음된다.

# 篇

책 편

- 竹부수, 총15획

| 갑골문 | 금문 | 전서 | 예서 | 해서 |

'대나무 죽(竹)'과 '두루 편(扁)'의 形聲字(형성자)로, 판에 쓴 글의 뜻이다.

編 | 엮을 편
• 糸부수, 총15획

갑골문　금문　전서　예서　해서

'실 사(糸)' 와 '두루 편(扁)' 의 形聲字(형성자)로, 실로 竹木簡(죽목간)의 뜻으로 쓰였다.

遍 | 두루 편
• 辶부수, 총13획

갑골문　금문　전서　예서　해서

'쉬엄쉬엄 갈 착(辶)' 과 '넓적할 편(扁)' 의 形聲字(형성자)로 널리(扁) 돌아다니다(辶)에서 두루의 뜻이다. '徧(두루 편)' 의 俗字(속자)이다.

平 | 평평할 평
• 干부수, 총5획

갑골문　금문　전서　예서　해서

金文(금문)에 '平', 小篆(소전)에 '平' 의 자형으로, 말할 때 입김이 똑바로 나감을 나타낸 글자로서 '평평하다' 의 뜻이다.

評 | 평론할 평
• 言부수, 총12획

갑골문　금문　전서　예서　해서

'말씀 언(言)' 과 '평평할 평(平)' 의 形聲字(형성자)로, 사리를 논증(言)하여 어느쪽에도 치우치지 않은 바른 것(平)을 찾는다는 뜻이다.

閉 | 닫을 폐
• 門부수, 총11획

갑골문　금문　전서　예서　해서

문(門)에 빗장을 질러놓은 모습을 본떠 만든 글자이다. 소전체에 '閉' 의 자형으로 보아도 빗장으로 문을 잠근 것임을 알 수 있다.

肺 | 허파 폐
• 肉부수, 총8획

'고기 육(肉→月)' 과 '무성할 발(市)' 의 形聲字(형성자)로, 내장은 살로 되어 있기 때문에 '肉(고기 육)' 과, 폐는 오장 중에 가장 크고 호흡시 부단히 움직임이 초목이 무성하게 움직임과 같아서 '市(무성할 발)' 의 合體字(합체자)이다.

廢 | 폐할 폐
• 广부수, 총15획

'돌집 엄(广)' 과 '필 발(發)' 의 形聲字(형성자)로, 집의 한 쪽이 쓰러져 쓸모 없게 된 것을 뜻한다. 發은 활을 쏘다의 뜻으로, 집의 각 부분이 그 위치를 떠나 무너진다의 뜻으로 취하였다.

弊 | 해질 폐
• 廾부수, 총15획

'손 맞잡을 공(廾)' 과 '옷해질 폐(敝)' 의 形聲字(형성자)로, 옷 해질 폐(敝)자가 '무너진다' 는 뜻이 생기면서 원래 뜻을 분명히 하기 위해 손 맞잡을 공(廾)자가 추가되었다.

蔽 | 덮을 폐
• 艸부수, 총16획

'풀 초(++)' 와 '옷해질 폐(敝)' 의 形聲字(형성자)로, 풀로 가리다의 뜻이다.

幣 | 비단 폐
• 巾부수, 총15획

'옷 해질 폐(敝)' 와 '수건 건(巾)' 의 形聲字(형성자)로, 본래 일체의 실로 짠 천을 총칭한 것인데, 명주 같은 것은 물물교환의 수단이 되었으므로 '화폐' 의 뜻으로 쓰였다. 옛날에는 帛 · 玉 · 馬 · 皮 · 圭 · 璧 등을 幣라 칭했다.

布

베 포

* 巾부수, 총5획

본래 '아비 부(父)'와 '수건 건(巾)'의 形聲字(형성자)로, '삼베'의 뜻이었으나, '펴다'의 뜻으로도 쓰인다.

包

쌀 포

* 勹부수, 총5획

본래 배 안에 있는 아이의 모양을 본뜬 상형자인데, 싸다의 뜻으로 쓰이게 되었다.

抱

안을 포

* 手부수, 총8획

'손 수(手)'와 '쌀 포(包)'의 形聲字(형성자)로, 손으로 둘러싸 안다의 뜻이다.

胞

태보 포

* 肉부수, 총9획

'고기 육(肉→月)'과 '쌀 포(包)'의 形聲字(형성자)로, 胎兒(태아)를 둘러싸고(包) 있는 肉皮(육피)를 뜻한다. 곧 겨레의 뜻이다.

飽

물릴 포

* 食부수, 총14획

'먹을 식(食)'과 '쌀 포(包)'의 形聲字(형성자)로, 배부르다의 뜻이다. 包는 본래 아이를 배다의 뜻으로, 배 안에 음식물이 가득 있는 것으로 쓰였다.

## 浦 | 개 포
• 水부수, 총10획

갑골문 금문 전서 예서 해서

'물 수(氵)'와 '클 보(甫)'의 形聲字(형성자)로, 강이나 바닷가의 포구의 뜻이다. 甫는 남자의 美稱(미칭)으로 포구의 땅은 비옥하다는 뜻에서 취했다.

## 捕 | 사로잡을 포
• 手부수, 총10획

갑골문 금문 전서 예서 해서

'손 수(扌)'와 '클 보(甫)'의 形聲字(형성자)로, '甫'는 '逋(달아날 포)'의 省體(생체)인 데서 도망하는 자를 쫓아가 손(手)으로 '잡다'의 뜻이다.

## 暴 | 사나울 포 / 폭
• 日부수, 총15획

갑골문 금문 전서 예서 해서

본래 '날 일(日)', '날 출(出)', '손 맞잡을 공(廾)', '쌀 미(米)'의 會意字(회의자)로, 햇볕이 나면 손으로 꺼내어 쌀을 말리다, 곧 쬐다의 뜻이다. 楷書體(해서체)에서 자형도 변하고 포악하다의 뜻이 되었다.

## 爆 | 터질 폭
• 火부수, 총19획

갑골문 금문 전서 예서 해서

'불 화(火)'와 '햇볕 쪼일 폭(暴)'의 形聲字(형성자)로, 폭발할 때 불(火)이 사납게(暴) 튀니까 불 화(火)자를 취하였다.

## 幅 | 폭 폭 / 두건 복
• 巾부수, 총12획

갑골문 금문 전서 예서 해서

'수건 건(巾)'과 '찰 복(畐)'의 形聲字(형성자)로, 베(布, 帛)의 양단, 곧 廣(광)의 뜻이다.

| 表 | 겉 표 |  | 갑골문 | 금문 | 전서 | 예서 | 해서 |
|---|---|---|---|---|---|---|---|
|  | • 衣부수, 총8획 |  |  |  |  |  |  |

'옷 의(衣)' 자에 '털 모(毛)' 가 합쳐진 글자(裘)로, 옷(衣)에 털(毛)이 나 있는 부분이 겉이므로 '겉옷' 이나 '겉' 이란 의미가 되었다.

| 票 | 불똥 튈 표 |  | 갑골문 | 금문 | 전서 | 예서 | 해서 |
|---|---|---|---|---|---|---|---|
|  | • 示부수, 총11획 |  |  |  |  |  |  |

'票' 는 小篆體(소전체)에 '熛' 의 자형으로서 본래는 불 또는 불티가 높이 올라간다는 뜻인데, 뒤에 자형도 '票(표)' 로 변하고 뜻도 '표' 의 뜻이 되었다.

| 標 | 우듬지 표 |  | 갑골문 | 금문 | 전서 | 예서 | 해서 |
|---|---|---|---|---|---|---|---|
|  | • 木부수, 총15획 |  |  |  |  |  |  |

'나무 목(木)' 과 '쪽지 표(票)' 의 形聲字(형성자)로, 본래 나무 끝이 높고 가늘다는 뜻이었는데, 표지의 뜻으로 쓰인다. '標' 가 본래 자형으로 熛(票 :천)은 불꽃이 높이 올라가다의 뜻이다.

| 漂 | 떠돌 표 |  | 갑골문 | 금문 | 전서 | 예서 | 해서 |
|---|---|---|---|---|---|---|---|
|  | • 水부수, 총14획 |  |  |  |  |  |  |

'물 수(氵)' 와 '쪽지 표(票)' 자의 形聲字(형성자)로, 물에 뜨다의 뜻이다. 瓢는 역시 熛 (票 :천)의 자형으로 높이 오르다의 뜻으로 쓰였다.

| 品 | 성품 품 |  | 갑골문 | 금문 | 전서 | 예서 | 해서 |
|---|---|---|---|---|---|---|---|
|  | • 口부수, 총9획 |  |  |  |  |  |  |

'입 구(口)' 셋을 합한 글자로, 여러 사람이 모여서 옳으니 그르니 한다는 데서 '품평' 의 뜻과 좋은 물품을 평한다는 데서 '물건' 의 뜻이다.

風 | 바람 풍
• 風부수, 총9획

갑골문　금문　전서　예서　해서

발음 요소의 '凡(무릇 범)' 과 '虫(벌레 충)' 의 形聲字(형성자)로, 바람이 불면 벌레가 생긴다는 데서 '바람' 의 뜻이 되었다.

楓 | 단풍나무 풍
• 木부수, 총13획

갑골문　금문　전서　예서　해서

'나무 목(木)' 과 '바람 풍(風)' 의 形聲字(형성자)로, 바람에 잎이 잘 흔들리거나 잘 떨어지는 신나무의 뜻이다.

豊 | 풍년 풍
• 豆부수, 총13획

갑골문　금문　전서　예서　해서

풍성하다, 풍년 등의 '豐' 은 본래 그릇(豆)에 수확물을 가득 담아 놓은 상태를 가리켜 '豊, 豐, 豐' 의 형태로 나타내어 풍성하다의 뜻으로 쓴 것이다. 마땅히 '豐' 과 같이 써야 하는데, 오늘날 '豊(예)자' 를 '풍년 풍' 자로 쓰고 있다.

皮 | 가죽 피
• 皮부수, 총5획

갑골문　금문　전서　예서　해서

金文(금문)에 '畀' 의 형태로, 손(又)으로 뱀의 가죽을 벗기는 모양을 나타낸 글자이다.

彼 | 저 피
• 彳부수, 총8획

갑골문　금문　전서　예서　해서

'갈 척(彳)' 과 '가죽 피(皮)' 의 形聲字(형성자)로, 본래는 皮(가죽 피)의 累增字(누증자)인데, 저쪽이란 뜻으로 쓰인다.

疲 | 지칠 **피**
• 疒부수, 총10획

갑골문 　 금문 　 전서 　 예서 　 해서

'병질 안(疒)'과 '가죽 피(皮)'의 形聲字(형성자)로, 피로하다의 뜻이다.


被 | 이불 **피**
• 衣부수, 총10획

갑골문 　 금문 　 전서 　 예서 　 해서

'옷 의(衣)'와 '가죽 피(皮)'의 形聲字(형성자)로, 잠잘 때 입는 옷, 이불의 뜻인데, 피동의 뜻으로도 쓰인다.


避 | 피할 **피**
• 辵부수, 총17획

갑골문 　 금문 　 전서 　 예서 　 해서

'쉬엄쉬엄 갈 착(辶)'과 '법 벽(辟)'의 合體字(합체자)로, 법을 어기어 죄를 지으면 피해 가려는 데서 '피하다'의 뜻이다.


必 | 반드시 **필**
• 心부수, 총5획

갑골문 　 금문 　 전서 　 예서 　 해서

小篆(소전)에 '𢗰'의 자형으로 '弋(막대기 익, 주살 익)'과 '八(여덟 팔)'의 形聲字(형성자)인데, 가축을 몰 때는 막대기가 꼭 필요하므로 '반드시'의 뜻이다. 部首가 마음 심(心)이지만, 마음 심(心)자와 전혀 상관없는 글자이다.


筆 | 붓 **필**
• 竹부수, 총12획

갑골문 　 금문 　 전서 　 예서 　 해서

殷代(은대) 이후에 대나무가 黃河(황하) 이북으로 이식되면서 붓대를 대나무로 사용하였기 때문에 '聿(붓 율)'위에 '竹'을 더하여 '筆'자를 만든 것이다.

| 匹 | 짝 필 | | 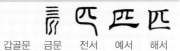 |
|---|---|---|---|
| | • 匚부수, 총4획 | | 갑골문 금문 전서 예서 해서 |

본래 한 필의 베를 겹겹이 개어 놓은 모양을 본뜬 것인데, 단위의 뜻으로 쓰였다.

| 畢 | 마칠 필 | |  |
|---|---|---|---|
| | • 田부수, 총11획 | | 갑골문 금문 전서 예서 해서 |

본래 손잡이가 달린 그물의 모양을 본뜬 것인데, 망 속에 들어간 새는 삶을 마쳐야 하기 때문에 '마치다'의 뜻으로 쓰이게 되었다.

河 | 물 하
• 水부수, 총8획

갑골문　금문　전서　예서　해서

‘물 수(氵)’ 와 ‘옳을 가(可)’ 의 擬聲字(의성자)로서 形聲字(형성자)이다. 본래 ‘河’ 자는 ‘황하’ 를 가리키는 고유명사였는데, 뒤에 보통명사로 쓰였다.

下 | 아래 하
• 一부수, 총3획

갑골문　금문　전서　예서　해서

아래는 일정한 모양을 본뜰 수 없으므로 먼저 기준이 되는 선을 긋고, 그 선의 아래를 가리키어 ‘二→丁’ 의 형태로 나타낸 것인데, 뒤에 ‘𠄟→下’ 자로 된 것이다.

何 | 어찌 하
• 人부수, 총7획

갑골문　금문　전서　예서　해서

‘사람 인(人)’ 과 ‘옳을 가(可)’ 의 形聲字(형성자)로, 본래는 甲骨文(갑골문)에 ‘𠂤’ 의 자형으로 사람(人)이 짐을 메고 있는 형상인데, 가차되어 ‘어찌’ 라는 의미가 되었다.

夏 | 여름 하
• 夊부수, 총10획

갑골문　금문　전서　예서　해서

본래 화려하게 꾸민 귀족, 곧 대인의 모습을 象形(상형)하여 ‘𦥑, 𤋹, 𩑶’ 의 형태로 그리어 ‘크다’ 의 뜻으로 쓰인 것인데, 생물이 크는 것은 여름철이기 때문에 뒤에 ‘여름’ 이라는 뜻으로 변하여 楷書體(해서체)의 ‘夏’ 자가 된 것이다.

賀 | 하례 하
• 貝부수, 총12획

갑골문　금문　전서　예서　해서

‘조개 패(貝)’ 와 ‘더할 가(加)’ 의 形聲字(형성자)로, 축하할 때 돈(조개)을 주는 풍습에서, 조개 패(貝)자를 취하여, ‘하례’ 의 뜻이 되었다.

荷 | 연 하
• 艸부수, 총11획

갑골문　금문　전서　예서　해서

‘풀 초(++)’ 와 ‘어찌 하(何)’ 의 形聲字(형성자)로, 우리나라에서 흔히 연꽃이라고 일컫는 식물이지만, 실은 蓮과 다르다. 뒤에 짐의 뜻으로도 쓰이게 되었다.

學 | 배울 학
• 子부수, 총16획

갑골문　금문　전서　예서　해서

여러 가지 설이 있으나, 본래 아이가 책상(几:책상 궤) 위에서 산가지〔爻:산가지의 象形(상형)〕를 두 손〔臼:두 손의 象形(상형)〕으로 들고 셈을 배운다는 데서 ‘배우다’ 의 뜻으로 쓰였다.

鶴 | 학 학
• 鳥부수, 총21획

갑골문　금문　전서　예서　해서

‘새 높이 나를 확(隺)’ 과 ‘새 조(鳥)’ 의 形聲字(형성자)로, 높이 나는 새, 곧 ‘학’ 의 뜻이다. ‘隺(확)’ 은 ‘冂(멀 경)’ 에 ‘隹(새 추)’ 자를 겹쳐 만든 글자이므로 ‘崔’ 의 형태로 써서는 안 된다.

限 | 막을 한
• 阜부수, 총9획

갑골문　금문　전서　예서　해서

‘언덕 부(阜→阝)’ 와 ‘그칠 간(艮)’ 의 形聲字(형성자)로, 언덕(阜)이 가로막혀 나아갈 수 없어 본래 막히다의 뜻인데, 한정되다의 뜻으로도 쓰인다.

349

## 寒

**찰 한**

• 宀부수, 총12획

| 갑골문 | 금문 | 전서 | 예서 | 해서 |
|---|---|---|---|---|

小篆(소전)에 '寒'의 자형으로 사람(人)이 집(宀) 안에 풀더미(茻)를 가리고 추위(仌→ 冫:얼음 빙)를 피한다는 데서 '차다', '춥다'의 뜻이다.

## 閑

**한가할 한**

• 門부수, 총12획

| 갑골문 | 금문 | 전서 | 예서 | 해서 |
|---|---|---|---|---|

문(門)의 문지방을 나무(木)로 만들어 차단(遮斷)하다의 뜻이었는데, '한가하다'의 뜻으로 쓰인다.

## 韓

**한국 한**

• 韋부수, 총17획

| 갑골문 | 금문 | 전서 | 예서 | 해서 |
|---|---|---|---|---|

'해돋을 간(倝)'과 '에울 위(韋)'의 形聲字(형성자)로, 본래 '우물 난간'의 뜻이라지만, 해돋는 쪽에 둘러싸인(韋) 아름다운 '한국'을 뜻한다. 원래 우리말의 '한'을 한자로 적은 것이다.

## 漢

**한수 한**

• 水부수, 총14획

| 갑골문 | 금문 | 전서 | 예서 | 해서 |
|---|---|---|---|---|

'물 수(氵)'와 '찰흙 근(堇)'의 形聲字(형성자)로, 본래 강 이름으로 쓰인 글자인데, 뒤에 國名(국명)이 되었다.

## 恨

**한할 한**

• 心부수, 총9획

| 갑골문 | 금문 | 전서 | 예서 | 해서 |
|---|---|---|---|---|

'마음 심(忄)'과 '그칠 간(艮)'의 形聲字(형성자)로, '원망하다'의 뜻이다. '艮'의 小篆體(소전체)는 '艮'의 자형으로, 곧 '눈 목(目)'과 '비수 비(匕)'의 合體字(합체자)로 '화난 눈'의 뜻이다.

## 旱

가물 **한**

• 日부수, 총7획

| | | | | |
|---|---|---|---|---|
| 갑골문 | 금문 | 전서 | 예서 | 해서 |

'날 일(日)'과 '방패 간(干)'의 形聲字(형성자)로, 가물다의 뜻이다. 干(방패 간)은 犯하다의 뜻이 있어 해가 침범하여 가물다의 뜻으로 취하였다.

## 汗

땀 **한**

• 水부수, 총6획

| | | | | |
|---|---|---|---|---|
| 갑골문 | 금문 | 전서 | 예서 | 해서 |

'물 수(氵)'와 '방패 간(干)'의 形聲字(형성자)로, 열기의 침범(干)을 받아 땀의 뜻이다.

## 割

나눌 **할**

• 刀부수, 총12획

| | | | | |
|---|---|---|---|---|
| 갑골문 | 금문 | 전서 | 예서 | 해서 |

'칼 도(刂)'와 '해칠 해(害)'의 形聲字(형성자)로, 칼(刀)로 가르다의 뜻이다. 칼로 가를 때는 상해를 입힌다는 데서 害를 취하였다.

## 咸

다 **함**

• 口부수, 총9획

| | | | | |
|---|---|---|---|---|
| 갑골문 | 금문 | 전서 | 예서 | 해서 |

본래 '도끼 월(戉)'과 '입 구(口)'의 會意字(회의자)로, 도끼로 목을 치다의 뜻이었는데, 지금은 모두 전부의 뜻으로 쓰인다.

## 含

머금을 **함**

• 口부수, 총7획

| | | | | |
|---|---|---|---|---|
| 갑골문 | 금문 | 전서 | 예서 | 해서 |

'입 구(口)'와 '이제 금(今)'의 形聲字(형성자)로, 입(口)에 현재(今) 무언가를 '머금다'는 뜻이다.

## 合

합할 **합**

- 口부수, 총6획

갑골문 금문 전서 예서 해서

甲骨文(갑골문)에 '合, 合', 金文(금문)에 '合'의 자형으로서 뚜껑이 있는 밥그릇의 모양을 그린 象形字(상형자)이다. 뒤에 '합할 합'의 뜻으로 전의되자, '皿(그릇 명)'자를 더하여 '盒(밥그릇 합)'자를 또 만들었다. '合'은 10분의 1升(되 승)의 뜻으로도 전의되었는데, 중국에서는 '꺼'로 발음하고, 우리나라에서는 '홉'이라고 일컫는다.

## 陷

빠질 **함**

- 阜부수, 총11획

갑골문 금문 전서 예서 해서

'언덕 부(阜)'와 '빠질 함(臽)'의 形聲字(형성자)로, 본래는 호랑이가 함정에 빠진 것을 나타냈던 것으로 함정의 뜻이다.

## 恒

항상 **항**

- 心부수, 총9획

갑골문 금문 전서 예서 해서

'마음 심(心→忄)'과 '건널 긍(亘)'의 形聲字(형성자)이지만, 小篆(소전)에 '𢛳'의 자형으로 볼 때, 마음(𧗞→心)이 양안(二)에 걸쳐 있는 배(舟)의 合體字(합체자)로 '항상'의 뜻이다.

## 巷

거리 **항**

- 己부수, 총9획

갑골문 금문 전서 예서 해서

'함께 공(共)'과 '고을 읍(邑)'의 省字(생자)인 '뱀 사(巳)'의 會意字(회의자)로, 여러 사람이 함께(共) 모여 공동으로 사는 마을의 뜻이다. 골목이라는 뜻으로도 쓰인다.

## 港

항구 **항**

- 水부수, 총12획

갑골문 금문 전서 예서 해서

'물 수(氵)'에 '거리 항(巷)'의 形聲字(형성자)로, 물(氵)의 길(巷), 즉 '뱃길'이나 배가 머무르는 '항구(港口)'의 뜻이다.

**項** | 목 항
- 頁부수, 총12획

갑골문 금문 전서 예서 해서

'머리 혈(頁)' 과 '장인 공(工)' 의 形聲字(형성자)로, 머리(頁)에 이어지는 목덜미라는 뜻이다. '工' 은 상하 연결 형태로서 머리와 몸을 잇는 뜻으로 취하였다.

**抗** | 막을 항
- 手부수, 총7획

갑골문 금문 전서 예서 해서

'손 수(扌)' 와 '목 항(亢)' 의 形聲字(형성자)로, 손으로 막다의 뜻이다. 亢에는 겨루다, 막다의 뜻이 있다.

**航** | 배 항
- 舟부수, 총10획

갑골문 금문 전서 예서 해서

배 주(舟)와 목 항(亢)의 形聲字(형성자)로, 본래 '斻' 의 형태로 두 척의 方舟(방주)를 이어서 건너다의 뜻이었는데, 예서에서 '航' 으로 변하였다. 亢은 머리와 몸을 연결하는 부분이니, 배는 兩岸(양안)을 연결하다의 뜻으로 취하였다.

**海** | 바다 해
- 水부수, 총10획

갑골문 금문 전서 예서 해서

'물 수(氵)' 와 '매양 매(每)' 의 形聲字(형성자)로, 모든(每) 강물이 다 모이는 곳이 '바다' 라는 뜻이다.

**解** | 풀 해
- 角부수, 총13획

갑골문 금문 전서 예서 해서

칼(刀)로 소(牛)의 뿔(角)을 빼고, 가죽을 벗긴다는 데서 '가르다' , '풀다' 의 뜻을 나타낸 會意字(회의자)이다.

**害** 해할 해
- ᆞ부수, 총10획

갑골문 금문 전서 예서 해서

'집 면(宀)', '입 구(口)', '새길 계(丰)'의 形聲字(형성자)이다. 집안에서 입으로 말미암 아 남을 해하는 일이 생기므로 '해하다'의 뜻이다.

**亥** 돼지 해
- 亠부수, 총6획

갑골문 금문 전서 예서 해서

돼지의 모양을 본뜬 것인데, '地支(지지)'의 글자로 쓰이게 되었다.

**奚** 어찌 해
- 大부수, 총10획

갑골문 금문 전서 예서 해서

사람(大)의 목에 매여 있는 밧줄(幺)을 손(爪)으로 잡고 있는 모습을 본떠 만든 會意字 (회의자)로, 죄인의 뜻인데 뒤에 어찌의 뜻으로 쓰이게 되었다.

**該** 그 해
- 言부수, 총13획

갑골문 금문 전서 예서 해서

'말씀 언(言)'과 '돼지 해(亥)'의 形聲字(형성자)로, 본의는 軍 내에서 지켜야 할 규약의 뜻이었는데, 뒤에 '해당하다'의 뜻이 되었다.

**核** 씨 핵
- 木부수, 총10획

갑골문 금문 전서 예서 해서

'나무 목(木)'과 '돼지 해(亥)'의 形聲字(형성자)로, 나무는 씨로 말미암아 자라니까 '씨'의 뜻이다.

**幸** 다행 행
• 干부수, 총8획

갑골문　금문　전서　예서　해서

小篆(소전)에 '幸' 의 자형으로 본래 '夭(일찍 죽을 요)' 와 '屰(거스릴 역)' 의 合體字(합체자)인데, '夭死(요사)' 의 반대(屰)는 '다행' 이라는 뜻이다.

---

**行** 다닐 행
• 行부수, 총6획

갑골문　금문　전서　예서　해서

'行' 자는 본래 네거리의 모양을 象形(상형)하여 '屮, 㐁, 彳亍' 의 형태로 그린 것인데, 거리는 곧 사람이 다니는 곳이기 때문에 '行(다닐 행)' 의 뜻으로 쓰이게 된 것이다.

---

**鄕** 시골 향
• 邑부수, 총13획

갑골문　금문　전서　예서　해서

甲骨文(갑골문)에 '鄕' 의 자형으로, 두 사람이 마주 보고 밥을 먹는 모습의 象形字(상형자)로, 본의는 '饗' 곧 '대접할 향' 의 뜻이었다. 小篆(소전)에서는 '鄕' 의 자형으로서 '시골' 의 뜻이 되었다.

---

**香** 향기 향
• 香부수, 총9획

갑골문　금문　전서　예서　해서

'벼 화(禾)' 와 '달 감(甘)' 의 合體字(합체자)로, '향기' 의 뜻이다.

---

**向** 향할 향
• 口부수, 총6획

갑골문　금문　전서　예서　해서

'집 면(宀)' 에 '입 구(口)' 를 합한 글자로, 남향 집의 북쪽에 환기를 위하여 낸 창을 나타낸 모양에서 북향한 창의 뜻이었는데, 뒤에 '향하다' 의 뜻으로 쓰였다.

響 | 울림 향
● 音부수, 총22획

갑골문　금문　전서　예서　해서

　'시골 향(鄕)' 과 '소리 음(音)' 의 形聲字(형성자)로, 고요한 시골(鄕)의 산속에서 소리(音)를 지르면 메아리 치는데서 울리다의 뜻이다. 다른 說도 있다.

享 | 누릴 향
● 亠부수, 총8획

갑골문　금문　전서　예서　해서

　'형통할 형(亨)' 과 같이 높이 솟아 있는 집이나 조상을 모신 집을 본떠 만든 글자로, 조상을 모시는 집이라는 데에서 제사에 음식을 바친다는 의미가 생겼다. 나아가 '누리다' 의 뜻이 되었다.

虛 | 빌 허
● 虍부수, 총12획

갑골문　금문　전서　예서　해서

　'범 호(虍→虎)' 밑에 '언덕 구(坖→丘)' 를 합한 글자로, 큰 언덕은 눈에 잘 보이므로 '虎(범 호)' 의 聲符(성부)를 취하였다.

許 | 허락 허
● 言부수, 총11획

갑골문　금문　전서　예서　해서

　'말씀 언(言)' 과 '낮 오(午)' 의 形聲字(형성자)로, 말을 듣고 허락하다의 뜻이다. '午' 에는 관통의 뜻이 있어 피차(彼此)의 뜻이 통하므로 취하였다.

軒 | 추녀 헌
● 車부수, 총10획

갑골문　금문　전서　예서　해서

　'수레 차(車)' 와 '방패 간(干)' 의 形聲字(형성자)로, 난간과 덮개가 있는 작은 수레의 뜻이었으나, 뒤에 집을 뜻하게 되었다.

憲
법 헌
• 心부수, 총16획

갑골문　금문　전서　예서　해서

'해칠 해(害)'의 省字(생자)와 '눈 목(目)'과 '마음 심(心)'의 形聲字(형성자)로, 밝은 눈으로 해할 것인가를 알고, 마음으로 감시하다의 뜻이었는데, 뒤에 법의 뜻으로 쓰였다.

獻
바칠 헌
• 犬부수, 총20획

갑골문　금문　전서　예서　해서

'개 견(犬)'과 '솥 권(鬳)'의 形聲字(형성자)이다. 솥 권(鬳)자는 곧 '솥 력(鬲)'과 '호랑이 호(虍)'의 合體字(합체자)로, 호랑이(虍)가 새겨진 솥(鬲)을 뜻한다. 여기에 개(犬)를 넣어 탕을 끓여 조상신에게 바친다고 해서 바칠 헌(獻)자가 되었다.

險
험할 험
• 阜부수, 총16획

갑골문　금문　전서　예서　해서

'언덕 부(阜→阝)'와 '다 첨(僉)'의 形聲字(형성자)로, 산의 언덕이 '험하다'의 뜻이다.

驗
증험할 험
• 馬부수, 총23획

갑골문　금문　전서　예서　해서

'말 마(馬)'와 '다 첨(僉)'의 形聲字(형성자)로, 말(馬)을 여럿(僉)이 보고 좋고 나쁨을 가려낸 데서 '시험(試驗)하다'의 뜻이다.

革
가죽 혁
• 革부수, 총9획

갑골문　금문　전서　예서　해서

金文(금문)에 '苗'의 자형으로, 짐승(丫)의 가죽을 벗겨 두 손(臼)털을 뽑는 모습을 본떠 만든 象形字(상형자)이다. 그래서 '革命(혁명)'이란 말은 짐승의 가죽에서 털을 뽑아 본래의 모습을 알 수 없게 한 것처럼 구습(舊習)을 완전히 바꾼다는 뜻이다.

## 現

**나타날 현**
- 玉부수, 총11획

갑골문　금문　전서　예서　해서

'구슬 옥(玉)' 과 '볼 견(見)' 의 形聲字(형성자)로, 본래 '옥빛' 의 뜻이었는데, 뒤에 '나타나다' 의 뜻이 되었다.

## 賢

**어질 현**
- 貝부수, 총15획

갑골문　금문　전서　예서　해서

'조개 패(貝)' 와 '어질 간(臤)' 자의 形聲字(형성자)로, 본래 재물이 많다의 뜻이었는데, '多財善行(다재선행)', 곧 재물이 많아야 좋은 일을 할 수 있다는 데서 어질다의 뜻이 되었다.

## 玄

**검을 현**
- 玄부수, 총5획

갑골문　금문　전서　예서　해서

높이 매달아 아물아물 '검게 보인다' 는 뜻의 글자이다. 〔참고:현(玄)자가 두 개 붙은 글자는 모두 '자' 음으로 소리난다.〕

## 弦

**시위 현**
- 弓부수, 총8획

갑골문　금문　전서　예서　해서

'활 궁(弓)' 과 '검을 현(玄)' 의 形聲字(형성자)로 활시위의 뜻. '玄' 은 본래 '糸' 의 자형으로 '絲' 의 뜻. 곧 활의 줄을 뜻함.

## 絃

**악기 줄 현**
- 糸부수, 총11획

갑골문　금문　전서　예서　해서

'실 사(糸)' 와 '검을 현(玄)' 의 形聲字(형성자)로, 악기의 줄을 뜻한다. '玄' 에는 기묘함의 뜻이 있으므로, 악기의 줄은 정교하고 튕기면 신묘한 소리를 낸다는 데서 '玄' 자를 취하였다.

縣 | 고을 현
• 糸부수, 총16획

갑골문 금문 전서 예서 해서

본래 '県'의 자형으로 목을 거꾸로 매달아 놓은 모습을 본뜬 것인데, '縣'의 자형으로 누증되어 매달다의 뜻이 되었다. 뒤에 행정구역의 명칭으로 쓰이자 '懸'자를 또 만들었다.

 懸 | 매달 현
• 心부수, 총20획

갑골문 금문 전서 예서 해서

본래 '県'의 자형으로 머리(首)를 거꾸로 매단 형태를 본뜬 상형자였는데, 뒤에 '縣'의 자형으로 변하고 다시 '懸'의 형태로 변했다. '縣'이 군현(郡縣)의 뜻으로 쓰이자 '心'을 더하어 '懸'으로서 걸다 매달다의 뜻으로 쓰인다.

 顯 | 나타날 현
• 頁부수, 총23획

갑골문 금문 전서 예서 해서

본래 햇빛(日) 밑에서 실(絲)을 보는 것을 나타내어 작은 것을 밝게 보다의 뜻의 '㬎'자에 머리 혈(頁)을 더하어 머리에 두른 장식의 뜻이었는데, 뒤에 나타나다의 뜻으로 쓰이게 되었다.

血 | 피 혈
• 血부수, 총6획

갑골문 금문 전서 예서 해서

피는 구체적인 형태를 그릴 수 없기 때문에 그릇 '㿻→皿(그릇 명)'에 제사에 쓸 동물의 피를 받을 때의 핏방울이 떨어지는 모양을 더하여 '㿼, 㿻'과 같이 나타낸 것인데, 楷書體(해서체)의 '血(피 혈)'자가 된 것이다.

穴 | 구멍 혈
• 穴부수, 총5획

갑골문 금문 전서 예서 해서

굴의 모양(穴)을 본뜬 글자이다.

## 協

**화협할 협**
- 十부수, 총8획

갑골문 금문 전서 예서 해서

'힘 합할 협(劦)' 과 '열 십(十)' 의 形聲字(형성자)로, 여러(十) 사람이 힘을 모아 화합하다
의 뜻이다.

## 脅

**옆구리 협**
- 肉부수, 총10획

갑골문 금문 진서 예서 해서

'힘 합할 협(劦)' 과 '고기 육(月)' 의 形聲字(형성자)로, 양 옆구리의 뜻이었는데, 협박하
다의 뜻으로 쓰인다.

## 兄

**맏 형**
- 儿부수, 총5획

갑골문 금문 전서 예서 해서

'ㅂ, ㅉ' 의 자형에서 '兄' 자로 된 것인데, 'ㅁ(입 구)' 와 '人(사람 인)' 의 會意字(회의
자)로 본다. 甲骨文(갑골문)에서 '빌다' 의 뜻을 나타낸 '祝→祝(빌 축)' 자와 'ㅂ→兄
(맏 형)' 자를 분명히 구별하여 썼다. 형과 아우를 구별하여 象形(상형)할 수 있는 특징
은 형이 아우보다 머리가 크다는 점에서 'ㅁ' 의 모양은 '입 구' 자가 아니라, 큰 머리
를 강조하여 '兄' 자를 象形(상형)했음을 알 수 있다.

## 形

**모양 형**
- 彡부수, 총7획

갑골문 금문 전서 예서 해서

'삐친 삼(彡)' 과 '평평할 견(幵)' 의 合體字(합체자)로, 두 개를 합쳐 하나로 만들다에서
'모양을 본뜨다' , '모양' 의 뜻이 되었다.

## 刑

**형벌 형**
- 刀부수, 총6획

갑골문 금문 전서 예서 해서

본래 '칼 도(刂)' 와 '우물 정(井)' 의 會意字(회의자)로, 마을의 공동우물을 사용하는 데
는 서로 지켜야 할 법도가 있으므로 '井' 은 법을 뜻한다. 죄인을 법에 따라 '형벌한
다' 는 뜻이다.

亨

형통할 형

- 亠부수, 총7획

갑골문　금문　전서　예서　해서

조상을 모시는 사당(祠堂)의 형태를 그리어 받들어 드리다의 뜻을 가리킨다.

螢

개똥벌레 형

- 虫부수, 총16획

갑골문　금문　전서　예서　해서

'불 반짝일 형(熒→熒)'과 '벌레 충(虫)'의 形聲字(형성자)로, 불빛(熒)을 내는 벌레(虫)가 '반딧불', '개똥벌레'란 뜻이다.

惠

은혜 혜

- 心부수, 총12획

갑골문　금문　전서　예서　해서

'오로지 전(叀)'과 '마음 심(心)'의 會意字(회의자)로, 오로지 마음(心)을 베풀어준다는 데서 '은혜'의 뜻이다.

慧

슬기로울 혜

- 心부수, 총15획

갑골문　금문　전서　예서　해서

'빗자루 혜(彗)'와 '마음 심(心)'의 形聲字(형성자)로, '彗'는 손(⺕)에 빗자루(丰)를 들고 마음(心)속의 잡념을 쓸어내면 지혜가 우러나온다는 뜻으로 취하였다.

兮

어조사 혜

- 八부수, 총4획

갑골문　금문　전서　예서　해서

巧(공교할 교)의 古字(고자)인 '丂'와 여덟 팔(八)의 指事字(지사자)로, 입에서 나오는 기운이 나누어 퍼짐을 가리켰다.

361

## 乎

어조사 호
• ノ부수, 총5획

갑골문 금문 전서 예서 해서

본래 '乎'의 자형으로 '兮'와 'ノ'의 會意字(회의자)로, '兮'는 말이 잠시 멈추는 기운의 뜻이고, 'ノ'는 남은 소리가 위로 올라가는 뜻을 합하여 말을 마치는 어조사의 뜻. 呼(부를 호)의 古字(고자)로도 봄.

## 呼

부를 호
• 口부수, 총8획

갑골문 금문 전서 예서 해서

'입 구(口)'와 '어조사 호(乎)'의 形聲字(형성자)로, 입(口)으로 숨을 내쉬다의 뜻이다. 乎에는 기운이 위로 솟다의 뜻이 있다.

## 虎

범 호
• 虍부수, 총8획

갑골문 금문 전서 예서 해서

호랑이의 옆모양에서도 특히 사나운 입모양을 강조하여 '𤇃, 𧇽, 𤜼, 𧇜' 등과 같이 그린 것인데, 楷書體(해서체)의 '虎(범 호)' 자가 된 것이다.

## 號

이름 호
• 虍부수, 총13획

갑골문 금문 전서 예서 해서

'이름 호(号)'와 '범 호(虎)'의 會意字(회의자)로, 号는 본래 아플 때 크게 우는 소리의 뜻이고 號는 号의 累增字(누증자)이다. 범(虎)의 울음소리도 우렁차게 부르짖는 데서 '부르다'의 뜻이다.

## 好

좋을 호
• 女부수, 총6획

갑골문 금문 전서 예서 해서

甲骨文(갑골문)에 '𡚾'의 형태로, 어머니가 자식을 안고 있을 때 가장 좋다는 뜻에서 '좋아하다'의 뜻이다.

戶 | 지게문 호
• 戶부수, 총4획

갑골문　금문　전서　예서　해서

일반 백성이 사는 집의 외쪽 문을 '目, 尸'와 같이 象形(상형)하여 楷書體(해서체)의 '戶'자가 된 것이다. 여기서 '지게'는 등에 지는 기구가 아니라, 외쪽 문을 일컫는다.

胡 | 턱밑 살 호
• 肉부수, 총9획

갑골문　금문　전서　예서　해서

'고기 육(肉→月)'과 '옛 고(古)'의 形聲字(형성자)로, 본래 소의 늘어진 목을 뜻한 글자인데, 뒤에 '오랑캐'의 뜻이 되었다.

湖 | 호수 호
• 水부수, 총12획

갑골문　금문　전서　예서　해서

'물 수(氵)'와 '턱밑 살 호(胡)'의 形聲字(형성자)로, 호수라는 뜻이다. 胡는 본래 소 목 밑에 늘어진 살을 뜻하는데, 호수는 목 밑의 살처럼 넓다는 뜻으로 취하였다.

互 | 서로 호
• 二부수, 총4획

갑골문　금문　전서　예서　해서

小篆(소전)에 '互'의 자형으로, 본래 서로 돌리어 새끼를 꼬는 연장의 모양을 본뜬 것인데, 뒤에 '서로'의 뜻으로 쓰이게 되었다.

浩 | 클 호
• 水부수, 총10획

갑골문　금문　전서　예서　해서

'물 수(氵)'와 '고할 고(告)'의 形聲字(형성자)로, 본래 큰 물이 흐르는 우렁찬 소리의 뜻이었는데 넓다의 뜻으로 쓰인다. 告는 알리다의 뜻으로, 큰 물소리는 먼저 이르다의 뜻으로 취하였다.

**毫** | 가는 털 호
• 毛부수, 총11획

갑골문　금문　전서　예서　해서

'터럭 모(毛)'와 '높을 고(高)'의 省體(생체)인 '亯'의 形聲字(형성자)로, '가늘고 긴 털' 의 뜻이다. '高'를 발음 요소로 취하였지만, '길다'는 뜻도 취하였다.

 **豪** | 호걸 호
• 豕부수, 총14획

갑골문　금문　전서　예서　해서

'높을 고(高)'의 省字(생자)와 '돼지 시(豕)'의 形聲字(형성자)로, 가시털이 길고 많이 있 는 일종의 돼지의 뜻인데, 뒤에 '호걸'의 뜻으로 쓰였다.

**護** | 보호할 호
• 言부수, 총21획

갑골문　금문　전서　예서　해서

'말씀 언(言)'에 '헤아릴 약(蒦)'의 合體字(합체자)로, 말로 위로하고 획득한 것을 힘써 보전한다는 뜻에서 '보호하다', '지키다'의 뜻이다.

**或** | 혹 혹
• 戈부수, 총8획

갑골문　금문　전서　예서　해서

무기(戈)를 들고 백성(口)과 영토(一)를 지키는 뜻으로, 國(나라 국)의 初文(초문)이다.

**惑** | 미혹할 혹
• 心부수, 총12획

갑골문　금문　전서　예서　해서

'마음 심(心)'과 '혹 혹(或)'의 形聲字(형성자)로, '或'이 불확정의 뜻이므로 마음이 '미 혹하다'의 뜻이다.

昏
어두울 혼
• 日부수, 총8획

갑골문 금문 전서 예서 해서

‘날 일(日)’ 과 ‘나무뿌리 저(氏)’ 의 會意字(회의자)로, 해가 땅 가까이 질 때 어둡다의 뜻
이다. 氏는 氐의 省字(생자)이다.

婚
혼인 혼
• 女부수, 총11획

갑골문 금문 전서 예서 해서

‘계집 녀(女)’ 에 ‘저물 혼(昏)’ 을 합한 글자로, 옛날에는 신랑이 신부(女)의 집으로 가서
해가 저문 저녁(昏) 무렵에 결혼한다는 데서 ‘혼인’ 의 뜻이다.

混
섞일 혼
• 水부수, 총11획

갑골문 금문 전서 예서 해서

‘물 수(氵)’ 와 ‘벌레 곤(昆)’ 의 形聲字(형성자)로, 여러 강물이 합쳐서 흘러감의 뜻에서
‘섞이다’ 의 뜻이다.

魂
넋 혼
• 鬼부수, 총14획

갑골문 금문 전서 예서 해서

‘구름 운(云)’ 과 ‘귀신 귀(鬼)’ 의 形聲字(형성자)로, 넋의 뜻이다. 云은 雲의 初文(초문)으
로 구름은 땅의 기운이 하늘로 오른 것이니, 사람의 혼도 육체를 떠나 하늘에 오르는
것과 같은 뜻으로 취하였다.

忽
갑자기 홀
• 心부수, 총8획

갑골문 금문 전서 예서 해서

‘마음 심(心)’ 과 ‘말 물(勿)’ 의 形聲字(형성자)로, 마음(心)이 없으니(勿) 잊다(忘)의 뜻이
었는데, ‘갑자기’ 의 뜻으로도 쓰인다.

| | | 갑골문 | 금문 | 전서 | 예서 | 해서 |

**紅** 붉을 홍
- 糸부수, 총9획

紅 紅 紅
갑골문 금문 전서 예서 해서

'실 사(糸)' 와 '장인 공(工)' 의 形聲字(형성자)로, 붉은색(桃紅)의 비단의 뜻에서 '붉다' 의 뜻으로 쓰였다.

---

**洪** 큰물 홍
- 水부수, 총9획

洪 洪
갑골문 금문 전서 예서 해서

'물 수(氵)' 와 '함께 공(共)' 의 形聲字(형성자)로, 홍수의 뜻이다. 여러 물(水)이 하나로 합했다(共)는 뜻으로 共을 취하였다.

---

**弘** 넓을 홍
- 弓부수, 총5획

弘 弘 弘
갑골문 금문 전서 예서 해서

팔을 굽혀〔'厶' 는 '肱(팔 굉)' 의 고자〕활(弓:활 궁)의 시위를 당길 때 나는 큰 소리를 뜻한 글자인데, '크다' , '넓다' 의 뜻으로 쓰인다.

---

**鴻** 큰 기러기 홍
- 鳥부수, 총17획

鴻 鴻 鴻
갑골문 금문 전서 예서 해서

'새 조(鳥)' 와 '강 강(江)' 의 形聲字(형성자)로, 강물을 좋아하는 기러기의 뜻이다.

---

**畫** 그림 화
- 田부수, 총13획

畫 畫 畫
갑골문 금문 전서 예서 해서

'畫' 자는 甲骨文(갑골문)에 '畫', 金文(금문)에 '畫, 畫, 畫' 등의 자형으로서 밭두둑을 쌓아 구별하듯이 붓을 손에 잡고(聿) 가로 세로 금을 그어 '긋다' 의 뜻을 나타낸 會意字(회의자)이다. 뒤에 '畫(그을 획)' 이 '그림' 의 뜻으로 전의되자, '刂(칼 도)' 를 더하여 '劃(그을 획)' 자를 또 만들었다.(글자의 획을 '字劃' 이 아니라, '字畫' 으로 쓰는 것으로도 '畫' 의 본래 뜻이 '긋다' 임을 알 수 있다.)

**花** 꽃 화
- 艸부수, 총8획

갑골문 금문 전서 예서 해서

'華' 자의 金文(금문)은 '芋, 芋, 芋' 등의 자형으로서 꽃이 핀 모양을 그린 象形字(상형자)이다. 뒤에 '華' 의 뜻이 '빛나다' 로 쓰이게 되자 形聲字(형성자)로서의 '花(꽃 화)' 자를 또 만들었다.

**化** 될 화
- 匕부수, 총4획

갑골문 금문 전서 예서 해서

金文(금문)에 '北' 의 자형으로, '사람 인(亻)' 에 거꾸로 된 사람(匕)을 합한 글자로, '교화하다' 에서 '변화하다', '죽다', '되다' 의 뜻이 되었다.

**話** 말씀 화
- 言부수, 총13획

갑골문 금문 전서 예서 해서

'말씀 언(言)' 과 '입 막을 괄(昏)' 의 形聲字(형성자)로, 본의는 '善言(선언)', 곧 착한 말이란 뜻이었는데, 뒤에 '말씀' 의 뜻으로 쓰였다. 隷書體(예서체)에서 '話' 의 자형이 되었다.

**火** 불 화
- 火부수, 총4획

갑골문 금문 전서 예서 해서

불꽃을 튀기며 활활 타는 모양을 象形(상형)하여 '炏, 炏, 炏, 火' 와 같이 나타낸 것인데, 楷書體(해서체)의 '火' 자가 되었다.

**華** 빛날 화
- 艸부수, 총12획

갑골문 금문 전서 예서 해서

金文(금문)에 '芋, 芋, 芋' 등의 자형으로서 꽃이 핀 모양을 그린 象形字(상형자)이다. 뒤에 '華' 의 뜻이 '빛나다' 로 쓰이게 되자 形聲字(형성자)로서의 '花(꽃 화)' 자를 또 만든 것이다.

貨 │ 재물 **화**
• 貝부수, 총11획

갑골문　금문　전서　예서　해서

'될 화(化)' 와 '조개 패(貝)' 의 形聲字(형성자)로, 돈으로 바꿀 수 있는 '재물' 의 뜻이다. 貨는 化의 累增字(누증자)이다.

和 │ 화할 **화**
• 口부수, 총8획

갑골문　금문　전서　예서　해서

'벼 화(禾)' 와 '입 구(口)' 의 形聲字(형성자)로, 서로 심성이 잘 맞아 '화목하다' 의 뜻으로 쓰였다.

禾 │ 벼 **화**
• 禾부수, 총5획

갑골문　금문　전서　예서　해서

벼가 익으면 고개를 숙이는 모양(🌾)을 그린 글자이다. 부수자는 모든 '곡식' 에 두루 쓰인다.

禍 │ 재화 **화**
• 示부수, 총14획

갑골문　금문　전서　예서　해서

'보일 시(示)' 와 '입 비뚤어질 와(咼)' 의 形聲字(형성자)로, 신(示:神)이 내린 재앙이란 뜻이다. 咼는 입이 돌아가는 병으로, 사람이 싫어하는 병의 뜻으로 취하였다.

確 │ 굳을 **확**
• 石부수, 총15획

갑골문　금문　전서　예서　해서

'돌 석(石)' 과 '새 높이날 확(寉)' 의 形聲字(형성자)로, 의지가 돌(石)처럼 굳고 지조와 덕망이 높으니(寉), 모든 일에 '확실하다' 는 뜻이다.

穫 | 벼 벨 확
• 禾부수, 총19획

갑골문　금문　전서　예서　해서

'벼 화(禾)'와 '잡을 획(蒦)'의 形聲字(형성자)로, 벼(禾)를 베어 수확(收穫)한다는 뜻이다. 蒦은 攫(잡을 획)과 같은 뜻으로 잡다의 뜻이다.

擴 | 넓힐 확
• 手부수, 총18획

갑골문　금문　전서　예서　해서

'손 수(扌)'와 '넓을 광(廣)'의 形聲字(형성자)로, 손으로 넓히다의 뜻이다.

患 | 근심 환
• 心부수, 총11획

갑골문　금문　전서　예서　해서

'꿸 천〔串:毌(꿸 관)의 古字(고자)〕'과 '마음 심(心)'의 合體字(합체자)로, 마음을 걱정하는 생각으로 꿰뚫었을 때 '근심하게' 된다는 뜻이다.

歡 | 기쁠 환
• 欠부수, 총22획

갑골문　금문　전서　예서　해서

기쁠 때는 입을 크게 벌리고 소리를 쳐서 기뻐하므로, '하품할 흠(欠)'에 즐거움의 뜻을 가진 '황새 관(雚)' 자를 더하여 形聲字(형성자)를 만들었다.

丸 | 알 환
• 丶부수, 총3획

갑골문　금문　전서　예서　해서

본래 사람이 구슬을 가지고 있는 모습을 본뜬 상형자인데, 둥근 모양을 뜻하는 글자가 되었다.

## 換

바꿀 환

- 手부수, 총12획

| 갑골문 | 금문 | 전서 | 예서 | 해서 |
|---|---|---|---|---|

'손 수(扌)' 와 '빛날 환(奐)' 의 形聲字(형성자)로, 물건을 바꾸다의 뜻이다. 奐은 빛이 나 아름답다의 뜻이 있어 물건이 아름답게 보여야 서로 바꾸고 싶은 마음이 든다는 데서 취했다.

## 環

고리 환

- 玉부수, 총17획

| 갑골문 | 금문 | 전서 | 예서 | 해서 |
|---|---|---|---|---|

'구슬 옥(玉)' 과 '돌아올 선(睘)' 의 形聲字(형성자)로, 둥근 옥을 가리킨데서 가락지의 뜻이다.

## 還

돌아올 환

- 辵부수, 총17획

| 갑골문 | 금문 | 전서 | 예서 | 해서 |
|---|---|---|---|---|

'쉬엄쉬엄 갈 착(辶)' 과 '되풀이할 환(睘)' 의 形聲字(형성자)로, '돌아오다' 의 뜻이다.

## 活

살 활

- 水부수, 총9획

| 갑골문 | 금문 | 전서 | 예서 | 해서 |
|---|---|---|---|---|

'물 수(氵)' 와 '혀 설(舌)' 의 形聲字(형성자)로 되어 있으나, 본래는 '湉' 의 자형으로서 물이 콸콸 흐르는 소리를 나타낸 글자인데, '살다' 의 뜻으로 쓰였다.(昏:입 막을 괄)

## 黃

누를 황

- 黃부수, 총12획

| 갑골문 | 금문 | 전서 | 예서 | 해서 |
|---|---|---|---|---|

甲骨文(갑골문)에 '黄' 의 형태로, 본래 황옥띠를 맨 귀인의 모습을 본뜬 것인데, 뒤에 '황색' 을 뜻하게 되었다.

| 皇 | 임금 황 | | 갑골문 | 금문 | 전서 | 예서 | 해서 |
|---|---|---|---|---|---|---|---|
| | • 白부수, 총9획 | | 㠯 | 皇 | 皇 | 皇 | 皇 |

金文(금문)에 '㠯' 의 자형으로 볼 때, 왕이 머리 위에 면류관을 쓰고 단정히 앉아 있는 모습을 그리어 '임금' 의 뜻을 나타낸 글자이다.

| 況 | 하물며 황 | | 갑골문 | 금문 | 전서 | 예서 | 해서 |
|---|---|---|---|---|---|---|---|
| | • 水부수, 총8획 | | | 況 | 況 | 況 | |

'물 수(氵)' 와 '맏 형(兄)' 의 形聲字(형성자)로, 본래 찬 물의 뜻이었는데, 불어나다, 하물며의 뜻으로 쓰인다.

| 荒 | 거칠 황 | | 갑골문 | 금문 | 전서 | 예서 | 해서 |
|---|---|---|---|---|---|---|---|
| | • 艸부수, 총10획 | | | 荒 | 荒 | 荒 | 荒 |

'풀 초(艹)' 와 '물 넓을 황(巟)' 의 形聲字(형성자)로, 넓은 땅에 풀이 거칠게 많이 나있는 모양에서 '거칠다' 의 뜻이다.

| 會 | 모일 회 | | 갑골문 | 금문 | 전서 | 예서 | 해서 |
|---|---|---|---|---|---|---|---|
| | • 曰부수, 총13획 | | 會 | 會 | 會 | 會 | 會 |

甲骨文(갑골문)에 '會' 의 자형으로, 본래는 그릇의 뚜껑을 덮어 합친다는 데서 '모으다' 의 의미로 쓰였다.

| 回 | 돌아올 회 | | 갑골문 | 금문 | 전서 | 예서 | 해서 |
|---|---|---|---|---|---|---|---|
| | • 口부수, 총6획 | | ㄅ | 回 | 回 | 回 | |

연못의 물이 빙빙 도는 모습을 象形(상형)하여 'ㄅ, 回' 의 형태로 그린 것인데, 楷書體(해서체)의 '回(돌 회)' 자가 된 것이다.

# 灰

재 회

• 火부수, 총6획

| 갑골문 | 금문 | 전서 | 예서 | 해서 |

본래 자형은 '灰'의 형태로, '불 화(火)'와 '오른손 우(又)'의 會意字(회의자)로, 재의 뜻. 불이 꺼진 재는 손으로 만질 수 있으므로 '又'를 취함.

# 悔

뉘우칠 회

• 心부수, 총9획

| 갑골문 | 금문 | 전서 | 예서 | 해서 |

'마음 심(忄)'과 '매양 매(每)'의 形聲字(형성자)로, 매양(每) 탐욕스런 자신의 마음(忄)을 반성하고 '뉘우치다'의 뜻이다. 每는 풀이 부단히 생장하는 뜻으로, 잘못을 부단히 후회하다의 뜻을 취했다.

# 懷

품을 회

• 心부수, 총19획

| 갑골문 | 금문 | 전서 | 예서 | 해서 |

'마음 심(忄)'과 '그리워할 회(褱)'의 形聲字(형성자)로, 가슴에 '품다'의 뜻이다.

# 獲

얻을 획

• 犬부수, 총17획

| 갑골문 | 금문 | 전서 | 예서 | 해서 |

풀(++) 속의 새(隹)를 손(又)으로 잡다의 뜻에 사냥하는 개(犬→犭)를 더하여 사냥으로 짐승을 잡다의 뜻이다.

# 劃

그을 획

• 刀부수, 총14획

| 갑골문 | 금문 | 전서 | 예서 | 해서 |

'가를 획(畫)'자의 뜻을 더 분명히 하기 위해 '칼 도(刂)'자를 더해 그을 획(劃)자를 만들 었다.

## 橫

가로 **횡**

- 木부수, 총16획

갑골문　금문　전서　예서　해서

'나무 목(木)'과 '누를 황(黃)'의 形聲字(형성자)로, 가축이 도망가지 못하도록 문에 걸칠 나무(木)의 뜻인데, 뒤에 가로라는 뜻으로 쓰였다.

## 效

본받을 **효**

- 攵부수, 총10획

갑골문　금문　전서　예서　해서

'칠 복(攵→攵)'과 '사귈 교(交)'의 形聲字(형성자)로, 서로 비슷하도록 치다(攵)에서 모방의 뜻이다. 交는 두 다리를 꼬다에서 서로 합치다의 뜻으로 취하였다.

## 曉

새벽 **효**

- 日부수, 총16획

갑골문　금문　전서　예서　해서

'날 일(日)'과 '요임금 요(堯)'의 形聲字(형성자)로, 새벽의 뜻이다. 堯에는 높다의 뜻이 있어 해가 점점 높이 떠오르는 뜻으로 취하였다.

## 孝

효도 **효**

- 子부수, 총7획

갑골문　금문　전서　예서　해서

'늙을 로(老→耂)'에 '아들 자(子)'를 합한 글자로, 자식(子)이 부모(老)를 받든다는 데서 '효도'의 뜻이다.

## 厚

두터울 **후**

- 厂부수, 총9획

갑골문　금문　전서　예서　해서

'厚'자의 甲骨文(갑골문) '厚'은 '石(돌 석)'과 '高(높을 고)'의 省體(생체)의 合體字(합체자)로, 바위가 높으면 반드시 두텁기 때문에 '두텁다'의 뜻이 되었다.

## 後

뒤 후
• 彳부수, 총9획

| 갑골문 | 금문 | 전서 | 예서 | 해서 |
|---|---|---|---|---|

'자축거릴 척(彳)'에 '작을 요(幺)'와 '천천히 걸을 쇠(夂)'를 합한 글자로, 작게(幺) 천천히(夂) 걸어가니(彳) 뒤떨어진다는 데서 '뒤지다'의 뜻이다.

## 侯

제후 후
• 人부수, 총9획

| 갑골문 | 금문 | 전서 | 예서 | 해서 |
|---|---|---|---|---|

본래 '矦'의 자형으로 '矦'의 자형이 '侯'로 변하였다. 사람(亻)이 과녁의 모습(厂)에 살(矢)을 쏘아 맞히는 會意字(회의자)로, 과녁의 뜻이었는데, 활을 과녁에 잘 명중시키는 사람이 제후(諸侯)라는 뜻이다.

## 候

물을 후
• 人부수, 총10획

| 갑골문 | 금문 | 전서 | 예서 | 해서 |
|---|---|---|---|---|

'사람 인(亻)'과 '과녁 후〔矦:侯의 古字(고자)〕'의 形聲字(형성자)로, 과녁(矦)은 사람이 활을 쏘아 마치기를 기다리고 있기 때문에 '바라다', '기다리다'의 뜻이다.

## 喉

목구멍 후
• 口부수, 총12획

| 갑골문 | 금문 | 전서 | 예서 | 해서 |
|---|---|---|---|---|

'입 구(口)'와 '제후 후(侯)'의 形聲字(형성자)로 목구멍의 뜻. '侯'에 본래 화살받이의 뜻이 있어, 목구멍은 입(口)으로 음식물을 받아들이므로 '侯'를 취함.

## 訓

가르칠 훈
• 言부수, 총10획

| 갑골문 | 금문 | 전서 | 예서 | 해서 |
|---|---|---|---|---|

'말씀 언(言)'과 '내 천(川)'의 合體字(합체자)로, 냇물(川)이 들판을 꿰뚫어 가듯이 좋은 말(言)로 사람을 '가르치다'의 뜻이다.

毀 │ 헐 훼
• 殳부수, 총13획

갑골문　금문　전서　예서　해서

본래 毇(훼)의 省字(생자)인 '殸'에 흙 토(土)를 더하여 깨진 그릇의 뜻이다.

揮 │ 휘두를 휘
• 手부수, 총12획

갑골문　금문　전서　예서　해서

손(扌)으로 군대(軍)를 지휘(指揮)하다에서 '휘두르다'의 뜻이다.

輝 │ 빛날 휘
• 車부수, 총15획

갑골문　금문　전서　예서　해서

'빛 광(光)'과 '군사 군(軍)'의 合體字(합체자)로, 빛나다의 뜻이다.

携 │ 끌 휴
• 手부수, 총13획

갑골문　금문　전서　예서　해서

본래 '攜'의 자형이었는데, 行書(행서)에서 '携'의 자형으로 변하였다. '携(휴)'는 두 견새로, 이 새의 소리가 처량해서 나그네로 하여금 향수를 느끼게 이끈다는 데서 이 끌다의 뜻이다.

休 │ 쉴 휴
• 人부수, 총6획

갑골문　금문　전서　예서　해서

'사람 인(人)'과 '나무 목(木)'의 會意字(회의자)로, 사람이 나무 밑에서 '쉬다'의 뜻이다.

| 凶 | 흉할 흉<br>• 凵부수, 총4획 | | 갑골문 | 금문 | 전서 | 예서 | 해서 |

본래 가슴의 모양을 본뜬 글자인데, 남 앞에 가슴을 드러내는 것은 흉하다는 데서 '흉하다'의 뜻으로 쓰이게 되었다.

| 胸 | 가슴 흉<br>• 肉부수, 총10획 | | 갑골문 | 금문 | 전서 | 예서 | 해서 |

'고기 육(月)'과 '오랑캐 흉(匈)'의 形聲字(형성자)로, 匈은 凶의 累增字(누증자)이고, 胸은 匈의 累增字(누증자)이다.

| 黑 | 검을 흑<br>• 黑부수, 총12획 | | 갑골문 | 금문 | 전서 | 예서 | 해서 |

아궁이에 불을 땔 때 굴뚝에 그을음이 생겨 '검정색'이 되는 것을 나타낸 글자이다.

| 欠 | 하품 흠<br>• 欠부수, 총4획 | | 갑골문 | 금문 | 전서 | 예서 | 해서 |

사람이 크게 하품하는 모양을 본뜬 글자이다. '缺(이지러질 결)'자의 약자로 쓰는 것은 잘못이다.

| 興 | 일 흥<br>• 臼부수, 총16획 | | 갑골문 | 금문 | 전서 | 예서 | 해서 |

본래 네 손으로 우물 틀을 드는 모양을 본뜬 상형자인데, 일어나다의 뜻으로 쓰이게 되었다.

376

吸 | 숨 들이쉴 흡
• 口부수, 총7획

'입 구(口)' 와 '미칠 급(及)' 의 形聲字(형성자)로, 입으로 숨을 들여 쉬다의 뜻이다. 及은 뒤에서 앞에 가는 사람을 잡다의 뜻인데 호흡은, 곧 숨과 숨이 이어짐을 뜻하여 취하였다.

喜 | 기쁠 희
• 口부수, 총12획

'악기 세울 주(壴)' 에 '입 구(口)' 를 합한 글자로, 북(壴) 치고 입(口)으로 노래를 부르니, 즐겁다는 데서 '기쁘다', '즐겁다' 의 뜻이다.

希 | 바랄 희
• 巾부수, 총7획

본래 베(巾:수건 건)의 올이 효(爻:육효 효)라는 글자처럼 드문드문 있어서 '드물다' 라는 뜻으로 사용되었으나, 드물다는 것은 稀少性(희소성)이 있다는 것이어서 '바라다' 의 뜻으로 쓰였다.

稀 | 드물 희
• 禾부수, 총12획

'벼 화(禾)' 에 '바랄 희(希)' 의 形聲字(형성자)로, 벼포기가 성기다의 뜻에서 드물다의 뜻이 되었다. '希' 는 고운 실로 무늬를 놓아 짠 베를 뜻하는데, 이런 고운 베는 얻기가 어렵기 때문에 드물다의 뜻으로 취하였다.

戲 | 놀 희
• 戈부수, 총16획

'창 과(戈)' 와 '옛날 그릇 희(虛)' 의 形聲字(형성자)로, 병기(戈)를 들고 서로 희롱하다의 뜻이다.

# 噫 | 탄식할 희
• 口부수, 총16획

噫 噫 噫<br>갑골문 금문 전서 예서 해서

'입 구(口)'와 '뜻 의(意)'의 形聲字(형성자)로, 탄식하다의 뜻. 탄식할 때의 소리가 '意' 와 같아서 '意'를 취함.


# 熙 | 빛날 희
• 火부수, 총13획

熙 熙 熙 熙<br>갑골문 금문 전서 예서 해서

'불 화(灬)'와 '넓은 턱 이(匝)'의 形聲字(형성자)로, 본래 건조하다의 뜻. 물건을 말리 는 데는 불만한 것이 없으므로 '火'를 취함. '匝'는 넓은 턱의 뜻으로 사람이 분노하 거나 수치스러울 때 얼굴이 달아 오르므로 '匝'를 취함. 뒤에 빛나다의 뜻으로 쓰임.

부록

# 214 部首의 字源 풀이

**1 一 한 일**

수를 헤아리던 산대(算가지)의 하나를 가로 놓은 것을 가리킨 글자이다.

例 : 三(석 삼), 上(윗 상), 下(아래 하)

**2 丨 위아래 통할 곤**

송곳 또는 막대기 모양을 나타내는 글자로, 위에서 아래로 내리그어 '뚫다', '위 아래로 통하다'의 뜻을 나타내고 있다.

例 : 中(가운데 중), 丰(예쁠 봉), 串(꿸 천)

**3 丶 심지 주** *점주(×)

등잔불의 심지를 나타낸 글자로, 곧 '炷(심지 주)' 자의 본자이다.

例 : 丸(알 환), 丹(붉을 단), 主(주인 주)

**4 丿 좌로 삐칠 별** *삐침(×)

우로부터 좌로 삐치는 모양을 나타낸 글자이다.

例 : 乃(이에 내), 久(오랠 구), 乏(가난할 핍), 之(갈 지)

**5 乙 새 을**

새의 모양을 그린 글자이다.

例 : 九(아홉 구), 乞(빌 걸), 乳(젖 유)

**6 亅 갈고리 궐**

갈고리나 낚시 바늘처럼 끝이 굽은 모양을 나타낸 글자이다.

例 : 了(마칠 료), 予(나 여), 事(일 사)

**7 二 두 이**

산(算)대의 두 개를 가로놓은 것을 본뜬 글자이다.

例 : 于(어조사 우), 云(이를 운), 互(서로 호), 五(다섯 오)

8 　ㅗ　돼지해머리 두　*돼지해밑(×)

본래부터 뜻을 갖지 않고 '두' 의 자음만으로 부수자로 쓰인 글자이다.

例 : 亡(망할 망), 亢(목 항), 亨(형통할 형)

9 　人〔亻〕 사람 인

남자 어른의 옆모습을 象形(상형)하여 '夕, 夕, 八' 과 같이 그린 것인데, 楷書體(해서체)의 '人' 이 된 것이다. '人' 은 본래 '女' 의 대칭자로서 남자의 뜻으로 쓰인 것인데, 뒤에 사람의 뜻으로 전의되자 '男(사내 남)' 자를 또 만들었다.

例 : 他(다를 타), 仕(벼슬할 사), 仙(신선 선)

10 　儿　밑사람 인　*어진사람인(×) 어진사람인변(×)

사람인자를 다른 글자의 밑에 쓸 때의 형태이다. '어진 사람 인' 이라는 뜻은 옳지 않나.

例 : 元(으뜸 원), 兀(우뚝할 올), 允(진실로 윤), 兄(맏 형)

11 　入　들 입

풀이나 나무의 뿌리가 땅으로 들어가는 모양을 가리키어 '八, 人' 의 형태로 나타낸 것인데, 楷書體(해서체)의 '入' 자가 된 것이다. 송곳이 뚫고 들어가는 것으로 풀이하는 이도 있다.

例 : 內(안 내), 全(온전할 전)

12 　八　여덟 팔

'八' 은 본래 엄지손가락을 마주 세워서 여덟을 표시한 모양을 본뜬 글자이다.

例 : 分(나눌 분), 公(공변될 공)

13 　冂　멀 경

城으로부터 멀리 떨어져 있는 곳을 나타낸 글자이다.

例 : 册(책 책), 再(두 재)

14 　冖　덮을 멱　*민갓머리(×)

본래 모자의 모양을 그린 글자인데, '덮다' 의 뜻으로 쓰이게 되었다.

例 : 冠(갓 관), 冥(어두울 명)

**15** 冫 얼음 빙　＊이수변(×)

본래 물이 얼어 솟아오른 모양인 ‘人’ 의 형태를 본뜬 것이다. 부수자로만 쓰이며, 이 부수자는 ‘얼음’ 또는 ‘차다’ 의 뜻이다.

例 : 冬(겨울 동), 冷(찰 랭), 凍(얼 동)

**16** 几 안석 궤

책상의 모양인 ‘几’ 의 형태를 본뜬 글자이다.

例 : 凡(무릇 범), 凰(봉황새 황), 凱(즐길 개)

**17** 凵 입 벌릴 감　＊위튼입구(×) 위터진입구(×)

입을 벌린 모양, 또는 물건을 담을 수 있게 만든 그릇의 모양을 본뜬 글자이다.

例 : 凶(흉할 흉), 函(함 함)

**18** 刀〔刂〕칼 도

칼의 모양인 ‘刀’ 의 형태를 그린 글자로, 칼 도(刀)가 다른 글자의 방으로 쓰일 때는 ‘刂’ 의 자형으로 쓰인다.

例 : 切(끊을 절), 刊(책 펴낼 간), 刑(형벌 형), 別(나눌 별)

**19** 力 힘 력

힘쓸 때 팔의 모양을 象形(상형)하여 ‘ㄣ, ㄣ, 另’ 와 같이 그린 것인데, 楷書體(해서체)의 ‘力’ 자가 된 것이다.

例 : 動(움직일 동), 勤(부지런할 근), 勉(힘쓸 면), 劣(못할 렬)

**20** 勹 쌀 포

사람이 팔로 물건을 품어 안은 모양인 ‘勹’ 의 형태를 그린 글자이다.

例 : 匍(길 포), 匐(길 복)

**21** 匕 비수 비

숟가락의 모양을 그린 글자이다. 여자의 음부를 상형한 것으로도 본다.

例 : 匙(숟가락 시), 化(될 화), 北(북녘 북)

**22** 匚 상자 방　＊터진입구(×) 터진입구변(×)

옆으로 물건을 넣을 수 있게 만든 궤짝 모양을 그린 글자이다.

例 : 匣(갑 갑), 匱(함 궤), 匡(바를 광, 광주리 광)

## 23 匚 감출 혜 *터진에운담(×)

물건을 감추어 두었다는 뜻의 글자로, 상자 방(匚)자와 구별해서 써야 한다.

例 : 匹(필 필), 匽(엎드릴 언), 區(지경 구)

## 24 十 열 십

甲骨文(갑골문)에서 'Ⅰ'의 형태로 표시하여, 가로 그어 '一(한 일)'로 표시한 것과 구별하여 쓴 것은 옛날 숫자를 헤아리던 산대를 세워서 열을 뜻했음을 그린 것이다.

例 : 卅(서른 삽), 博(넓을 박), 升(되 승)

## 25 卜 점 복

점을 칠 때 거북의 腹甲(복갑)을 기름에 튀기어 생기는 균열의 모양을 본뜬 글자이다.

例 : 占(점칠 점), 卦(걸 괘)

## 26 卩〔㔾〕 병부 절

본래 사람이 무릎을 꿇고 있는 모습인 '㔾, 㔾, 㔾'의 형태를 본뜬 글자인데, 뒤에 '節(절)'의 고자로 쓰이게 되었다.

例 : 叩(두드릴 고), 印(도장 인), 危(위태할 위)

## 27 厂 언덕 엄 *민엄호(×)

산비탈에 위가 튀어 나온 바위 모양을 본뜬 글자로, 언덕을 뜻하는 글자이다.

例 : 厚(두터울 후), 原(근원 원)

## 28 厶 옛사사로울 사 *마늘모(×)

'私(사)'의 고자(㕛, 厶)로서 방정하지 못하고 일그러진 형태를 그리어 '사사롭다'는 뜻을 나타낸 글자이다.

例 : 去(갈 거), 參(간여할 참)

## 29 又 또 우

甲骨文(갑골문)에 '㕛'의 자형으로, 원래 오른손의 형태를 상형한 것인데, 뒤에 '또'의 뜻으로 쓰였다.

例 : 及(미칠 급), 友(벗 우), 受(받을 수), 取(취할 취)

## 30 口 입 구

입의 모양을 象形(상형)하여 'ㅂ'와 같이 그린 것인데, 뒤에 楷書體(해서체)의 '口' 자가 된 것이다.

例 : 呼(부를 호), 吸(숨 들이쉴 흡), 含(머금을 함), 味(맛 미), 唱(노래 창)

## 31 囗 에울 위 *큰입구(×) 큰입구변(×) 에운담변(×)

울타리 모양을 그린 글자로, 국경이나 성곽, 어떤 범위를 빙 둘러 싼 '구역'의 의미이다.

例 : 回(돌 회), 國(나라 국), 因(인할 인)

## 32 土 흙 토

밭을 갈아 흙덩이가 일어나 있는 모양을 '土, 土, 土, 土'와 같이 그린 것인데, 楷書體(해서체)의 '土' 자가 된 것이다. 토지신을 모시던 제단의 형태를 그린 것으로도 풀이한다.

例 : 地(땅 지), 坤(땅 곤), 城(성 성), 培(북돋울 배)

## 33 士 선비 사

'한 일(一)'과 '열 십(十)'의 會意字(회의자)이며, 하나를 들으면 열을 안다는 뜻으로, 곧 총명한 사람을 선비(士)라고 일컬은 것이다. 달리 풀이하는 이도 있다.

例 : 壯(씩씩할 장), 壻(사위 서), 壽(목숨 수)

## 34 夂 뒤져올 치

발이 끌려 땅에 닿아 움직이지 않고 잠시 머뭇거리며 더디게 오는 모양(夂)을 본뜬 글자이다. 다른 글자의 윗 부분에 쓰인다.

例 : 夆(끌 봉), 各(각각 각), 冬(겨울 동)

## 35 夊 천천히 걸을 쇠

천천히 걷는 모양(夊)을 나타낸 글자이다. 다른 글자의 아랫부분에 쓰인다.

例 : 夏(여름 하), 夐(멀 형)

## 36 夕 저녁 석

저녁을 나타낸 글자는 甲骨文(갑골문)의 자형으로 보면, '月' 자와 구별 없이 '月, 月'의 형태로 썼지만, 小篆(소전)에서부터 '月' 자에서 획을 생략하여 밤이 아니라 저녁을 나타내는 '夕' 자를 만든 것이다.

例 : 名(이름 명), 夢(꿈 몽), 外(바깥 외)

## 37 大 큰 대

본래 어른이 정면으로 팔을 벌리고 서있는 모습을 象形(상형)하여 '大, 大, 大'의 형태로 그리어, 어린아이의 모습을 象形(상형)한 '子(아들 자)'의 대칭인 '대인', 곧 '어른'의 뜻으로 만든 것인데 뒤에 '大(큰 대)'의 뜻이 되었다.

例 : 夷(큰활 이), 夾(낄 협), 奔(달릴 분)

## 38 女 계집 녀

두 손을 모으고 얌전히 꿇어앉아 있는 모습을 象形(상형)하여 '含, 夫, 中, 中'와 같이 그린 것인데, 楷書體(해서체)의 '女' 자가 된 것이다.

例 : 姦(간사할 간), 姐(누이 저), 妻(아내 처), 妙(묘할 묘)

## 39 子 아들 자

이이가 포대기(강부)에 싸여서 두 팔만 흔들고 있는 모습을 象形(상형)하여 '우, 우, 우'와 같이 그린 것인데, 楷書體(해서체)의 '子'가 된 것이다.(子는 본래 남녀의 구별이 없이 아이를 나타냈던 글자인데, 뒤에 주로 '아들'의 뜻으로 쓰였다.)

例 : 孩(어린아이 해), 孕(아이 밸 잉), 存(있을 존)

## 40 宀 집 면  *갓머리(×)

집의 모양인 '介, 介, 宀'의 형태를 본뜬 글자이다. '갓머리'라고 하는 것은 옳지 않다.

例 : 安(편안할 안), 宅(댁 댁), 宗(마루 종), 宮(집 궁)

## 41 寸 마디 촌

손목에서 동맥의 맥박이 뛰는 위치까지를 十分, 곧 한 치의 단위로 보아 손(乄)에 맥박의 위치를 가리키는 부호를 더하여 '弌'의 형태로 나타낸 것인데, 楷書體(해서체)의 '寸(마디 촌)' 자가 된 것이다.

例 : 奪(빼앗을 탈), 射(궁술 사), 尊(높을 존)

## 42 小 작을 소

본래 빗방울이 떨어지는 것을 象形(상형)하여 ',八, 小, 川('와 같이 나타낸 것인데, 楷書體(해서체)의 '小' 자로서 '작다'의 뜻이다.

例 : 尖(뾰족할 첨), 少(적을 소), 尙(오히려 상)

<sup>43</sup> 尢 〔尣 / 尣〕 절름발이 왕

사람의 한쪽 다리가 짧은 모양인 '尢' 의 형태를 상형하여 '절면서 걷는다' 는 뜻의 글자이다.

例 : 尪(절름발이 왕), 尤(더욱 우), 尨(삽살개 방)

<sup>44</sup> 尸 주검 시

본래 사람이 구부려 있는 모습인 '尸, 尸, 尸' 의 형태를 본뜬 글자인데, 주검 시의 뜻으로도 쓰인다.

例 : 尾(꼬리 미), 屋(집 옥), 屛(병풍 병), 局(판 국)

<sup>45</sup> 屮 왼손 좌

왼손의 모양(屮)을 본뜬 글자이다.

例 : 屯(진칠 둔)

<sup>46</sup> 山 뫼 산

산봉우리의 모양을 그대로 象形(상형)하여 'ᴟ, ᴟ, ᴟ' 과 같이 그린 것인데, 楷書體(해서체)의 '山' 이 된 것이다.

例 : 峰(산봉우리 봉), 岳(큰산 악), 岸(언덕 안)

<sup>47</sup> 巛 〔川〕 내 천 *개미허리(×)

물줄기가 들판을 뚫고 흘러가는 굴곡된 모양을 象形(상형)하여 'ᴟ, ᴟ, ᴟ' 과 같이 그린 것인데, 楷書體(해서체)의 '川' 으로서 '내' 의 뜻이다. 부수자로 쓸 때는 다른 모양인 '巛(내 천) 으로도 쓰인다.

例 : 州(고을 주), 巡(돌 순), 巢(집 소)

<sup>48</sup> 工 장인 공

목공이 집을 짓는데 있어서 가장 필요한 것은 수평이나 직각을 재는 도구, 곧 曲尺(곡척)이다. 이러한 자의 모양을 象形(상형)하여 '工, 工, 工, 工' 의 형태로 그린 것인데, 楷書體(해서체)의 '工(장인 공)' 이 된 것이다.

例 : 左(왼 좌), 巨(클 거)

<sup>49</sup> 己 몸 기

본래 긴 끈의 형태를 '己, 己' 와 같이 그린 것인데, 뒤에 天干의 여섯째 글자로 쓰이

게 되었고, 또한 자기 스스로를 가리키는 뜻으로도 쓰이게 되어 '己(몸 기)' 로 일컫게 된 것이다. 뒤에 부득이 '실마리', '벼리' 를 뜻하는 글자로 '紀(벼리 기)' 자를 다시 만들었다.

例 : 已(이미 이), 巳(뱀 사), 巷(거리 항)

## 50 巾 수건 건

수건을 막대기에 걸어 놓은 모양을 그린 글자이다.

例 : 帆(돛 범), 帖(휘장 첩), 帛(비단 백)

## 51 干 방패 간

小篆(소전)에 '干' 의 자형으로 '방패' 의 모양을 간략하게 본뜬 글자이다.

例 : 平(평평할 평), 年(해 년), 幸(다행 행)

## 52 幺 작을 요

뱃속에 들어 있는 태아의 모양인 '8' 의 형태를 그린 글사로서 '작다' 의 뜻을 나타낸 것으로 본다.

例 : 幻(변할 환), 幼(어릴 유), 幾(기미 기)

## 53 广 바윗집 엄 ＊음호 밑(×) 엄호(×)

벼랑, 바위 등에 기대어 세운 지붕이 있는 집을 뜻하는 글자이고, '厂(굴바위 엄)' 자는 지붕이 없는 집을 뜻한다.

例 : 序(차례 서), 店(가게 점), 府(곳집 부), 庫(곳집 고)

## 54 廴 길게 걸을 인 ＊민책받침(×)

한쪽 다리를 끌면서 느릿느릿 걸어가는 모양(廴)을 본뜬 글자로, '멀리간다' 는 뜻이다. '민책받침' 으로도 읽지만 속칭이다.

例 : 廻(돌 회), 延(끌 연), 建(세울 건)

## 55 廾 받들 공 ＊스물입발(×) 밑스물십(×)

두 손으로 마주 드는 모양(廾, 廾)으로 '들다', '받들다' 의 뜻으로 쓰인다.

例 : 弄(희롱할 농), 弊(해칠 폐)

## 56 弋 주살 익

화살의 오늬에 줄을 매어 쏘는 '주살' 또는 '말뚝' 을 뜻하는 글자이다.

例 : 式(법 식), 鳶(소리개 연)

## 57 弓 활 궁

활의 모양을 象形(상형)하여 '⼸, ⼸, 릉'과 같이 그린 것인데, 楷書體(해서체)의 '弓(활궁)' 자가 된 것이다.

例 : 引(끌 인), 弛(늦출 이), 弘(넓을 홍)

## 58 크 〔ᇂ〕 돼지머리 계  *튼가로왈(×) 터진가로왈(×)

주둥이가 뽀족한 돼지머리를 본뜬 모양(⼹)으로, '크'에 'ノ'을 붙인 '彑' 자도 같은 글자이다. '튼가로 왈'은 속칭이다.

例 : 彘(돼지 체), 彙(무리 휘), 彝(떳떳할 이)

## 59 彡 무늬 삼  *삐친석삼(×) 터럭삼(×)

수염이나 머리카락의 모양을 나타낸 글자이다.

例 : 彬(빛날 빈), 彩(무늬 채), 形(모양 형), 彪(무늬 표)

## 60 彳 조금 걸을 척  *중인변(×) 두인변(×)

제자리걸음하는 다리의 모양(彳)을 그린 글자이다. '작은 폭으로 걷다'의 뜻으로 쓰이며, '두인변'으로도 읽히지만 속칭이다.

例 : 往(갈 왕), 徐(천천할 서), 徒(무리 도), 從(좇을 종)

## 61 心 〔忄 / ⺗〕 마음 심

심장의 모양을 象形(상형)하여 '⼼, ⼼'와 같이 그린 것인데, 楷書體(해서체)의 '心' 자가 된 것이다. 다른 글자의 왼쪽에 쓰일 때는 '忄', 밑에 쓰일 때는 '⺗'의 형태로 쓰인다.

例 : 怒(성낼 노), 怨(원망할 원), 怪(기이할 괴), 恨(한할 한)

## 62 戈 창 과

창의 모양인 '⼽, ⼽'의 형태로 그려서 '무기'의 뜻으로 쓰이는 글자이다.

例 : 戰(싸울 전), 我(나 아), 戊(다섯째 천간 무), 戌(개 술), 戍(지킬 수), 戒(경계할 계), 戎(오랑캐 융)

## 63 戶 지게 호

일반 백성이 사는 집의 외쪽 문을 '⼾, 戶'와 같이 象形(상형)하여 楷書體(해서체)의 '戶' 자가 된 것이다. 여기서 '지게'는 등에 지는 기구가 아니라 외쪽 문을 일컫는다.

例 : 啓(열 계), 房(방 방), 扉(문짝 비), 扇(사립문 선)

## 64 手〔扌〕손 수 *재방변(×)

손가락을 편 모양을 象形(상형)하여 '扌, 꿏' 와 같이 그린 것인데, 楷書體(해서체)의 '手' 자가 된 것이다.

例 : 指(손가락 지), 探(찾을 탐), 打(칠 타), 擊(칠 격), 把(잡을 파), 握(쥘 악), 技(재주 기), 掌(손바닥 장)

## 65 支 지탱할 지

대나무의 반쪽과 손을 합한 글자(支)로, 손으로 댓가지를 '가르다' 의 뜻이다.

例 : 攲(기울 기)

## 66 攴 칠 복 *등글월문(×) 등걸문(×) 등글문(×)

오른손(又)에 막대기(卜)를 든 모양(攴)을 그려서 '치다', '건드리다' 의 뜻이 있다. 부수로는 모양이 다른 '攵(칠 복)' 자로 쓰인다.

例 : 敎(가르칠 교), 攻(칠 공), 改(고칠 개)

## 67 文 글월 문

본래 사람의 가슴에 문신한 모양을 象形(상형)하여 '文, 文, 文' 의 형태로 그리어 '무늬' 의 뜻으로 쓴 것인데, 楷書體(해서체)의 '文' 자가 된 것이다. 뒤에 부득이 무늬를 뜻하는 글자를 '紋(무늬 문)' 과 같이 다시 만들었다.

例 : 斐(오락가락할 비), 斑(얼룩 반), 斌(빛날 빈)

## 68 斗 말 두

자루가 있는 열되가 들어가는 量器의 모양을 象形(상형)하여 '斗, 斗, 斗' 와 같이 그린 것인데, 楷書體(해서체)의 '斗' 로서 '말' 의 뜻이다.

例 : 料(되질할 료), 斟(술 따를 짐), 斜(비낄 사)

## 69 斤 날 근

자귀의 모양(斤)을 그린 글자이다. 뒤에 무게의 단위로 쓰였다.

例 : 斧(도끼 부), 斷(끊을 단), 折(꺾을 절), 新(새 신)

## 70 方 모 방

甲骨文(갑골문)에 '方' 의 자형으로 본래 '쟁기' 의 모양을 본뜬 글자인데, 뒤에 '모서리', '사방' 등의 뜻으로 쓰였다.

例 : 旗(기 기), 旅(군사 려), 族(겨레 족), 旋(돌 선)

## 71 无 없을 무

'無(무)' 자의 이체자로 보기도 한다. '이미기방' 은 '旣(이미 기)' 자의 방에 '旡(목멜 기)' 자와 같이 비슷한 자형으로 쓰였기 때문이다.

例 : 旣(이미 기)

## 72 日 날 일

甲骨文(갑골문)에서부터 '⊟→⊙→日' 의 형태로 해의 내부에 '•, 乙' 또는 '一' 의 표시를 한 것은 東夷族(동이족)의 전설에 해에는 '日中有金烏', 곧 다리가 셋 달린 금까마귀(三足烏)가 있어서 날개를 펴면 날개의 금빛이 반사하여 해가 밝게 빛나는 것이라고 전하여 태양의 외곽을 'O' 와 같이 표시하고, 그 안에 금까마귀를 '•, 乙' 의 형태로, 곧 새 을(乙)자를 표시했던 것인데, 楷書體(해서체)의 '日' 자가 된 것이다.

例 : 旦(아침 단), 明(밝을 명), 暗(어두울 암), 晚(저물 만), 暮(저물 모), 昔(옛 석), 星(별 성), 時(때 시), 春(봄 춘), 昃(기울 측)

## 73 曰 가로 왈

입의 모양을 象形(상형)한 'ㅂ', 곧 '입 구(口)' 자에 혀로 떠드는 말을 가리키는 부호를 더하여 'ㅂ, ㅂ' 의 형태로 나타낸 것인데, 楷書體(해서체)의 '曰' 자가 된 것이다.

例 : 曲(굽을 곡), 更(고칠 경), 書(쓸 서), 最(가장 최)

## 74 月 달 월

달이 기울었을 때의 특징을 잡아 'ᄀ' 과 같이 象形(상형)하였다. 달을 象形(상형)함에 있어서 단순히 보이는 대로 'ᄀ' 와 같이 그리지 않고, '月中有玉兔', 곧 달 속에 옥토끼가 있다는 전설에 따라 기울어진 달의 외곽을 'ᄀ' 과 같이 그리고 그 속에 토끼의 모습을 부호로 그려 놓은 것이 'ᄀ→月' 이다.

例 : 朔(초하루 삭), 朗(밝을 랑), 有(있을 유), 望(바랄 망)

## 75 木 나무 목

나무의 모양을 본떠 '朩, 朩' 와 같이 나무의 줄기, 가지, 뿌리를 그린 것인데, 楷書體(해서체)의 '木' 자가 된 것이다.

例 : 松(소나무 송), 本(밑 본), 末(끝 말), 果(실과 과), 刺(가시 자), 束(묶을 속), 析(가를 석), 折(꺾을 절), 林(수풀 림), 森(나무 빽빽할 삼)

## 76 欠 하품 흠

입을 크게 벌리고 하품하는 모양(㞢)을 그린 글자이다.

例 : 歌(노래 가), 吹(불 취), 次(버금 차), 欲(하고자 할 욕)

## 77 止 그칠 지

'止' 자는 甲骨文(갑골문)에 '㞢' 의 형태로, 땅 위에 서 있는 발의 모습을 본뜬 것인데, 뒤에 '그치다' 로 전의되었다.

例 : 步(걸음 보), 武(군셀 무), 正(바를 정), 歲(해 세)

## 78 歹〔歺〕 살 발린 뼈 알 ＊죽을사변(×)

살을 바른 부서진 뼈의 모양(肖)을 그린 글자로, '죽음' 을 뜻하기 때문에 '죽을 사 변' 이라고도 칭한다.

例 : 死(죽을 사), 殃(재앙 앙), 殆(위태할 태), 殘(해칠 잔)

## 79 殳 창 수 ＊갖은등글월문(×)

손에 창을 들고 있는 모양(殳)을 그린 글자로 '두들기다' 의 뜻으로 쓰인다.

例 : 殺(죽일 살), 毆(때릴 구), 段(구분 단)

## 80 毋 말 무

여러 가지 설이 있으나, 약한 여자를 범해서는 안된다는 뜻으로, '말라' 의 부정사로 쓰였다.

例 : 每(매양 매), 毒(독 독), 毓(기를 육)

## 81 比 견줄 비

'比' 자는 甲骨文(갑골문)에 '竹' 의 자형으로서 두 사람이 나란히 서있는 모습을 본뜬 글자로 '견주다' 의 뜻이다.

例 : 毗(도울 비), 毖(삼갈 비)

## 82 毛 터럭 모

사람이나 짐승의 털을 그린(毛) 글자이다.

例 : 毯(담요 담), 毫(가는 털 호), 氈(모전 전)

## 83 氏 각시 씨

씨에서 뿌리와 싹이 조금 나온 모양인 '氏, 氐' 의 형태를 그린 글자인데, 뒤에 '씨족',

'성' 의 뜻으로 쓰였다.

例 : 民(백성 민), 氓(백성 맹)

## 84 气 기운기

피어오르는 수증기의 모양(乞)을 본뜬 글자이다.

例 : 氣(기운 기), 氛(기운 분), 氫(수소 경), 氧(산소 양)

## 85 水 〔氵/米〕물 수, 아래 물 수, 삼수

물은 일정한 형체가 없으므로 흘러가는 물결의 모양을 象形(상형)하여 '氵, 氵, 氵' 와 같이 그린 것인데, 楷書體(해서체)의 '水' 자가 된 것이다.

例 : 江(강 강), 河(강 이름 하), 沒(가라앉을 몰)

## 86 火 〔灬〕불 화

불꽃을 튀기며 활활 타는 모양을 象形(상형)하여 '火, 火, 火, 火' 와 같이 나타낸 것인데, 楷書體(해서체)의 '火' 자가 되었다.

例 : 炎(불탈 염), 灰(재 회), 炭(숯 탄), 煙(연기 연)

## 87 爪 〔爫〕손톱 조

손으로 물건을 잡거나 캘 때의 상태(爪)를 나타낸 글자이다.

例 : 采(캘 채), 爲(할 위), 爰(줄 원), 受(받을 수), 妥(온당할 타), 爬(긁을 파)

## 88 父 아비 부

아버지가 손(又)에 매(丨)를 들고 자식의 잘못을 꾸짖는 모습을 象形(상형)하여 '父, 父, 父' 와 같이 그린 것인데, 楷書體(해서체)의 '父' 가 된 것이다. 돌도끼를 손에 잡은 것으로 풀이하는 이도 있다.

例 : 爺(아비 야), 爸(아비 파), 爹(아비 다)

## 89 爻 점괘 효

점칠 때 사용하는 산가지의 모양(爻)을 상형한 글자이다.

例 : 爽(시원할 상), 爾(너 이)

## 90 爿 장수 장

통나무를 두 조각내어 왼쪽 부분(爿)을 그린 글자이다.

例 : 牀(평상 상), 牆(담 장)

## 91 片 조각 편

조각이란 뜻을 나타내기 위하여 '朩' 자를 반으로 쪼개 놓은 모양을 본떠 '片→片(조각 편)' 자가 된 것이다.

例 : 版(널 판), 牌(패 패), 牒(문서 첩, 글씨판 첩)

## 92 牙 어금니 아

어금니 모양(𠃟, 𣢏)을 그린 글자이다.

例 : 掌(버팀목 탱)

## 93 牛 소 우

소를 정면에서 본 모양을 象形(상형)하여 '𤘁, 𤘁, 𤙊, 𤙊, 半' 와 같이 그린 것인데, 楷書體(해서체)의 '牛' 자가 된 것이디.

例 : 牡(수컷 모), 牝(암컷 빈), 物(만물 물)

## 94 犬 〔犭〕 좌변 견, 개 견 ＊개사슴록(×)

개의 옆모양을 象形(상형)하여 '𤝔, 𤜂, 犮, 犮, 犮' 과 같이 그린 것인데, 楷書體(해서체)의 '犬' 자가 된 것이다.

例 : 狐(여우 호), 狗(개 구), 狡(교활할 교), 猾(교활할 활)

## 95 玄 검을 현

높이 매달아 아물아물 '검게 보인다' 는 뜻의 글자이다. 〔참고 ; 현(玄)자가 두 개 붙은 글자는 모두 '자' 음으로 소리난다.〕

例 : 玆(이 자), 率(거느릴 솔)

## 96 玉 〔王〕 구슬 옥

구슬을 끈에 꿴 모양을 象形(상형)하여 '丰, 王, 王' 과 같이 그린 것인데, 楷書體(해서체)의 '玉(구슬 옥)' 자가 된 것이다.

例 : 球(공 구), 玩(희롱할 완), 理(다스릴 리), 珊(산호 산)

## 97 瓜 오이 과

오이 덩굴에 오이가 달려 있는 모양(瓜)을 그린 글자이다.

例 : 瓢(박 표), 瓠(표주박 호), 瓣(외씨 판)

98 瓦 기와 와

암키와와 수키와의 엇물린 모양과 와당(⚬, ⚬)을 그린 글자이다.

例 : 瓷(사기그릇 자), 甁(병 병), 甄(질그릇 견)

99 甘 달 감

입안에 음식을 물고 있는 모양(⊟)을 그린 글자이다.

例 : 甛(달 첨), 甚(심할 심)

100 生 날 생

풀(⊥)이 땅(土)에서 돋아나는 모양을 그리어 '⊥, ⊥, ⊥' 의 형태로 나타낸 것인데, 楷書體(해서체)의 '生' 자로서 '나다' 의 뜻이다.

例 : 産(낳을 산), 甥(생질 생)

101 用 쓸 용

甲骨文(갑골문)에 '用' 의 자형으로, 본래 종의 모양을 본뜬 것인데, 뒤에 '쓰다' 의 뜻으로 변하였다.

例 : 甬(길 용), 佣(구전 용), 庸(쓸 용)

102 田 밭 전

밭두둑의 모양을 그리어 '田, 田, 田' 과 같이 象形(상형)한 것인데, 楷書體(해서체)의 '田' 이 되었다. '田' 자를 만들던 당시 이미 토지가 구획되어 있었음을 알 수 있다.

例 : 界(지경 계), 畿(경기 기), 略(다스릴 략)

103 疋 필 필, 짝 필

다리 모양(⊥, ⊥)을 그린 글자이다.

例 : 疏(트일 소), 疑(의심할 의)

104 疒 병들어 누울 녁, 병 질

사람이 병이 들어서 침상에 기댄 모양을 그린 글자이다.

例 : 病(병 병), 疾(병 질), 癢(가려울 양)

105 癶 걸음 발 ＊필발머리(×) 필발밑(×)

두 발을 좌우로 벌리고 선 모양을 그린 글자로 '출발' 의 뜻이 있다.

例 : 癸(열째 천간 계), 登(오를 등), 發(필 발)

## 106 白 흰 백

'白'은 甲骨文(갑골문)의 '△' 의 형태로, 본래는 엄지손가락의 모양을 본뜬 것인데, 뒤에 '희다'의 뜻으로 쓰이게 되었다.

例 : 皎(달빛 교), 皓(흴 호), 的(과녁 적), 皆(다 개)

## 107 皮 가죽 피

甲骨文(갑골문)에 '𢑏' 의 형태로, 손(又)으로 뱀의 가죽을 벗기는 모양을 나타낸 글자이다.

例 : 皺(주름 추), 皴(주름 준)

## 108 皿 그릇 명

그릇의 모양을 그린 글자이다.

例 : 盆(동이 분), 盤(소반 반), 益(더할 익), 盛(성할 성)

## 109 目 눈 목

눈의 모양을 象形(상형)하여 '𠃛, ▱, 目' 와 같이 그린 것인데, 뒤에 세워서 **楷書體**(해서체)의 '目' 자가 된 것이다.

例 : 盲(소경 맹), 相(서로 상), 看(볼 간)

## 110 矛 창 모

끝이 뾰족하고 세모진 창의 모양을 그린 글자이다.〔참고 ; 갈라진 창은 戈(창 과)자이다.〕

例 : 矜(불쌍히 여길 긍)

## 111 矢 화살 시

화살의 모양을 그린 글자이다.

例 : 短(짧을 단), 矮(키 작을 왜), 矯(바로잡을 교)

## 112 石 돌 석

벼랑에 굴러 있는 돌의 모양을 '𠁥, 𠂆' 와 같이 그린 것인데, 楷書體(해서체)의 '石' 자가 된 것이다. 강변의 水磨(수마)된 조약돌의 모양을 象形(상형)한 것이 아니다. '石'을 增體象形(증체상형)으로 보는 이도 있다.

例 : 硏(갈 연), 破(깨뜨릴 파), 砍(벨 감)

## 113 示〔礻〕보일 시

본래 甲骨文(갑골문)에서는 돌이나 나무를 세워 神主(신주)로 모셨던 형태를 그리어 '示, ㅜ'와 같이 나타낸 것인데, 뒤에 '示'의 형태로 바뀐 것은 하늘(二)에서 세 가지 빛, 곧 햇빛, 달빛, 별빛(川)이 비칠 때 사람들은 사물을 볼 수 있음을 뜻하여 楷書體(해서체)의 '示(보일 시)' 자가 된 것이다.

例 : 福(복 복), 祭(제사 제), 社(토지신 사)

## 114 内 짐승 발자국 유

땅바닥에 난 짐승 발자국의 모양을 그린 글자이다.

例 : 禹(우임금 우), 禽(날짐승 금)

## 115 禾 벼 화

벼가 익으면 고개를 숙이는 모양을 그린 글자이다. 부수자는 모든 '곡식'에 두루 쓰인다.

例 : 穀(곡식 곡), 種(씨 종), 秀(빼어날 수), 秉(잡을 병)

## 116 穴 구멍 혈

굴의 모양을 본뜬 글자이다.

例 : 空(빌 공), 窓(창 창), 窮(다할 궁), 究(궁구할 구)

## 117 立 설 립

땅(一) 위에 두 다리를 벌리고 서 있는 사람(大)의 모양으로써 '大, 츳, 츺, 立'의 형태로 나타낸 것인데, 楷書體(해서체)의 '立' 자가 된 것이다.

例 : 站(우두커니 설 참), 端(바를 단), 章(글 장)

## 118 竹 대 죽

대나무 잎의 모양을 본떠 '竹'과 같이 그린 象形字(상형자)인데, 楷書體(해서체)의 '竹(대 죽)' 자가 된 것이다.(甲骨文에 '竹' 자가 없는 것으로 보아 殷代에는 황하 이북에 아직 대나무가 없었음을 알 수 있다.)

例 : 節(마디 절), 筆(붓 필), 第(차례 제), 策(꾀 책)

## 119 米 쌀 미

낱알의 모양을 象形(상형)하여 '米, 米'와 같이 그린 것인데, 楷書體(해서체)의 '米' 자가 된 것이다.('米' 자를 八+八의 합자로 보아 벼농사는 88번의 손이 가야 된다는 풀이는 한낱 민간자원에 불과하다.)

例 : 粉(가루 분), 糟(술지게미 조), 糠(겨 강)

### 120 糸 실 사

실타래의 모양을 본뜬 글자이다.〔참고 ; 실 사(糸)는 부수자로만 쓰인다.〕

例 : 系(이을 계), 糾(꼴 규), 紡(자을 방), 織(짤 직), 素(흴 소), 纖(가늘 섬), 維(밧줄 유)

### 121 缶 장군 부

배가 불룩하게 생기고 주둥이가 가운데 난 질그릇 '장군'의 모양을 그린 글자이다.(술, 간장, 물 따위를 담는 그릇이다.)

例 : 陶(질그릇 도), 缸(항아리 항), 罐(두레박 관)

### 122 网〔罓 / 兀 / 罒 / 罒〕그물 망

그물이 모양을 그린 글자이다.

例 : 羅(새 그물 라), 罪(허물 죄), 罕(그물 한)

### 123 羊 양 양

양을 정면에서 본 모양을 象形(상형)하여 '𦍋, 𦍌, 𦍎, 𦍏, 羊' 와 같이 그린 것인데, 楷書體(해서체)의 '羊' 이 된 것이다.

例 : 美(아름다울 미), 羚(영양 령), 義(옳을 의)

### 124 羽 깃 우

새의 깃털을 그린 글자이다.

例 : 翼(날개 익), 翻(날 번), 習(익힐 습)

### 125 老〔耂〕늙을 로

노인의 긴 머리털에 허리를 굽혀 지팡이를 짚고 있는 모습을 象形(상형)하여 '𠈃, 耂, 𦐤' 와 같이 그린 것인데, 楷書體(해서체)의 '老' 로서 '늙다'의 뜻이다.(옛날에는 머리털을 자르는 것은 불효라 하여 평생 머리를 길렀기 때문에 노인은 자연히 머리털이 길었음을 강조한 것이다.)

例 : 耆(늙은이 기), 考(상고할 고), 者(놈 자)

### 126 而 말 이을 이

甲骨文(갑골문)에 '𣅀', 金文(금문)에 '而, 不' 등의 자형으로서 입 아래 늘어진 수염을 그린 象形字(상형자)이다. 뒤에 '말 이을 이' 자로 전의되자, 부득이 '頁(얼굴 혈)'에 수염의 형태(彡)를 더하여 '須(수염 수)' 자를 만들었으나, 다시 이 '須' 자가 '반드시, 모름지기'의 뜻으로 전의되자, '須'에 터럭을 뜻하는 '髟(머리털 늘어질 표)'를 더하여 다시 '鬚(수염 수)' 자를 만든 것이다.

例 : 耐(견딜 내)

### 127 耒 쟁기 뢰

밭을 가는 쟁기의 모양(耒)을 그린 글자이다.

例 : 耕(밭갈 경), 耘(김맬 운), 耗(줄 모)

### 128 耳 귀 이

귀의 모양을 象形(상형)하여 'ᇦ, ᇦ, ᇦ, ᇦ'와 같이 그린 것인데, 뒤에 楷書體(해서체)의 '耳' 자가 된 것이다.

例 : 聲(소리 성), 聞(들을 문), 聰(귀밝을 총)

### 129 聿 붓 율

손에 붓을 잡고 있는 모양(聿)을 본뜬 글자이다.

例 : 肅(엄숙할 숙), 肇(칠 조), 肆(방자할 사)

### 130 月〔肉〕 고기 육

小篆(소전)에 '⺼'의 자형으로, 고깃덩어리의 근육을 본뜬 글자이다. 부수자로 쓰일 때는 '月(고기 육)'의 형태로 쓰인다.

例 : 脚(다리 각), 肩(어깨 견), 肝(간 간), 臟(오장 장), 肥(살찔 비), 脂(기름 지)

### 131 臣 신하 신

임금 앞에 엎드려 있는 신하의 눈 모양(臣)을 그린 글자이다.

例 : 臥(엎드릴 와), 臨(임할 림)

### 132 自 스스로 자

甲骨文(갑골문)에 '⾃, ⾃', 金文(금문)에 '⾃, ⾃' 등의 자형으로 어른의 코의 모양을 그린 象形字(상형자)이다. 中國人(중국인)들은 자고로 자신을 가리킬 때 반드시 코를 가리키기 때문에 '스스로'의 뜻으로 전의되자, '自'에 '畀(줄 비)'의 聲符(성부)를 더하여 形聲字(형성자)로서 '鼻(코 비)'를 또 만든 것이다.

例 : 臭(냄새 취)

## 133 至 이를 지

'이르다(도달하다)'는 화살(矢)을 멀리 쏘아 땅(一)에 이른 것을 나타내어 '至, 至'의
형태로 그렸던 것인데, 楷書體(해서체)의 '至'가 된 것이다.

例 : 致(이를 치), 臺(돈대 대)

## 134 臼 절구 구

곡식이 들어 있는 절구통 모양(臼)을 그린 글자이다.

※ 與는 '臼'의 형태로 '깍지 낄 국'이라 하여 '두 손'의 뜻이고, 舂은 '臼' 형태로 '절
구 구'의 뜻으로 본래 다른 字인데 지금은 같이 쓰이고 있다.

例 : 舂(찧을 용), 舊(예 구), 與(줄 여), 興(흥할 흥)

## 135 舌 혀 설

본래 뱀의 갈라진 혀 모양(舌)을 그린 글자이다.

例 : 甛(달 첨), 舐(핥을지), 舒(펼 서)

## 136 舛 어그러질 천

두 발이 서로 어긋나게 서 있는 모양(舛)을 그린 글자이다.

例 : 舞(춤출 무), 舜(순임금 순)

## 137 舟 배 주

배의 모양(舟, 舟)을 그린 글자이다.

例 : 航(배 항), 船(배 선), 舶(큰배 박)

## 138 艮 머무를 간

서로 눈을 노려보고 있는 모습(艮)을 나타낸 글자인데, 뒤에 괘 이름으로 쓰였다.

例 : 良(좋을 양), 艱(어려울 간)

## 139 色 빛 색

'사람 인(人)'과 '마디 절(節)'의 옛글자인 'ㅁ(병부 절)'을 합한 글자(色)로, 사람(人)의 마
음은 얼굴에 그대로 나타난다는 顔色(안색)의 뜻에서 '빛'의 뜻으로 쓰였다.

例 : 艶(고울 염)

## 140 艸 〔卄 / 艹〕 풀 초 *초두머리(×) 초두(×)

'艸'의 金文(금문)은 '屮, 屮屮' 등의 자형으로서 풀 싹의 모양을 그린 會意字(회의자)이

다. 뒤에 '艹 ⺿' 와 같이 자형이 변형되어 部首字(부수자)로만 쓰이게 되자, '艹' 에 '早' 를 더하여 形聲字(형성자)로서 '草' 자가 된 것이다.〔풀 싹을 하나만 그린 象形字(상형자)는 '↑ →屮' 의 자형으로서 '싹날 철' 이라고 한다.〕

例 : 英(꽃부리 영), 芳(꽃다울 방), 苟(진실로 구)

## 141 虍 호랑이무늬 호 ＊범호엄(×) 범호밑(×)

호랑이 머리와 무늬의 모양을 그려 호랑이의 무늬를 나타낸 글자이다.

例 : 虐(사나울 학), 處(곳 처), 虛(빌 허), 號(부르짖을 호)

## 142 虫 벌레 충, 벌레 훼

도사리고 있는 뱀의 모양(⻆, ⻆, ⻆)을 그린 글자인데, 널리 동물 부수자로 쓰인다. 모든 벌레나 곤충 종류는 '虫(충)' 이 붙는다.

例 : 虹(무지개 홍), 蚤(벼룩 조), 蛇(뱀 사), 蜂(벌 봉)

## 143 血 피 혈

피는 구체적인 형태를 그릴 수 없기 때문에 그릇 '⻢ 皿(그릇 명)' 에 제사에 쓸 동물의 피를 받을 때의 핏방울이 떨어지는 모양을 더하여 '⻢, ⻢' 과 같이 나타낸 것인데, 楷書體(해서체)의 '血(피 혈)' 자가 된 것이다.

例 : 衆(무리 중)

## 144 行 다닐 행

'行' 자는 본래 네거리의 모양을 象形(상형)하여 '⻲, ⻲, ⻲' 의 형태로 그린 것인데, 거리는 곧 사람이 다니는 곳이기 때문에 '行(다닐 행)' 의 뜻으로 쓰이게 된 것이다.

例 : 街(거리 가), 衝(찌를 충), 術(꾀 술)

## 145 衣〔衤〕옷 의

웃옷의 모양을 象形(상형)하여 '⻲, ⻲' 와 같이 그린 것인데, 楷書體(해서체)의 '衣(옷 의)' 자가 된 것이다.

例 : 補(기울 보), 被(이불 피), 褥(요 욕), 裙(치마 군)

## 146 襾 덮을 아

어떤 물건의 뚜껑을 덮어 놓은 모양(襾)을 그린 글자이다.

例 : 覆(뒤집힐 복), 要(구할 요)

## 147 見 볼 견

甲骨文(갑골문)에 '𦣞'의 자형으로, '눈 목(目)'과 '儿(밑사람 인)'의 會意字(회의자)로, 바라보는 사람의 눈을 강조하여 '보다'의 뜻이다.

例 : 觀(볼 관), 覽(볼 람), 視(볼 시), 覺(깨달을 각)

## 148 角 뿔 각

뿔의 모양을 象形(상형)하여 '𧢲, 𤓰, 𧢲, 𧢲'와 같이 그린 것인데, 楷書體(해서체)의 '角'자가 된 것이다

例 : 觸(닿을 촉), 解(풀 해)

## 149 言 말씀 언

본래 입에 피리 같은 악기를 물고 소리를 내는 모양을 가리키어 '𧨵, 𧨵, 𧨵'의 형태로 나타낸 것인데, 소리가 말씀하나의 뜻으로 변하여 楷書體(해서체)의 '言(말씀 언)'자가 된 것이다.

例 : 語(말씀 어), 討(칠 토), 訴(하소연할 소)

## 150 谷 골 곡

골짜기는 본래 산골짜기의 물이 흘러 내려 평원으로 들어가는 상태를 가리켜 '𧯛, 谷, 𧯛'의 형태로 나타낸 것인데, 楷書體(해서체)의 '谷'자가 된 것이다.

例 : 豁(뚫린골 활), 谿(시내 계)

## 151 豆 콩 두

본래 그릇 가운데 굽이 높은 그릇의 모양을 象形(상형)하여 '𠀋, 豆, 豆'와 같이 그린 것인데, 楷書體(해서체)의 '豆(두)'로 되고, 그 뜻도 변하여 '豆(콩 두)'자가 되었다.

例 : 豐(풍년 풍), 豈(어찌 기)

## 152 豕 돼지 시

입이 삐죽 튀어나온 돼지의 몸통과 다리, 그리고 꼬리의 모양(𧰧)을 본뜬 글자이다.

例 : 豚(돼지 돈), 豪(호걸 호), 象(코끼리 상), 豫(미리 예)

## 153 豸 맹수 치 ＊갖은돼지시(×) 갖은돼지시변(×) 발 없는 벌레 치(×)

척추가 긴 짐승이 입을 힘껏 벌리고 있는 모양을 그린 글자이다.

例 : 豹(표범 표), 貂(담비 초), 貌(얼굴 모)

## 154 貝 조개 패

조개 모양(⟨🐚⟩, ⟨🐚⟩)을 그린 글자로, 옛날에는 화폐를 조개로 사용한데서 '재물' 의 뜻으로 쓰는 글자이다.

例 : 財(재물 재), 貢(바칠 공), 貧(가난할 빈), 貰(세낼 세), 賤(천할 천), 寶(보배 보)

## 155 赤 붉을 적

'큰 대(大)' 와 '불 화(火)' 의 會意字〔회의자(⟨🔥⟩, ⟨🔥⟩)〕로, 큰 불은 '붉다' 는 뜻을 나타낸 것이다.

例 : 赫(붉을 혁), 赦(용서할 사)

## 156 走 달아날 주

甲骨文(갑골문)에 '⟨🏃⟩', 金文(금문)에 '⟨🏃⟩' 의 지형으로 사람이 달려가는 모양을 본뜬 글자이다.

例 : 超(넘을 초), 越(넘을 월), 赴(나아갈 부), 起(일어날 기)

## 157 足 발 족

발의 모양을 象形(상형)하여 '⟨🦶⟩, ⟨🦶⟩, ⟨🦶⟩' 과 같이 그린 것으로 '口' 는, 곧 무릎의 둥근 모양을 그린 것인데, 楷書體(해서체)의 '足' 이 된 것이다.

例 : 跟(발꿈치 근), 路(길 로), 踏(밟을 답), 踊(뛸 용)

## 158 身 몸 신

아이를 밴 여자의 모습(⟨🤰⟩)을 그린 글자인데, 두루 '몸' 의 뜻으로 쓴다.

例 : 躬(몸 궁), 躺(누울 당), 躲(피할 타)

## 159 車 수레 거

수레의 바퀴모양을 강조하여 '⟨🚗⟩, ⟨🚗⟩, 車' 와 같이 그린 것인데, 楷書體(해서체)의 '車(수레 거)' 자가 된 것이다.

例 : 載(실을 재), 輪(바퀴 륜), 輿(수레 여), 軌(길 궤)

## 160 辛 매울 신

'辛' 자는 甲骨文(갑골문)에 '⟨🔪⟩' 의 형태로, 본래 죄인이나 노예의 문신에 썼던 침의 모양을 본뜬 것인데, '맵다' 의 뜻이 되었다.

例 : 辜(허물 고), 辣(매울 랄), 辨(분별할 변), 辦(힘쓸 판)

161 辰 별 진

甲骨文(갑골문)에 '῀' 의 자형으로, 본래 조개껍데기를 손에 매어 벼 이삭을 자르는 모양을 본뜬 것인데, 전갈 별자리 모양과 비슷하여 '별' 의 뜻으로 쓰이게 되었다.〔다시 '辰' 자에 '虫(벌레 충)' 자를 더하여 '蜃(조개 신)' 자를 만들었다.〕

例 : 農(농사 농), 辱(욕되게 할 욕)

162 辵〔辶〕 쉬엄쉬엄 갈 착 ＊책받침(×) 착받침(×)

노인이 천천히 걸어가는 모양으로 다른 글자의 받침으로 쓴데서 '착받침' 이었으나 '책받침' 으로 변하였다.

例 : 過(지날 과), 道(길 도), 遠(멀 원), 近(가까울 근)

163 邑〔阝(右)〕 고을 읍, 우부방

'邑' 사는 甲骨文(갑골문)의 '邑' 이 자형으로 경계로 둘러싸인(口) 고을에 사람이 꿇어앉아 있는 모습(⺃ →巴)을 합쳐, 곧 백성이 사는 '고을' 의 뜻이다.

例 : 邦(나라 방), 郊(성밖 교), 郭(성곽 곽), 都(도읍 도)

164 酉 닭 유

술 항아리의 모양(酉, 酉)을 그려 술을 나타낸 글자인데, 뒤에 간지인 '닭띠' 의 뜻으로 쓰였다.

例 : 釀(빚을 양), 酌(따를 작), 醉(취할 취), 醱(술괼 발)

165 釆 분별할 변

짐승의 발자국 모양(釆, 釆)을 나타낸 글자인데 발자국으로 어떤 짐승인지를 안다 하여 '분별하다' 로 쓴다.

例 : 采(캘 채), 釉(광택 유), 釋(풀 석)

166 里 마을 리

땅(土) 위에 밭(田)을 일군 곳이 '마을' 이라는 뜻이다.

例 : 野(들 야), 重(무거울 중), 量(헤아릴 량)

167 金 쇠 금

金文(금문)에 '金' 의 형태로, '이제 금(今)' 과 흙 토(土)의 形聲字(형성자)에 금덩이(‥)의 형태를 가하여 만든 形聲加形字(형성가형자)로 '황금' 의 뜻으로 쓰였다.

例 : 銀(은 은), 銅(구리 동), 鐵(쇠 철), 銳(날카로울 예)

### 168 長 [镸] 긴 장

본래 머리털이 긴 노인이 지팡이를 짚고 가는 모습을 그려 '镸, 镸, 镸' 의 형태로, '어른' 의 뜻으로 쓴 것인데, '길다', '오래다' 의 뜻으로도 쓰인다.

例 : 镻(독사 절)

### 169 門 문 문

쌍문의 모양을 象形(상형)하여 '門, 門, 門' 와 같이 그린 것인데, 楷書體(해서체)의 '門(문 문)' 자가 된 것이다.

例 : 開(열 개), 閉(닫을 폐), 閨(협문 규), 關(빗장 관)

### 170 阜 [阝(左)] 언덕 부, 좌부방

올라갈 수 있도록 층계로 되어 있는 언덕의 모양(阝)을 본뜬 글자이다.

例 : 陵(큰 언덕 릉), 階(섬돌 계), 陶(질그릇 도), 陽(볕 양)

### 171 隶 미칠 이

손에 절굿공이를 들고 방아를 찧는 모양을 그린 글자이다.

例 : 隸(붙을 예)

### 172 隹 새 추

꼬리가 짧은 작은 새 모양(隹)을 그린 글자이다.〔참고 ; 鳥(새 조)자는 꼬리가 긴 새를 뜻한다.〕

例 : 集(모일 집), 雀(참새 작)

### 173 雨 비 우

빗방울이 하늘에 떠 있는 구름에서 떨어지는 것을 그대로 象形(상형)하여 '雨, 雨, 雨, 雨' 와 같이 그렸던 것인데, 楷書體(해서체)의 '雨' 자가 된 것이다.

例 : 霜(서리 상), 電(번개 전), 雲(구름 운)

### 174 靑 푸를 청

여러 가지 설이 있으나 金文(금문)에 '靑', 小篆(소전)에 '靑' 의 자형으로서 '生' 과 '丹(붉을 단)' 의 形聲字(형성자)로, '丹' 은 有色(유색)의 돌을 뜻하며, 그중 푸른색의 돌로서

‘푸른빛’ 의 뜻이다.

例 : 靜(고요할 정), 靖(편안할 정)

## 175 非 아닐 비

甲骨文(갑골문)에 ‘𣥴, 𣥼’, 金文(금문)에 ‘𣥫’, 小篆(소전)에 ‘𣥶’ 의 자형으로 보아, 본래 새의 날개를 손으로 잡아 날아갈 수 없게 한 데서, 다시 날개가 서로 엇갈려 있음에서 서로 다름, 나아가 ‘아니다’ 의 부정사로 쓰였다.

例 : 靡(쓰러질 미)

## 176 面 얼굴 면

小篆(소전)에 ‘𤴐’ 의 자형으로, 본래 얼굴에 쓴 가면의 모양을 본 뜬 글자인데, 뒤에 ‘얼굴’ 의 뜻이 되었다.

例 : 靨(보조개 엽)

## 177 革 가죽 혁

金文(금문)에 ‘𠦝’ 의 자형으로, 짐승(ㅂ)의 가죽을 벗겨 두 손(𣥍) 털을 뽑는 모습을 본떠 만든 象形字(상형자)이다. 그래서 ‘革命’ 이란 말은 짐승의 가죽에서 털을 뽑아 본래의 모습을 알 수 없게 한 것처럼 구습을 완전히 바꾼다는 뜻이다.

例 : 鞭(채찍 편), 鞋(신 혜), 靴(신 화)

## 178 韋 다룸가죽 위

두 발이 서로 어긋나 있는 모양(𣥍)을 그리어 서로 어긋나다의 뜻을 나타낸 글자이다. 뒤에 가죽의 뜻으로 쓰였다.

例)韜(감출 도), 韓(나라 이름 한)

## 179 韭 부추 구

가늘고 긴 부추 모양(𣥍)을 그린 글자이다.

例 : 韮(부추 구)

## 180 音 소리 음

小篆體(소전체)에 ‘𤬻’ 의 자형으로, 본래는 ‘말씀 언(言)’ 자에 ‘한 일(一)’ 자를 더해서 말 속에 ‘소리’ 가 있음을 나타낸 글자이다.

例 : 響(울림 향), 韶(풍류 이름 소), 韻(운 운)

181 頁 머리 혈

사람의 머리 모양(🦬, 🦴)을 그린 글자이다.

例 : 顔(얼굴 안), 額(이마 액), 頸(목 경)

182 風 바람 풍

발음 요소의 '凡(무릇 범)'과 '虫(벌레 충)'의 形聲字(형성자)로, 바람이 불면 벌레가 생긴
다는 데서 '바람'의 뜻이 되었다.

例 : 飄(회오리바람 표), 颱(태풍 태)

183 飛 날 비

새가 날개를 치며 나는 모습을 본떠 '飛, 飛'의 형태로 그렸던 것인데, 楷書體(해서체)
의 '飛'자로서 '날다'의 뜻이다.

例 : 翻(뒤칠 번)

184 食 밥 식

甲骨文(갑골문)에 '食'의 자형으로, 밥그릇에 따뜻한 밥이 담겨 있고, 뚜껑이 있는 모양
을 본뜬 글자이다.

例 : 飯(밥 반), 飢(주릴 기), 餓(주릴 아), 飽(물릴 포)

185 首 머리 수

얼굴과 머리털을 象形(상형)하여 '首, 首, 首, 首'와 같이 그린 것인데, 楷書體(해서체)로
'首'가 된 것이다.

例 : 馗(광대뼈 규)

186 香 향기 향

'벼 화(禾)'와 '달 감(甘)'의 合體字(합체자)로, '향기'의 뜻이다.

例 : 馨(향기 형), 馥(향기 복)

187 馬 말 마

말의 옆모양에서도 특히 말목의 긴 갈기털을 강조하여 '馬, 馬, 馬, 馬'와 같이 그린
것인데, 楷書體(해서체)의 '馬'자가 된 것이다.

例 : 駿(준마 준), 駕(멍에 가), 驚(놀랄 경)

**188** 骨 뼈 골

金文(금문)에 '㕇' 의 자형으로, 본래 뼈의 관절 모양을 본뜬 것인데, 뒤에 '月→肉' 자를 더하여 '뼈 골(骨)' 이 되었다.

例 : 骸(뼈 해), 髓(골수 수), 體(몸 체)

**189** 高 높을 고

높은 곳에 굴을 파고 지붕과 오르내리는 사다리를 그리어 '㞧, 高, 高' 의 형태로 그려 높음을 나타낸 것인데, 楷書體(해서체)의 '高' 자가 된 것이다. 이층집의 象形(상형)으로도 풀이한다.

例 : 䯨(높을 교)

**190** 髟 머리털 날릴 표 *터럭발머리(×) 터럭발밑(×)

흩날리는 긴(長) 머리카락(彡)을 뜻하는 글지이다.

例 : 髮(터럭 발), 鬢(귀밑털 빈), 鬚(수염 수)

**191** 鬥 싸울 투

두 사람이 서로 엉키어 싸우는 모양(鬥, 鬥)을 그린 글자이다.

例 : 鬪(싸움 투), 鬧(시끄러울 뇨)

**192** 鬯 술 창

그릇 안에 기장쌀과 향초를 넣어 담근 '울창술' 을 나타낸 글자이다.

例 : 鬱(막힐 울)

**193** 鬲 솥 력

굽은 다리가 세 개 달린 솥을 뜻하는 글자이다.(참고 ; 사이를 막는다는 뜻을 나타낼 때는 '격' 이라 읽는다.)

例 : 鬻(죽 죽)

**194** 鬼 귀신 귀

뿔이 난 큰 머리통의 기이한 모양(䰭, 鬼)을 본뜬 것인데, 뒤에 귀신은 못된 짓을 한다는 뜻을 나타내는 'ㅿ(사사로울 사)' 를 더한 글자이다.

例 : 魅(도깨비 매), 魂(넋 혼), 魄(넋 백)

407

## 195 魚 물고기 어

물고기의 옆모양을 象形(상형)하여 '✿, ✿, ✿, ✿' 와 같이 그린 것인데, 楷書體(해서체)의 '魚' 자가 된 것이다.

例 : 鯉(잉어 리), 鯨(고래 경), 鱗(비늘 린)

## 196 鳥 새 조

새의 모양을 象形(상형)하여 '✿, ✿, ✿' 와 같이 본뜬 것인데, 楷書體(해서체)의 '鳥' 가 된 것이다.

例 : 鳳(봉새 봉), 鴛(원앙 원), 鴦(원앙 앙), 鶴(학 학)

## 197 鹵 소금밭 로

염전에 소금이 담겨 있는 모양을 그린 글자이다.

例 : 鹽(소금 염), 鹹(짤 함)

## 198 鹿 사슴 록

사슴의 뿔 모양(✿, ✿)을 강조하여 그린 글자이다.

例 : 麗(고울 려), 麋(큰사슴 미)

## 199 麥 보리 맥

보리이삭의 모양을 象形(상형)하여 '✿, ✿' 와 같이 그린 것인데, 楷書體(해서체)의 '來(올 래)' 자로 뜻이 변하게 되었다. 그 이유는 보리는 이른 봄에 반드시 밟아주고 와야 하기 때문에 '오다' 의 뜻으로 전의된 것이다. 다시 '✿, ✿' 와 같이 '✿'〔발의 象形字(상형자)〕을 더하여 楷書體(해서체)의 '麥(보리 맥)' 자가 된 것이다.

例 : 麵(밀가루 면), 麴(누룩 국)

## 200 麻 삼 마

지붕 밑(广 : 집 엄) 그늘에서 삼 껍질을 걸어놓고 말리는 모습(✿)을 본떠 '삼' 의 뜻을 나타내었다.

例 : 麾(대장기 휘), 麽(잘 마)

## 201 黃 누를 황

甲骨文(갑골문)에 '✿' 의 형태로, 본래 황옥띠를 맨 귀인의 모습을 본뜬 것인데, 뒤에

'황색' 을 뜻하게 되었다.

例 : 黆(씩씩할 광)

## 202 黍 기장 서

곡식 중에서 물을 부어 술 담그기가 제일인 '기장' 을 뜻하는 글자이다.

例 : 黎(검을 여)

## 203 黑 검은 흙

아궁이에 불을 땔 때 굴뚝에 그을음이 생겨 '검정색' 이 되는 것을 나타낸 글자이다.

例 : 點(점 점), 黝(검푸를 유)

## 204 黹 바느질할 치

바늘에 실을 꿰어 옷의 해진 곳을 꿰매는 모양(黹)을 나타낸 글자이다.

例 : 黻(수 불), 黼(수 보)

## 205 黽 맹꽁이 맹

두 눈이 불거지고 배가 부른 맹꽁이 모양(黽)을 그린 글자이다.

例 : 鼈(자라 별), 鰲(자라 오)

## 206 鼎 솥 정

세 갈래 발이 달린 '솥' 모양(鼎)을 그린 글자이다.

例 : 鼏(소댕 멱)

## 207 鼓 북 고

북을 북걸이에 세워 놓고 손에 북채를 잡고 치는 모습(鼓, 鼓)을 나타낸 글자이다.

例 : 鼕(북소리 동)

## 208 鼠 쥐 서

이빨이 날카로운 '쥐' 의 모양(鼠)을 그린 글자이다.

例 : 鼢(두더쥐 분)

## 209 鼻 코 비

주름살 진 어른 코의 모양을 象形(상형)하여 '自, 自, 自' 와 같이 그린 것인데, 뒤에 楷

書體(해서체)의 '自'와 같이 변하고, 글자의 뜻도 '자기' 곧 '스스로'의 뜻으로 변하여 '스스로 자(自)'자가 된 것이다. 중국 사람들은 지금도 스스로를 가리킬 때는 자신의 코를 가리키는 습관이 있다. 뒤에 본래의 '自'에 '畀(줄 비)'를 합쳐 形聲字(형성자)로서 '鼻(코 비)'자를 만들었다.

例 : 鼾(코골 한)

### 210 齊 가지런할 제

본래 보리 이삭의 크기가 가지런한 모양(艸)을 본떠서 '고르다'의 뜻을 나타낸 글자이다.

例 : 齋(재계할 재), 齎(가져올 재)

### 211 齒 이 치

윗니와 아랫니의 모양(𦥑)을 그린 글자인데, 뒤에 '止(그칠 지)'자를 더하여 형성자가 되었다.

例 : 齡(나이 령), 齧(물 설)

### 212 龍 용 룡

甲骨文(갑골문)에서 용의 모양을 '㱿, 㠱, 㠱'의 형태로 나타낸 것인데, 뒤에 자형이 '㱿, 㱿, 龏'과 같이 변하며 楷書體(해서체)의 '龍'자가 된 것이다.

例 : 龐(클 방), 龕(감실 감)

### 213 龜 거북 귀

거북의 모양을 본떠 만든 글자로, 甲骨文(갑골문)에서는 '㐌'와 같이 그렸던 것인데, 뒤에 '㲋'와 같이 변형하여 楷書體(해서체)의 '龜'자가 된 것이다.

例 : 龜(거북이 기어갈 구)

### 214 龠 피리 약

구멍이 여러 개 난 피리의 모양을 본뜬 글자이다.

例 : 龢(풍류 조화될 화)

# 핵심한자 **2000**字
### 자원사전

초판 인쇄  2022년 11월 18일
초판 발행  2022년 11월 25일

편    저 | (社)全國漢字敎育推進總聯合會
기    획 | 田光培
발행자 | 金東求
디자인 | 李明淑·楊哲民
발행처 | 명문당(1923. 10. 1 창립)
주    소 | 서울시 종로구 윤보선길 61(안국동)
         우체국 010579-01-000682
전    화 | 02)733-3039, 734-4798, 733-4748(영)
팩    스 | 02)734-9209
Homepage | www.myungmundang.net
E-mail | mmdbook1@hanmail.net
등    록 | 1977. 11. 19. 제1~148호

ISBN 979-11-91757-61-3 (13710)
**20,000**원